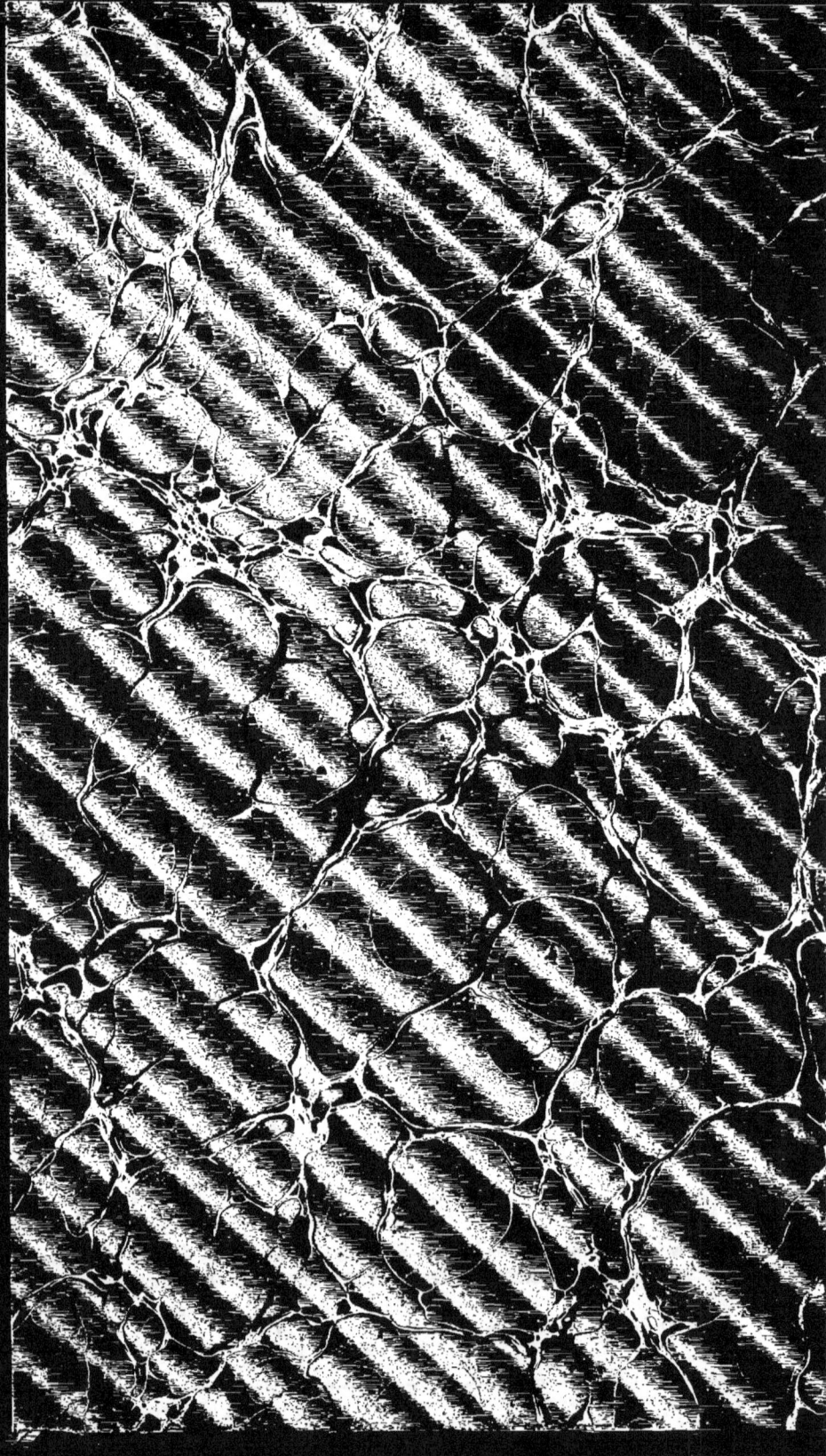

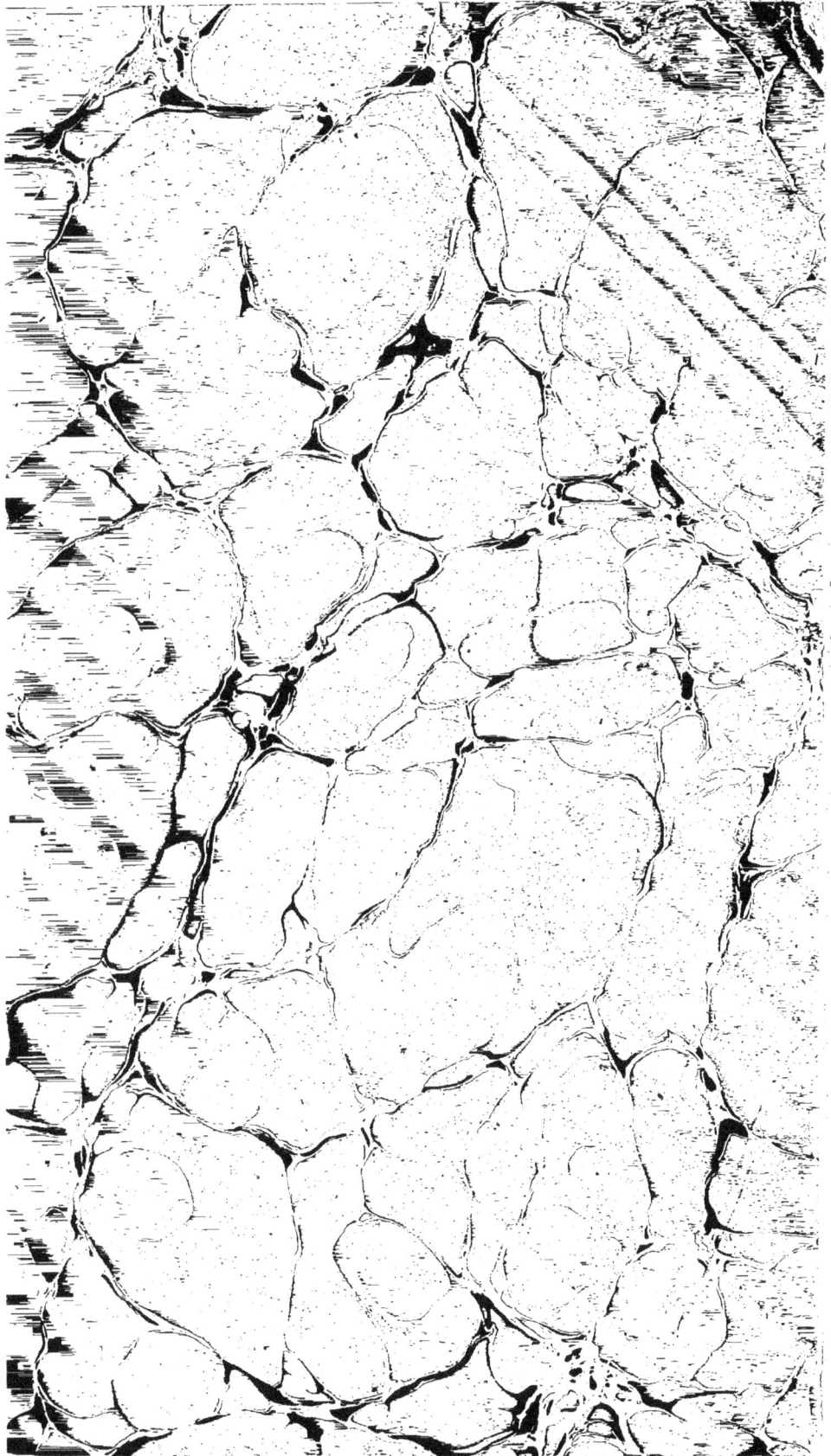

HISTOIRE DE PARIS

TOME IV

PROPRIÉTÉ.

CET OUVRAGE SE TROUVE AUSSI CHEZ LES LIBRAIRES SUIVANTS :

Angers,	Barassé.	Nancy,	Waguer.
—	Lainé.	—	Thomas et Pierron.
Annecy,	Burdet.	Poitiers,	Bonamy.
Arras,	Brunet.	Reims,	Bonnefoy.
Besançon,	Turbergue.	Rennes,	Thébault.
Bordeaux,	Chaumas.	—	Verdier.
—	Coderc et Poujol.	—	Hauvespre.
Brest,	Lefournier.	Rouen,	Fleury.
Chambéry,	Perrin.	Toulouse,	Ferrère.
Dijon,	Hémery.	—	Privat.
Lille,	Quarré.	Tours,	Cattier.
Lyon,	Briday.	—	Bouserez.
—	Girard et Josserand.	Bruxelles,	Goemaere.
—	Périsse frères.	Genève,	Marc Mehling.
—	Bauchu.	Gênes,	Fassi-Como.
Le Mans,	Le Guicheux-Gallienne.	Leipzig,	Dürr.
Marseille,	Camoens fils.	Londres,	Burns et Lambert.
—	Ve Chauffard.	Madrid,	Bailly-Baillière.
—	Laferrière.	Milan,	Dumolard.
Metz,	Mme Constant Loïez.	—	Boniardi-Pogliani.
—	Rousseau Pallez.	Rome,	Merle.
Montpellier,	Séguin.	Turin,	Marietti (Hyacinthe).
Nantes,	Mazeau.	St-Pétersbourg,	Wolf.
—	Poirier-Legros.	Vienne,	Gérold et fils.

TYPOGRAPHIE DE H. FIRMIN DIDOT. — MESNIL (EURE).

DE PARIS

DEPUIS LES TEMPS LES PLUS RECULÉS
JUSQU'À NOS JOURS

PAR

AMÉDÉE GABOUREL

Droits réservés.

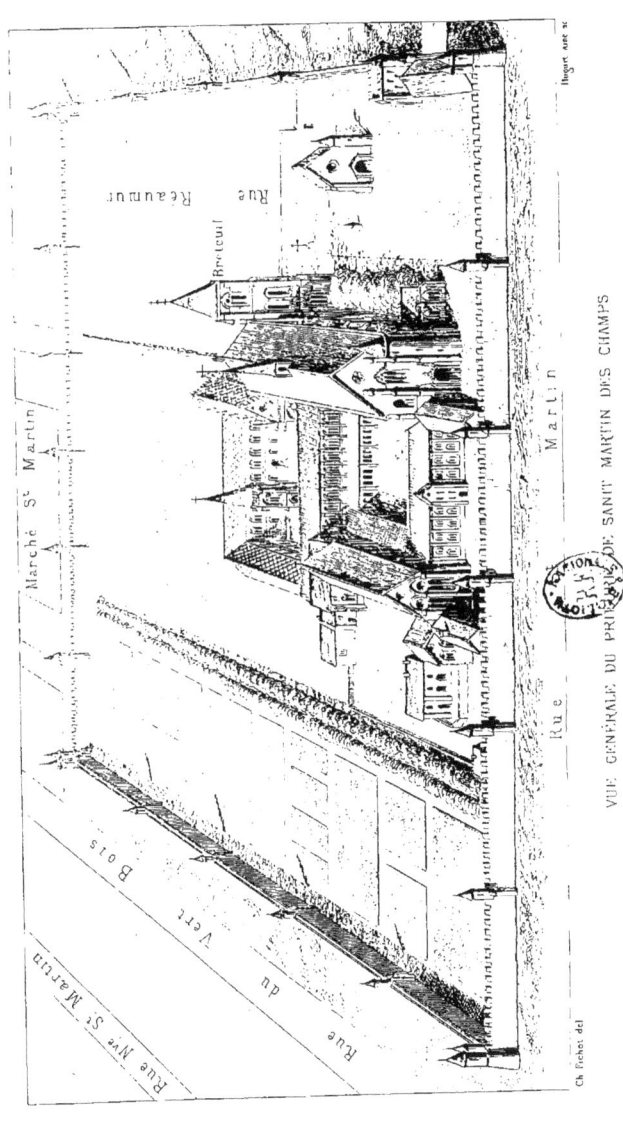

VUE GÉNÉRALE DU PRIEURÉ DE SAINT MARTIN DES CHAMPS

DE PARIS

DEPUIS LES TEMPS LES PLUS RECULÉS
JUSQU'À NOS JOURS

PAR

AMÉDÉE GABOURD

TOME QUATRIÈME

PARIS

Droits réservés.

HISTOIRE
DE PARIS

DEPUIS LES TEMPS LES PLUS RECULÉS

JUSQU'A NOS JOURS

PAR

AMÉDÉE GABOURD

TOME QUATRIÈME

PARIS
GAUME FRÈRES ET J. DUPREY, ÉDITEURS
RUE CASSETTE, N° 4
1865

Droits réservés.

HISTOIRE DE PARIS.

LIVRE XIV.

PARIS SOUS LE RÈGNE DE LOUIS XIII.

CHAPITRE PREMIER.

Événements généraux (1610-1643).

Il importait de maintenir la tranquillité publique dans la ville de Paris, profondément émue par la mort de Henri IV et qui envisageait avec effroi la perspective d'une minorité royale. La veuve du dernier roi, Marie de Médicis, se fit attribuer l'exercice des pouvoirs souverains tant que durerait l'enfance de son fils Louis XIII ; le duc d'Épernon, habitué au commandement militaire, prit des mesures d'ordre et de police, et, de concert avec le prévôt des marchands, Gaston de Grieu, il prescrivit toutes les dispositions qui pouvaient contenir les malveillants et garantir de toute atteinte la régence aux mains de la reine-mère. De toutes parts arrivèrent les actes de soumission et d'adhésion. Dans la journée du 15 mai le duc de Sully mit sous la main de Marie de Médicis la Bastille, l'Arsenal et le trésor public. On fit sans retard tenir à l'enfant roi un lit de justice; comme pour ouvrir cette audience d'apparat, Louis XIII, âgé de moins de neuf ans, prononça « un petit discours que peu de personnes purent entendre, à cause de la faiblesse de sa voix. » Le chancelier fit ensuite l'éloge des vertus et des qualités précieuses du nouveau roi et de celles de sa mère, et s'étendit sur tous les motifs qui devaient engager les magistrats à confier la régence du royaume à cette princesse. Après une harangue bien lamentable du premier président, dans laquelle il comparait la bonne ville de Paris à cette Noémi de l'Écriture sainte qui ne veut plus qu'on l'appelle Noémi (belle), mais triste et désolée, parce que son *très-cher prince* lui a été ravi par un traître, déloyal et infidèle parricide; après un autre discours, rempli de citations et d'exemples, mais obscur et diffus, de l'avocat général Servin (1), le chancelier prit les ordres du roi, recueillit les avis des présidents, puis ceux des princes, ducs, pairs et maréchaux de France, des cardinaux et pairs ecclésiastiques et de toute la compagnie. Il prononça ensuite d'une voix solennelle le décret par lequel « le roi, séant en son lit de justice, par l'avis des princes de son sang, autres princes, prélats, ducs, pairs et officiers de sa couronne, déclaroit, conformément à l'arrêt de sa cour de parlement donné hier, la reine sa mère régente en France, pour avoir soin de l'éducation et nourriture de sa personne, et l'administration des affaires de son royaume pendant son bas âge (2). »

(1) *Mercure françois*, année 1610, t. I.
(2) Extrait des registres du Parlement, 15 mai 1610.

La séance finie, « la reine, très-affligée, dit le journal de l'Étoile, mais aussi très-satisfaite de ce qui venoit d'être fait, se rendit au Louvre, et le roi, accompagné des princes, seigneurs et gentilshommes, et entouré de ses gardes, alla à Notre-Dame, où tout le peuple cria fort haut : *Vive le roi !* mais la plupart les larmes aux yeux. »

« Le 17 mai, le comte de Soissons, quatrième petit-fils du premier prince de Condé et l'un des princes du sang les plus rapprochés du trône, fit son entrée à Paris, à la tête d'une escorte armée. Il ne craignit pas de revendiquer l'exercice de la régence ; mais il n'avait aucun appui sérieux, ni dans la noblesse, ni dans le pays. Pour l'apaiser et l'éloigner on lui donna le gouvernement de Normandie et on lui accorda des immunités pécuniaires fort considérables.

Or déjà commençait le procès de François Ravaillac, l'assassin de Henri IV. Ce fanatique n'avait cherché ni à fuir ni à se cacher ; après avoir commis son crime il aurait pu se perdre au milieu de la foule, si le couteau sanglant dont il était encore armé ne l'avait signalé à tous les regards. On le conduisit le 16 mai à la Conciergerie, où par ordre du Parlement on le soumit à des interrogatoires. Ravaillac n'était point un assassin vulgaire ; il avait reçu quelque instruction ; il avait exercé l'état de praticien, puis celui de maître d'école ; mais son cerveau portait l'empreinte d'une exaltation qui rappelait celle des Jacques Clément, des Barrière, des Jean Châtel et des autres régicides dont le nom est resté en exécration dans le souvenir des gens honnêtes, en honneur chez quelques maniaques toujours prêts à verser le sang d'autrui pour servir leurs idées. Ravaillac, après avoir subi à plusieurs reprises la torture sans avoir nommé ses complices, fut condamné à être tenaillé, écartelé, brûlé, et subit le 27 mai cet abominable supplice. « Les chevaux allaient être lancés lorsque le régicide implora du peuple un *Salve, Regina,* pour son âme; mais une clameur furieuse s'éleva et couvrit la voix des prêtres entonnant cette prière : « Non! il ne « lui en faut point... Qu'il soit damné comme Judas! » Alors les planches qui tenaient son corps tombèrent et on excita les chevaux. Tandis que leurs efforts lui disloquaient les membres l'un d'eux faiblit; un homme qui se trouvait près de l'échafaud descendit de celui qu'il montait et le mit à sa place, pour le mieux déchirer. Aussitôt qu'il fut mort le bourreau le démembra afin d'en jeter les quartiers aux flammes; mais, le peuple se ruant avec furie sur ses restes, il n'y eut fils de si bonne mère, ajoute l'Étoile, qui ne voulût avoir sa pièce, jusqu'aux enfants qui en firent du feu au coin des rues. Les paysans même des environs de Paris emportèrent quelques débris de ses entrailles et les brûlèrent dans leur village, de sorte que l'exécuteur n'eut à livrer aux flammes que la chemise du patient. Tous les princes, seigneurs, officiers de la couronne et du conseil d'État assistaient des fenêtres de l'hôtel de ville à cet affreux spectacle (1). »

Les protestants s'imaginaient, non sans motifs, que le nouveau gouvernement ne tarderait pas à restreindre leurs priviléges; ils s'agitèrent, et les catholiques, de leur côté, se montrèrent disposés à recommencer les luttes religieuses. La reine-mère se hâta de confirmer l'édit de Nantes, et cette déclaration royale mit fin aux appréhensions des calvinistes.

(1) M. Bazin, *Histoire de Louis XIII.*

Peu de jours après, les funérailles de Henri IV se firent à Saint-Denis en grande pompe, et dans toutes les églises du royaume des prières solennelles furent dites pour le repos de l'âme de ce souverain.

Le prince de Condé convoitait toujours le pouvoir, et le 16 juillet on le vit se présenter dans Paris à la tête d'une escorte de quinze cents gentilshommes. On s'effraya au Louvre de cette démonstration. Le conseil de régence ordonna l'armement de la bourgeoisie; il voulut « que toutes les dizaines reprissent leur vieille arquebuse, les archers leur hocqueton, afin de montrer au susdit prince qu'il n'y avoit rien à faire pour troubler la paix du peuple (1). » Il y eut ensuite assemblée, en l'hôtel de la ville, de MM. les prévôt des marchands, échevins et colonels, « pour aviser à la sûreté et au bien de la ville, empêcher les assemblées, tumultes ou séditions, se saisir des factieux, si aucuns y avoient en leurs quartiers. » Condé ne justifia pas cette alarme, et de son côté la reine-mère mit tous ses soins à le rattacher au gouvernement; elle lui fit don de l'hôtel de Gondi, du comté de Clermont, d'une pension de deux cent mille livres, et de plusieurs autres concessions qu'il serait trop long d'énumérer. Le prince se montra reconnaissant et s'abstint de toute démarche de nature à troubler l'autorité de la régente. « Ainsi, écrivit alors Malherbe, tout le monde fut content, et qui ne l'étoit fit semblant de l'être. » Afin d'associer le peuple à cette joie de la cour et des grands, on publia, au nom de la régente, une déclaration qui abolissait cinquante-neuf édits émanant de Henri IV et portant obligation de payer des taxes;

---

(1) *Registres de l'hôtel de ville*, XVIII, fol. 230.

quatorze autres commissions du même genre furent également suspendues, et le prix du sel fut diminué d'un quart.

Tandis que l'on célébrait à Paris par des pompes officielles le sacre du jeune Louis XIII, la cour se trouvait en proie à des divisions très-vives causées par des questions de préséance, et spécialement par les prétentions de l'Italien Concini (le marquis d'Ancre), favori de la reine régente, dont la récente élévation scandalisait le peuple et indignait la noblesse. Uniquement préoccupé du désir de faire sa fortune, cet aventurier et Léonora Galigaï, sa femme, vendaient les grâces et les priviléges, trafiquaient du juste et de l'injuste, et cherchaient à se dérober au mépris ou à la haine sous le prestige des dignités et des titres.

On célébra à Paris, en 1612, les fiançailles du jeune roi Louis XIII et de l'infante d'Espagne Anne d'Autriche. A cette occasion on donna sur la place Royale, nouvellement construite par Henri IV, un divertissement chevaleresque en forme de carrousel. Les tenants s'intitulaient « chevaliers de la Gloire; » ils gardaient le « temple de la Fidélité, » et prenaient les noms, alors romanesques, aujourd'hui ridicules, d'Almidor, de Léondite, d'Alphée, de Lysandre et d'Argant. Les juges du camp étaient le connétable et les maréchaux de France. Autour de la place on avait dressé de magnifiques estrades pour la régente, pour le roi, pour les dames et les seigneurs de la cour; les autres spectateurs, nobles ou bourgeois, se pressaient aux fenêtres et jusque sur les toits, d'où l'on pouvait voir le tournoi pacifique. La fête dura trois jours (5, 6 et 7 avril). Le cortége des tenants présentait une agglomération de cinq cents hommes, en y comprenant les pages, les écuyers et les musiciens; on admirait, à leur suite, un chariot d'armes chargé de machines et de personnages, un rocher roulant où l'on avait installé l'orchestre, puis un char triomphal du haut duquel plusieurs divinités débitaient des vers. Après les dieux de l'Olympe venaient les princes et les courtisans qui avaient obtenu l'honneur de jouer un rôle dans cette royale parade, et qui avaient revêtu les attributs des demi-dieux, des héros de la fable et des chevaliers errants fameux dans les épopées du cycle de la Table ronde. Beaucoup d'entre eux, lorsqu'on s'arrêtait aux différentes stations, récitaient à leur tour des vers composés pour la circonstance et qu'on applaudissait en dépit de leur insigne médiocrité. On évaluait à quatre-vingt mille (nombre très-exagéré) les spectateurs de tout âge et de tout sexe qui se pressaient aux abords de la place Royale, à deux mille celui des figurants, à mille celui des chevaux, et l'œil se lassait à voir défiler les machines, les géants, les nains, les éléphants, les monstres, les nymphes et les comparses, dont les costumes étaient empruntés aux Romains, à l'histoire, à la Fable. « Un grand chariot, dit *le Mercure de France*, étoit conduit par deux singes vêtus de satin vert et par deux dragons qui jetaient du feu et des flammes par la bouche et par la queue; puis le char de Junon, tiré par six paons. Dans la troupe des chevaliers de la Fidélité on remarquait le duc de Retz sous le nom d'Éranthe, le comte de La Rochefoucauld sous le nom d'Abradate, le comte de Dampierre sous celui de Polidamant, le baron de Senessay sous le nom d'Eurydamas. Des gentilshommes déguisés formoient la troupe des nymphes de Diane : le comte de

Schomberg avoit pris le nom de Dorille, nymphe hamadryade; le colonel d'Ornano, celui de Mélite, nymphe napée; le sieur de Créquy représentoit Sylvanthe, nymphe dryade; le sieur de Saint-Luc, Nérinde, nymphe naïade, et le marquis de Rosny, Orinthie, nymphe orcade. A côté de ces divinités de la Fable apparaissoit, majestueusement drapés, un cortége des Romains les plus illustres dans l'histoire: Trajan étoit représenté par le marquis de Sablé, Jules César par le duc de Rouanois; le baron de la Bossière y figuroit Vespasien; le baron de Monglat, Scipion l'Africain; l'empereur Auguste étoit représenté par le marquis de Narmoutiers, tandis que le marquis de Bressieux faisoit revivre Coriolan. »

Le prince de Condé, le duc de Vendôme et son frère, les ducs de Longueville, de Mayenne, de Nevers, de Retz, beaucoup d'autres puissants seigneurs, et à leur tête le duc de Bouillon, qui les exhortait à la révolte, quittèrent la cour et se retirèrent dans les provinces soumises à leur influence. Là ils publièrent un manifeste contre la reine et le maréchal d'Ancre. Marie de Médicis et Concini n'osèrent attaquer de front ces rebelles, et ouvrirent avec eux, à Sainte-Menehould, des conférences qui se terminèrent par un traité peu solide. De part et d'autre on résolut de convoquer les états généraux, et ils le furent dès la même année (1614).

Le 14 octobre l'assemblée se réunit en trois chambres distinctes au couvent des Augustins de Paris; elle comptait quatre cent soixante-quatre députés, parmi lesquels cent quarante élus par le clergé et cent trente-deux par la noblesse. Les représentants du tiers-état ne dépassaient pas le nombre de cent quatre-vingt-douze, et encore comprenaient-ils dans leurs rangs beaucoup de magistrats et d'officiers royaux, plus disposés à favoriser les intérêts de la couronne que ceux de leurs mandataires. On comptait parmi les clercs Henri de Gondi, évêque de Paris; pour représenter le tiers-état Paris avait nommé Israël Desneux et Pierre Clapisson, ses échevins, et Nicolas Paris, bon bourgeois. Dès le premier jour, les trois ordres, réunis dans le même édifice, quoique séparément, se complimentèrent par les députations. Dès la séance préparatoire il devint évident que des rivalités et des jalousies allaient se faire jour et attester, par des symptômes graves, le progrès qui s'était accompli dans les idées au point de vue des différences sociales et des priviléges. Le clergé montra plus d'égards et plus de sympathie au tiers-état qu'à la noblesse. Le tiers-état s'émut pour la première fois de l'humiliant cérémonial auquel il était assujetti ; il remarqua avec déplaisir « que mondit sieur le chancelier, parlant en sa harangue à messieurs du clergé et de la noblesse, mettoit la main à son bonnet carré et se découvroit, ce qu'il ne faisoit pas lorsqu'il parloit au tiers-état. » Les travaux de cette assemblée furent longs, multipliés ; mais les rivalités suscitées entre les trois ordres et la nécessité d'une adhésion de chaque ordre séparé à une même résolution rendirent stériles toutes les tentatives essayées pour améliorer le sort du peuple. Il y eut de la part du pays un découragement qui rejaillit sur l'institution elle-même des états généraux et la fit considérer comme inutile. C'était à ce but que tendait la cour.

Ce que n'avaient point fait les états généraux, le Parlement entreprit de l'accomplir ; il enjoignit aux princes et aux pairs de France de venir délibérer avec lui sur les mesures à prendre pour réformer les abus. La régente, effrayée des droits que s'attribuait cette cour de justice, cassa son arrêt comme constituant une usurpation de pouvoir. Le Parlement n'osa résister davantage (1615).

Les princes et les grands du royaume se révoltèrent de nouveau. Des négociations furent ouvertes, et le résultat fut une paix honteuse, acceptée par le roi en 1616.

Dans cet intervalle (1613-1616) l'histoire particulière de Paris ne fut marquée que par de très-rares incidents, consignés dans les annales du dix-septième siècle.

« Le 15 juin de la même année (1615), dit Félibien, le prévôt des marchands et les échevins, accompagnés du greffier, allèrent prier le roi et la reine sa mère de vouloir bien faire l'honneur à la ville d'allumer le feu, la veille de Saint-Jean. Le roi dit qu'il iroit volontiers; pour la reine, elle s'en excusa, mais elle permit que sa fille accompagnât le roi son frère. Aussi, outre la dépense du feu de joie ordinaire préparé par un nommé Domino, on fit dresser par le sieur Morel, ingénieur et artificier, un feu d'artifice devant l'hôtel de ville. Le roi arriva à la Grève, le 23, sur les six heures du soir, accompagné des ducs de Guise et de Vendôme, de plusieurs autres seigneurs, du gouverneur de la ville, des Cent-Suisses et des gardes du corps. Il fut conduit dans la grande salle de hôtel de ville, où il demeura quelque temps à voir danser, puis il s'alla reposer dans la chambre du greffier. Vers les sept heures le prévôt des marchands lui présenta une écharpe tressée d'œillets blancs et la lui passa sur l'épaule. Le gouverneur, le prévôt, les échevins en prirent chacun une autre composée de roses et de giroflées rouges. Ensuite tout le cortége sortit pour faire en cérémonie le tour des deux feux. Les Cent-Suisses marchoient les premiers; après eux venoient les trompettes et les tambours, les hautbois et les cornets à bouquin, le porte-manteau du roi, deux aumôniers du roi en surplis, le greffier de la ville, seul et vêtu de sa robe mi-partie, les quatre échevins deux à deux, vêtus aussi de leurs costumes, le gouverneur avec le prévôt des marchands, puis le roi seul, sans manteau, avec son écharpe d'œillets blancs et son épée, suivi des ducs de Guise et de Vendôme, du maréchal de Souvray, gouverneur du roi, et de Vitry, capitaine de ses gardes. Le roi fit ainsi deux fois le tour du feu de Domino, qui étoit le plus rapproché de la rivière, et une fois celui de Morel. Après quoi le prévôt des marchands, prenant des mains du contrôleur du bois de la ville une torche de cire allumée, la présenta au roi, qui s'en servit pour mettre le feu à un petit tas de bois dressé auprès de la croix. Cela fait, Louis XIII fut reconduit aux cris de Vive le roi! au petit bureau de l'hôtel de ville, d'où, avec une fusée, il mit le feu à l'artifice de Domino, après lequel on eut le plaisir de celui de Morel. La soirée se termina par des collations. Dans celle qui fut offerte au roi, rien ne lui plut davantage qu'un rocher artificiel de confitures et de sucreries où se jouaient des oiseaux vivants, et où l'on voyait des fontaines jaillissantes d'eau et de vin, et un grand navire en sucre. Le roi goûta fort l'invention et fit porter cet objet au Louvre. »

La nouvelle reine, Anne d'Autriche, était attendue avec impatience. Dès le mois d'avril 1616 le prévôt des marchands avait commandé aux colonels des seize quartiers de la ville de réunir une compagnie de cinq cents hommes qui devaient être ainsi rassemblés; il s'en trouva douze mille et plus, tous bien équipés. Le 16 mai, à la pointe du jour, les tambours et les trompettes annoncèrent l'arrivée du roi et de la reine. Chaque compagnie en armes s'achemina aussitôt vers Montrouge, et toutes furent rangées en bataille le long du grand chemin. Ce fut seulement à cinq heures du soir que le cortége royal se mit en marche. Plus de cinquante mille personnes étaient sorties de Paris pour le voir passer. Les principaux corps de la ville haranguèrent le roi et sa jeune épouse à la porte Saint-Jacques; puis ils les conduisirent à Notre-Dame et de là au Louvre, au milieu d'une multitude de peuple qui faisait retentir les airs de ses acclamations.

Le favori de la reine-mère, Concini, continuait d'assumer sur lui la haine populaire; attaqué de toutes parts, il devait succomber. On hésita sur la marche à suivre, sur les moyens à employer, et la faveur de la reine, qui protégeait Concini, élevait un obstacle redoutable entre cet homme et ses ennemis. A la fin on détermina le jeune roi à faire mettre à mort, sans forme de procès, l'étranger que les princes, les grands et le peuple chargeaient de malédictions. Vitry, capitaines des gardes, eut mission de débarrasser le roi de cet homme. Tout fut disposé dans ce but, et le 24 avril 1617, à dix heures du matin, au moment où le maréchal d'Ancre se présentait à la grande porte du Louvre, le baron de Vitry le rencontra et lui dit qu'il avait ordre de l'arrêter. « Moi! » s'écria Concini en langue italienne; et au même moment il tomba mortellement atteint de trois balles; quelques soldats survinrent qui l'achevèrent à coups d'épée.

Le peuple de Paris, sur la foi des princes et par haine

pour les étrangers, regardait Concini comme un tyran. Il déterra son corps, le traîna dans les égouts et en mit les lambeaux à l'enchère. Ces scènes de cannibales, répétées deux fois à un intervalle de sept ans, révèlent ce qu'il y avait de passions sanguinaires et brutales dans ces masses d'autrefois, qu'on représente comme si dociles et si endurantes.

La maréchale d'Ancre, Léonora Galigaï, fut traduite devant le Parlement, accusée de magie et de sorcellerie et condamnée au dernier supplice. En sortant de la Conciergerie pour monter en charrette elle remarqua l'immense multitude qui se pressait sur le chemin et dit d'une voix pleine de douceur : « Que de monde pour voir une « pauvre affligée ! » Sur l'échafaud elle réclama les prières du peuple et se recommanda à la miséricorde de ceux qu'elle avait offensés. Les habitants de Paris, témoins de sa mort, en furent touchés jusqu'aux larmes.

Le 21 septembre 1621 ont apprit à Paris la mort du duc de Mayenne. Les habitants de la ville, qui chérissaient ce prince, le pleurèrent d'abord ; puis les plus animés parlèrent de le venger en massacrant les huguenots. Le dimanche (26 septembre), le duc de Montbazon, gouverneur de Paris, prévoyant une émeute, fit occuper le chemin de Charenton et de la porte Saint-Antoine, où il se rendit lui-même avec ses gardes, accompagné des lieutenants civil et criminel, du chevalier du guet, du prévôt de Paris et des archers de la ville. Le matin se passa tranquillement ; mais, au retour du prêche de l'après-dînée, les huguenots, surtout ceux qui étaient en carrosses, furent injuriés « par un ramas de gens, la plupart filous, artisans et vagabonds, qui commencèrent dans la

Vallée-de-Fécamp à donner sur eux. Ceux-ci, joints aux archers, tous armés d'épées et de pistolets, se mirent en défense pour repousser les agresseurs. Un combat s'engagea, dans lequel il y eut de part et d'autre des blessés et des morts. Les réformés, fuyant du côté de Paris, rencontrèrent à la porte Saint-Antoine la populace qui se rua sur eux, moins pour les battre que pour les voler. Plusieurs bons catholiques qui étaient sortis de la ville pour se promener furent insultés et dépouillés. On les arrêtait pour les fouiller, et, sous prétexte de chercher leurs chapelets, on prenait aux uns la bourse, aux autres le manteau. De la Vallée-de-Fécamp une partie de cette populace courut à Charenton, força la porte de la cour du Temple, pilla les boutiques de quelques libraires, la maison du concierge, la salle du consistoire et finit par mettre le feu au prêche. Après quoi les uns passèrent la rivière au Port-à-l'Anglais, afin de rentrer dans Paris du côté de l'Université; les autres revinrent par la porte Saint-Antoine, agitant un étendard blanc et criant Vive le roi! Aussitôt l'alarme se répandit par la ville; l'effervescence populaire menaçoit hautement de mort tous les huguenots. Le lendemain le Parlement s'assembla et rendit un arrêt ordonnant aux lieutenants civil et criminel d'informer promptement tant des meurtres que de l'incendie arrivés la veille, avec défenses, sur peine de la vie, à toutes personnes de s'assembler de jour ni de nuit sans ordres des magistrats, et d'user de reproche les uns envers les autres sous prétexte de diversité de religion. »

Mais, tandis qu'on rendait cet arrêt, « des vagabonds, qui ne respiroient que le trouble, allèrent à Charenton, ruinèrent et pillèrent deux maisons des religionnaires.

En même temps il se fit une émotion populaire au faubourg Saint-Marceau, où il y eut quelques gens tués. Les Gobelins étoient aussi menacés d'être pillés, comme un lieu qui servoit d'asile à un grand nombre de protestants, si le duc de Montbazon n'étoit accouru avec ses gardes pour apaiser le tulmute. Mais il ne fut pas plus tôt retourné dans son hôtel que la populace mutinée pilla deux maisons de la rue des Postes qui appartenoient à des huguenots. Le prévôt de l'île y étant accouru sur l'heure avec ses archers, surprit quatre de ces séditieux chargés de leur butin, qui furent conduits en prison, et le lendemain punis pour servir d'exemple, savoir, deux pendus, et les deux autres fouettés la corde au cou et bannis pour neuf ans. L'exécution se fit en Grève, le 28 septembre, conformément à l'arrêt du même jour, et par là cessa toute cette émotion de religion, qui ne dura pas trois jours. Il y a apparence que le prêche fut bientôt rétabli, puisque les réformés y tinrent leur synode national en 1623 et 1631, en présence du sieur Galand, conseiller d'État, nommé par le roi pour présider à leurs synodes (1). »

Durant le cours de ces événements la peste ravageait la capitale. « Il y resta si peu de personnes de condition, à cause de la contagion, dit l'abbé de Marolles, dans le mois d'août et de septembre, que, m'étant une fois trouvé avec M. de Vardes pour aller à la promenade du côté de Vincennes, nous ne trouvâmes par les rues que deux carrosses depuis la porte de Nesle jusqu'à celle de Saint-Antoine (2). »

(1) Félibien, t. II, p. 1318.
(2) *Mémoires de Michel de Marolles, abbé de Villeloin.*

Un événement notable pour Paris signala l'année 1622 ; ce fut l'érection de l'évêché en archevêché. Ce projet était formé depuis longtemps. Louis XIII en fit la demande au pape Grégoire XV, qui donna sa bulle en date du 20 octobre 1622.

Richelieu, qui venait de recevoir le chapeau de cardinal, parvint, grâce à l'influence de la reine-mère, à prendre place au conseil en qualité de ministre.

Il n'entre pas dans le cadre qui nous est assigné de retracer les événements généraux du règne de Louis XIII, tels que les guerres de religion soutenues par les provinces, la grande guerre de Trente-Ans dont l'Allemagne était le théâtre, et les perpétuelles révoltes des princes et des grands qui cherchaient à enlever le pouvoir aux mains du cardinal de Richelieu. Ces drames historiques appartiennent à l'histoire du pays et à celle de l'Europe et n'eurent que bien rarement des ramifications à Paris. Durant le règne de Louis XIII cette ville jouit d'une remarquable prospérité, et, grâce au luxe des seigneurs, à l'accroissement de la population, aux embellissements royaux et municipaux, elle acquit des richesses, des lumières, un orgueil qui lui inspirèrent, quelques années plus tard, la pensée de prendre part au gouvernement de l'État.

Paris présentait alors un aspect très-pittoresque ; les monuments du moyen âge s'y mêlaient aux édifices modernes, les palais italiens aux églises gothiques, les tours féodales aux colonnes grecques. Le peuple s'entassait dans la vieille ville, dans la Cité, dans les quartiers Saint-Denis et Saint-Martin, au quartier Latin ; là étaient le commerce, l'industrie, les tribunaux, les colléges ; dans les quartiers neufs étaient les larges rues, les riches hôtels, la noblesse et le grand monde. D'ailleurs la police n'était ni plus habile ni plus vigilante que sous les règnes précédents : point de lumières pendant la nuit, peu de pavés, point d'égouts; partout des tas de boue et d'ordures. « Heureusement, comme disent *les Précieuses ridicules,* on avoit la chaise, ce retranchement merveilleux contre les insultes de la boue et du mauvais temps. » Malgré les arrêts du Parlement, malgré les pendaisons nombreuses, les laquais vagabonds, les mendiants valides, les soldats débandés continuaient à être maîtres des rues. On les déféra vainement à la justice sommaire et souvent barbare du Châtelet; on ouvrit vainement aux pauvres trois hospices; on fit vainement des ordonnances sur les hôtelleries, les maisons de jeu et de débauche; Paris n'en continua pas moins d'être le théâtre des exploits de nombreuses bandes de vagabonds, de mendiants et de malfaiteurs qui se livraient aux plus déplorables désordres.

Les Anglais, plusieurs fois déçus dans l'espérance d'humilier notre pays et de lui imposer la domination protestante, sollicitèrent la paix et l'obtinrent. Le traité fut publié à Paris avec une grande solennité. Le 10 mai 1629, dit Félibien, « sur les trois heures, le Châtelet et l'hôtel de ville descendirent à la Grève, et là fut faite en leur présence la première publication de la paix par les hérauts d'armes du roi, et puis on fit la même chose dans les autres places publiques de la ville. L'ordre de la marche étoit tel : vingt archers de chacune des trois compagnies de la ville, conduits par leurs capitaines, alloient devant, à pied. Suivoient, du côté du Châtelet, les quatre maîtres des sergents à cheval; après eux les quatre audienciers du Châlet, à cheval et en housse, et à côté d'eux, à gauche, quatre sergents de la ville, aussi à cheval et en housse, avec leurs robes mi-parties. Après eux, dix trompettes du roi, cinq de chaque côté; ensuite deux hérauts d'armes, à cheval, bottés et éperonnés, l'épée au côté, vêtus de leurs cottes de cérémonie, un bâton fleurdelisé à la main et la toque de velours sur la tête. Après venoient le greffier de la ville et celui du Châtelet, côte à côte, le premier vêtu de sa robe mi-partie et l'autre avec sa robe noire; puis Moreau, lieutenant civil, à droite, et à gauche Sanguin, sieur de Livri, prévôt des marchands. Dans le même ordre suivoient, à droite, les autres lieutenants, les quatre conseillers du Châtelet et le procureur du roi, et à gauche les échevins, en robes mi-parties comme le prévôt, le procureur du roi de la ville en robe rouge et le receveur de la ville en manteau noir à manches. Les commissaires du Châtelet marchoient à la suite des conseillers du même siége. En cet ordre on alla de la Grève à la Croix-du-Tiroir, aux halles, devant Saint-Jacques de l'Hôpital, au cimetière Saint-Jean, à la place Royale, à la place Maubert et au bout du faubourg Saint-Michel. »

Après la mort de Gustave-Adolphe les ennemis de notre pays prévalurent et Louis XIII déclara la guerre aux Espagnols. En 1636 des revers affligèrent les armées du roi; les Impériaux envahirent la Bourgogne et les Espagnols la Picardie. L'ennemi n'était plus qu'à trente lieues de la capitale.

La consternation fut grande dans Paris. « La plupart des habitants de l'Ile-de-France, croyant avoir déjà les Espagnols à leurs trousses, abandonnèrent leurs maisons et leurs villages pour se mettre en sûreté dans les villes voisines. Les religieux et les religieuses, comme les autres, désertaient leurs monastères. Pendant tout le mois d'août on ne voyait entrer dans Paris que charrettes et chariots chargés de gens qui s'y réfugiaient avec leurs meubles. Le roi, pour arrêter les entreprises de l'ennemi et mettre Paris à couvert d'un siége, fit couper tous les ponts de la rivière d'Oise et ordonna la levée de nouvelles troupes. Les portes de Paris furent gardées depuis le 13 août jusqu'au 27 septembre.

« Le roi déclara la reine gouvernante de Paris pendant son absence, et nomma lieutenant général Timoléon d'Espinay, seigneur de Saint-Luc, maréchal de France. Par diverses ordonnances publiées dans le même temps il avoit été fait injonction à tous gentilshommes et soldats sans condition de s'enrôler dans vingt-quatre heures chez le maréchal de la Force, et aux maîtres de faire enrôler leurs laquais capables de porter les armes. Tous ceux qui avoient carrosse furent obligés de fournir un cheval, avec un laquais ou cocher, comme les propriétaires ou principaux locataires de chaque maison de fournir un homme avec un baudrier et une épée, et les maîtres de poste un cheval avec un de leurs postillons. Il fut défendu à tous artisans de retenir dans leurs maisons plus d'un serviteur, soit apprenti, soit compagnon. Le travail des ateliers fut interrompu, et les bâtiments cessèrent. Les maîtres d'hôtel du roi et gentilshommes servants qui n'étoient pas de quartier eurent ordre de se rendre à l'armée de Picardie, montés et armés, aussi bien que les privilégiés et exempts de la taille; de sorte qu'en moins de quinze jours le roi se trouva avoir une armée des plus nombreuses. Les bourgeois fournirent volontairement l'argent nécessaire pour l'entretien de ces nouvelles troupes; à quoi contribuèrent aussi tous les chapitres, colléges, communautés, fabriques et monastères rentés. On songea en même temps à fortifier la ville et à la munir de provisions. Le tiers des habitants des bourgs et des villages d'alentour eurent commandement de se rendre aux lieux ordonnés pour travailler aux fortifications de Paris. Les greniers des communautés et les galeries même du Louvre furent ouvertes à ceux qui voulurent y apporter des blés (1). » La capitale mise en état de défense, le roi marcha contre les Espagnols, leur reprit Corbie et quelques autres villes, et l'année suivante ils furent battus dans le Midi.

La reine Anne d'Autriche, après une longue stérilité, devint enceinte. La France apprit cet événement avec des transports de joie. Bientôt après, par lettres patentes du 10 février 1638, Louis XIII mit son royaume sous la protection spéciale de la Vierge Marie.

Le 5 septembre de la même année la reine mit au monde un enfant qui ne tarda pas à régner sous le nom de Louis XIV. « Dès le lendemain de la naissance du jeune prince le *Te Deum* fut chanté sur les dix heures du matin à Notre-Dame, en présence des cours souveraines, du gouverneur de Paris, du prévôt des marchands et des échevins. L'archevêque Jean-François de Gondi fit faire le jour suivant une procession générale où il assista à la tête du clergé, accompagné du gouverneur et du corps de ville, pendant que le Parlement et les autres cours allèrent à Saint-Germain en Laye complimenter le roi et la reine sur la naissance du Dauphin, leur fils.

---

(1) Félibien.

Henri de Bourbon, légitimé de France, nommé à l'évêché de Metz et abbé de Saint-Germain des Prés, fit faire, le 8 septembre, jour de la Nativité de la Vierge, une procession générale dans le faubourg de sa juridiction, dont les rues furent tendues de riches tapisseries. Le soir du même jour il y eut des feux et toutes sortes de réjouissances. En un mot, toutes les églises, les communautés, les compagnies et tous les corps de la ville n'omirent rien pour signaler à l'envi leur parfaite reconnoissance du grand présent qu'ils avoient reçu du Ciel. Les ambassadeurs des cours étrangères qui se trouvèrent pour lors à Paris témoignèrent la part qu'ils prenoient à la joie commune de toute la France par des feux, des illuminations et des festins, avec la dernière magnificence. Quelques jours après le roi fit grâce à un grand nombre de prisonniers, en faveur du Dauphin, héritier de la courone; et, après que la reine fut relevée de ses couches, elle vint à Paris le 3 novembre, pour rendre à Dieu ses actions de grâces dans l'église de Notre-Dame (1). »

En 1631 la disette et la contagion avaient exercé de grands ravages dans Paris. La peste recommença en 1636 et 1638, malgré les mesures de salubrité ordonnées par le Parlement. La police était fort mal faite; nous voyons dans les *Registres du Parlement* qu'on renouvelait chaque année des ordonnances contre les voleurs qui pullulaient dans Paris. *Il n'y avoit alors sûreté ni le soir ni le matin* (2).

Le 9 février 1641 Richelieu fit célébrer avec pompe le mariage de sa propre nièce, Claire-Clémence de Maillé-

(1) Félibien.
(2) M. de Gaulle.

Brézé; elle épousait le duc d'Enghien, cousin du roi, le plus illustre des princes du sang et celui que l'histoire devait un jour nommer le grand Condé. A cette occasion on représenta à grands frais la tragédie de *Mirame*, dont le poëte Desmarets acceptait la responsabilité, mais qui était presque entièrement l'œuvre de Richelieu. Cette solennité littéraire n'ajouta guère au renom glorieux du cardinal et donna un prétexte aux sarcasmes de ses ennemis.

Peu de temps après, en décembre 1642, Richelieu mourut à Paris. Ses funérailles furent célébrées avec pompe. « On lui dressa un lit funèbre sur lequel il fut offert cinq jours durant, en habit de cardinal, avec la chape et le bonnet rouge, à l'admiration des Parisiens, qui se pressèrent tout ce temps, et sans être arrêtés par la nuit, aux abords du Palais-Cardinal, en telle foule qu'il ne falloit pas moins de la durée d'un jour pour arriver à son tour devant le catafalque. Enfin, plus d'une semaine après sa mort, le 13 décembre, il fut placé le soir sur un char magnifique, traîné par six chevaux, et conduit en l'église de Sorbonne, où son testament ordonnoit qu'il fût enterré. » Les 19 et 20 janvier suivants Louis XIII fit célébrer à Notre-Dame un service solennel pour la mémoire de son ancien ministre. Toutes les cours y assistèrent par son ordre, ainsi que le bureau de la ville et l'Université; mais le recteur et ses suppôts se retirèrent bientôt, après une violente contestation, parce que le maître des cérémonies ne leur avait réservé que quatre places. M. de Pont de Courlay, le duc de Richelieu, son fils et le marquis de Brézé conduisaient le deuil. Le cardinal Mazarin assista au service, sur un fauteuil de velours violet placé à part du côté de l'Épître, pour éviter toute querelle de préséance avec les évêques et les archevêques, dont les places étaient désignées du côté de l'Évangile. La cérémonie fut magnifique. L'église était toute tendue de drap et de velours, éclairée de trois mille cierges; au milieu du chœur était une chapelle ardente à neuf clochers, où l'on avait placé le simulacre du cercueil. L'archevêque de Paris officia, et l'oraison funèbre fut prononcée par l'évêque de Sarlat, Jean de Lingendes, « dont l'auditoire fut ravi »; ce sont les termes du procès-verbal.

Le jour même de la mort de Richelieu Louis XIII appela dans ses conseils le cardinal Mazarin, « dont il avoit éprouvé la capacité et l'affection à son service dans les divers emplois qu'il lui avoit donnés, et dont il n'étoit pas moins assuré que s'il fût né parmi ses sujets(1). »

Louis XIII avait vu rapidement décliner sa santé; peu de mois après la mort de Richelieu il s'éteignait à son tour. Le 14 mai 1643, trente-trois ans, jour pour jour, après la mort de son père, et presque à la même heure, il rendit le dernier soupir, et légua le royaume à son fils Louis, âgé de moins de cinq ans.

(1) Lettres royales adressées aux gouverneurs des provinces.

CHAPITRE II.

Paris sous Louis XIII. — Fondations religieuses.

La réforme que sainte Thérèse avait introduite dans l'ordre des Carmes, en 1568, s'étant répandue d'Espagne en Italie, et, y ayant fait de grands progrès, le pape Paul V engagea le roi de France à les recevoir à Paris. Au mois de mars 1611 les Carmes *déchaussés* obtinrent de la reine régente des lettres patentes qui leur permirent de s'établir en France, et le 22 mai de la même année, du consentement de Henri de Gondi, évêque de Paris, ils prirent possession d'une maison sise dans la rue de Vaugirard, qui leur fut donnée par Nicolas Vivien, leur fondateur et ancien maître des comptes. Le 20 juillet 1613 Marie de Médicis posa la première pierre de leur église, qui fut achevée en 1620 et dédiée solennellement, le 21 décembre 1625, sous l'invocation de Saint-Joseph.

Cette église est régulièrement construite; elle est surmontée d'un dôme, le premier qui ait été bâti à Paris, si l'on excepte celui de la chapelle Notre-Dame aux Petits-Augustins. Les peintures de la coupole sont de Bertholet Flamael, peintre de Liége; elles furent réparées en 1711 et représentent *le Prophète Élie enlevé au ciel* sur un char de feu; plus bas, Élisée, son disciple, tend les bras pour recevoir le manteau que son maître laisse tomber, et dont la couleur lourde et sombre ne laisse pas de faire un effet disgracieux. Le grand autel fut construit par les soins et aux frais du chancelier Séguier; il est décoré de colonnes corinthiennes en marbre de Dinan, et des statues d'Élie et de sainte Thérèse. La balustrade qui entoure cet autel est d'un très-beau marbre.

La chapelle à gauche est celle de la Vierge; elle était autrefois ornée d'une assez belle statue en marbre blanc, faite à Rome par Antonio Raggi, dit le Lombard, sur les dessins de Bernin. Elle représente la Vierge assise, tenant l'Enfant Jésus sur ses genoux. Cette statue coûta dix mille francs au cardinal Antoine Barberini, qui la fit transporter de Rome et la donna aux Carmes déchaussés. Pendant la Révolution on la transféra au Musée des monuments français, d'où on la tira pour la placer à Notre-Dame, dans la chapelle de la Vierge. On a remplacé dans l'église des Carmes la vierge d'albâtre par un plâtre moulé sur l'original. La chapelle à droite, dédiée à sainte Thérèse, renferme un tableau de J.-B. Corneille, représentant l'*Apparition de Notre-Seigneur à sainte Thérèse et à saint Jean de la Croix*. Elle est décorée de colonnes de marbre et ornée de deux grands tableaux de Sève aîné. D'autres chapelles étaient richement ornées, notamment celle de Saint-Jacques le Majeur, qui contenait des peintures de Pierre Van Mol et de Philippe de Champagne.

En 1711 on posa la balustrade de fer qui règne sur la corniche dans toute l'étendue de l'église. Une tombe de bronze, ornée de bas-reliefs sur les dessins d'Oppenord, fermait l'entrée du caveau où l'on enterrait les religieux. On remarquait dans l'intérieur de l'église plusieurs tombeaux, entre autres ceux de maître Vivien, fondateur du couvent; d'Éléonore de Valançay, évêque de Chartres, depuis archevêque de Reims, mort en 1651; de Pierre Bertius, de Leyde, *savant cosmographe du roi*, mort en 1629.

Le monastère était vaste, mais n'avait rien que de très-simple dans sa construction. La seule chose qu'on y remarquât était l'extrême blancheur des murs, enduits d'une sorte de stuc aussi brillant que le marbre, et dont la composition a été pendant longtemps un secret très-soigneusement gardé par les religieux, de l'ordre du Carmel, qui en étaient les inventeurs. C'est l'espèce d'enduit connu depuis sous le nom de *blanc des Carmes*. Ils étaient aussi les inventeurs de l'*eau de mélisse* qui porte leur nom, et dont ils faisaient tous les ans un débit considérable. Le commerce de cette eau se continue de nos jours.

La bibliothèque, distribuée en deux pièces, contenait environ douze mille volumes. « Ce qu'on y remarque de plus rare, dit Piganiol, c'est un manuscrit de Flodoart ou Frodoard, chanoine de Reims, qui a composé une chronique de ce qui est arrivé de plus considérable depuis l'an 919 jusqu'en 966. On prétend que ce manuscrit est l'original. »

Les jardins étaient vastes et bien cultivés. Indépendamment de l'espace qu'occupait leur couvent, les Carmes déchaussés possédaient autour de leurs cloîtres de grandes portions de terrains sur lesquelles ils avaient fait bâtir, vers la fin du siècle dernier, plusieurs beaux hôtels qui donnaient dans la rue du Regard et dans la rue Cassette. Ces propriétés nouvelles, dont ils tiraient un grand revenu, avaient rendu leur couvent l'un des plus riches de l'ordre [1].

On connaît les hideux massacres qui, le 2 septembre

---

[1] M. de Gaulle. — Hurtaut et Magny.

1792, ensanglantèrent l'église et le monastère des Carmes. Les traces de ce lamentable événement subsistent encore. Dans le jardin, près du bassin qui en occupe le centre, une petite colonne indique la place où le P. Gérault, directeur des Dames de Sainte-Élisabeth, fut mis à mort pendant qu'il lisait tranquillement son bréviaire. L'archevêque d'Arles périt sous l'allée de tilleuls. Mais c'est surtout dans le petit oratoire, au pied de la statue de Marie, que l'on retrouve la glorieuse marque du martyre de ces généreux chrétiens. Il était impossible de ne point conserver religieusement de semblables vestiges. L'oratoire, qui n'était alors fermé que par des claires-voies, est devenu aujourd'hui le sanctuaire d'une chapelle; sous les lambris qui recouvrent les murs, on reconnaît encore, on montre avec une pieuse émotion de larges taches de sang et les trous des balles. Le peuple de Paris vénère d'une manière toute particulière cette chapelle des Martyrs.

L'église des Carmes fut l'une des premières où le culte redevint public à Paris. M. de Pancemont, curé de Saint-Sulpice, y reprit, dès l'an 1800, les fonctions de son ministère; l'abbé Frayssinous y commença, en 1801, ses célèbres conférences; l'abbé Legris-Duval y fit entendre cette voix émue qui rappelait la voix de saint Vincent de Paul, et, lorsque la mort vint pour cet homme de piété et de charité, son dernier vœu fut d'être enterré aux Carmes. Les bâtiments de ce monastère étaient alors occupés par un couvent de dames carmélites et appartenaient à madame de Soyecourt, leur supérieure. Depuis la mort de cette pieuse femme ils furent achetés par Mgr Affre, archevêque de Paris, qui les partagea entre les religieux de Saint-Dominique et une institution des hautes études ecclésiastiques. De nos jours des religieux d'un autre ordre, les RR. PP. Dominicains, desservent l'église; l'oratoire du jardin sert de chapelle à l'institution, qui peut être considérée comme une école normale où de jeunes prêtres viennent s'initier à la science. Cette école est justement célèbre; on trouve ses élèves dans tous les rangs du sacerdoce et dans les carrières de l'État. Mgr Affre, parlant de cette fondation, aimait à en constater les progrès et à lui présager un noble avenir. C'était là qu'il venait souvent lui-même se recueillir et se livrer de préférence aux travaux qui demandent de la tranquillité et de la suite. Le jour vint où ce digne héritier des saints, au spectacle d'un peuple désolé par la guerre civile, résolut de porter à ses enfants égarés des paroles de mansuétude et de paix. Vainement on lui parla des dangers qu'il allait affronter; il repoussa les timides en leur disant : *Le bon pasteur donne sa vie pour ses brebis!* et, quand il fut mort, lui aussi, pour la gloire éternelle, son cœur fut pieusement déposé dans cette chapelle où avait jadis coulé le sang de tant d'autres martyrs.

Au moment où nous traçons ces lignes, il est grandement question de supprimer une partie du jardin de l'ancien monastère des Carmes pour faire passer sur cet emplacement la rue de Rennes, dont le prolongement est réclamé avec tant d'instances par les populations de la rive gauche, privées des débouchés nécessaires à la circulation, et qui se croient beaucoup trop oubliées dans la répartition des travaux d'édilité entre les divers quartiers de Paris. Puisse cette transformation, quand elle s'accomplira, respecter les douloureux vestiges des massacres de 1792 et épargner la chapelle des Martyrs!

Continuons maintenant d'énumérer et de mentionner les pieuses fondations entreprises sous Louis XIII.

Les *Jésuites*, qui avaient obtenu, vers 1615, la permission de rouvrir leur collége à Paris, et qui possédaient deux maisons, l'une située rue Saint-Antoine et l'autre rue Saint-Jacques, obtinrent, par legs, l'hôtel de Mézières, rue du Pot-de-Fer, faubourg Saint-Germain; ils en firent le noviciat de leur société. Cette maison, par des agrandissements successifs, s'étendit bientôt jusqu'aux rues Mézières, Cassette et Honoré-Chevalier. Elle eut une église particulière, achevée en 1642. En 1763, après l'expulsion de la société, cette maison et son enclos furent vendus et affectés à d'autres destinations. Vers la fin du dix-huitième siècle les francs-maçons y établirent leur quartier général.

Les *Minimes*, établis déjà à Chaillot et à Vincennes, eurent une nouvelle maison rue de la Chaussée-des-Minimes. Le couvent et l'église furent bâtis en 1611; cette église avait un beau portail de François Mansard; un grand autel, décoré de six colonnes corinthiennes de marbre de Dinan; plusieurs tableaux de Voutes, de Coypel, de Largillière; des tombeaux remarquables, entre autres ceux de Diane, duchesse d'Angoulême, fille de Henri II, et de Charles de Valois, duc d'Angoulême. L'église a été démolie en 1798. Sur son emplacement on prolongea la rue de la Chaussée-des-Minimes; puis on transforma les autres bâtiments du couvent en caserne.

Les *Capucins*, qui possédaient déjà un couvent à Paris, en eurent un second, rue Saint-Jacques, en 1613; il fut supprimé en 1783, et les Capucins furent transférés au couvent de la rue Sainte-Croix, dans la Chaussée d'Antin.

Les bâtiments des Capucins de Saint-Jacques servent, depuis 1784, d'*hôpital des vénériens*. Les Capucins possédaient un autre couvent au Marais, rues du Perche et d'Orléans, fondé en 1622 sur l'emplacement d'un jeu de paume. En 1776 les bâtiments et le jardin sont devenus propriétés particulières. L'église est la deuxième succursale de la paroisse de Saint-Merry, sous le vocable de Saint-François d'Assise.

Les *Pères de la Doctrine chrétienne* furent établis à Paris, en 1628, rue des Fossés-Saint-Victor ils formaient des séminaires pour l'instruction des jeunes gens qui se destinaient au sacerdoce. Cette maison est une propriété particulière et se nomme encore *maison de Saint-Charles,* parce que l'église de la congrégation était dédiée à saint Charles Borromée.

Les *Prêtres de la Mission* furent d'abord établis au collége des Bons-Enfants de la rue Saint-Victor et ensuite dans la maison de Saint-Lazare, rue du Faubourg-Saint-Denis. Ces prêtres, dont saint Vincent de Paul fut le premier directeur, étaient chargés de recevoir les lépreux et de faire des missions dans les villages du diocèse; ils instruisaient les enfants et préparaient les ecclésiastiques à l'ordination. On renfermait également dans leur maison les jeunes gens débauchés. A l'extrémité de l'enclos Saint-Lazare, sur la rue du Faubourg-Saint-Denis, était un bâtiment nommé *séminaire de Saint-Charles*, destiné aux prêtres convalescents ou à quelques ecclésiastiques en retraite.

L'exercice des missions fit connaître à saint Vincent de Paul que sa petite communauté ne pouvait suffire à tous les besoins de ce genre; il pensa avec raison que le moyen le plus sûr pour remédier aux désordres était non-seulement de prêcher le peuple des campagnes, mais de former des ecclésiastiques et de les rendre capables d'instruire les populations. Les services que la congrégation rendit dès le commencement furent si utiles à la religion que le pape Urbain VIII, par sa bulle du mois de janvier 1632, l'érigea en titre sous le nom de *Prêtres de la Mission*. Louis XIII autorisa cet institut.

En 1632 les Prêtres de la Misssion furent transférés à la maison de Saint-Lazare, qui devint le chef-lieu de la congrégation. Ces religieux furent supprimés à la Révolution.

Le *couvent des Ursulines* était situé rue Saint-Jacques. L'ordre des Ursulines fut institué dans l'année 1537 par la bienheureuse Angèle de Brescia, en Lombardie. Ce ne fut dans le principe qu'une congrégation de filles et de femmes qui se vouaient à la pratique de toutes les vertus chrétiennes et s'occupaient spécialement de l'instruction des jeunes personnes de leur sexe. Elles ne tardèrent pas à s'introduire en France, et Françoise de Bermont, l'une d'entre elles, avec la permission de Clément VIII, établit en 1594 une congrégation d'Ursulines à Aix en Provence, où leur réputation s'accrut encore et contribua à augmenter le nombre de leurs maisons.

On fit venir d'Aix à Paris deux de ces Ursulines, Françoise de Bermont et Lucrèce de Monte. A leur arrivée, au mois de mars 1608, on les logea à l'hôtel de Saint-André, au faubourg Saint-Jacques. Les soins qu'elles apportaient à l'éducation des jeunes filles déterminèrent Madeleine Luillier, veuve de M. de Sainte-Beuve, conseiller au Parlement, à leur procurer un établissement; mais, pour le plus stable, elle voulut que ces filles, qui jusque-là étaient séculières et sans clôture, fussent désormais religieuses et cloîtrées, et qu'outre les trois vœux ordinaires de religion elles en fissent un quatrième particulier de vaquer à l'instruction des jeunes filles. Elle passa un contrat de deux mille livres de rente perpétuelle pour l'entretien de douze religieuses, après avoir obtenu des lettres patentes du roi, datées du mois de décembre 1611, enregistrées au Parlement le 12 septembre de l'année suivante. Le pape Paul V confirma cet établissement et permit d'ériger en corps de religion ces filles qui auparavant n'étaient que séculières. Sa bulle, du 13 juin 1612, porte que le monastère bâti et doté par la dame de Sainte-Beuve, dans la ville ou les faubourgs de Paris, sera sous le titre de Sainte-Ursule et sous la règle réformée de Saint-Augustin. Ainsi autorisée, la fondatrice acheta l'hôtel de Saint-André, « et une grande place au lieu appelé les Poteries, tenant d'un côté à l'hôtel de Saint-André, de l'autre aboutissant à une petite ruelle nommée rue du Paradis, autrement rue Jean-le-Riche, et d'autre part depuis la rue du Faubourg-Saint-Jacques jusqu'au chemin qui est devant la porte de la Santé, au faubourg Saint-Marcel. » On construisit une vaste maison dans cette place, et dans une partie des bâtiments de l'hôtel Saint-André on éleva une petite chapelle pour le dehors et un chœur en dedans pour les religieuses. Tous les lieux réguliers étant disposés pour recevoir une communauté, Anne de Boussi, abbesse de Saint-Étienne de Reims, fut priée de venir former aux exercices du cloître les sujets qui se présentaient. Elle arriva à Paris le 11 juillet 1612, accompagnée de quatre religieuses, et le 11 novembre suivant elle donna l'habit à douze filles, en présence de Henri de Gondi, évêque de Paris.

Le nombre des religieuses ursulines s'étant peu à peu augmenté, la fondatrice fit construire une nouvelle église, dont la première pierre fut posée par la reine Anne d'Autriche le 22 juin 1620; elle fut achevée en 1627, et dédiée le 14 mars de la même année par Jean-François de Gondi, archevêque de Paris. Cette église, qui a subsisté jusque dans les derniers temps de la monarchie, était petite, mais assez jolie. L'autel était décoré d'un riche tabernacle et orné d'un tableau représentant *l'Annonciation*, par Van Mol, élève de Rubens. A gauche de l'autel on voyait un *Saint Joseph*, sans nom d'auteur, et un autre tableau représentant *Sainte Angèle instruisant des enfants*, par Robin.

Au milieu du chœur des Ursulines avait été inhumée madame de Sainte-Beuve, fondatrice du monastère, morte le 29 août 1628.

On remarquait à Paris l'établissement des *Ursulines de Sainte-Avoie*. « Il est difficile, disent les compilateurs Hurtaut et Magny, de bien préciser l'origine de ces religieuses. Les uns l'attribuent à saint Louis, et d'autres à Jean Suivant ou à Jean Hersant, tous deux chefciers de Saint-Merry; d'autres prétendent que c'étoit une société de béguines. C'est mal à propos qu'on leur a donné ce dernier nom. Jean Séquence, ou Séquent, ou Suivant, chefcier de Saint-Merry, avoit acheté une maison, dans la rue du Temple, à frais communs avec une veuve nommée Constance de Saint-Jacques, pour y placer une commu-

---

(1) Hurtaut et Magny. — M. de Gaulle.

nauté de pauvres femmes veuves, âgées de cinquante ans et plus, et y en avoient établi quarante; ils leur donnèrent cette maison en toute propriété, avec ses appartenances et dépendances, en affectant et réservant la supériorité et l'administration de la communauté au chefcier de Saint-Merry et à ses successeurs. En 1303 on les appeloit les Pauvres Veuves de la rue du Temple, les Pauvres Femmes veuves en deçà de la porte du Temple. Enfin madame Luillier, veuve de M. de Sainte-Beuve, fondatrice des Ursulines, de concert avec M. Guy Houissier, curé de Saint-Merry, proposa à ces bonnes femmes d'embrasser la religion et les constitutions des Ursulines, avec mille livres de rente, ce qu'elles acceptèrent par un contrat signé le 10 décembre 1621, homologué par les grands-vicaires de M. le cardinal de Retz, évêque de Paris, le 4 janvier suivant, confirmé par le pape et approuvé par lettres patentes du mois de février 1623, et vérifié au Parlement quelques jours après. Les religieuses ursulines furent mises en possession de la maison de Sainte-Avoie dès le mois de janvier 1622. Les bonnes femmes, qui alors n'étoient que neuf, prirent l'habit et persévérèrent avec édification dans le nouvel institut qu'elles avoient embrassé. Le curé de Saint-Merry conserva toujours ses droits sur cette maison. »

La communauté des *Prêtres de l'Oratoire* fut fondée à Paris, au mois de novembre 1611, par le cardinal de Bérulle, pour préparer les jeunes ecclésiastiques à remplir dignement les fonctions du sacerdoce, à instruire la jeunesse et à prêcher l'Évangile aux nations étrangères. La maison que M. de Bérulle établit alors reçut de lui une règle semblable à celle de l'ordre qu'avait autrefois fondé à Rome saint Philippe de Néri. Les membres de cette société, qui n'étaient liés par aucun vœu, vivaient en communauté pour la prière, l'office et les repas; ils tenaient, comme à Rome, des conférences scientifiques qui donnèrent l'essor à des esprits justement célèbres. M. de Bérulle plaça d'abord les premiers oratoires à l'hôtel du Petit-Bourbon, rue Saint-Jacques, là où fut plus tard élevé le Val-de-Grâce. Ils n'y restèrent pas longtemps. Le 20 janvier 1616 M. de Bérulle acquit de la duchesse de Guise l'hôtel du Bouchage, hôtel fameux par le séjour qu'y fit Gabrielle d'Estrées et où Henri IV fut frappé par la main de Châtel.

Le 22 septembre 1621 fut posée la première pierre de l'église que l'on voit aujourd'hui et dont la construction fut terminée en 1630. La façade du côté de la rue Saint-Honoré, bâtie en 1745, fut reconstruite en 1774.

Cette église est vaste; commencée par l'architecte Métézau, elle fut continuée par Jacques Le Mercier et achevée par Caquier. Le manque d'argent ne permit de décorer cette église que peu à peu, ce qui a nui à la symétrie et à la régularité de l'intérieur. Quelques ornements étaient de fort mauvais goût; mais on y remarquait une belle *Annonciation* de Goorchim, un *Ecce Homo* de Coypel, une *Adoration des Mages* peinte par Vouet; des tableaux de Champagne, de Challe, et le magnifique mausolée du cardinal de Bérulle, l'un des plus beaux ouvrages de François Angier. Nicolas de Harlay, sieur de Sancy, connu par la satire de d'Aubigné (*la Confession de Sancy*), fut enseveli dans cette église, ainsi que le lieutenant civil d'Aubray, frère aîné de la marquise de Brinvilliers, dont il fut la seconde victime.

Tous les ans, le jour de la fête de Saint-Louis, l'Académie des Sciences et celle des Inscriptions et Belles-Lettres faisaient chanter dans l'église de l'Oratoire une messe en musique, et on y prononçait le panégyrique de ce saint roi.

La bibliothèque de cette maison, composée de près de trente mille volumes, était fort importante. On y voyait un grand nombre de manuscrits, dont plusieurs, en langue orientale, avaient été donnés par Achille de Harlay, marquis de Sancy, ambassadeur de France à Constantinople. Le plus remarquable était le *Pentateuque samaritain*, qui a été depuis imprimé dans la grande Bible polyglotte de Le Jay. Cette bibliothèque ne pouvait être en meilleures mains, car on sait que les Oratoriens étaient fort distingués par leur science. L'avocat général Talon a dit de leur ordre : « C'est un corps où tout le monde obéit et où personne ne commande. » Bossuet, dans l'oraison funèbre du P. Bourgoin, s'exprime ainsi : « Congrégation à laquelle le fondateur n'a voulu donner d'autre esprit que l'esprit même de l'Évangile, d'autres règles que les saints canons, d'autres vœux que ceux du baptême et du sacerdoce, d'autres liens que ceux de la charité. »

Les Oratoriens furent supprimés en 1792. Leur église servit pendant plusieurs années aux assemblées du district et de la section du quartier. En 1802 elle fut cédée aux protestants de la confession de Genève, qui l'occupent encore aujourd'hui. Rue de l'Oratoire du Louvre était le couvent, dont les bâtiments furent successivement occupés par la conservation générale des hypothèques, l'administration de la caisse d'amortissement, le conseil impérial des prises maritimes et plusieurs sociétés littéraires.

Outre le chef-lieu de la congrégation, les Oratoriens avaient à Paris le *séminaire de Saint-Magloire* et un *noviciat*.

De nos jours, un savant ecclésiatique, qui a laissé de précieux souvenirs à Saint-Roch et à Saint-Philippe, M. l'abbé Pététot, a de nouveau fondé la communauté des Pères de l'Oratoire; sous sa direction, cette congrégation d'hommes voués à la religion et à l'étude vient de faire bâtir, rue du Regard, une chapelle où, à certains jours marqués, l'élite des fidèles, de jeunes érudits, des magistrats, des chrétiens appartenant aux classes riches et intelligentes, se réunissent pour entendre des orateurs d'un haut mérite, et dont nous contristerions la modestie si nous osions définir leur talent et les désigner par leurs noms.

La *chapelle de l'Oratoire* n'offre rien de remarquable comme monument, mais elle est d'un bon style et très-convenablement disposée pour les besoins du culte. L'architecte qui l'a terminée a voulu la construire dans le goût du douzième siècle; c'est donc une imitation des églises romanes, telles qu'elles existaient avant l'introduction du style ogival. Au-dessus de l'autel le chapiteau d'une colonne sert de support à une statue d'une fort belle exécution, représentant la sainte Vierge assise et tenant sur ses genoux son divin Fils. La chapelle est dédiée sous le vocable de l'Immaculée Conception.

Le *couvent des Bénédictines de la Ville-l'Évêque*, situé rue de la Madeleine, au coin de celle de Suresne, faubourg Saint-Honoré, fut fondé en 1613 par Catherine d'Orléans de Longueville et Marguerite d'Estouteville, et érigé en prieuré dépendant de l'abbaye de Montmartre.

En 1647 on y introduisit la réforme et la règle de Saint-Benoît. L'emplacement de ce couvent est, depuis 1799, couvert par des maisons particulières.

La *Visitation de Sainte-Marie* fut instituée à Paris par la baronne de Chantal, en 1619. En 1628 les religieuses de ce couvent se fixèrent à l'hôtel de Cossé, rue Saint-Antoine. En 1682 on leur bâtit une église sur les dessins de Mansard et sur le modèle de Notre-Dame de la Rotonde, à Rome. On la nomma *Notre-Dame des Anges*. Ce couvent a été supprimé en 1790. Ses bâtiments ont été vendus à divers particuliers. L'église, construite avec goût, a été cédée, en 1802, aux protestants de la confession de Genève.

Un autre couvent du même ordre fut bâti rue Saint-Jacques en 1633. L'église, qui forme une petite rotonde, et les bâtiments sont occupés aujourd'hui par les religieuses de *Saint-Michel*, qui se consacrent à l'éducation de la jeunesse. Leur couvent sert aussi de maison de correction pour les jeunes filles repenties, et pour celles qui sont détenues par mesure de police ou de correction paternelle.

Les *Filles de la Madeleine* ou *Madelonnettes* furent établies par Robert de Montry en 1618, et placées, en 1820, rue des Fontaines, quartier Saint-Martin des Champs. Cette maison était destinée à renfermer des filles publiques pénitentes; les parents y faisaient renfermer leurs filles débauchées. En 1793 ce couvent devint une prison publique; depuis l'an IV il sert de maison de détention pour les femmes.

Les *Bénédictines anglaises* s'établirent, en 1619, au faubourg Saint-Marcel, rue du Champ-de-l'Alouette. L'église portait le nom de *Notre-Dame de Bonne-Espérance*. En 1790 ce couvent est devenu propriété particulière.

Les *Filles du Calvaire* furent instituées par le Père Joseph, Capucin, en 1620, et logées d'abord rue des Francs-Bourgeois Saint-Michel, ensuite dans l'enclos du jardin du Luxembourg, et enfin dans la rue de Vaugirard. Leur chapelle a été convertie en remises dépendantes du palais du sénat.

Un autre couvent du même nom fut fondé par le Père Joseph rue des Filles-du-Calvaire, en 1633. Sur son emplacement ont été ouvertes, en 1804, les rues Neuve-de-Ménilmontant et Neuve-de-Bretagne.

Nous avons mentionné à plusieurs reprises les développements que prenait à Paris l'ordre des Frères prêcheurs, institué par saint Dominique, et dont les religieux étaient vulgairement appelés *Jacobins*, du nom de leur principale église, dédiée sous le vocable de Saint-Jacques. Un de leurs couvents, le plus célèbre de tous, était situé rue Saint-Honoré; il avait été fondé, en 1613, par Sébastien Michaelis, général de l'ordre, et l'évêque de Paris contribua pour cinquante mille livres aux frais de construction du monastère. L'église, assez remarquable, était ornée de peintures et de sculptures. Marie de Médicis et Anne d'Autriche, qui visitaient souvent le couvent des Jacobins, situé à peu de distance des Tuileries, y avaient fait construire la chapelle de Saint-Hyacinthe. Un tableau représentant ce saint avait été peint par Nicolas Colombel, peintre de l'Académie royale.

Une autre chapelle, à gauche du maître-autel, avait été bâtie et décorée aux frais de Catherine de Rougé de Plessis-Bellière, veuve de François de Blanchefort de

Créqui, maréchal de France. Une copie de la *Descente de croix* de Lebrun, faite par Houasse, ornait l'autel de cette chapelle. Le tombeau du maréchal de Créqui avait été exécuté par Coustou l'aîné et Joli, d'après les dessins de Lebrun. La figure était de Coyzevox.

Parmi les monuments sépulcraux de l'église on distinguait encore celui du célèbre peintre Pierre Mignard, dit le Romain, mort en 1695, âgé de quatre-vingt-cinq ans. La comtesse de Feuquières, sa fille, y était représentée à genoux, priant Dieu pour son père. Selon Dulaure, elle avait quatre-vingt-deux ans lorsque l'artiste dessina son buste pour ce tombeau et conservait encore à cet âge les traits de la beauté. Germain Brice assure au contraire que madame de Feuquières posa pour ce buste à l'époque la plus brillante de sa jeunesse. Ce tombeau, ouvrage de Lemoine et Desjardins, avait été, ainsi que celui du duc de Créqui, transféré au Musée des monuments français.

Plusieurs autres personnages distingués avaient été inhumés dans cette église : Nicolas de Verdun, premier président du parlement de Paris, mort au mois de mars 1627; Thomas Campanella, Dominicain fameux par les orages de sa vie, mort le 29 mai 1639, à l'âge de soixante et onze ans; André Félibien, écuyer, sieur des Avaux et de Javercy, historiographe des bâtiments du roi, auteur des *Entretiens sur les vies et les ouvrages des peintres*, mort le 11 juin 1695, à soixante-dix-sept ans; Nicolas-André Félibien, l'un des fils du précédent, prieur de Saint-Étienne de Vicasel, grand-vicaire de Bourges, mort à Paris le 16 septembre 1711, auteur de plusieurs ouvrages de droit canon restés manuscrits.

Ce couvent fut d'ailleurs illustré par un grand nombre de religieux célèbres dans les lettres et les sciences ou distingués par l'éminence de leurs vertus.

La bibliothèque de ce couvent fut d'abord peu considérable ; pour déterminer la cour à la rendre plus complète les Jacobins s'avisèrent de la dédier au Dauphin Louis, fils de Louis XIII, au moment de sa naissance, et firent, en conséquence, placer au-dessus de l'entrée de cette bibliothèque l'inscription suivante : *Hæc principi Delphino bibliotheca dicata fuit die nativitatis ejus*, 5 *septembris* 1638. Moyen nouveau qui n'eut d'ailleurs aucun succès. Cette bibliothèque fut accrue par le don qu'en 1689 fit à ce couvent un docteur de Sorbonne, appelé Piques ; elle se trouvait, dans les derniers temps, composée d'environ trente mille volumes.

La salle de cette bibliothèque servit, un siècle plus tard, aux séances de la fameuse société des *Amis de la Constitution*, qui, à cause du couvent, reçut le nom de *Société des Jacobins*.

Ce couvent fut supprimé en 1790. Dans la suite les bâtiments furent démolis, et sur leur emplacement, ainsi que sur celui de leur jardin, on établit, en 1810, un marché, depuis longtemps désiré, appelé d'abord *Marché des Jacobins*, puis *Marché Saint-Honoré*. La rue qui y conduit porte ce dernier nom. Au moment où nous traçons ces lignes, on se préoccupe de la nécessité de reconstruire ce marché sur un plan vaste et commode, et les travaux sont déjà en voie d'exécution.

Les Jacobins possédaient encore, au faubourg Saint-Germain, un couvent situé place Saint-Thomas d'Aquin, entre la rue du Bac et la rue Saint-Dominique.

Nicolas Radulphi, général des Jacobins, muni d'un bref du pape, du 29 août 1629, vint à Paris, accompagné de quatre religieux de son ordre, pour solliciter auprès de Louis XIII la permission d'établir un troisième couvent de Jacobins dans cette ville. Ce pieux roi consentit, par ses lettres patentes de juillet 1632, à cet établissement, qui devait porter le titre de *Noviciat général de l'ordre de Saint-Dominique en France*. Le Parlement tenta de s'opposer à cette fondation, mais on brava sa résistance. On n'attendit pas même l'approbation de l'archevêque de Paris, et les nouveaux venus s'installèrent d'abord dans une maison de modeste apparence, entourée de jardins et de terres cultivées. Après y avoir séjourné durant un demi-siècle ils se trouvèrent à l'étroit, et firent élever un bâtiment plus considérable, dont la principale façade donnait sur la rue de l'Université. Un demi-siècle plus tard ils firent construire divers autres corps de logis qui ne furent terminés qu'en 1740.

L'église des Jacobins, bâtie en 1682, est l'ouvrage de Pierre Bullet, l'un des meilleurs architectes de l'époque. La première pierre en fut posée le 5 mars 1683 par Hyacinthe Serroni, archevêque d'Albi, et Anne de Rohan-Montbazon, duchesse de Luynes. Elle ne fut entièrement achevée que vers 1779, et, durant ce long espace de près d'un siècle que dura cette construction, les Jacobins se virent souvent obligés, pour subvenir aux frais, d'avoir recours à la générosité des fidèles et même à des emprunts onéreux.

A l'intérieur, depuis le portail jusqu'au fond du sanctuaire, l'édifice de P. Bullet a quatre-vingt-quatre mètres de longueur, et de hauteur environ vingt-quatre. La décoration du monument est pleine de richesse, et les vitraux, dit une ancienne description, « distribuent une lumière si douce que les yeux les plus foibles n'en sont point offensés. » Parmi les ouvrages d'art on y voit des tableaux et des sculptures dus à Lebrun, François Lemoine, Fr. Romié, Martin, et surtout à Jean-André, religieux de la maison et peintre habile.

Parmi les religieux qui ont illustré ce couvent on distingue Vincent Baron, savant théologien, docteur conventuel de l'université de Toulouse et inquisiteur en 1663, et François Romain, qui s'est rendu célèbre par ses talents comme ingénieur et comme architecte. Il commença en 1684 la construction du pont de Maestricht, et, de retour à Paris, fut chargé par Louis XIV d'ouvrages importants et de l'inspection des bâtiments de la généralité de Paris.

L'église des Jacobins renfermait les tombeaux d'un grand nombre de personnages distingués : Philippe de Montaut, duc de Noailles et maréchal de France, et son épouse, Suzanne de Baudéan de Neuillan de Parabeyre ; Françoise Berteau de Fréauville, épouse de Louis Le Goy, qui avait donné au couvent une partie de sa bibliothèque ; Maximilien de Bellefourière, marquis de Soyecourt ; Hyacinthe Serrani, premier archevêque d'Albi, Dominicain : il fit preuve de talents diplomatiques dans quelques négociations ; Jacques de Fieux, évêque et comte de Toul ; Henriette de Conflans, marquise d'Armentières ; François-René du Bec-Crespin-Grimaldi, marquis de Vardes ; Marie de Bellenave, marquise de Clérembault ; Marguerite de Laigue, marquise de Leuville, dont le tombeau fut élevé par G.-M. Oppenord, premier architecte du duc d'Orléans; Fr.-Amable de Monestay, marquis de Chazeron; Arthur Poussin, docteur en théologie, qui fit don aux Jacobins de sa bibliothèque. La plupart de ces monuments tumulaires furent transférés au Musée des monuments français.

En 1802 l'église des Jacobins du faubourg Saint-Germain fut érigée en paroisse de premier ordre sous le vocable de *Saint-Thomas d'Aquin.*

Le *monastère des Annonciades célestes,* également appelées *Filles bleues,* était établi rue Culture-Sainte-Catherine, près de l'hôtel Carnavalet. L'ordre des Annonciades avait été institué à Gênes, vers 1602, par une pieuse veuve d'une maison illustre, Victoire Fornari, et s'était fort répandu en Italie, en Allemagne, en Lorraine. Dès 1616 ces religieuses eurent un établissement à Nancy; ce fut de ce monastère que Henriette de Balzac, marquise de Verneuil, en fit venir quelques-unes pour établir un couvent à Paris. Par contrat du 16 juillet 1621 madame de Verneuil fonda en leur faveur une rente de 2,000 livres. L'évêque de Paris approuva ce nouvel établissement en 1622, et le roi l'autorisa par des lettres patentes enregistrées le 13 août 1623.

Les religieuses que la marquise de Verneuil avait fait venir de Nancy s'installèrent donc dans un hôtel assez vaste que cette dame avait loué pour elles rue Culture-Sainte-Catherine. Cet hôtel, connu sous le nom d'hôtel Danville, parce qu'il avait appartenu à la maison de Montmorency, appartenait alors aux filles de Jean de Vienne, contrôleur général des finances. Les donations qui furent faites aux Annonciades les mirent en état d'acheter cet hôtel en 1626, moyennant 96,000 livres. En 1629 il fut défendu aux Annonciades de faire aucun établissement dans le royaume sans le consentement du monastère de Paris.

La décoration de l'église des Annonciades était due aux libéralités de la comtesse des Hameaux, une des principales bienfaitrices du couvent. Le corps de cette dame reposait, avec le cœur de son mari, dans la chapelle intérieure.

On admirait dans cette église le tableau du principal autel, représentant une *Annonciation,* peinte par Le Poussin. On y montrait aussi aux curieux un *Ecce Homo* et une *Mère de Douleurs,* deux demi-figures peintes, fort anciennes, qui paraissaient être d'Albert Dürer ou de son école. Ces deux tableaux n'étaient exposés que le jeudi saint.

La vie des religieuses annonciades, sans être des plus austères, était fort retirée. Elles portaient un habit blanc, un manteau et un scapulaire bleu, ce qui leur fit donner le nom d'Annonciades célestes ou Filles bleues. Suivant de Chuyes et Sauval on les appelait d'abord *Célestines;* ce dernier nom fut changé pour que l'on ne confondît pas leur ordre avec celui des Célestins (1).

Devenus propriété particulière après la suppression des ordres religieux, les bâtiments de ce couvent furent occupés, sous le premier empire, par des bureaux dépendants des Droits réunis. De nos jours un commissionnaire de roulage y est établi.

D'autres maisons du même ordre existaient encore à Paris. Nous les énumérons ci-après :

Les *Annonciades du Saint-Sacrement* de Saint-Nicolas de Lorraine. La guerre et l'incendie du bourg de Saint-

---

(1) Jaillot, *Quartier Saint-Antoine*, t. III, p. 58.

Nicolas, en Lorraine, obligèrent les religieuses annonciades qui y étaient établies à venir chercher un asile à Paris en 1636. Elles louèrent d'abord, rue du Colombier, une maison où elles obtinrent la permission de faire célébrer la messe. Quelques mois après, leur établissement ayant été régulièrement autorisé, elles le transférèrent rue du Bac, où elles furent remplacées, deux ans après, par les *religieuses de la Conception* ou *Récollettes*. On les transféra alors rue de Vaugirard; mais, la maison qu'elles habitaient ayant été vendue par autorité de justice, en 1656, des religieuses de l'Assomption vinrent occuper leur place. On n'a pas de renseignements plus précis sur cette congrégation.

Les *Annonciades des Dix Vertus*. Ces religieuses, venues de Bourges à Paris en avril 1636, s'établirent d'abord rue des Saints-Pères, entre les rues Taranne et de Grenelle. Après avoir fait autoriser leur établissement par l'abbé de Saint-Germain des Prés, en 1637, elles obtinrent de Gaston d'Orléans, frère du roi, une dotation de deux mille livres de rente sur tous les biens de sa fille, *Mademoiselle*. En 1640 ces religieuses furent transférées, à leur sollicitation, dans une maison rue de Sèvres, près des Petites-Maisons. Ce nouveau couvent fut bénit en présence de mademoiselle de Bourbon, fondatrice principale, et de la princesse de Condé.

Ce monastère ne subsista que jusqu'en 1654. Les religieuses se virent alors obligées de l'abandonner à leurs créanciers, et il fut acquis par les Dames de l'Abbaye-au-Bois.

Le *couvent des Annonciades du Saint-Esprit*, aujourd'hui *église de Saint-Ambroise*, rues de Popincourt et

Saint-Ambroise. Lorsque Louis XII eut fait casser son mariage avec Jeanne de France, fille de Louis XI, cette malheureuse princesse se retira à Bourges, capitale du duché de Berri, qu'on lui avait abandonné. Ce fut dans cette ville qu'elle institua, en 1500, l'ordre de la bienheureuse Vierge Marie, dit de l'Annonciade, ou des Dix Vertus de la sainte Vierge.

Des religieuses de cet ordre s'étaient établies à Paris en avril 1636. D'autres, venues du couvent de Melun, avaient obtenu en 1632 la permission de s'établir à Saint-Mandé, près Vincennes. Le roi ayant eu besoin du terrain qu'elles occupaient, elles acquirent de M. Angran, secrétaire du roi, une grande maison et un terrain rue de Popincourt, près du lieu où avait été la maison de campagne de Jean de Popincourt, premier président du Parlement sous Charles VI.

Indépendamment de ces diverses communautés, il existait à Paris, dans la rue Cassette, une *congrégation de Notre-Dame de l'Annonciade,* sur laquelle les annalistes des deux derniers siècles n'ont transmis que fort peu de renseignements.

Sous le règne de Louis XIII les *religieuses du Saint-Sacrement* s'étaient établies près du Louvre, mais on ignore quel était l'emplacement de leur monastère. A cette époque, Sébastien Zamet, évêque de Langres, conçut le projet d'instituer un ordre de religieux dont l'unique occupation serait d'adorer nuit et jour le Saint-Sacrement. La règle de cette communauté devait être d'une rigueur extrême. Zamet, suivant l'expression d'un grave historien, « étoit de ces hommes à vues singulières, qui, avec une teinture de piété, jointe à une grande vivacité d'imagination, proposent des desseins quelquefois chimériques, où l'esprit du monde se déguise souvent sous les apparences de celui de Dieu. » Il changea entièrement son projet de règlement et ne destina ce couvent qu'à des filles riches et bien nées. « Dans ce dessein, il vouloit que l'habit fût beau et auguste, de belle serge blanche, avec de grands manteaux traînants, un scapulaire rouge de belle écarlate, de beau linge, l'église magnifique, et toutes choses d'un grand ajustement; qu'on dît matines le soir à huit heures; que tout fût doux et agréable dans la maison pour ne point faire peur aux filles de la cour; que les religieuses fussent polies et agréables; qu'il y eût peu d'austérités du corps; que les sœurs du chœur ne fissent aucun travail bas et pénible; qu'on les instruisît à bien parler et qu'on leur façonnât l'esprit par les nouvelles du siècle. Pour la clôture, elle devoit être si exacte que l'évêque de Langres ne vouloit pas même que les prêtres entrassent au dedans pour les cérémonies de la sépulture ecclésiastique. »

Le pape accorda une bulle; mais l'archevêque de Paris et le roi refusèrent d'approuver la fondation de cette nouvelle communauté. La princesse de Longueville mit tout en œuvre pour arriver à l'exécution du projet de l'évêque Sébastien Zamet, et les obstacles s'aplanirent enfin en 1633. Ce triomphe ne fut pas de longue durée, car, sous le règne de Louis XIV, la maison dont nous parlons fut supprimée et ne fut point rétablie.

Le *prieuré du Cherche-Midi*, ou *de Notre-Dame de Consolation*, était situé rue du Cherche-Midi. Des religieuses augustines de la congrégation de Notre-Dame, de la ville de Laon, vinrent à Paris, en 1633, pour y former un établissement. Le 13 mai 1634 elles achetèrent des sieur et dame Barbier un emplacement rue du Cherche-Midi ou Chasse-Midi, et, munies du consentement de l'abbé de Saint-Germain et de lettres patentes du roi, de septembre de la même année, elles firent construire un monastère ; mais ces religieuses, mauvaises économes, se virent dans la suite poursuivies par leurs créanciers. Un arrêt du 3 mars 1663 ordonna la vente de leur maison. Dans cette fâcheuse conjoncture elles s'adressèrent à Marie-Éléonore de Rohan, abbesse de Malnoue, et lui offrirent de se mettre sous sa dépendance, en embrassant la règle de Saint-Benoît. Il en coûta à cette abbesse 55,100 livres, prix de la vente de la maison, dont elle se rendit adjudicataire ; puis elle la céda aux religieuses du Cherche-Midi, qui reçurent, en 1669, le titre de *Bénédictines de Notre-Dame de Consolation.*

Ce couvent fut supprimé en 1790.

Le *Monastère des Filles du précieux Sang* était situé rue de Vaugirard, quartier du Luxembourg. Des filles de l'ordre de Cîteaux, de la ville de Grenoble, après avoir adopté une réforme, firent solliciter, auprès de l'abbé de Saint-Germain des Prés, la permission d'établir un couvent de leur ordre dans l'étendue de sa juridiction. Cette demande fut accordée le 20 décembre 1635 ; elles achetèrent, en conséquence, une maison rue du Pot-de-Fer, au coin de la rue Mézières. Pour la payer elles reçurent de la duchesse d'Aiguillon la somme de 8,050 livres, et vinrent l'habiter en 1636. Ces religieuses, ayant mal calculé leurs ressources ou trop compté sur le zèle public, se trouvèrent tellement endettées qu'elles furent forcées d'abandonner leur maison à leurs créanciers.

Alors elles prirent à loyer une maison située rue du Bac, où elles se retirèrent. Cette maison, depuis cette époque, a fait partie du séminaire des Missions étrangères. Enfin des personnes charitables vinrent à leur secours et leur fournirent une somme qui leur permit, le 20 décembre 1658, d'acheter, rue de Vaugirard, une maison qu'elles firent disposer suivant leurs besoins. La chapelle fut bénite le 20 février 1559 sous le titre de *Précieux Sang de Notre-Seigneur*, et le même jour elles vinrent habiter leur nouveau monastère.

Elles furent supprimées en 1790.

Les *Filles de Sainte-Élisabeth*, ou du tiers-ordre de Saint-François, furent instituées en 1625, dans la rue du Temple. Marie de Médicis posa, avec son fils, en 1628, la première pierre des bâtiments et reçut le titre de fondatrice. Ce couvent fut supprimé en 1790. L'église, qui a conservé le nom de *Sainte-Élisabeth*, est, depuis 1803, la deuxième succursale de la paroisse de Saint-Nicolas des Champs; elle a été agrandie en 1829.

Le *couvent de Notre-Dame de Sion*, ou *des Chanoinesses régulières anglaises et réformées de l'ordre de Saint-Augustin*, fut établi, en 1633, d'abord dans la rue Saint-Antoine, puis dans celle des Fossés-Saint-Victor, à côté et au-dessous du collège des Écossais, dans une maison qui avait appartenu à Baïf, poëte du temps de Charles IX et de Henri III, qui avait fondé une espèce d'académie de musique et de poésie. Dans les bâtiments de ce couvent, supprimé en 1790, est un pensionnat de demoiselles.

Le *couvent des Filles de la Conception*, ou *Religieuses du tiers-ordre*, fut fondé, en 1635, rue Saint-Honoré, en face de l'Assomption. Sur son emplacement on a bâti, depuis 1790, des maisons particulières.

Le couvent des Filles de l'Immaculée Conception, ou Récollettes, était situé rue du Bac, à l'angle nord de la rue de Varennes; il fut fondé vers 1637. Ce ne fut qu'en 1663 que les religieuses prirent le titre de *Filles de la Conception*. En 1664 ce couvent fut déclaré de fondation royale. Louis XIV fournit les frais de l'église, qui fut achevée en 1694. Ce couvent a été vendu à des particuliers après la Révolution.

Les *Religieuses de la Charité-Notre-Dame* s'établirent, en 1629, rue de la Chaussée-des-Minimes, au coin de l'impasse des Hospitalières. Cette maison était à la fois un couvent et un hôpital pour les filles et femmes malades, qui payaient 30 livres par mois, et 400 livres par an, quand elles voulaient passer dans la maison le reste de leur vie. Supprimé en 1790, ce couvent a été remplacé par une filature de coton, établie en faveur des indigents.

Le couvent et hôpital des Hospitalières de la Roquette furent établis quartier de Popincourt, par les religieuses de la Charité, en 1636. Leur nom venait de ce que l'établissement était bâti sur l'emplacement d'une maison de campagne dite *la Rochette* ou *la Roquette*. En 1691 cette maison fut séparée de celle des religieuses de la Charité. Supprimée en 1790, elle a été remplacée par une filature de coton.

Le couvent des Filles de la Providence ou de Saint-Joseph, situé rue Saint-Dominique-Saint-Germain, fut fondé, en 1639, par Marie Delpech, pour l'instruction des orphelines. On leur enseignait divers genres de travail jusqu'à ce qu'elles fussent en état d'embrasser une

4.

profession. Cette maison, supprimée en 1790, a été convertie en bureaux du ministère de la guerre.

Le *couvent des Nouvelles Catholiques*, fondé en 1634, ne fut définitivement établi qu'en 1672, dans la rue Saint-Anne, pour la conversion des femmes protestantes. Sur l'emplacement de cette maison se sont élevées plusieurs constructions particulières.

Le *couvent des Filles de Saint-Thomas d'Aquin* était situé sur l'emplacement actuel de la Bourse. Anne de Caumont, femme de François d'Orléans-Longueville, comte de Saint-Pol et duc de Fronsac, obtint du cardinal Barberini, légat d'Urbain VIII, une bulle, en date du 5 octobre 1625, qui lui permettait de fonder à Paris ou dans les faubourgs un monastère de religieuses de l'ordre de Saint-Dominique. Elle fit venir aussitôt du couvent de Sainte-Catherine de Sienne, à Toulouse, sept religieuses, qui arrivèrent à Paris le 27 novembre 1626. A la tête de ces religieuses était Marguerite de Sénaux, qui portait, depuis sa profession religieuse, le nom de Marguerite de Jésus. On les plaça d'abord à l'*hôtel de Bonair*, rue Neuve-Sainte-Geneviève, et, l'archevêque ayant donné son consentement le 6 mars de l'année suivante, elles y furent installées *en attendant un autre lieu plus propre et plus convenable*. En 1632 elles s'établirent rue Vieille-du-Temple, puis en 1642 (le 7 mars) elles vinrent occuper le monastère qu'elles avaient fait construire en face de la rue Vivienne et qu'elles ont toujours habité depuis. Elles placèrent leur maison sous l'invocation de saint Thomas d'Aquin, parce que ce fut le jour de la fête de ce saint qu'elles entrèrent dans leur couvent.

Les bâtiments et le jardin de ces religieuses occupaient tout le terrain qu'occupe aujourd'hui la place de la Bourse, jusqu'aux rues Feydeau et Notre-Dame-des-Victoires, et s'étendaient même jusqu'à la rue Richelieu. La porte principale s'élevait vis-à-vis l'extrémité de la rue Vivienne. L'église, qui ne fut achevée qu'en 1715, n'offrait rien de remarquable, si ce n'était le tombeau de la comtesse de Saint-Pol.

Ce couvent fut supprimé en 1790, et ses bâtiments furent occupés par différents particuliers jusqu'en 1808, époque où l'on commença l'édifice de la Bourse.

Les *Chanoinesses du Saint-Sépulcre*, ou religieuses de *Belle-Chasse*, avaient leur principale maison rue Saint-Dominique-Saint-Germain et rue de Belle-Chasse. Cet ordre monastique était très-peu connu en France, lorsqu'en 1622 la comtesse de Challigny en fit venir quelques religieuses à Charleville. La baronne de Plancy, en 1632, en appela cinq de Charleville à Paris. Leur établissement dans cette ville éprouva d'abord assez de difficulté parce qu'elles étaient pauvres et qu'on ne voulait plus autoriser de nouvelle maison de religieuses à moins qu'elle ne fût suffisamment dotée. Enfin en 1635 elles achetèrent un bâtiment situé au lieu appelé *Belle-Chasse*, et la duchesse de Croï leur fit don d'une rente de 2,000 livres. Elles y firent promptement disposer leur habitation et s'y installèrent le 20 octobre de la même année. Ce ne fut qu'au mois de mai 1637 qu'elles obtinrent la confirmation de leur établissement par lettres patentes qui les qualifient « Chanoinesses de l'ordre du Saint-Sépulcre de Jérusalem, sous la règle de Saint-Augustin. »

Le *couvent des Petites Cordelières*, établi rue de

Grenelle-Saint-Germain, à l'hôtel de Beauvais, fut dans l'origine une succursale du couvent des Cordelières du faubourg Saint-Marcel, qui sous Louis XIII se trouvèrent assez nombreuses pour demander l'autorisation d'établir un petit monastère. Le 25 mars 1632 elles obtinrent pour cette fondation des lettres patentes qui furent vérifiées au Parlement le 17 août 1633. Dès le mois de décembre de la même année un auditeur de la chambre des comptes, nommé Pierre Poncher, et sa sœur Marguerite leur donnèrent, dans la rue des Francs-Bourgeois du Marais, une maison que ces religieuses vinrent habiter sous le nom de *Religieuses de Sainte-Claire de la Nativité*. Bientôt elles s'y trouvèrent à l'étroit, et en 1687 elles achetèrent l'hôtel de Beauvais, où avaient logé l'année précédente le doge de Gênes et les quatre sénateurs qui étaient venus avec lui faire satisfaction à Louis XIV. Elles s'établirent dans cette somptueuse maison au mois d'août 1687, et la salle de bal de l'ancien hôtel de Beauvais devint l'église des Petites-Cordelières.

Le 4 juin 1749 M. de Beaumont, archevêque de Paris, rendit un décret qui supprimait cette communauté. En 1752 leur maison fut adjugée au comte de Saint-Simon moyennant la somme de 350,000 livres.

Les *Filles de la Croix* étaient établies rue de Charonne. Marie de Sénaux, plus connue sous le nom de la mère Marguerite de Jésus, après avoir contribué à fonder à Paris le couvent des *Filles de Saint-Thomas d'Aquin*, en sortit en 1636 avec six religieuses pour établir un autre monastère du même ordre de Saint-Dominique, sous le nom de *Filles de la Croix*. Elles occupèrent successivement une maison de la rue Plâtrière, près Saint-

Eustache, et une autre rue Matignon. Enfin elles achetèrent, le 22 juin 1639, une propriété rue de Charonne, dans le faubourg Saint-Antoine, où elles firent construire un monastère dont la princesse de Condé, la duchesse d'Aiguillon et la maréchale d'Effiat posèrent la première pierre le 3 août de la même année. Les Filles de la Croix y furent installées solennellement le 25 janvier 1641. Charlotte-Marie Coiffier d'Effiat, fille du maréchal de ce nom, est regardée comme la fondatrice de ce couvent; elle lui donna tous ses biens et s'y fit religieuse.

Les *Chanoinesses régulières de l'ordre de Saint-Augustin*, sous le titre de *Notre-Dame de la Victoire de Lépante et de Saint-Joseph*, avaient leur maison rue de Picpus. Elles furent établies à Paris par Jean-François de Gondi, archevêque de Paris, et M. Tubeuf, surintendant des finances de la reine et depuis président de la chambre des comptes, qui, en 1640, firent venir à Paris six religieuses du couvent de Saint-Étienne de Reims. Elles furent placées à Picpus, où M. Tubeuf avait acheté une maison et un enclos de sept arpents. Le roi confirma seulement au mois de décembre 1647 cet établissement, sur lequel nous n'avons, vu sa faible importance, que fort peu de renseignements. Ces religieuses portaient le titre de *Notre-Dame de la Victoire*, parce qu'elles avaient ajouté à leur règle l'obligation particulière de célébrer, le 7 octobre de chaque année, la victoire remportée sur les Turcs dans le golfe de Lépante, à pareil jour de l'année 1572. Du temps de Félibien elles étaient au nombre de quarante religieuses et dix converses.

Ce couvent, supprimé en 1790, est aujourd'hui une propriété particulière

Les *Bénédictines de Notre-Dame de Liesse* avaient leur couvent rue de Sèvres, au delà du boulevard, sur l'emplacement actuel de l'*Hôpital Necker*. Ces religieuses, établies en 1631 à Réthel, dans le diocèse de Reims, furent obligées par les malheurs de la guerre de se réfugier à Paris en 1636. Avec le consentement de l'abbé de Saint-Germain, elles louèrent rue du Vieux-Colombier, une maison où elles remplirent les devoirs de leur institut, dont le principal but était l'éducation des jeunes filles. Le roi approuva cette communauté, qui fut protégée par la comtesse de Soissons et la duchesse de Longueville, et quelques années après elles fondèrent un plus grand établissement.

Marie Briçonnet, veuve d'Étienne Le Tonnelier, conseiller au grand conseil, avait légué, en 1626, à Geneviève Poulain et à Barbe Descoulx, une propriété connue sous le nom de *Jardin d'Olivet*, pour y bâtir une maison et une chapelle, et y instruire des jeunes filles, en attendant qu'on pût y établir une communauté de religieuses. Cette petite communauté subsistait avec peine; elle n'avait point de revenus assurés et n'avait pu obtenir de lettres patentes. En 1645 la supérieure céda son couvent aux religieuses de Notre-Dame de Liesse, à condition d'y conserver les filles séculières qui s'y trouvaient alors et d'admettre à la profession religieuse celles qui voudraient l'embrasser et qui en seraient jugées capables.

Les *Capucins* avaient deux couvents, l'un au faubourg Saint-Jacques, l'autre au Marais, rue du Perche et rue d'Orléans. L'église de cette dernière communauté, d'abord très-petite, fut rebâtie, sur un plan assez vaste, vers le milieu du dix-huitième siècle. En 1802 elle fut rendue au culte et érigée en seconde succursale de la paroisse de Saint-Merri, sous le titre de *Saint-François d'Assise*. Elle fut alors décorée de tableaux et de statues, de candélabres et de dorures. Il y a peu d'années de grands embellissements ont été faits dans cette église, et les abords en ont été rendus plus faciles. On remarque vers le chœur une belle statue de *saint François d'Assise* à genoux, en marbre d'Égypte, qui fait pendant à une autre statue également à genoux. Parmi les tableaux qui ornent cette église on distingue, dans la nef, à droite : *Saint Charles donnant la communion aux pestiférés; les Stigmates de saint François; Saint Jean l'évangéliste,* donné par la ville de Paris en 1824; *Saint Louis malade, visitant les pestiférés,* par Scheffer, *le Christ à la colonne,* par de Georges, donné par la ville ; dans le chœur, *Saint François d'Assise devant le soudan d'Égypte,* peint par Lordon, et donné en 1824 par la ville; au-dessus de l'*œuvre,* un petit Christ d'un bon style; au fond du chœur, *le Baptême de Jésus,* peint par Guillemot, donné par la ville en 1819; une *Descente de Croix;* une *Communion de sainte Thérèse,* donné en 1818 par le comte de Sèze, etc.

Les *Feuillants,* qui étaient en possession d'un couvent dans la rue Saint-Honoré, voyaient rapidement s'accroître le personnel de leur institut. En vue de fonder un noviciat ils achetèrent un terrain dans la rue d'Enfer, avec une permission de l'archevêque de Paris, en date du 11 octobre 1630, et le 21 juin 1633 Pierre Séguier, alors garde des sceaux, posa la première pierre de cette maison, qui devint en peu de temps un monastère assez important. L'église ne fut commencée que vingt-six ans après; les inscriptions qu'on mit sous les premières pierres portent qu'elles furent posées par Antoine de Barillon, seigneur de Morangis, et par Louis de Rochechouard, comte de Maure, le 28 juillet 1659. Cette église, qui n'avait rien de remarquable, fut bénite le 1er octobre de la même année, sous l'invocation des *Saints Anges gardiens*, nom sous lequel ces religieux étaient quelquefois désignés.

Ce couvent, supprimé en 1790, devint alors une propriété particulière.

Dans la rue de Seine-Saint-Victor existait un couvent en vue des *Nouveaux Convertis*. Personne n'ignore combien était ardent, au dix-septième siècle, le zèle des catholiques pour ramener à l'Église les protestants et pour les maintenir dans la foi. On vit se former dans ce but plusieurs associations de personnes pieuses et charitables, qui cherchaient encore à procurer des moyens d'existence à ceux qui en étaient dépourvus. Dès l'an 1632 le P. Hyacinthe, Capucin, forma ainsi une société dont le but était de se consacrer au soulagement et à la conversion des protestants. Des vues si louables déterminèrent l'archevêque de Paris à autoriser cette association sous le nom de *Congrégation de la Propagation de la Foi* et sous le vocable de l'*Exaltation de la sainte Croix*. Ses lettres furent données le 5 mai 1534, et cette société, formée en faveur des deux sexes, reçut l'approbation du pape Urbain VIII le 3 juin de la même année. Des lettres patentes du roi confirmèrent cet établissement en 1635.

Les assemblées se tinrent d'abord au couvent même des Capucins de la rue Saint-Honoré, dans une chapelle de la cour de ce monastère. Le succès en fut tel qu'on fut obligé de séparer les hommes d'avec les femmes, ce qui forma deux communautés. Celle des hommes fut établie dans une maison de l'île de la Cité. Les *Nouveaux Convertis* l'habitèrent jusqu'en 1656, époque à laquelle ils furent transférés, en vertu d'un arrêt du conseil, dans la rue de Seine-Saint-Victor, derrière le jardin de l'abbaye. Ils y occupèrent deux maisons contiguës qui n'avaient rien de remarquable; leur chapelle n'avait d'autre ornement qu'un *Christ* placé sur le maître-autel. On ne sait à quelle époque fut supprimée cette communauté séculière, qui existait encore en 1775.

Les *Religieuses de Notre-Dame des Prés* avaient une maison située à l'extrémité de la rue de Vaugirard. Cette communauté avait été fondée, en 1629, à Mouzon, en Champagne, par Henriette de la Vieuville, veuve d'Antoine de Joyeuse, comte de Grandpré. En 1637 et en 1638, chassées par les guerres qui désolaient nos provinces de l'Est, elles vinrent se réfugier à Paris; mais leur maison n'y jouit jamais d'une grande prospérité, et cet ordre fut supprimé vers l'an 1741 par un décret de l'archevêque de Paris.

Les *Carmélites*, dont la maison-mère existait toujours rue d'enfer, établirent dans le quartier du Marais une nouvelle maison de leur ordre. Grâce à la protection de la reine Anne d'Autriche, elles se logèrent d'abord dans une maison qui leur appartenait, rue Chapon (septembre 1617); mais comme ce lieu n'était ni assez grand ni assez commode, elles jetèrent les yeux sur un hôtel voisin, qui appartenait depuis le quatorzième siècle à l'évêque et au chapitre de Châlons. Cette acquisition eut lieu en 1619. Aidées par les libéralités de la duchesse d'Orléans-Longueville[1], du duc son fils et de quelques autres personnes, les Carmélites firent construire un couvent et une chapelle qui fut dédiée en 1625. Malgré les richesses de cette communauté, rien n'était plus triste que le monastère de la rue Chapon.

Lorsque les Carmélites furent supprimées, en 1790, on vendit tout le terrain qui appartenait à ces religieuses et qui s'étendait entre les rues Chapon, Transnonain et de Montmorency.

Le *Couvent des Feuillantines* était situé impasse des Feuillantines. Ces religieuses avaient eu pour fondateur Jean de la Barrière, auteur de la réforme des Feuillants. Elles n'avaient, en 1622, qu'un seul couvent, établi à Toulouse, et les Feuillants, auxquels elles étaient soumises, leur refusaient l'autorisation d'en fonder un autre. Enfin Anne Gobelin, veuve d'Estourmel de Plainville, capitaine des gardes du corps, s'étant adressée à la reine Anne d'Autriche, obtint un ordre qui surmonta tous les obstacles. Le 28 novembre 1622 six Feuillantines arrivèrent de Toulouse et se logèrent dans la maison des Carmélites, d'où elles furent conduites en procession par les Feuillants dans le couvent qui leur était destiné.

La fondatrice avait assuré à ces religieuses un fonds inaliénable et leur avait acheté dans le faubourg Saint-Jacques une maison fort commode. La chapelle fut changée depuis en une église et dédiée en 1719. Elle avait été bâtie et le monastère avait été réparé au moyen du bénéfice d'une loterie qui leur fut accordée par arrêt du conseil du 29 mars 1713. L'église, construite sur les dessins d'un architecte fort médiocre, nommé Jean Marot, était peu digne d'attirer l'attention. On y voyait seulement une assez bonne copie de *la Sainte Famille* de Raphaël.

Ce couvent, supprimé à la Révolution, est devenu propriété particulière. De nos jours il a été démoli pour faire place aux nouveaux boulevards de la rive gauche.

Pour remercier Dieu de la naissance du fils qui devait être Louis XIV, la reine Anne d'Autriche fit élever l'église magnifique et l'abbaye du Val-de-Grâce. Depuis quelques années cette princesse avait établi au faubourg Saint-Jacques, dans l'hôtel du Petit-Bourbon, les Bénédictines du monastère du Val-Profond, qui existait dès le dix-huitième siècle, auprès de Bièvre-le-Châtel ; mais elle ne commença la construction des nouveaux bâtiments qu'au moment où elle se trouva régente du royaume, et le roi son fils, qui n'avait pas encore sept ans, posa la première pierre de l'église en 1645. François Mansard donna le plan de tous les édifices et commença les travaux de l'église. Jacques Lemercier continua le monument jusqu'à la grande corniche. Pierre Lemuet, secondé par Gabriel Leduc et par Duval, termina les voûtes, les clochetons et le dôme. L'abbaye, transformée en hôpital militaire, n'en conserve pas moins son caractère de grandeur ; son cloître, ses galeries, ses vastes escaliers existent encore. L'église a servi longtemps de magasin ; elle n'a été rendue au culte qu'en 1826. Toute la décoration de ce temple se rapportait à la naissance du Christ, par allusion à celle de Louis XIV. Les étrangers qui visitent ce monument admirent la grande cour et la grille de fer qui précèdent la façade de l'église ; le dôme, si remarquable par l'élégance et l'originalité de sa forme ; la voûte de la nef, les arcs latéraux, les pendentifs du dôme, tout sculptés de figures par Michel Anguier ; la mosaïque en marbre du pavé ; les grilles du chœur et des grandes chapelles ; le baldaquin de bronze et les six colonnes torses en marbre du maître-autel; le caveau, qui renfermait autrefois les cœurs des

princes et princesses de la maison royale; les fresques de la coupole, où Mignard a représenté, en deux cents figures, les divers ordres des saints adorant la Trinité, et la reine Anne qui offre à Dieu, avec l'assistance de saint Louis, le modèle de l'église ; enfin la chapelle de la Communion et les peintures qu'elle doit à Philippe de Champaigne. On sait que l'église de Saint-Roch possède maintenant le célèbre groupe de la Crèche, l'un des meilleurs ouvrages de François Anguier, placé autrefois sous le baldaquin du Val-de-Grâce.

Ce monastère avait le droit de porter les armoiries de France, celui d'inhumer dans son église les cœurs des princes ou princesses de la famille royale décédés (ces cœurs, au nombre de vingt-six lors de la Révolution, y compris celui d'Anne d'Autriche, étaient placés dans une chapelle de gauche). Le Val-de-Grâce avait enfin le droit de réclamer la première chaussure de chaque prince de la famille royale.

Les bâtiments du couvent sont, depuis l'Empire, convertis en hôpital militaire. L'église, après avoir été, depuis la Révolution, un magasin central des hôpitaux militaires, est actuellement rendue au culte.

Le couvent des Pères de Nazareth était situé rue du Temple. Le premier établissement de ces Pères eut lieu en 1613, dans le voisinage des *Filles de Sainte-Élisabeth*, dont ils avaient la direction ; mais ils n'eurent une existence légale que le 2 février 1642. Le chancelier Séguier reçut alors le titre de fondateur. Ces Pères prirent possession, en 1630, de la maison que les Filles de Sainte-Élisabeth venaient de quitter pour en occuper une nouvelle ; ils y firent bâtir une église dont la construction fut achevée, en 1632, par la générosité d'une personne inconnue, qui mit dans le tronc de leur église une somme de cinq mille livres.

Dans une chapelle de cette église était un caveau destiné aux morts de la famille Séguier; le cœur du chancelier de ce nom y fut déposé; aucune épitaphe ne signalait ce dépôt. Cette chapelle était ornée de deux tableaux, l'un représentant une *Annonciation,* par Lebrun, et l'autre *Marthe et Marie,* par Jouvenet.

Bien longtemps avant la Révolution les *Augustins déchaussés et réformés,* désignés par le peuple sous le nom de *Petits-Pères,* s'étaient établis à Paris. L'origine de cet ordre se perdait dans la nuit du moyen âge, et plusieurs, sans autres preuves que des traditions mal comprises, voulaient la reporter jusqu'à saint Augustin lui-même. Il est seulement certain que, vers le règne de saint Louis, en 1256, plusieurs communautés de religieux, souvent appelés ermites, quoiqu'ils ne se trouvassent pas dans les conditions de ce titre, furent réunies en un seul ordre. En 1256, par les soins d'Alexandre IV, ils élurent un général et leur choix porta sur le prieur des Jean-Bonites Lanfranc Septala, de Milan. Cet ordre jouissait de grands priviléges : il était exempt de la juridiction épiscopale, il avait un cardinal protecteur, et l'un de ses membres était habituellement sacriste de la chapelle papale. En 1567 le pape Pie V plaça les Ermites de Saint-Augustin au nombre des ordres mendiants, fixa leur rang après les Dominicains, les Franciscains et les Carmélites, sans leur défendre de posséder des biens et des revenus. Différentes congrégations s'étant fondées au sein de cet ordre, en vue de maintenir ou de rétablir l'intégrité de la règle primitive, l'une d'elles se composa des Déchaussés français qui, établis en 1596, formèrent bientôt trois provinces sous un vicaire général propre. Ils portaient de longues barbes, et, quant au costume, ils ne différaient des Capucins que par la couleur noire de leur habit et leur cordon de cuir. Ils subsistèrent en France jusqu'à la Révolution, et à cette époque ils furent dispersés et dépouillés de leurs biens. Les maisons de cet ordre ne sont point nombreuses en Europe; la principale est à Rome.

En 1620, après bien des vicissitudes qu'il serait trop long de décrire, ils avaient obtenu de l'évêque de Paris, Henri de Gondi, la permission d'établir un couvent de leur réforme, et ils avaient choisi à cet effet un emplacement dans le quartier Montmartre. Ils étaient pauvres et peu connus, et le peuple, qui parut les adopter avec confiance, les désigna sous le nom de *Petits-Pères*. Quelques années après ils sollicitèrent Louis XIII de vouloir bien se déclarer fondateur d'une nouvelle église qu'ils allaient construire. Ce prince, disent les chroniques de son règne, reconnaissant des grâces qu'il avait reçues du Ciel par la protection de la sainte Vierge, et lui rapportant toutes les victoires qu'il avait remportées sur les calvinistes de son royaume, accepta l'honneur qu'on lui décernait et voulut que la nouvelle église fût placée sous le vocable de *Notre-Dame des Victoires*. Le 8 décembre 1629, François de Gondi, premier archevêque de Paris, accompagné des religieux augustins déchaussés, planta une croix à l'entrée de l'emplacement où devait être élevé leur monastère; le lendemain, second dimanche de l'Avent, le roi, suivi des princes et des seigneurs de sa cour, se rendit au même lieu, où l'attendaient le prévôt des marchands, les échevins et les autres officiers de la ville. Dès qu'il fut arrivé, et après qu'on eut procédé aux cérémonies religieuses usitées en pareil cas, le roi posa la première pierre de l'église projetée. Peu de jours après il fit expédier des lettres patentes aux termes desquelles il se déclarait protecteur des Petits-Pères, fondateur de leur église et de leur couvent, et leur accordait tous les priviléges, droits, franchises et exemptions dont jouissaient les autres églises et communautés de fondation royale. Quelques années s'écoulèrent, et le saint édifice bâti sous la protection de Louis XIII cessa d'être assez vaste pour contenir la foule des fidèles qui venaient honorer Notre-Dame des Sept-Douleurs. Anne d'Autriche fit reconstruire l'église actuelle et revêtir de marbre blanc la chapelle de la Sainte-Vierge, où se réunissait dès cette même année (1656) la confrérie de Notre-Dame des Sept-Douleurs, fondée sur les instances de la mère de Louis XIV, et dont cette princesse se déclara protectrice, chef et régente (24 mars 1657). Dans le cours du dix-huitième siècle, en 1737, cette église fut de nouveau agrandie aux frais de la communauté des Augustins déchaussés, et, après avoir été réunie au domaine national sous la République, elle servit de salle de bourse; puis elle fut rendue au culte en l'an X, par ordre du premier consul.

Comme monument l'église de *Notre-Dame des Victoires* ne mérite qu'une médiocre attention. Elle appartient à ce style monotone et froid du dix-septième siècle qui ne dit rien à la pensée. Elle offre à nos regards un frontispice pyramidal, formé de deux ordres de pilastres, ionique et corinthien; la nef est décorée d'une ordonnance ionique; la voûte sphérique est percée de croisées en lunettes, séparées les unes des autres par des archivoltes tombant à l'aplomb des piliers. Elle est surchargée, à l'intérieur, de caissons, de tables chantournées, de bronzes, de dorures, et de tous les ornements, d'un goût contestable, qui furent à la mode sous le règne de Louis XV. On remarque néanmoins à juste titre le buffet d'orgues et les boiseries du chœur. Dans le cours du dix-huitième siècle cette église fut ornée de plusieurs tableaux de mérite dus à Bon Boullongne, à Carle Vanloo, à Lagrenée jeune; parmi les sculptures on admirait alors une statue de saint Augustin, œuvre de Pigalle. Vers la fin du dix-septième siècle on compléta l'ornementation de la chappelle de *Notre-Dame de Savone*, qui fut décorée d'une architecture ionique, d'après les dessins de Claude Perrault. Ceux qui avant nous ont écrit sur ce sujet racontent dans les termes suivants l'origine de la dévotion à Notre-Dame de Savone :

« Le samedi 18 mars 1536, un paysan nommé Antoine Botta, du village de San-Bernardo, près de la ville de Savone, s'étant arrêté sur le bord du ruisseau, aperçut une lumière extraordinaire qui venait du ciel et entendit une voix qui lui disait : « Lève-toi ; ne crains point, je suis la Vierge Marie. Va trouver ton confesseur, et dis-lui qu'il annonce au peuple de jeûner trois samedis. Tu te confesseras, tu communieras, et tu reviendras en ce lieu le quatrième samedi. » Botta obéit ponctuellement, et, étant revenu le quatrième samedi, la Vierge lui apparut, vêtue d'une robe et d'un manteau blancs, et ayant une couronne d'or sur la tête. Elle le chargea de faire annoncer que l'énormité des crimes des hommes avait irrité son Fils contre eux et que sa colère était prête à tomber sur eux. Le confesseur de Botta, instruit de cette vision par son pénitent, monta en chaire, publia l'apparition de Notre-Dame et prêcha le repentir et la pénitence. La

Vierge parla une troisième fois à Botta et lui ordonna d'aller à Savone annoncer également la pénitence. Le clergé, les magistrats et le peuple de cette ville allèrent en procession à la vallée de San-Bernardo, où la sainte Vierge avait apparu à ce paysan, et, pour conserver à jamais le souvenir de ce miracle, on institua une fête solennelle qui se célèbre tous les ans, le 18 mars, et que le pape Paul III autorisa par une bulle du 4 août de l'an 1537. Les magistrats de la ville firent ensuite bâtir auprès du ruisseau où la sainte Vierge avait apparu à Botta une magnifique chapelle qui est desservie par des Théatins.

« La sainte Vierge y est représentée telle qu'elle avait apparu à Botta, qui avait eu l'honneur de l'apparition, et à genoux à côté de la Vierge....

« Or le roi Louis XIV et la reine sa mère ayant envoyé le frère Fiacre, Augustin déchaussé, homme d'une grande piété, pour accomplir le vœu que LL. MM. avaient fait à Notre-Dame de Lorette, en actions de grâces de la paix des Pyrénées, et le bâtiment sur lequel ce religieux s'était embarqué ayant été obligé de relâcher dans le port de Savone, ce frère fut frappé du concours de peuple qui y venait tous les jours pour honorer Notre-Dame de Savone et résolut d'introduire en France cette dévotion particulière. A son retour il entretint les deux reines des merveilles de Notre-Dame de Savone et du désir qu'il avait d'établir à Paris cette dévotion; il supplia LL. MM. de vouloir l'aider de leurs libéralités pour faire sculpter à Gênes la statue de la Vierge et celle de Botta. Les reines le lui promirent... Dix ans après, en 1674, le roi ordonna à Colbert, surintendant des bâtiments, de faire décorer une chapelle dans l'église de Augustins déchaussés, pour y mettre la statue de Notre-Dame de Savone. Ce ministre chargea Claude Perrault d'en donner les dessins, qui furent exécutés dans les ateliers du roi et mis en place... »

Les iconoclastes de la révolution française, après avoir durant quelques années fait une bourse de commerce de l'édifice que nous venons de décrire, dispersèrent la plupart des objets d'art religieux que renfermait cette église. De nos jours, comme on le verra plus loin après avoir subi tant de profanations, elle est devenue l'un des foyers les plus ardents du mouvement catholique non-seulement à Paris, mais dans le monde.

L'*abbaye de Port-Royal* était réservée à des destinées bien différentes. Une ancienne abbaye de l'ordre de Cîteaux, fondée en 1204, située près de Chevreuse, et nommée Porrois ou Porrais, dont, par corruption, on a fait *Port-du-Roi* et *Port-Royal*, fut réformée en 1609 par Jacqueline-Marie-Angélique Arnaud, qui en était abbesse.

L'insalubrité du lieu qu'occupait cette abbaye fut cause de sa translation à Paris; les religieuses s'y établirent, le 28 mai 1625, dans un emplacement acquis par l'abbesse, composé de bâtiments et de jardins, et nommé la *maison de Clugny*. Madame Arnaud demanda, en 1627, que les abbesses de ce couvent fussent triennales; en conséquence elle se démit de son titre en 1630, et une nouvelle administratrice de ce monastère fut élue.

On commença en 1638, sur les dessins de Lepautre, la construction de l'église de ce monastère; elle fut achevée en 1648. La nouvelle maison prit le nom de *Port-Royal de Paris*; l'ancienne abbaye de Chevreuse se distingua par la désignation de *Port-Royal des Champs*. L'abbaye de Port-Royal de Paris jouit à sa naissance d'une prospérité extraordinaire. La marquise d'Aumont, Anne Hurault de Chiverny, l'ayant choisie pour y passer ses derniers jours dans la retraite, lui donna des biens considérables, acquitta presque toutes ses dettes, et paya en partie les dépenses occasionnées par l'établissement des religieuses à Paris. Une foule de personnes illustres imitèrent la marquise d'Aumont et prodiguèrent leurs libéralités au monastère du Port-Royal : la marquise de Sablé, la princesse de Guémené, mademoiselle d'Aquaviva, M. de Sévigné, madame Le Maître, qui depuis y prit le voile, le garde des sceaux de Guénégaud, sa femme Élisabeth de Choiseul-Praslin, madame de Pontcarré, madame de la Guette de Champigny, M. Benoist, conseiller-clerc au Parlement, Bricquet, avocat général, madame de Boulogne, veuve du baron de Saint-Ange, et madame Lecamus de Rubantel, qui toutes deux se firent religieuses après la mort de leurs maris. Madame Séguier, veuve de M. de Logny de Gragneule, M. Le Maître et les frères Séricourt de Sacy léguèrent tous leurs biens à Port-Royal. Louise-Marie de Gonzague de Clèves, qui avait été élevée dans cette abbaye, sollicita en sa faveur la générosité de son mari, le roi de Pologne, qui envoya aux religieuses de riches présents, parmi lesquels on citait un ciboire formé d'une agate enchâssée dans l'or et enrichi de diamants.

Lorsque se manifesta, par de déplorables progrès, l'hérésie connue dans notre histoire sous le nom de jansénisme, la maison de Port-Royal devint comme l'un des arsenaux, comme le camp de réserve des sectaires. Il n'entre pas dans le cadre qui nous est assigné de raconter les luttes que le pouvoir ecclésiastique et la royauté elle-même engagèrent contre ces opiniâtres ennemis, et de dire comment les disciples d'Arnaud, entraînés par une exaltation orgueilleuse, se crurent appelés à la gloire des confesseurs de la foi et des martyrs, et n'eurent d'autre joie que celle de scandaliser la France et de contrister Rome. Après un siècle de conflits et de rébellions les héritiers de Jansénius disparurent dans la tempête de 1792 et ne reparurent plus à l'état de secte.

CHAPITRE III.

Paris sous Louis XIII. — Églises. — Hôpitaux. — Fondations charitables.

Le règne de Louis XIII fut pour la ville de Paris une période très-remarquable au point de vue religieux. Un demi-siècle s'était écoulé depuis que la population de cette grande cité avait généreusement combattu et souffert pour sa foi, et le souvenir n'était pas éteint des jours où elle bravait la famine, la contagion et la mort pour repousser un prince dont le triomphe eût mis en danger la liberté de l'Église. Mais, sous le gouvernement d'un roi animé d'une piété fervente, ce mouvement se transforma; une impulsion généreuse fut imprimée à toutes les manifestations de la charité et du dévouement. Les instruments que Dieu se choisissait pour opérer dans cette immense capitale la transformation des cœurs étaient à la fois obscurs et humbles, afin que l'action providentielle apparût plus évidente encore : c'étaient le mercier Beaumais, le coutelier Clément, et surtout Jean-Jacques Olier; ce curé de Saint-Sulpice, circonstance assez ignorée de nos jours, convertit à la foi le quartier Saint-Germain, actuellement couvert d'églises et de sanctuaires, et qui alors était à Paris comme le camp de réserve et la forteresse du calvinisme. Ajoutons à ces noms connus de Dieu et des hommes ceux de Claude Bernard, dit le Pauvre Prêtre, des Pères de Bérulle et de Condren, instituteurs de l'Oratoire, et du baron de Renti, célèbre par l'héroïsme de la charité.

Mais le saint par excellence du dix-septième siècle, celui dont le souvenir est le plus consolant pour les églises de notre pays et qui manifesta le mieux au monde ce que peut un prêtre dès que le feu de la charité l'embrase, ce fut Vincent de Paul, fils d'un pauvre laboureur des environs de Dax, fondateur de la maison de Saint-Lazare et de la congrégation des Sœurs de la Charité. Il n'entre pas dans le cadre assez restreint qui nous est assigné de raconter la vie et les actes d'un saint à qui Dieu donna de provoquer humblement et de conduire à terme courageusement des entreprises au-dessus des forces d'un homme. Il dirigeait, du fond de sa pauvre cellule, les missions de France, d'Italie, d'Écosse, de Barbarie, de Madagascar. Il donnait des retraites aux jeunes gens qui se préparaient aux saints ordres et assemblait les célèbres conférences ecclésiastiques d'où sortirent tant d'illustres prélats et de saints personnages. Appelé au conseil de la reine, il y parut pour y faire régner l'équité et la justice et pour y montrer toute l'autorité qu'exerce un saint prêtre qui n'est animé que des intérêts de Dieu. Principal moteur de toutes les bonnes œuvres que la charité enfanta à cette époque, Vincent de Paul fonda les Filles de la Charité pour le service des pauvres malades, fit établir et doter les hôpitaux de Bicêtre, de la Salpétrière, de la Pitié, ceux de Marseille pour les forçats, du Saint-Nom-de-Jésus pour les vieillards. Protecteur zélé des vierges consacrées à Dieu, il soutint l'établissement des Filles de la Providence, de Sainte-Geneviève et de la Croix. Il travailla efficacement à la réforme de Grammont, de Prémontré et de l'abbaye de Sainte-Geneviève. Mais un objet qui toucha particulièrement son cœur et anima sa charité, ce fut le triste état de tant d'enfants qui, nés du libertinage ou dans la misère, se trouvaient exposés avec autant d'impiété que de barbarie dans les rues et les carrefours de la capitale. Abandonnés de tout le monde, ils semblaient n'avoir reçu la vie que pour souffrir ou la prolonger quelque temps dans la douleur et la misère. Vincent de Paul ne put voir ces innocentes victimes sans les aimer et les secourir. Il commença par en recueillir quelques-unes; il intéressa en leur faveur la pitié des âmes sensibles, et bientôt l'hôpital des Enfants-Trouvés fut fondé et doté; et comme sa charité prévoyante, en secourant le malheur présent, entrevoyait encore les besoins de l'avenir, il établit, pour maintenir ses œuvres, la congrégation des Filles de la Charité, dites Sœurs grises. Filles de saint Vincent de Paul, elles ont hérité de sa charité; aucun genre de bienfaisance ne leur est étranger, aucune infirmité ne les trouve insensibles.

Au point de vue exclusif de l'art cette période fut beaucoup moins remarquable; les églises, les chapelles, les établissements de charité, qui furent alors construits en grand nombre, sont très-inférieurs pour l'exécution et le style aux monuments de la Renaissance et aux splendides œuvres du moyen âge. On semblait aller au plus pressé. Le siècle avait trop de misères morales, trop d'infirmités humaines à soulager ou à secourir pour qu'on eût le temps de se préoccuper de la forme, pour qu'on dépensât beaucoup en frais d'ornementation. C'est une époque terne et indécise en matière d'architecture. On s'écarte de la tradition gothique et on veut faire autrement qu'au temps de François Ier et de Henri II. On se propose une imitation froide et servile de l'art grec et romain. on prodigue des embellissements de marbre, on multiplie les rayons dorés, qu'on appelle des gloires; son renonce systématiquement à l'ogive, aux vitraux, aux verrières, et on ne met à la place que des œuvres dépourvues d'originalité et de grandeur. Le siècle de Léon X s'est éteint, celui de Louis le Grand commence à peine.

Les bâtiments de l'ancienne Sorbonne tombaient en ruine. Richelieu, qui y avait étudié la théologie et en était proviseur, entreprit de les reconstruire sur un nouveau plan. D'après ses ordres l'architecte Lemercier, qui avait déjà bâti pour lui le Palais-Cardinal, se mit à faire cette reconstruction. Le collége fut commencé en 1629 et l'église en 1635; l'ensemble du nouveau monument ne s'acheva qu'en 1659. Devant la façade de l'église on ouvrit une place carrée communiquant avec la rue de la Harpe par une rue courte, mais assez large pour l'époque. L'on y voit le grand portail, qui se compose de deux ordres d'architecture superposés l'un sur l'autre et dans le style moderne. Il a quelque rapport, pour la masse, avec celui du Val-de-Grâce. Le portail qui donne du côté de la cour n'a qu'un seul ordre, élevé sur des marches et couronné d'un fronton; c'est une imitation de l'antique, ayant de l'analogie avec le portique du Panthéon de Rome; mais l'inégal espacement des colonnes qui le supportent et leur accouplement aux angles mêmes du portail nuisent beaucoup à la beauté de l'ensemble. Les autres parties de cette façade, qui se trouve ouverte par deux étages de croisées, manquent de caractère; la multiplicité des corps et des profils en détruit l'effet et ôte le caractère d'église à ce côté du monument. Les campanilles qui flanquent le dôme sur les deux façades sont trop petites et n'y produisent pas l'effet pyramidal qu'on a obtenu d'accessoires semblables à Saint-Pierre de Rome et à Saint-Paul de Londres. Au premier aspect extérieur du monument l'œil et l'imagination demeurent un instant étonnés ; mais bientôt la raison voit dans l'ensemble, de même que dans les détails, plus de fausses richesses de style et d'apparence que de vraie beauté.

A l'intérieur il serait injuste de ne pas mentionner l'éclat des marbres qui brillaient dans le pavement et dans les deux autels placés en face de chaque portail, la magnificence des peintures du dôme, exécutées par Philippe de Champagne, et surtout le beau mausolée du cardinal de Richelieu, qu'on peut regarder comme le chef-d'œuvre de Girardon.

L'Assemblée constituante supprima la Sorbonne « au nom de la raison, qu'elle avait tant de fois outragée. » La Commune de Paris donna à la place de Sorbonne le nom de *Châlier* et à la rue Neuve-de-Richelieu le nom de *Catinat*, né, disait-elle, dans cette rue, « le nom de Sorbonne rappelant un corps aussi astucieux que dangereux, ennemi de la philosophie et de l'humanité. » L'église devint, pendant la Révolution et sous l'Empire, un atelier de sculpture et une section de l'école de Droit ; en 1820 elle fut rendue au culte, et c'est là que Choron, fondateur de l'institut de Musique religieuse, fit entendre ses concerts sacrés. Quant aux bâtiments du collége, après avoir servi de logement à des artistes et à des gens de lettres, ils renferment depuis 1818 les bureaux universitaires de l'Académie de Paris, et c'est là que se font les cours des Facultés des sciences et des lettres. Ces cours, qui font double emploi avec ceux du Collége de France et qui ont à peu près le même caractère et la même utilité, ont eu une grande vogue sous la Restauration, quand l'histoire, la littérature et la philosophie étaient si éloquemment professées par MM. Guizot, Villemain et Cousin.

Sous le règne de Louis XIII fut terminée la reconstruction de l'*église Saint-Merry*. Comme on l'a vu plus haut (tome Ier), cette église n'avait d'abord été qu'une petite chapelle dédiée à saint Pierre. Saint Merry y fut inhumé après sa mort, arrivée le 29 août 700. Gozlin, évêque de Paris, permit, en 884, au chapelain qui la desservait de lever le corps du saint, qu'on avait déposé contre un mur, et de le mettre dans une place plus convenable. Cette translation, qui eut lieu avec la plus grande solennité, avait attiré un grand concours de peuple. Les présents qu'on fit à la chapelle à cette occasion permirent d'augmenter le nombre des chapelains. Vers 1010, cette église, considérablement augmentée, fut donnée au chapitre de la cathédrale, qui y envoya sept ecclésiastiques pour célébrer le service divin ; ce fut là l'origine du chapitre de Saint-Merry. Comme elle se trouvait alors trop petite, elle fut démolie et reconstruite telle qu'elle existe aujourd'hui, entre les années 1520 et 1612. Elle devint à cette époque église paroissiale.

Les façades extérieures de Saint-Merry sont un beau spécimen du style gothique, plein d'élégance et riche en ornements. L'intérieur offre des morceaux dans le genre de la Renaissance ; les chapelles y sont ornées de colonnes corinthiennes et surmontées de frontons triangulaires. On y voit encore quelques parties de vitraux peints fort estimés. Les frères Slodz, statuaires célèbres du temps de Louis XV, restaurèrent le chœur et le décorèrent avec magnificence. La chapelle de la communion est de 1754.

Cette église est encore riche en tableaux de l'école française, en tapisseries et en beaux morceaux de sculpture; on y trouve des toiles dues à Carle Vanloo, à Vouet, à Houasse, ainsi que plusieurs mausolées remarquables, comme celui de Saint-Arnaud, marquis de Pomponne, sculpté par Rastreili. Plusieurs chapelles ont été enrichies par des maîtres de notre époque, Chassériau, Amaury Duval, Lépaulle.

Nous avons déjà mentionné les origines mérovingiennes de *Saint-Étienne du Mont* et l'humble chapelle de Sainte-Geneviève, à laquelle succéda cette même église lorsque, sous Philippe-Auguste, elle fut dédiée sous le vocable de Saint-Étienne.

Vers la fin du quinzième siècle l'église, ayant été de nouveau reconnue insuffisante pour la population nombreuse de cette paroisse, fut considérablement agrandie. En 1538 on y ajouta encore l'aile de la nef et les chapelles qui sont du côté de Sainte-Geneviève; vers le commencement du dix-septième siècle, de 1605 à 1618, on construisit à diverses reprises la chapelle de la Communion, le grand et le petit portail, le perron et l'escalier. La reine Marguerite de Valois, première femme de Henri IV, donna trois mille livres pour la construction du portail et en posa la première pierre le 8 août 1610.

Aussi cet édifice hybride, qui fut commencé sous Philippe-Auguste et terminé sous Louis XIII, appartient-il, selon ses diverses parties, à l'art ogival, à la Renaissance, et même au style froid et classique en honneur durant les deux derniers siècles de notre histoire. Par un assez rare privilége, en dépit de la différence des styles et des variations de l'art, cette église, loin de choquer

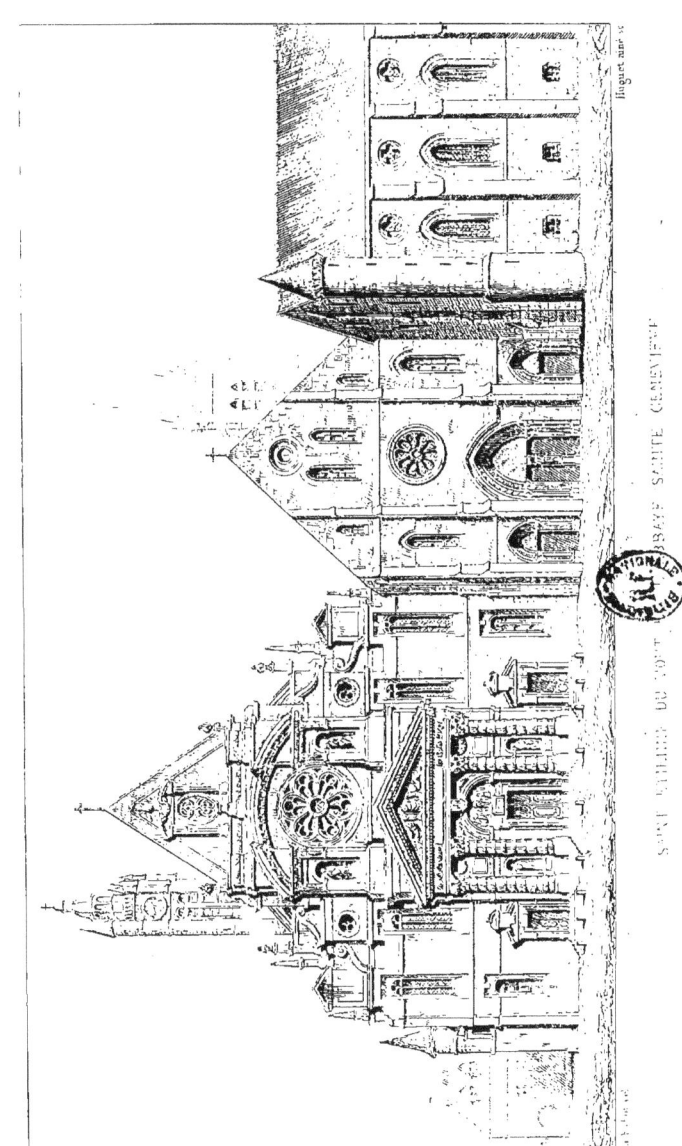

SAINT HILAIRE DE POITIERS — ABBAYE SAINTE GENEVIÈVE

les regards, présente une très-gracieuse harmonie dans les détails et passe à juste titre pour l'un des plus remarquables monuments de la capitale. On admire la hardiesse de ses voûtes, parsemées de clefs pendantes non moins hardies; la clef de la croisée a plus de quatre mètres de saillie, et forme, par la réunion des nervures peintes et dorées, comme un bouquet de fleurs du travail le plus achevé. Les artistes de la Renaissance aimaient à se jouer avec des difficultés pareilles. Le jubé est un des plus merveilleux débris de cette époque; il est porté par une voûte en cintre, un peu trop surbaissée. Aux deux extrémités de ce jubé sont deux Tourelles à jour, qui s'élèvent de dix mètres au-dessus de son niveau; elles renferment deux escaliers de pierre taillés en broderie, et qui serpentent autour de deux colonnes qui ont à peine quarante centimètres d'épaisseur. C'est sans contredit l'une des plus belles œuvres de l'architecture catholique. Elle est naturellement en rapport avec la légèreté inusitée des colonnes, qui, ainsi qu'à Saint-Eustache, s'élèvent vers le ciel à une prodigieuse hauteur. Du sommet de ces piliers naissent des faisceaux d'arêtes qui s'entre-unissent sous les voûtes de la nef et des bas-côtés. Aux colonnes rondes et au tiers de leur hauteur sont appuyés des arceaux surbaissés d'environ 66 centimètres d'épaisseur, qui soutiennent un passage de même largeur, circulant autour de la nef, et fermé des deux côtés par un balustre massif de pierre.

Au dehors, quatre colonnes d'ordre composite, bandées et sculptées, qui supportent un fronton, forment l'architecture du portail; au-dessus des deux ordres de la façade s'élève le pignon aigu de la nef. Les fenêtres géminées qui éclairaient l'extrémité des collatéraux n'ont point été modifiées, et la grande rose des âges antérieurs a été fidèlement reproduite au milieu d'une décoration toute nouvelle de colonnes et de pilastres. La frise du portique et le fronton qui la surmonte sont richement sculptés; la tour, dessinée dans le style de la Renaissance et couronnée par le petit pavillon de l'abbé de Sainte-Geneviève, présente le double cachet de l'élégance et de l'originalité.

A l'intérieur l'église Saint-Étienne du Mont a été enrichie abondamment par le travail des artistes. Ses vitraux étaient de Nicolas Pinaigrier et représentaient plusieurs traits de l'Ancien et du Nouveau Testament, entre autres cette parabole de la vigne : « Je suis la véritable vigne et mon Père est le vigneron. » Cette image est d'un étrange effet. Le sang de Jésus-Christ coule sous le pressoir, et cette source des grâces célestes est recueillie par les évangélistes, les docteurs et les papes. Au fond on aperçoit des patriarches qui cultivent la vigne, des prophètes qui en cueillent le raisin, des apôtres qui le portent au pressoir, saint Pierre qui le foule. Germain Pilon avait sculpté des statues et des bas-reliefs qui ornaient le chœur, le pourtour du chœur et d'autres portions de l'édifice. La chaire, toute en bois, est un chef-d'œuvre de sculpture. Une grande et belle statue de Samson semble soutenir l'énorme poids de cette chaire, dont le pourtour est orné de plusieurs Vertus assises et séparées les unes des autres par d'excellents bas-reliefs placés dans les panneaux. Sur le dais est un ange colossal, qui tient deux trompettes pour rassembler les fidèles. Cet ouvrage a été sculpté par Claude L'Estocart, d'après les dessins de Laurent de la Hire. On croit que ce dernier artiste a également fourni le dessin des dix-neuf grandes tapisseries de l'église;

d'autres attribuent cette œuvre au célèbre Eustache Lesueur, si justement appelé le Raphaël de la France; l'opinion probable est que ces deux maîtres y ont également concouru. L'église Saint-Étienne du Mont possède en outre plusieurs tableaux de prix. Un grand nombre d'hommes illustres furent inhumés dans cette église, et, en lisant les épitaphes, on s'arrête avec un respect tout particulier devant des noms tels que ceux d'Eustache Lesueur, de Blaise Pascal, de Jean Racine, des deux Sacy, de Tournefort, de Jean Miron, etc. Quelques-uns appartiennent à l'école janséniste; les restes mortels de ceux qui les portaient furent déposés dans cette église à l'époque où l'on détruisit Port-Royal des Champs. Les souvenirs de Saint-Étienne du Mont se rattachent d'ailleurs plus d'une fois aux déplorables luttes suscitées par l'hérésie de Jansénius; les chanoines de Sainte-Geneviève ne se laissèrent que trop aller à cette funeste doctrine, et ils la propagèrent dans la paroisse à ce point que nul quartier de Paris ne se signala par une opposition aussi opiniâtre à la bulle *Unigenitus*. Nous laisserons dormir dans le passé ces regrettables souvenirs.

Ceux de 1793 furent bien plus douloureux pour la population de cette vaste paroisse. L'église, fière de tant de trésors, en fut dépouillée par le pouvoir sacrilége sous lequel Paris s'était humilié aussi bien que la France. L'antique basilique de Sainte-Geneviève n'existait plus, la nouvelle avait été transformée en Panthéon, mais les reliques des saints pouvaient encore offrir une proie à l'avarice et à l'outrage : la châsse précieuse qui renfermait les ossements de la patronne de Paris fut envoyée à la Monnaie; les reliques de la sainte furent brûlées en place de Grève.

La châsse, indépendamment de sa destination sacrée, était une œuvre d'art des plus remarquables. Elle avait été faite de vermeil, en 1242, par les soins de Robert de la Ferté-Milon, alors abbé de Sainte-Geneviève; l'orfévre avait employé à ce travail huit marcs d'or et cent quatre-vingt-treize marcs d'argent. Les rois et les reines avaient successivement enrichi cette châsse de diamants et de pierreries. On la portait en procession dans les grandes calamités, et plus d'une fois des miracles de miséricorde avaient été obtenus de Dieu par l'intercession de la sainte. Rien ne préserva ces précieux restes des fureurs de l'anarchie, et Paris, teint du sang de tant de victimes innocentes, eut à frémir d'horreur au spectacle de l'impiété trônant victorieuse sous les voûtes de Saint-Étienne du Mont, près du tombeau primitif où avait été longtemps déposé le corps de sainte Geneviève. Par bonheur cette humble pierre, noircie par les siècles, et qui ne tentait ni la cupidité, ni la colère, échappa aux dévastateurs. Elle est aujourd'hui placée dans une chapelle voûtée, à droite du chœur, et on ne saurait dire avec quelle pieuse confiance le peuple de Paris continue d'y apporter ses naïves offrandes, son respect traditionnel, ses vœux, ses prières. Bien qu'une église voisine, l'un des plus magnifiques monuments de Paris, ait quitté le nom païen de Panthéon pour reprendre la dénomination d'église Sainte-Geneviève; bien que, dans cet autre temple, ce qu'on a pu sauver des reliques de la sainte soit exposé, dans une splendide châsse, à la vénération de la capitale et de l'empire, les habitants de Paris ont conservé l'habitude de se rendre près du tombeau, et la garde de ce monument est confiée à une association récente, l'institut des Dames de Sainte-Geneviève. La pierre sépulcrale est enchâssée dans une balustrade de cuivre doré ; la chapelle, restaurée avec soin selon les traditions de l'art gothique, est revêtue d'inscriptions, d'ex-voto, et de diverses offrandes émanées de la reconnaissance des malades guéris, des pécheurs revenus à Dieu par l'intercession de la sainte.

La chapelle du tombeau est fort belle ; elle est dans la partie méridionale de l'église. Du côté septentrional on remarque avec une grande curiosité d'anciennes peintures, récemment restaurées avec soin, et qui représentent une légende du moyen âge relative aux souffrances et au martyre d'un millier de chrétiens faits prisonniers et mis à mort par les infidèles. C'est une peinture murale d'un effet à la fois naïf et saisissant. On se reporte par la pensée dans l'une de ces églises d'Allemagne que les artistes catholiques ont revêtues autrefois des plus magnifiques ornements, et qui, avant l'invasion des erreurs de Luther et les destructions des anabaptistes, offraient tant de sujets de recueillement et de foi à la méditation des peuples.

La ville de Paris vient de faire restaurer l'église Saint-Étienne du Mont. Elle n'a pu y replacer les œuvres de piété et d'art que les décorateurs du dix-huitième siècle et les dévastateurs révolutionnaires des temps modernes lui ont successivement ravies. On a substitué à la plupart des tombes des inscriptions gravées sur les murs d'une chapelle, et qui mentionnent les noms des hommes célèbres qui furent jadis inhumés sous le sol de cette église, dans le cimetière de Sainte-Geneviève et dans les églises ou chapelles que Saint-Étienne du Mont a remplacées.

Nous avons dit ailleurs comment la primitive basilique dédiée sous le vocable de *Saint-Gervais et Saint-Protais* avait été détruite par les Normands, au déclin de la période carlovingienne.

Cette église, reconstruite en 1420, fut considérablement agrandie en 1580 ; mais toutes ces démolitions, ces reconstructions, ces accroissements modifièrent tellement le monument qu'il ne resta plus rien de l'édifice commencé en 1212 et dédié en 1420. Au dix-septième siècle il dut se trouver bien étonné de se voir orné d'un portail qui détruisait complétement l'harmonieuse unité qu'on avait assez bien respectée jusqu'alors.

Quoi qu'il en soit, M. de Fourcy, surintendant des bâtiments du roi, marguillier de Saint-Gervais-Saint-Protais, se rendit avec les autres membres du conseil de fabrique auprès du roi Louis XIII, afin d'obtenir de ce monarque qu'il daignât venir poser la première pierre du fameux portail dont les travaux étaient confiés à Jacques de Brosse, auteur des dessins du palais du Luxembourg et de l'aqueduc d'Arcueil.

Le 24 juillet le roi Louis XIII vint à Saint-Gervais, accompagné d'une suite nombreuse, et, après avoir fait sa prière dans le temple, il posa la première pierre de ce portail, et Monard, l'un des meilleurs maîtres maçons de l'époque, poussa les travaux avec tant d'activité que, cinq ans plus tard, en 1621, cette façade excitait un enthousiasme général. Il ne manquait alors qu'une place pour ses admirateurs ; l'église était resserrée entre des constructions qui ne permettaient pas à ceux-ci de se mettre au point de vue.

Ce frontispice imposant, haut de 52 mètres et ayant

30 mètres de largeur, présente les ordres dorique, ionique et corinthien superposés. Deux niches, des guirlandes, des corniches à denticules complètent la décoration. La niche de gauche est occupée par la statue de saint Gervais, exécutée par M. A. Préault. Celle de saint Protais, placée en regard, est due au ciseau de M. Moyne. Ces statues ont remplacé celles de Bourdin, qui ont cessé d'orner le portail en 1783. Deux groupes sont posés sur le second ordre d'architecture : à la gauche du spectateur, Moïse écrivant le Pentateuque ; un ange est placé près de lui : ce groupe est de M. Jouffroy ; à droite, saint Jean l'évangéliste écrivant l'Apocalypse ; cette statue et l'ange qui l'accompagne sont l'œuvre de M. Dantan aîné. Ces groupes ont succédé aux statues des quatre Évangélistes de Guérin, lesquelles avaient été aussi renversées en 1793. Une croix dorée surmonte le fronton.

Les trois portes se font remarquer par leurs magnifiques vantaux sculptés de palmes et de draperies, ouvrage d'Antoine de Hanci, fameux sculpteur de cette époque. Cette façade, peut-être trop vantée autrefois, n'est peut-être pas assez appréciée aujourd'hui, malgré quelques légers défauts de détail que les amis de l'art observent, surtout dans l'ordre dorique. On ne lui pardonne pas d'être accolée à un monument gothique (1).

Nous emprunterons à l'un de nos plus savants archéologues contemporains, à M. F. de Guilhermy, quelques détails relatifs à la disposition et à l'ornementation intérieure de Saint-Gervais et Saint-Protais.

(1) M. A.-M. Touzé, *Paris dans sa splendeur*, magnifique ouvrage édité par M. H. Charpentier.

« L'église est cruciforme, mais ses croisillons servent de chapelles et n'ont point de portails. Bien posé sur un monticule, près de la Seine, l'édifice montre au loin ses grands combles et sa tour. L'abside est un peu plus gothique et plus ornée que la nef. L'architecture diffère seulement dans les détails de celle des diverses églises du quinzième et du seizième siècle que nous avons déjà citées. On trouve de très-gracieux motifs d'ornementation dans les arcatures à jour des contre-forts et dans les enroulements découpés qui les surmontent, dans la double rangée de balustrades qui circule autour du monument, dans les tourelles et dans les clochetons. Les fenêtres étaient toutes garnies de meneaux; on rétablit peu à peu ceux qui ont été supprimés. La chapelle de la Vierge, au point extrême du chevet, offre l'aspect d'une petite église. De nombreuses fenêtres l'éclairent; des aiguilles surmontent ses contre-forts; des chimères, très-allongées et tenant de petits animaux sous leurs pattes, lui servent de gargouilles. La tour placée dans l'angle du croisillon septentrional, avec le chœur, appartient au style ogival par sa partie inférieure; à la fin du seizième siècle, peut-être même au dix-septième, par ses deux autres étages en plein cintre. Une frise feuillagée marque la ligne de démarcation entre les deux styles. Du côté du nord plusieurs petites chapelles, intérieurement décorées de peintures intéressantes, s'étendent au-dessous des fenêtres qui éclairent les chapelles de la nef.

« Quatre travées à la nef, deux au chœur et cinq en pourtour à l'abside; collatéraux simples et bordés de chapelles dans tout leur développement. Piliers fasciculés sans chapiteaux; toutes les baies et tous les arcs en ogive; clefs en forme de culs-de-lampe et de rosaces sous les basses-voûtes; nervures multiples et prismatiques à la maîtresse-voûte et dans les chapelles; ces nervures simplement croisées dans les collatéraux. La voûte médiane avait des clefs pendantes; on les a coupées. Celles de la travée centrale du transept et du rond-point sont en cercle ouvert, avec inscription sur les bords; nous avons lu à grand'peine, sur celle du transept, la date de 1578 et les noms des marguilliers qui la firent poser. Chaque croisillon est partagé dans sa hauteur par une voûte qui forme tribune. Plusieurs des chapelles de la nef et du chevet communiquent entre elles par des arcs percés dans leurs murs de refend. La maîtresse-voûte se distingue par sa grande hauteur, que les dimensions étroites du vaisseau font paraître plus considérable encore.

« La tribune de l'orgue, en pierre, ornée d'anges et de colonnes corinthiennes, a été construite au dix-septième siècle.

« Deux statues des saints patrons, sculptées en pierre par Bourdin, dix-septième siècle, accompagnent le maître-autel. Les six candélabres et la croix de bronze doré, avec bas-reliefs sur les bases, qui le surmontent, ont appartenu à l'église abbatiale de Sainte-Geneviève; ce sont des chefs-d'œuvre du siècle dernier. Deux rangs de stalles, seizième siècle, les seules en ce genre qui existent à Paris, s'étagent sur les côtés du chœur. Les descriptions anciennes ou modernes n'en parlent pas; nous nous croyons d'autant plus obligé de les faire connaître. Des personnages en pied sont figurés en bas-reliefs sur les panneaux de clôture, sainte Catherine, saint Matthieu, saint Paul, saint Antoine, saint Pierre, saint Jean l'évangéliste, un saint évêque et une sainte femme. De petits sujets fort curieux couvrent les miséricordes ; en voici l'indication en peu de mots : un écrivain à son pupitre ; un architecte mesurant des pierres, en présence de son appareilleur ; un boulanger qui met la pâte au four ; des croissants enlacés (c'est l'emblème de Henri II) et des mascarons ; une tête d'homme agencée avec des guirlandes ; un homme accroupi, coiffé d'un bonnet à oreilles d'âne, qui souille le seuil d'une porte, tandis que le propriétaire de la maison le regarde d'un air piteux ; un tonnelier ; des vendangeurs dans une cuve ; un génie dormant sur un tombeau, le bras appuyé sur une tête de mort ; un rosier ; trois personnages en prières ; une querelle entre deux hommes ; un cordonnier à son établi, tout entouré de chaussures ; deux rôtisseurs ; un batelier dans sa barque ; un lion ; un homme nu ; un porc qui mange avec gloutonnerie.

« L'église a été dépouillée de la meilleure partie de ses vitraux et ceux qui restent ne sont pas en bon état. Cette mutilation est déplorable. Robert Pinaigrier avait peint dans le chœur, entre autres compositions importantes, l'histoire du Paralytique de la piscine et celle de Lazare ; dans une chapelle de la nef, le Pèlerinage du mont Saint-Michel. On lui attribuait aussi les verrières de la chapelle de la Vierge. Les vitres les plus estimées de Jean Cousin se trouvaient à Saint-Gervais ; c'étaient le martyre de saint Laurent, l'histoire de la Samaritaine, le Jugement de Salomon. Lesueur avait aussi donné des dessins de grisailles, et Perrin les avait exécutés sur verre. De tout cela on ne trouve guère plus que des lambeaux. Le Jugement de Salomon est ce qu'il y a de mieux conservé; il remplit la fenêtre de la seconde chapelle du chœur au midi. Sur les murs du palais où la scène se passe, un cartouche porte la date de 1531. La beauté de l'exécution et la brillante vivacité du coloris rendent ce vitrail digne d'admiration. Au tympan de la même fenêtre, au-dessous d'un Père éternel qui bénit, Salomon offre un sacrifice; il dort entouré de livres, et c'est pendant ce sommeil qu'il obtient la sagesse. Il reçoit la reine de Saba. Quelques débris du martyre de saint Laurent subsistent dans une des hautes fenêtres du chœur.

« Nous allons mentionner sans observations les sujets des autres verrières. Dans la nef, des armoiries des donateurs; saint Pierre baptisant Corneille; Jésus dans le temple, au milieu des docteurs; le Lavement des pieds; la Pentecôte; Abraham et Melchisédech. Dans le transept, la Résurrection du Christ. Dans le chœur, les quatre Évangélistes recevant les inspirations de l'Esprit-Saint; le Christ au jardin des Olives. Les vitraux des fenêtres du fond de l'abside n'ont pas encore dix années d'existence. Dans les chapelles, saint Jean-Baptiste; saint Nicolas; le Baptême du Christ; plusieurs sujets de la légende de sainte Madeleine, son Ravissement, sa Mort, son Ame portée devant Dieu; un Martyr décapité; le Père éternel entouré d'anges; la Mort de sainte Isabelle; Saint Louis aux funérailles de sa sœur, dont le corps est vêtu à la fois du manteau royal et de la robe de sainte Claire; le saint roi faisant l'aumône et combattant les infidèles; six sujets de la Passion, complétés par huit panneaux modernes; la Condamnation de saint Gervais et de saint Protais; la Vierge couronnée par un ange et bénie par Dieu le Père; le Saint-Esprit descendant sur une réunion d'ecclésiastiques; Sainte Catherine et saint Nicolas; le Père éternel; le Christ assis sur l'arc-en-ciel, entre la Vierge et saint Jean-Baptiste.

« La chapelle de la Vierge, longtemps défigurée par des boiseries modernes et privée de la plus grande partie de ses ouvertures, qui avaient été fermées avec du plâtre, a reçu de nos jours une décoration entièrement nouvelle. Son autel a été consacré en 1845, le jour de la Saint-Jean-Baptiste. Il y aurait certes bien à reprendre si l'on voulait examiner les détails de l'ornementation; mais l'ensemble a un certain éclat, et l'architecture a été débarrassée de tout ce qui en déguisait les formes. Le pourtour de la chapelle se divise en sept travées; elle reçoit la lumière par cinq fenêtres à meneaux flamboyants. Une partie des vitraux a été refaite en 1845 à la manufacture de Choisy-le-Roi. Dans les tympans des deux premières fenêtres il s'est conservé un Arbre de Jessé d'une très-belle facture et un Couronnement de la Vierge. Aux trois fenêtres absidales, dont les verrières, attribuées à Pinaigrier, représentent la légende de sainte Anne, de saint Joachim et de la Vierge, il a fallu rétablir à neuf plusieurs panneaux. Quelque soin qu'on ait apporté à leur confection, ils se distinguent facilement des autres par un dessin moins ferme et des tons moins vigoureux. Parmi les anciens on remarque surtout Marie occupée à tisser de la toile dans le temple et recevant sa nourriture des mains d'un ange; une Sainte Trinité; les Bergers gardant leurs troupeaux dans une prairie de l'aspect le plus riant, au moment où les anges leur annoncent la naissance du Christ. On a toujours vanté, comme des tours de force, les combinaisons singulières des nervures de la voûte ; chacun se demande comment la pierre a pu se prêter à de pareils caprices. Sans nous arrêter davantage aux clefs pendantes, ni aux petits anges qui se tiennent suspendus aux retombées, nous devons citer la couronne tout évidée à jour qui semble descendre de la voûte comme un splendide emblème de celle que la Vierge a reçue dans le ciel. Elle a six pieds de diamètre et trois pieds six pouces de saillie. Nous savons bien que le fer est ici venu en aide à l'adresse du constructeur ; mais il fallait encore beaucoup d'habileté pratique, même avec ce secours, pour surmonter les difficultés de la taille et de la pose d'une semblable décoration, comme l'ont fait les frères Jacquet, qui passaient d'ailleurs pour les plus ingénieux maçons de leur temps. La date de 1517 se lit en lettres de relief sur les bords de la couronne. Un donjon fortifié des étoiles rappellent les titres de Tour de David et d'Étoile du matin que les litanies donnent à la Mère de Jésus. A la voûte du collatéral, en avant de la chapelle, une croix, entourée d'une banderole, se découpe au croisement des nervures.

« Huit chapelles s'ouvrent sur les côtés de la nef, huit autres autour du chevet, deux sur les croisillons. Notre travail serait trop incomplet si nous négligions de faire mention de quelques-unes des curiosités qu'elles renferment. Chapelle des Fonts : une copie réduite du portail de l'église, qui fut sculptée en bois par un menuisier nommé de Hanci, et qui servit longtemps de retable à l'autel de la Vierge. Chapelles de Saint-Laurent et de Sainte-Anne : deux petits corps d'architecture en style de la Renaissance, avec colonnes, niches et statues, ménagés dans le mur, au-dessus des autels, et, de plus, dans la chapelle de Saint-Laurent, un bas-relief en pierre, treizième siècle, qui représente Jésus recevant l'âme de sa Mère, au moment où elle vient d'expirer au milieu des apôtres. Chapelle de Saint-Denis : la Passion en plusieurs sujets, peinte sur bois et attribuée à Albert Durer; c'est un tableau de grande valeur, quel qu'en soit l'auteur. Une grille de fer, dix-septième siècle, d'un travail remarquable, ferme la chapelle qui sert de passage pour aller à la grande sacristie. Un Père éternel, entouré d'anges, placé au-dessus du banc d'œuvre, passe pour une œuvre du Pérugin, et cette fois du moins le style de la peinture ne dément pas la tradition. Saint-Gervais possédait encore de grands et précieux tableaux peints par Lesueur, par Bourdon, par Philippe de Champagne; les galeries du Louvre en ont recueilli le plus grand nombre. »

Nous avons déjà (tome Ier, page 464) mentionné les origines de Saint-Eustache. L'église primitive, construite au treizième siècle et qui fut plus tard démolie, était devenue insuffisante dès le quinzième siècle, en dépit de plusieurs agrandissements successifs. Vers l'époque de la Renaissance on se détermina à remplacer cette église par un monument complétement en rapport, et par son étendue et par sa magnificence, avec les besoins des fidèles et la richesse de la paroisse. La première pierre du nouvel édifice fut posée, en 1532, par le prévôt Jean de la Barre. Dix-sept ans après quatre autels furent bénis; mais l'église entière ne fut consacrée qu'après plus d'un siècle, en 1637, et ne fut complétement terminée que dans la dernière année du règne de Louis XIII.

L'architecte n'en est pas connu, car David, à qui on

en fait généralement honneur, ne fit que continuer l'œuvre. Sauval l'avait déjà soupçonné. « Il semble, dit-il, que David n'en étoit pas le premier architecte. » Mais la découverte récente de la pierre tombale de cet artiste ne peut laisser à cet égard aucun doute. On y lit en effet l'inscription suivante : « Cy devant gist le corps d'honorable homme Charles David, vivant juré du roy ès œuvres de maçonnerie, doyen des jurés et bourgeois de Paris, architecte et conducteur du bastiment de l'église de céans, lequel, après avoir vescu avec Anne Lemercier, sa femme, l'espace de cinquante-trois ans, est décédé le 4ᵉ jour de décembre 1650, âgé de quatre-vingt-dix-huit ans. »

L'église était donc commencée depuis vingt ans lors de la naissance de Charles David ; il est incontestable toutefois que c'est lui qui en a construit les parties les plus notables, et, si l'on prend garde que le chœur fut rebâti en 1624, il est difficile de ne pas reconnaître dans l'ensemble l'œuvre de son talent.

Nous voudrions maintenant pouvoir deviner, sous sa forme actuelle, le plan de 1532. Sauval imagine que David a voulu *faire revivre l'architecture gothique, que nous avons*, dit-il, *vue mourir en France*. N'aurait-il pas plutôt cherché à moderniser le dessin gothique de son prédécesseur et à faire entrer les ordres grecs dans un monument qui, par les proportions de ses diverses parties, les comportait assez peu ?

Dans tous les cas, que l'église Saint-Eustache soit une conception originale et d'un seul jet, ou qu'elle marque, comme tant d'autres, la succession changeante des hommes et de leurs idées, elle n'en reste pas moins l'un des types les plus remarquables et les plus curieux de l'art chrétien à une époque de transition et d'incertitude. Par sa disposition générale, ses cinq nefs, sa forêt de piliers, la hauteur de ses voûtes, les ogives de son abside, elle appartient à l'art du moyen âge; par la délicatesse de ses sculptures, au contraire, et l'agencement des ordres grecs à ses hardis piliers, elle appartient à la Renaissance. Mais ce qui frappe surtout lorsqu'on l'étudie, c'est la pensée évidente de l'artiste d'arriver au grandiose et au sublime par des tours de force. Ainsi il empruntera les clefs pendantes au dernier âge de l'art gothique et leur donnera une saillie inaccoutumée; ses voûtes, surtout celles des collatéraux, seront plus élevées que d'habitude, et, en même temps, les piliers qui les supporteront seront plus grêles. C'est déjà partout la combinaison qui succède à l'inspiration.

On ne peut disconvenir, d'ailleurs, de l'effet que produisent les vastes dimensions de Saint-Eustache. Notre-Dame seule, parmi les églises de Paris, les dépasse. Notre-Dame compte 130 mètres de longueur sur une largeur de 46; Saint-Eustache 106 sur 44. Ces dimensions sont d'autant plus imposantes qu'on les sent mieux, parce que les oppositions sont partout, à Saint-Eustache, encore plus frappantes qu'à Notre-Dame; on pourrait dire même qu'elles y sont exagérées. Le goût, sans doute, fait ses réserves; mais l'impression générale est grande.

L'admiration publique n'attendit pas, au reste, l'achèvement de l'édifice pour éclater, et Corrozet, mort dès 1568, Du Breul, qui ne vécut pas au delà de 1614, s'en firent les échos. Le portail surtout enlevait tous les suffrages. « Il est environné, dit un ancien historien, d'un grand circuit formé de balustres, et c'est un des plus beaux de Paris pour la largeur et l'excellence de ses ouvrages, taillés fort mignonnement et délicatement sur la pierre. » Faut-il ajouter que ce portail n'existe plus ? Ce qu'on admirait au seizième siècle fut considéré comme barbare au dix-septième, et, si l'on n'osa pas sacrifier l'église entière, le portail du moins fut sacrifié. C'est alors que Sauval écrivait en parlant de Saint-Eustache : « Du Breul, Corrozet et les *bonnes gens* disent merveilles tant de son architecture que de ses piliers grêles et chargés de colonnes en l'air. Cette grande élévation de colonnes et *un tas de moulures* qu'ils ne voyent point ailleurs, cette prodigieuse longueur de pilastres et exhaussement des voûtes, qui sont *toutes les parties vicieuses* de l'architecture, les ont surpris. Véritablement il y a quelques chapiteaux de colonnes au portail de l'aile dont les feuilles sont fort tendres, et qui *seroient des plus beaux de Paris s'ils n'étoient un peu gothiques* par en haut. Il y en a de pareille manière et aussi bonne au côté gauche. Et c'est *la seule bonne chose qui se trouve en cette église.* »

Mettant de côté, quelques lignes plus loin, son dédain du style ogival, Sauval ajoute : « La chapelle de la Vierge a des ogives *fort bien conduites ; c'est la plus grande et la plus belle chapelle de Paris, et la plus large.* »

Nous ne citons ce jugement que comme pièce historique et pièce curieuse. Il nous fait suivre, en effet, et toucher au doigt les variations du goût. Si ce n'est pas l'expression de l'art, c'est du moins, et avec une parfaite candeur, l'expression de l'époque (1).

A la place de ce portail (dont nous donnons ci-après le

(1) *Paris dans sa splendeur*, bel ouvrage édité par M. Henri Charpentier.

spécimen), les architectes Mansard, de Jouy et Moreau en ont mis un nouveau, dont personne ne conteste la médiocrité. Deux ordres de colonnes, le dorique et l'ionique,

forment un porche au rez-de-chaussée et une tribune extérieures au-dessus. Si le curé de Saint-Eustache jouissait du privilége de donner la bénédiction papale, cette tribune, qui rappelle celle des basiliques de Rome, aurait sa raison d'être; mais elle n'est bonne à rien. Un lourd fronton la surmonte. Trois portes donnent accès dans la nef. Une petite tour, décorée de colonnes corinthiennes cannelées, s'élève du côté du nord. L'autre tour est à peine indiquée. Les travaux, commencés en 1654, furent interrompus après la construction du premier ordre, pour ne plus être repris qu'en 1772.

Les portails du nord et du sud, au transept, appartiennent au style de la Renaissance. Celui du midi est le plus ancien des deux; aussi son ornementation offre-t-elle plus de finesse et d'élégance. Ils présentent chacun, d'abord, une large porte cintrée, décorée avec luxe, dont le tympan est à claire voie; de grands pilastres chargés de rinceaux; puis deux étages de galeries; plusieurs rangs de balustrades; une rose à meneaux; deux clochetons terminés par des lanternons à jour; une seconde rose à la hauteur des combles, et enfin, sous la pointe du pignon, comme un souvenir de la conversion miraculeuse de saint Eustache, une tête de cerf entre les bois de laquelle apparaît un crucifix. Une ogive, qui se dessine en relief dans chacun de ces pignons, accuse la forme des travées de la charpente. Les monogrammes de sainte Agnès et de saint Eustache se répètent fréquemment dans l'ornementation. Les palmes et les cors de chasse qui les accompagnent rappellent que ces deux patrons furent martyrs et que saint Eustache était chasseur. La voussure de la porte du nord se divise en trois cordons; celle du sud en a quatre. Elles étaient peuplées de statuettes, abritées chacune par un dais ouvragé comme un petit édifice, avec ses niches et ses colonnes. Il y avait place, dans les ébrasures et dans les cordons de l'archivolte, pour quarante statues à la porte du nord, et pour cinquante-neuf à celle du midi. Les sculptures de cette dernière restent encore inachevées. De charmantes figures de fantaisie ont été commencées en bas-relief sur les panneaux du stylobate, et des rosaces de l'exécution la plus délicate couvrent les pieds-droits. Un sculpteur d'ornements trouverait ici sur chaque pierre des modèles exquis. Toutes les statues que été brisées ou du moins enlevées. Deux des niches principales, du côté du sud, ont leurs bases sculptées en façon de rochers ; peut-être contenaient-elles le cerf de la légende et saint Eustache converti par l'apparition du Christ. Les portes gardent leurs anciens vantaux ; le travail en est des plus simples.

Le flanc méridional de l'église fait face aux grandes halles. Vers l'angle sud-ouest le mur qui devait servir d'appui à l'une des tours est encore conservé. Sa décoration consiste en pilastres doriques, triglyphes, métopes et patères. De larges fenêtres à meneaux versent dans les chapelles et dans les nefs une abondante lumière. Trois rangs de balustrades, les unes pleines, les autres à jour, environnent les terrasses des chapelles, des collatéraux et du grand comble. Entre les chapelles des pilastres composites montent à la corniche ; ils sont rehaussés de rosaces, de mascarons, de têtes d'anges, de monogrammes et de divers emblèmes. Dans quelques chapiteaux on voit se jouer, au milieu du feuillage, des génies, des têtes d'animaux, des enfants qui portent des corbeilles de fruits. Des consoles à feuilles d'acanthe soutiennent le couronnement. Pour maintenir les voûtes à la hauteur énorme qu'elles ont atteinte il a fallu des points d'appui robustes et nombreux ; de solides contre-forts, revêtus de pilastres, les uns doriques, les autres ioniques, s'élèvent de toutes parts, et les arcs-boutants se croisent les uns sur les autres pour s'épauler mutuellement. Aux points de jonction des bras de la croix ces combinaisons d'arceaux et de piles produisent un effet des plus extraordinaires. Les gargouilles se projettent çà et là en quantité prodigieuse. Celles du rang inférieur sont d'une beauté remarquable, sculptées de figures de femmes, d'hommes et d'enfants, dont le corps se termine en feuillage, et qui pour la plupart portent des ailes. Sur une de ces gargouilles, au midi, on distingue la date de 1629. Le flanc septentrional, en grande partie masqué par de hautes maisons, ne diffère du côté méridional que dans les détails. C'est dans la cour de la sacristie qu'il est possible d'examiner de près le riche travail de la chapelle de Sainte-Geneviève, œuvre d'art qui date de la Renaissance (1). La chapelle de la Vierge, au rond-point, dépasse de beaucoup les autres en volume et en élévation. La forme en est circulaire; deux étages de fenêtres à meneaux l'éclairaient; on a muré celles du premier rang.

Un auteur moderne a jugé de la manière suivante le grand portail de Saint-Eustache : « Cette composition n'a pour tout mérite que d'être exécutée sur une grande échelle; la largeur beaucoup trop grande de ses entre-colonnements, surtout au second ordre, entraînera sa destruction, et déjà le poids énorme de la plate-bande qui supporte le fronton l'a fait se rompre et semble écraser les maigres colonnes qui la soutiennent. Le genre de cette architecture massive, qui n'est ni antique ni moderne, n'a aucune espèce de rapport avec le reste de l'édifice. On peut en dire autant du bâtiment de la sacristie, pratiqué au rond-point de cette église (2). »

L'intérieur de Saint-Eustache, qui a été également l'objet de vives critiques, offre un caractère bizarre et original. Sa disposition est celle des églises gothiques :

---

(1) M. F. Guilhermy, *Histoire archéologique de Paris*.
(2) M. Legrand, *Description de Paris et de ses édifices*, t. I, p. 79.

une large nef, flanquée de deux bas-côtés entourés de chapelles ; de nombreux piliers qui supportent une voûte hardie, éclairée par un double rang de fenêtres. Mais ce qui distingue cette église, c'est son admirable ornementation. Les sculptures élégantes et capricieuses de la voûte et des piliers peuvent être placées au nombre des meilleures productions de la Renaissance ; le chœur surtout est merveilleusement *historié* ; un *pendentif* splendide, sorte de vaste couronne supportée par des figures d'anges, hautes de plusieurs pieds, et embellie d'ornements, descend au-dessus du sanctuaire. On a placé dernièrement, pour séparer le chœur de la nef, une grille en fonte dans le goût de la Renaissance, qui n'est point sans mérite.

A la partie orientale, et dans l'intérieur de l'église, est une chapelle souterraine dédiée à sainte Agnès, première patronne de cette paroisse. La chaire à prêcher est du dessin de Lebrun, et *l'œuvre* a été exécutée par Le Pautre, d'après les dessins de Cartaud ; elle coûta vingt mille livres, que le Régent donna à l'église pour un tableau de saint Roch qui ornait l'une de ses chapelles, et dont ce prince enrichit son cabinet. « Le maître-autel est décoré d'un corps d'architecture soutenu par quatre colonnes de marbre d'ordre corinthien. Les dix statues qui ornent cet autel sont des chefs-d'œuvre de Jacques Sarrazin, un des habiles sculpteurs du dernier siècle. Sarrazin a donné à la statue de saint Louis la ressemblance de Louis XIII ; celle de la Vierge est le portrait d'Anne d'Autriche, et le petit Jésus qu'elle tient entre ses bras ressemble à Louis XIV. Plus haut sont les statues de saint Eustache et de sainte Agnès, et au-dessus deux anges en adoration.

« A l'intérieur, quatre rangs d'ouvertures distribuent sa lumière dans les chapelles et dans les collatéraux, dans la galerie, sous la maîtresse voûte. Les tympans des hautes fenêtres sont presque tous découpés en fleurs de lis. Dans les deux lignes de collatéraux les voûtes sont pareilles en hauteur ; elles sont moins élevées dans les chapelles, et c'est dans l'intervalle que s'ouvre le second rang de fenêtres. La chapelle de la Vierge seule égale en hauteur le collatéral du chevet. Les voûtes sont renforcées de nervures prismatiques qui se ramifient en combinaisons diverses dans la nef, le transept, le chœur et l'abside. Celles des collatéraux n'ont que des nervures croisées à la manière ordinaire ; dans les chapelles quelques-unes sont décorées de caissons et de rosaces. Il y a de tous côtés des clefs d'un très-bon travail, en forme de culs-de-lampe, couvertes de draperies, de feuillages et de têtes d'anges. A la troisième travée de la nef médiane, l'écusson du chancelier Séguier (1), l'un des bienfaiteurs de Saint-Eustache, se tient comme suspendu aux nervures, paré du manteau, du casque, des deux masses et du mortier. La voûte centrale du transept étonne par la richesse de sa disposition et par la hardiesse de sa clef pendante, environnée de personnages. Au rond-point de la grande abside la clef n'est ni moins saillante ni moins ornée. Dans la plupart des chapelles les clefs présentent les armoiries du fondateur, et quelquefois aussi des animaux de fantaisie. Un grand arc cintré forme l'ouverture de chacune de ces nombreuses chapelles ; on vient d'y restituer les anciens blasons sculptés et peints au-dessus de

---

(1) D'azur au chevron d'or, accompagné en chef de deux étoiles de même pointe, d'un mouton passant d'argent.

l'archivolte. Le millésime de 1537 est gravé sur un des pilastres de la cinquième travée de la nef, au nord, et celui de 1640 dans le croisillon du même côté, au-dessus de la seconde galerie. »

Le 16 décembre 1844 un violent incendie détruisit les orgues, endommagea la chaire et causa quelques dégradations à l'architecture. Le mal a été réparé. Dans les dix années qu se sont écoulées depuis ce désastre l'église c'est enrichie d'un maître-autel en marbre blanc, d'un buffet d'orgues et d'une chaire entièrement neufs, de plusieurs verrières à personnages. Ce fut en nettoyant l'édifice qu'on découvrit, vers le mois de septembre 1849, dans la septième chapelle du chevet, au sud, des restes importants de peintures murales, dont l'existence était inconnue, et qu'un épais badigeon recouvrait depuis très-longtemps. De nouvelles recherches firent retrouver des peintures semblables dans plusieurs autres chapelles. Il fut alors décidé par l'administration municipale que les peintures anciennes seraient soigneusement restaurées, et que des fresques nouvelles, exécutées dans les chapelles où il ne s'était rien rencontré, viendraient compléter la décoration. L'ensemble sera magnifique, quel que soit d'ailleurs le mérite particulier de chacune des parties qui concourront à l'effet général. À travers tous les arcs de la nef et du chœur on verra briller l'or et la couleur, non-seulement aux parois des chapelles, mais encore sur l'architecture qui leur sert d'encadrement extérieur. Les peintures anciennes sont l'œuvre d'artistes du dix-septième siècle qui paraissent s'être formés à l'école de Simon Vouet.

Des vitraux datés de 1631 remplissent les onze fenêtres

du chœur et de l'abside. On y lit le nom répété plusieurs fois d'un verrier appelé Soulignac, parfaitement inconnu d'ailleurs. Ce peintre, qui ne manquait pas d'une certaine habileté, a représenté plus grands que nature les quatre Pères de l'Église latine et les douze Apôtres, avec les attributs ordinaires qui les caractérisent. Les personnages se détachent sur des corps d'architecture disposés en perspective et figurant de longues galeries à colonnes corinthiennes. A la fenêtre du fond le patron du temple, saint Eustache, occupe une place privilégie; dans la partie supérieure de la même baie on voit encore les armes de France, la Vierge et le Christ qui tient sa croix. On remarquera aux côtés de saint Eustache les deux animaux, le lion et le loup, qui, suivant la légende, lui enlevèrent ses deux fils. Saint Eustache fut privé presque en même temps de sa femme et de ses enfants. Plus tard ils se retrouvèrent tous les quatre, pour souffrir ensemble le martyre. La Légende d'or rapporte que l'empereur Adrien les fit enfermer dans un taureau d'airain qui avait été rougi au feu (1).

En 1834 on a placé à l'entrée d'un des portails de Saint-Eustache un bénitier qui représente le pape Alexandre II distribuant l'eau bénite. Deux anges soutiennent le pape, qui foule aux pieds le démon exorcisé. Cette œuvre est de M. Eugène Bion, l'un de nos plus éminents artistes.

Parmi les personnes qui ont été ensevelies à Saint-Eustache nous citerons l'historien Duhaillan, Marie Lejars de Gournay, fille adoptive de Montaigne, Voiture, Vaugelas, La Motte Levayer, Benserade, Furetière, le

(1) M. J. de Guilhermy, *Itinéraire archéologique de Paris*.

peintre Lafosse, le maréchal de France La Feuillade, le comte de Tourville, François Chevert, Colbert, etc.

La cure de Saint-Eustache a compté plusieurs curés célèbres ; outre le fameux René Benoît, que son influence sur ses paroissiens avait fait surnommer le *Pape des Halles*, et dont nous avons déjà parlé, citons le jurisconsulte Cosme Guymier en 1497, et en 1510 Jean Balue, parent du cardinal de ce nom. Cette église conserve les reliques de sainte Agnès, de saint Vincent de Paul et de saint Eustache. Elle avait jadis de nombreuses confréries et quelques privilèges assez remarquables. Au dix-huitième siècle un bourgeois de Paris, nommé Guillaume Point-l'Asne (*Pungens-Asinum*), avait fondé une chapellenie à l'autel de Saint-André. « Ces chapelains, dit l'abbé Lebeuf, avaient droit de justice basse et les amendes, jusqu'à soixante sous, en trois rues au delà de la porte du Comte-d'Arras, hors des murs de Paris, et dans le quartier de Saint-Eustache. Ils tenaient cela en foi et hommage de l'évêque... Ils avaient un maire pour connaître des hôtes dans les rues de leur justice. » La célébrité de leur chapelle avait occasionné l'établissement d'une confrérie de Saint-André en 1418, pendant la lutte des Bourguignons et des Armagnacs. C'est ce que nous apprend le passage suivant du *Journal d'un Bourgeois de Paris* : « Le peuple s'avisa de faire en la paroisse Sainct-Huistasse la confrairie Sainct-Andry, et la firent ung jeudy neufviesme jour de juing. Qui s'y mettoit avoit ung chaperron de roses vermeilles, et tant s'y mist des gens de Paris que les maistres de la confrairie disoient et affermoient qu'ils avoient fait faire plus de soixante douzaines de chappeaulx ; mais, avant qu'il fust doze heures, les chappeaulx furent failliz; mais le moustier de Sainct-Huistasse estoit tout plain de monde ; mais non y avoit homme, prestre ne autre, qui n'eust en sa teste chappeau de roses vermeilles, et sentant tant bon au moustier comme s'il fust lavé d'eau rose. » Philippe de Valois, en 1331, et Louis d'Orléans, frère de Charles VI, avaient fondé deux chapelles à Saint-Eustache. Les lingères des halles y avaient un autel consacré à sainte Venice, nom supposé de leur patronne (1).

Les historiens de Paris ont coutume de décrire l'église *Saint-Roch* en rendant compte du règne de Louis XIII, bien que ce monument ait une origine plus ancienne et qu'on l'ait en grande partie réédifié et agrandi en des temps moins reculés; nous croyons devoir nous conformer à un usage qui d'ailleurs a sa raison d'être.

Cette église occupe l'emplacement de deux anciennes chapelles placées sous les invocations de *Sainte-Suzanne* et des *Cinq-Plaies*, et d'un petit hôpital dédié à *Saint-Roch*. La chapelle des *Cinq-Plaies* avait *cloches et clochers*, nous dit Sauval, avec *messe chantée, eau bénite et pain bénit* le dimanche. Elle avait été fondée, en 1521, par Jean Dinocheau, marchand de bétail, et Jeanne de Laval, sa femme, et se trouvait au lieu même où s'élèvent le perron et le portail de l'édifice actuel. Plus tard les habitants du faubourg Saint-Honoré (cette partie de la rue n'était alors qu'un faubourg) désirèrent avoir une église; leur désir fut secondé par Étienne Dinocheau, neveu du fondateur de la chapelle des *Cinq-Plaies*. Celui-ci, ayant renoncé aux droits qu'il pouvait avoir sur cette chapelle, le 13 décembre 1577, donna à ces habitants

---

(1) M. de Gaulle.

une place et un grand jardin qui en dépendaient. En outre l'official de Paris leur permit, le 18 août 1578, de faire bâtir une chapelle qui serait succursale de Saint-Germain-l'Auxerrois.

En 1587, à la place des deux chapelles de Gaillon, on fit construire une église ou une chapelle succursale. Le chapelain engagea ses paroissiens à faire l'acquisition de l'hôtel de Gaillon; ils l'acquirent en 1622. Ensuite ils voulurent que leur chapelle devînt indépendante de Saint-Germain-l'Auxerrois, et qu'elle fût érigée en église paroissiale. L'exécution de ce projet rencontra de grandes difficultés qu'éleva le curé de Saint-Germain; mais ils en triomphèrent, et, le 30 juin 1633, l'érection de leur chapelle en église paroissiale fut autorisée.

On nous permettra d'anticiper sur les événements afin de ne pas morceler, règne par règne, la notice qui se rattache à cette église.

L'accroissement du faubourg Saint-Honoré rendait chaque jour plus insuffisante la chapelle bâtie en 1587. On s'occupa de la construction d'un édifice plus vaste. Le roi et Anne d'Autriche, sa mère, en posèrent solennellement la première pierre le 28 mars 1653. Sa construction s'exécutait avec lenteur ou était suspendue lorsqu'en 1720 le fameux Law, converti par l'abbé de Tencin, ayant abjuré le protestantisme afin d'être nommé contrôleur général des finances, et ayant communié dans l'église de Saint-Roch, sa paroisse, donna à cette église 100,000 livres pour achever les bâtiments. Toutefois les constructions ne furent terminées que vers l'an 1740.

L'église Saint-Roch, commencée sur les dessins de Jacques Lemercier, premier architecte du roi, fut continuée par son successeur, Robert de Cotte. Ce dernier fournit le dessin du portail que nous voyons aujourd'hui, et qui fut exécuté par son fils, Jules-Robert de Cotte, intendant général des bâtiments du roi et directeur général de la monnaie des médailles. La première pierre en fut posée le 1er mars 1636. Ce portail, élevé au-dessus d'un grand nombre de marches, est composé de deux ordres d'architecture, du dorique et du corinthien, placés l'un sur l'autre; ces deux ordres sont couronnés par un fronton triangulaire, au-dessus duquel s'élève une croix. Avant la Révolution on avait ajouté à l'architecture du portail divers ornements de sculpture. Deux anges avaient été placés de chaque côté de la croix; au-dessus de l'ordonnance dorique on voyait se dessiner deux groupes qui représentaient chacun des Pères de l'Église. Tous ces ouvrages de sculpture étaient de Claude Francin. Les candélabres, les guirlandes, les trophées et les autres ornements étaient dus à Louis de Monteau. Ces accessoires ont été supprimés à la Révolution et n'ont point reparu. Ce portail a vingt et un mètres de largeur et autant de hauteur; on le regarde comme un des plus réguliers de la capitale.

L'église Saint-Roch est grande et vaste; mais on a blâmé avec raison la disposition des différentes parties qui la composent. Elle est divisée en cinq parties distinctes : la nef, le chœur, la chapelle de la Vierge, la chapelle de la Communion, aujourd'hui de l'Adoration, et enfin la chapelle du Calvaire. La longueur de la nef est de trente mètres, celle du chœur de seize, et leur largeur de quinze. Vingt piliers, ornés de pilastres doriques, revêtus de marbre à leur base, soutiennent la voûte de la nef; quarante-huit piliers supportent ses bas-côtés; dix-huit chapelles leur servent de ceinture jusqu'au rond-point; trois grandes chapelles sont placées en arrière, deux autres sous la croisée, et deux autres sont adossées aux piliers de l'entrée du chœur. La décoration brillante et même théâtrale du chœur a été l'objet de justes critiques.

En fait d'ornements, ni le chœur ni la nef n'ont rien de remarquable, à l'exception de quelques statues et de quelques tableaux, œuvres de Bochot, de Falconnet, de Vien et de Doyen. La chapelle de la Vierge, située derrière le chœur, fut bâtie en 1709; elle est de forme circulaire et couronnée par une coupole représentant l'*Assomption de la Vierge*, peinte par Pierre. L'autel de cette chapelle offre une scène de l'Annonciation, exécutée sur les dessins de Falconnet.

La chapelle de la Communion présente une coupole où Pierre a peint le *Triomphe de la Religion*. Sur l'autel est un groupe sculpté par Paul Slodtz, représentant deux anges s'inclinant pour adorer le tabernacle.

La chapelle du Calvaire, située à la suite, sur la ligne des chapelles précédentes, et à l'extrémité de l'édifice, est obscure et peu élevée. Une vaste niche, éclairée par une ouverture que l'on ne voit point, présente l'image du Calvaire, Jésus crucifié et la Madeleine pleurant au pied de la croix. Sur le premier plan sont des soldats couchés, des troncs d'arbres, etc. Au bas du Calvaire est un autel de marbre bleu turquin, en forme de tombeau antique, orné de deux urnes; au milieu se voit le tabernacle, formé d'une colonne tronquée, et autour duquel sont placés les instruments de la Passion. Cette composition est due à

Falconnet; la sculpture des figures de la niche est l'ouvrage de Michel Anguier.

Dans les chapelles qui environnent la nef et le chœur, les onze premières stations sont indiquées par des bas-reliefs représentant divers sujets de la vie de Jésus-Christ. Dans la chapelle du Calvaire un douzième groupe montre Jésus mis au tombeau. Ces stations ont été sculptées par M. de Seine, en 1807.

La chaire du prédicateur attire les regards ; elle a été exécutée sur les dessins de Chasle et restaurée par Laperche. Les quatre Vertus cardinales soutiennent cette espèce de tribune, dont les panneaux sont ornés des Vertus théologales. L'abat-voix est formé par un rideau qui représente le voile de l'erreur ; il est levé par un génie, symbole de la vérité. La rampe de l'escalier est également remarquable. On a gâté ce monument en couvrant de dorure les bas-reliefs, les Vertus et l'ange qui forment les principaux sujets de cette chaire. Vis-à-vis est un tableau moderne représentant *Jésus-Christ expirant sur la croix.*

Les sculptures de l'intérieur de cette église ont été exécutées par Charpentier. Saint-Roch est fort riche en tableaux. Parmi les anciens maîtres on cite les noms de Le Lorrain, de Lemoine, de Jouvenet, de Michel Corneille, d'Antoine Coypel, etc. Parmi les modernes on remarque le *Saint Barthélemy* de Charles Muller. La chapelle destinée aux mariages renferme un groupe de *Saint Joachim et Sainte Anne,* en marbre, restauré par Lesueur. La chapelle des *Baptêmes* est décorée par un groupe de marbre blanc représentant le *Baptême de Jésus-Christ par saint Jean,* exécuté par J.-B. Lemoine pour le maître-autel de Saint-Jean en Grève. Mentionnons encore, un peu à la hâte, les statues des Pères de l'Église latine, faites pour les chapelles du dôme des Invalides ; le Christ en croix, par Michel Anguier, tiré de l'église de la Sorbonne ; un saint Roch, par un des Coustou ; un Christ agonisant, par Falconnet ; l'archevêque de Paris, monseigneur Affre, et saint Denis, son patron, en vitraux modernes ; des figures qui ont fait partie de divers mausolées, savoir : le buste de Le Nôtre, par Coyzevox ; la statue du cardinal Dubois, par Guillaume Coustou ; le buste de Mignard, par Desjardins ; les médaillons du maréchal d'Asfeld, du duc de Lesdiguières, du comte d'Harcourt ; la statue du duc de Créqui ; le monument de Maupertuis ; celui de l'abbé de l'Épée ; une inscription en l'honneur de Falconnet. La comtesse de Feuquières, sculptée en marbre blanc, par Lemoine, était jadis agenouillée près du tombeau de son père, Mignard ; elle a été transformée en Madeleine, par nous ne savons quel fabricien, et posée sur le Calvaire, au pied de la croix.

Parmi les monuments funèbres qui s'y trouvaient avant la Révolution on distinguait le tombeau de la demoiselle de La Live, exécuté sur les dessins de Falconnet ; celui de Pierre-Louis Moreau de Maupertuis, mort le 27 juillet 1759 ; celui d'André Le Nôtre, célèbre dessinateur de jardins ; ceux de la famille de Savalète ; de Nicolas Ménager, utile à sa patrie par son commerce et par les négociations importantes dont il fut chargé : il mourut le 15 juillet 1714.

Cette église renfermait aussi les cendres de François et de Michel Anguier, deux sculpteurs habiles ; d'Antoinette La Garde, marquise des Houlières, qui mourut en 1694 ; de François-Séraphin Régnier des Marest, littérateur distingué en son temps et mort en 1713; enfin de Pierre Corneille, qu'il suffit de nommer.

Le portail de Saint-Roch a été longtemps admiré, et, si les grandes surfaces de ce genre sont par trop dépourvues de saillies et d'ombres et par suite généralement froides, l'élévation de la façade, sur un haut perron, contribue ici à lui donner une incontestable noblesse. Ce portail se trouve dans l'alignement de la rue Saint-Honoré, et c'est même cette considération qui a servi de prétexte à la direction de l'église, direction entièrement opposée aux traditions du symbolisme chrétien. On sait en effet que les anciennes églises avaient toujours leur sanctuaire tourné vers l'orient; or Saint-Roch est précisément dirigé du midi au nord.

La fondation de l'église *Sainte-Marguerite* remonte également au règne de Louis XIII. « Les habitants du faubourg Saint-Antoine, disent Hurtaut et Magny, étoient de la paroisse de Saint-Paul. Cet éloignement considérable avoit fait permettre de dire la grand'messe, de faire le prône et de bénir l'eau dans la chapelle Saint-Pierre, près l'église de l'abbaye Saint-Antoine; mais le nombre des habitants s'étant considérablement augmenté, *Antoine Fayet*, curé de Saint-Paul, fit construire une chapelle sous l'invocation de Sainte-Marguerite; son dessein étoit qu'elle lui servît de sépulture et à toute sa famille. En 1634 il y fonda un chapelain en titre et nomma celui qui la desservait alors. Peu après la chapelle fut déclarée succursale, et a servi d'aide à l'église Saint-Paul jusqu'en 1712, que M. le cardinal de Noailles, archevêque de Paris, par son décret du 1er décembre, sépara tout le faubourg Saint-Antoine de la paroisse de Saint-Paul, et érigea l'église de Sainte-Marguerite en cure, en réservant à la famille *Fayet* le droit de nomination, non à la cure, mais à la chapelle ancienne qui fait partie de cette église; ce qui fut confirmé par lettres patentes du mois de février 1713. Malgré les accroissements successifs de cette église, elle se trouvait encore trop petite pour plus de quarante mille habitants que contient cette paroisse; on a pris une partie du cimetière contigu, et en 1765 on y construisit, sur les dessins de M. Louis, architecte, une chapelle qui mérite d'être vue, soit par rapport à sa construction, soit pour les ornements de peinture et de sculpture dont on l'a enrichie. » Quant à l'église, elle ne contient rien de remarquable qu'un tableau représentant Sainte Marguerite chassée par son père, peint en 1817 par M. Wafflard.

L'église, se trouvant insuffisante par l'accroissement de la population du faubourg Saint-Antoine, on construisit, en 1765, une chapelle contiguë élevée sur les dessins de Louis. Deux arcades en forment l'entrée et présentent entre elles le portrait en médaillon du célèbre mécanicien Vaucanson, mort en 1782. L'intérieur est décoré de peintures à fresque exécutées par Brunetti; elles représentent des ordonnances de colonnes, des bas-reliefs, et des inscriptions relatives au caractère sépulcral de cette chapelle. Elle est éclairée par une ouverture carrée pratiquée à la voûte. L'autel est en forme de tombeau antique; derrière est un grand tableau représentant le Purgatoire, peint par Briard. Tout dans cette chapelle porte un caractère sombre et lugubre.

L'église paroissiale de Sainte-Marguerite a deux succursales, celles de Saint-Antoine et de Saint-Ambroise.

L'île Saint-Louis, située à l'extrémité orientale de la Cité, commençait à se couvrir d'habitations. Une chapelle y avait été construite dans la première année du dix-septième siècle ; elle fut érigée en paroisse, sous le vocable de *Saint-Louis en l'Ile,* vers l'an 1623, « par Jean-François de Gondi, premier archevêque de Paris, malgré les oppositions que forma le curé de Saint-Paul. Comme cette église devenait tous les jours trop petite par le grand nombre de paroissiens qui augmentait insensiblement, il fallut penser à en faire élever une plus grande. Jean-Baptiste Lambert, décédé le 22 décembre de l'an 1645, légua la somme de 30,000 livres pour ce sujet. Avec ce secours et celui de quelques autres paroissiens zélés, l'on entreprit l'édifice qu'on voit aujourd'hui. Ce fut le 1er octobre de l'an 1664 que M. Péréfixe, archevêque de Paris, y mit la première pierre au nom du roi. Le chœur se trouvant fait en 1679, M. de Harlay, archevêque de Paris, le bénit le 20 août de cette année, et le même jour le grand autel fut consacré par M. de Guemadeu, évêque de Saint-Malo.

« L'ancienne chapelle se trouva ainsi unie avec le chœur de la nouvelle église, ce qui faisait une grande difformité. D'ailleurs l'ancien bâtiment menaçait ruine, et il s'en détacha même une partie, dont le marquis de Verderonne fut tué, le 2 de février de l'an 1702. Ces raisons firent prendre la résolution de bâtir la nef, dont le cardinal de Noailles posa la première pierre le 7 septembre... Cette nef fut achevée en 1723, excepté la coupole, qui a été construite en 1724 et 1725, et dont M. Bertin, maître des requêtes, mit la première pierre. Ainsi cette église, une des plus belles de Paris, se trouvant achevée, tant par les bienfaits du roi Louis XIV et de Louis XV que par les libéralités des paroissiens, la dédicace et la consécration en furent faites, le 14 juillet 1726, par M. de Caulet, évêque de Grenoble, au nom du cardinal de Noailles.

« Cette église fut commencée sur les dessins de Louis Levau, premier architecte du roi, et continuée par Gabriel Le Duc, habile architecte. C'est sur ses dessins particuliers que la grande porte fut élevée. Elle est décorée de quatre colonnes doriques isolées, qui supportent un entablement couronné d'un fronton. La coupole a été construite par Jacques Doucet, architecte et un des marguilliers de cette église. Quant aux ornements de sculpture qui embellissent cet édifice, Jean-Baptiste de Champagne, peintre, neveu de Philippe de Champagne, en a donné les dessins.

« Philippe Quinault, auditeur en la chambre des comptes, l'un des quarante de l'Académie française, connu par le talent qu'il avait pour la poésie lyrique, mourut le 26 novembre 1688 et fut inhumé dans cette église (1). »

Une chapelle dédiée sous le vocable de *Saint-Joseph* était située dans la rue Montmartre, au coin de la rue Saint-Joseph. Le chancelier Séguier, désirant obtenir des marguilliers de Saint-Eustache la cession d'une partie du cimetière qu'ils avaient rue du Bouloi, leur donna en échange un terrain qu'il possédait en haut de la rue Montmartre, pour y établir un autre cimetière avec une chapelle. Le contrat fut conclu, et l'église Saint-Eustache prit possession de l'emplacement sur lequel elle fit élever

---

(1) Hurtaut et Magny.

aussitôt la chapelle Saint-Joseph. Les frais de construction furent payés par le chancelier, qui en posa la première pierre le 14 juillet 1640. Cette chapelle a été illustrée par les tombeaux de Molière, de La Fontaine, qui y furent inhumés, le premier en 1673 et l'autre en 1675. Ces précieuses dépouilles furent transportées au Musée des monuments français, puis en 1818 au cimetière du *Père-Lachaise*. La chapelle Saint-Joseph a été démolie au commencement de la Révolution, et sur son emplacement s'est élevé le marché qui existe encore aujourd'hui sous le même nom.

Nous avons déjà mentionné le *séminaire de Saint-Nicolas du Chardonnet*, situé près de l'église de ce nom. Supprimé en 1792, cet établissement fut rétabli sous l'Empire et porte aujourd'hui vulgairement le nom de *Petit Séminaire*. C'est dans cette maison que les jeunes gens destinés à l'état ecclésiastique font leurs études préparatoires avant d'entrer au séminaire de Saint-Sulpice.

Nous nous garderons de passer sous silence le *séminaire des Trente-Trois*. En 1633 Claude Bernard, dit le *Pauvre Prêtre*, rassembla cinq pauvres écoliers en l'honneur des *cinq plaies* de Notre-Seigneur ; ce nombre devint ensuite égal à celui des apôtres ; enfin il trouva le moyen de le porter jusqu'à trente-trois, qui est celui des années que Jésus-Christ, suivant l'opinion la plus commune, a passées sur la terre. De là le nom qu'on leur donna des *Trente-Trois pauvres Écoliers*. Ils furent d'abord placés dans une salle basse du collége des Dix-Huit, où ils ne couchaient que sur la paille ; ensuite dans le collége de Montaigu ; peu après dans une maison située vis-à-vis ce collége et nommée l'*hôtel de Marli*. La reine Anne d'Autriche contribua, par le don qu'elle fit à ces pauvres écoliers de trente-trois livres de pain par jour, à soutenir cet établissement, et mérita par là d'en être nommée fondatrice.

Les libéralités des personnes pieuses mirent bientôt les chefs de cette communauté en position d'acheter l'hôtel d'Albiac, situé rue de la Montagne-Sainte-Geneviève, et de le faire distribuer convenablement. Cette acquisition eut lieu en 1654, et l'on obtint, trois ans après, la permission des grands-vicaires de l'archevêché pour l'érection de cette maison en séminaire ecclésiastique, permission qui fut confirmée par des lettres patentes de 1658.

On y procurait la subsistance et l'instruction à de pauvres écoliers français ou suisses, jusqu'à ce qu'ils fussent en état d'être promus au sacerdoce. On n'exigeait d'eux rien autre chose sinon qu'ils fussent nés de légitime mariage, bien constitués, clercs tonsurés ou en état de l'être, assez avancés dans leurs études pour étudier la philosophie, et dépourvus de tous moyens d'existence. Ce séminaire était conduit par trois directeurs pour le temporel, trois pour le spirituel, et par un préfet qui était à la tête de la communauté.

Mentionnons ici plusieurs établissements de charité dont l'origine remonte au règne de Louis XIII.

L'hôpital des Convalescents fut fondé en 1631, rue du Bac, n° 98, par Angélique Bullion, en faveur des convalescents qui, sortis des hôpitaux, pouvaient craindre des rechutes. D'abord destinée à huit malades, cette maison en contint davantage dans la suite. En 1652 on la donna aux religieux de la Charité. En 1792 elle fut supprimée; elle a été, depuis cette époque, louée à divers particuliers.

L'hôpital de Notre-Dame de la Miséricorde, ou *des*

Cent-Filles, situé rue Censier, n° 11, et rue du Pont-aux-Biches, quartier Saint-Marcel, fut fondé, en 1624, par Antoine Séguier, président au Parlement, en faveur de cent pauvres orphelines. Cet hôpital fut placé dans le *Petit-Séjour d'Orléans*, qui avait fait partie de l'ancien hôtel que les ducs d'Orléans possédaient dans ce quartier. On enseignait aux orphelines la religion et un métier ; on les recevait à l'âge de six à sept ans, et elles sortaient à vingt-cinq. Lorsqu'elles se mariaient l'hôpital leur donnait une dot. En 1656 le roi Louis XIV ordonna que les compagnons d'arts et métiers qui épouseraient des filles de cette maison seraient reçus maîtres sans faire leur chef-d'œuvre et sans payer aucun droit.

Cet hôpital fut supprimé pendant la Révolution, et la maison appartient aujourd'hui à l'administration générale des hôpitaux et hospices de Paris. On y a établi des manufactures.

L'*hôpital des Incurables*, rue de Sèvres, n° 54, fut fondé par Marguerite Rouillé, Jean de Châtillon, le cardinal de la Rochefoucauld, etc., en 1634. On construisit en même temps une chapelle sous le titre de l'*Annonciation de la Sainte-Vierge*. Le nombre des lits de cet hôpital s'accrut si considérablement qu'en 1789 on en comptait trois cent soixante. Nous y reviendrons.

L'*hôpital de la Pitié*, rue Lacépède n° 1, entre les rues du Battoir et du Jardin-des-Plantes, fut fondé en 1612, pour renfermer des pauvres. Il reçut le nom de *Pitié* parce que sa chapelle était sous l'invocation de *Notre-Dame de Pitié*.

En 1657 l'hôpital général, dit de la *Salpêtrière*, ayant été ouvert pour les mendiants, la maison de la Pitié devint une de ses dépendances et fut occupée par les enfants des mendiants et par les orphelins. Les filles apprenaient à lire, à écrire, à coudre, à tricoter. Les garçons étaient élevés de manière à pouvoir gagner leur vie ; ils occupaient une cour séparée qu'on appelait la *Petite-Pitié*. Ces pauvres enfants devaient être nés à Paris. « Plusieurs personnes, dit Piganiol, vont souvent à cet hôpital demander des filles pour les servir ; d'autres sont mariées à des artisans. Pendant quelque temps on en a fait embarquer un nombre considérable pour nos colonies, où elles ont été mariées. Cet hôpital est le lieu ordinaire où les administrateurs de l'Hôpital général tiennent leurs assemblées. »

Pendant la Révolution la maison de la Pitié reçut le nom d'*hospice des Orphelins*, puis des *Enfants de la Patrie*. En 1809 elle devint une annexe de l'Hôtel-Dieu.

Un autre établissement de charité, la *Maison Scipion*, était situé rue de la Barre. Un riche traitant, sous le règne de Henri III, Scipion Sardini, avait fait bâtir un hôtel dans cette rue. En 1622 cette maison fut achetée pour être convertie en hospice destiné à recevoir les vieillards pauvres et infirmes. En 1636 elle fut donnée à l'hôpital général pour y établir sa boucherie, sa boulangerie, etc.; elle portait alors le titre de *Sainte-Marthe*.

Cet établissement renferma plus tard la boulangerie générale de tous les hôpitaux et hospices civils de Paris.

CHAPITRE IV.

Palais, monuments publics et établissements civils fondés à Paris sous le règne de Louis XIII.

Durant la minorité de Louis XIII, en 1612, la reine régente Marie de Médicis fit l'acquisition d'une grande maison de campagne entourée de jardins que Robert de Harlay de Sancy avait fait construire, vers le milieu du seizième siècle, dans la banlieue de Paris, rue de Vaugirard. Cette habitation appartenait depuis longtemps au duc de Piney-Luxembourg. Aux termes du contrat de vente, passé le 2 avril 1612, « cet hôtel consistait en trois corps de logis, cour devant et autres cours et jardins derrière, tenant aux héritiers Pellerin, au pavillon appelé la *Ferme-du-Bourg* et au sieur de Montherbu; d'autre part aux terres naguère acquises par ledit sieur duc de Luxembourg, par devant sur la rue de Vaugirad... *Item* le parc... *Item* une maison devant l'hôtel du Luxembourg, aboutissant sur les rues de Vaugirard, Garancière et du Fer-à-Cheval... *Item* trois arpents quarante-deux perches et demie, tenant à la muraille des Chartreux... *Item* sept quartiers de terre audit lieu... *Item* cinq quartiers de terre audit lieu, etc. Ladite vente faite moyennant 90,000 livres. » L'année suivante Marie de Médicis acheta la ferme de l'Hôtel-Dieu, nommée le *Pressoir de l'Hôtel-Dieu*, contenant sept arpents et demi. Elle joignit vingt-cinq autres arpents de terre au lieu appelé le *Boulevard*. En 1614 elle acquit d'un particulier (Antoine Arnauld) deux jardins contenant ensemble environ deux mille quatre cents toises de superficie; puis elle se fit céder plusieurs parties du clos de Vigneroi, qui appartenait aux Chartreux et à divers autres propriétaires. Ces religieux reçurent en échange des terres situées sur le chemin d'Issy, qui depuis ont formé leur petit clos, et qu'ils ont possédées jusqu'au moment de la Révolution.

Ce fut sur ce vaste emplacement que Marie de Médicis conçut le projet de faire élever une demeure royale et de l'entourer de jardins somptueux. Les fondements en furent jetés en 1615, sous la direction et sur les dessins de Jacques de Brosse, qui chercha, dit-on, car ce fait est révoqué en doute, à imiter, autant que le terrain pourrait le permettre, le plan du palais Pitti, demeure du grand-duc de Toscane à Florence. Les travaux furent poursuivis avec tant d'activité qu'en peu d'années cet édifice fut achevé (vers 1620), et, en dépit de toutes les dénominations officielles qui lui furent données, il devint et demeura pour le peuple le *Palais du Luxembourg*. Cet édifice se recommande par la beauté de ses proportions, sa parfaite symétrie, et par un caractère de force et de solidité. Les ornements, peu nombreux, mis à leur place, plaisent à la vue sans la fatiguer. Les refends, les bossages, qui sillonnent toutes les faces de ce palais, lui donnent une physionomie mâle et singulière.

Le principal corps de bâtiment, ainsi que ses autres parties, offre trois ordonnances : l'une, toscane, est au rez-de-chaussée; l'autre, dorique, est au premier étage, et la troisième, ionique, se voit au deuxième. Quatre gros pavillons sont placés aux quatre angles du principal corps de bâtiment.

La cour, qui, du côté de la ville, précède ce principal corps de logis, est entourée de bâtiments, et son plan présente un parallélogramme dont la plus grande dimension a cent vingt mètres et la moindre cent.

L'entrée principale est en face de la rue de Tournon ; de ce côté la façade présente, à ses extrémités, deux

pavillons, et au milieu, au-dessus de la porte, s'élève, sur un corps avancé, de forme quadrangulaire, un dôme circulaire orné de statues dans les entre-colonnements. Ce dôme, qui avec ses circonstances produit un effet pittoresque, est en parfaite harmonie avec les autres parties de l'édifice. De chaque côté de ce dôme deux terrasses pareilles, supportées, dans l'origine, par des murs massifs, et qui depuis ont à droite et à gauche été percés par quatre arcades, servent à communiquer du dôme aux deux pavillons de cette façade.

Celle du jardin, outre deux pavillons plus forts que ceux de la façade, offre au centre un corps avancé, décoré de colonnes. Il était autrefois surmonté par un lanternon trop maigre pour le caractère de cette façade. On l'a fait disparaître, et la toiture, au-dessus de laquelle il s'élevait, présente aujourd'hui une ligne non interrompue. A la place de quelques ornements peu agréables on a établi, au centre et au second étage de cette façade, un vaste cadran solaire, accompagné de statues colossales, placées à l'aplomb des colonnes inférieures. Deux de ces statues représentent la *Victoire* et la *Paix*; elles sont l'ouvrage de d'Espercieux; deux autres, la *Force* et le *Secret*, ont été sculptées par Beauvalet, et les deux dernières, l'*Activité* et la *Guerre*, par Cartelier.

La façade du côté de la cour diffère peu de celle du jardin; aux deux portes latérales on voit dans des impostes les bustes de Marie de Médicis et de Henri IV. Au-dessus l'avant-corps est décoré de quatre statues colossales, ouvrages des artistes du temps de Marie de Médicis. Le bas-relief du fronton circulaire, représentant la Victoire couronnant le buste d'un héros, est un ouvrage de Duné.

Au fond de la cour, dans le pavillon de droite, au premier étage, se trouvaient les appartements de la reine, ceux-là mêmes où se passa, entre elle, son fils et le cardinal, la fameuse scène du 11 novembre 1630, qui a conservé dans l'histoire le nom de Journée des Dupes. Malingre est le seul qui nous donne quelques détails sur la chambre de la reine, « belle, grande et carrée, enrichie d'une cheminée admirable pour son ouvrage et dorure, garnie de grands chenets d'argent, et où la place du lit était entourée de balustres dont les piliers sont d'argent ; » sur le cabinet contigu à cette chambre, « le plus riche qui se puisse voir, dont le plancher étoit fait de marqueterie de bois, la cheminée d'un ouvrage très-rare et tout doré, le lambris fait de pièces de menuiserie de rapport et doré, les vitres de fin cristal, et, au lieu de plomb pour les lier, la liaison toute d'argent ; » sur l'oratoire de la reine, qui se trouvait de l'autre côté de la chambre et précédait la galerie de Rubens, « avec des lambris dorez et l'autel de mesme, de très-belles menuiseries en feuillages dorez et au fond un fort riche tableau. » Dans la frise de l'un des salons était peinte l'histoire de la maison de Médicis en figures de demi-nature. Dans la cour, la partie du fond resserrée entre les pavillons d'angle était plus élevée que le reste, comme la cour de marbre à Versailles, et formait une terrasse ou cour d'honneur à laquelle on accédait par un perron semi-circulaire et qui était bordée par une balustrade de marbre blanc, coupée de massifs servant de piédestaux à des statues. Celles-ci furent vendues avec les meubles de la reine, lorsqu'elle eut quitté la France ; cependant la bizarre statue de la Vigilance qu'on voit encore dans le jardin, du côté du Panthéon, provient peut-être de la décoration de cette balustrade. Au fond de cette cour d'honneur s'ouvraient trois portes encore existantes et autrefois surmontées des bustes de Henri IV, de la reine et de Louis XIII. Elles conduisaient à l'escalier d'honneur, dessiné par Marin de la Vallée et conduit par Guillaume Toulouse, qui avaient aussi construit l'escalier de gauche, fameux par ses traits et par un pendentif de Valence, exécuté par Jean Thiriot. Du côté du jardin la façade rappelait celle de l'entrée plus que ne fait la nouvelle, construite sous Louis-Philippe; deux terrasses rattachaient les pavillons d'angle au pavillon central, qui, accosté seulement d'un premier étage, s'élevait au-dessus en dôme. Là était la grande chapelle, supportée par une voûte très-hardie, ouvrage de Dominique de Lafons. Cette chapelle était décorée de quatre statues de Vertus placées dans des niches, et, sur l'autel, d'un tableau du Christ porté au tombeau, qu'on attribuait à Périn del Vague. Enfin, du côté du jardin, comme du côté de la cour, les remparts des frontons étaient garnis de statues couchées qui ont été enlevées.

Mais toutes ces décorations ne pouvaient suffire au goût florentin de la reine. Elle se souvenait trop des splendides galeries, couvertes de fresques et de tableaux, dont les princes de sa famille avaient enrichi toutes leurs résidences, pour ne pas vouloir donner à son palais de Paris cette illustration héréditaire. L'intendant de la reine, sans doute l'abbé Saint-Ambroise, ayant vu le Saint Charles distribuant des aumônes, peint, pour un autel de Saint-Jacques la Boucherie, par Quintin Varin de Beauvais, parla de cet artiste à la reine, qui l'agréa (1).

(1) M. Anatole de Montaiglon.

Varin fit de magnifiques dessins qui furent adoptés, mais il disparut, pour se soustraire aux poursuites de Richelieu, qu'il croyait attaché à sa perte, et Rubens fut désigné pour le remplacer. Ce grand peintre se mit à l'œuvre, de 1621 à 1625, et par ses soins la galerie du Luxembourg fut décorée des vingt-quatre magnifiques tableaux qui représentent l'histoire de Marie de Médicis et ornent aujourd'hui le musée du Louvre. Lorsqu'au commencement du dix-neuvième siècle Chalgrin eut à remanier l'intérieur du palais, il recueillit avec soin ce qu'il put de l'ancien oratoire de la reine et de ses archives; il y réunit d'autres boiseries peintes et dorées que M. Raymond, qui, préparant au Louvre les travaux d'installation du Muséum, avait été forcé de les faire enlever dans l'aile de l'ancien palais attenante à la galerie. Mais Chalgrin n'eut pas le temps de les employer; ce fut son successeur, M. Baraguey, qui, aidé de MM. Lesueur, peintre, et Langlois, doreur, fit en 1817 ce travail de restauration, et, malgré l'alliance de peintures de temps différents, il a fait de cette salle une des plus grandes curiosités du Luxembourg. La pièce est carrée et augmentée au fond d'une partie beaucoup plus étroite; cette dernière a sur ses petits côtés deux portes qui se font pendant, et elle est séparée de la partie principale par deux piliers couverts d'arabesques sur fond d'or, comme ceux des autres pilastres qui encadrent les fenêtres et divisent les murs. Pour les peintures on a imprimé les noms les plus étranges, ceux de Champagne, de Rubens, de Poussin, de Jean d'Udine même; mais, on va le voir, aucun de ces quatre noms n'est possible. Le couloir par lequel on entre et les portes sont décorés de médaillons bleu et or sur fond blanc; ces lambris, comme les arabesques des piliers peints sur fond d'or, proviennent du Louvre; ils sont contemporains de la minorité de Louis XIV, époque à laquelle Anne d'Autriche fit décorer tous ses appartements, et ils sont tout à fait dans le goût d'ornementation d'Errard et des deux Lemoine. Il n'y a que les peintures de sujets qui soient du temps de Marie de Médicis, à moitié nue, enveloppée de nuages et enlevée au ciel entre deux génies, et la même en Junon, assise sur le trône de Jupiter et recevant un faisceau de flèches. Ce second sujet, chose singulière, est dans le même sentiment de composition que l'admirable plafond du Louvre, où Prud'hon a représenté Diane aux genoux Jupiter. Ces deux tableaux très-curieux sont dus au pinceau de Jean Mosnier, de Blois. Quant aux huit sibylles en buste qui accompagnent le dernier sujet, elles ne sont que des tableaux flamands de pacotille, secs et petits de faire, dans le genre de ceux dont la France était inondée à cette époque. Dans la voussure sont des enfants nus volant et tenant les armes de France ou d'autres symboles; ils sont d'une autre main, dans une gamme plus froide et un peu verte, mais très-dorée et d'un bon élève de Rubens. Les enfants alternent avec des médaillons ovales, encore d'une autre main, représentant des figures allégoriques. Celles-ci faisaient partie d'une suite de médaillons provenant des archives de la reine, et leurs compagnons se trouvent au bas des glaces qui garnissent le fond de la pièce ; ils sont peints du premier coup, avec adresse et liberté, et le nom de Théodore Van Thulden, qui a été prononcé à leur propos, me paraît incontestable (1).

(1) M. Anatole de Montaiglon.

Depuis quelques années on a augmenté le palais du Luxembourg de grands bâtiments, du côté du jardin; ces constructions nouvelles donnent à l'édifice beaucoup plus d'étendue que par le passé. Elles contiennent, au rez-de-chaussée, une grande galerie devant servir d'annexe aux orangeries, des vestibules et des appartements de réception; au premier étage une vaste bibliothèque et une grande salle des séances législatives. La salle latérale, qui servait autrefois aux séances publiques, a été convertie en salle de délibérations secrètes. Toutes les dépendances nécessaires au service du Sénat se trouvent dans deux pavillons qui flanquent la nouvelle façade, laquelle est, du reste, absolument semblable à l'ancienne.

Les jardins du Luxembourg sont très-vastes ; ils avaient primitivement deux cent soixante mètres de largeur, et ils s'étendaient de l'est à l'ouest sur une longueur de huit cent quatre-vingts mètres, jusqu'à l'extrémité orientale de l'impasse de Notre-Dame-des Champs, que l'on a ouverte et convertie en rue, nommée *de Fleurus*.

En 1782 on diminua à peu près d'un tiers la surface de ce jardin, en supprimant toute la partie occidentale qui s'étendait depuis les anciens bâtiments de la rue de Fleurus jusqu'à la grille qui s'ouvre de ce côté. Le terrain, mis à nu, resta vide et stérile pendant près de trente années. Là on bâtit, en 1788, la rue Madame et quelques rues voisines.

Pendant la Révolution on prit une partie de l'emplacement de l'enclos des Chartreux, afin d'y établir des ateliers pour la fabrication des armes. En 1795 la Convention fit commencer la belle avenue qui va de l'Observatoire au Luxembourg. En 1801 on renouvela tous les arbres de la partie orientale du jardin, et on donna au terrain une pente régulière. On découvrit alors un grand nombre d'antiquités romaines qui paraissent avoir servi à des troupes stationnées près de Paris. On fit aussi planter la partie méridionale qui avoisine la grande pépinière.

L'ancien parterre était bordé de deux murs en terrasse, l'un à hauteur d'appui, l'autre plus élevé, présentant à leur surface supérieure de petits bassins, communiquant entre eux par des rigoles et donnant passage à des jets d'eau. Les terrains qui bordaient ces murs étaient plantés d'ifs et de buis. Ce parterre, du côté du midi, était voisin du mur de clôture; au centre se trouvait une pièce d'eau octogone. En 1801 on changea entièrement le parterre; le double mur de terrasse qui le bordait fut remplacé par des talus de gazon. On l'agrandit par deux espaces demi-circulaires, établis sur les deux côtés. Au milieu on plaça un vaste bassin. Le parterre se terminait, du côté méridional, par un grand escalier de dix marches, ornées de statues. En 1810 et 1811 on lui fit subir de nouveaux changements; on donna au terrain de l'avenue et du parterre la même ligne de pente; au lieu de l'escalier de dix marches on substitua trois degrés dessinés sur un vaste plan circulaire qui se termine de chaque côté à un piédestal servant d'acrotère à des balustrades. On refit le bassin et on lui donna une forme nouvelle.

Des balustrades ouvrent l'entrée du parterre, à son extrémité méridionale, aux promeneurs qui descendent par l'avenue; elles se raccordent avec les talus de gazon qui garnissent les parties latérales de ce parterre, composé de quatre pièces de gazon bordées de plates-bandes, entre lesquelles est le grand bassin. La partie supérieure des talus est ornée de vases et de statues en marbre.

Sur la gauche du palais on remarque la *fontaine de Médicis*, également appelée la grotte du Luxembourg. Elle se compose de deux avant-corps formés par des colonnes d'ordre toscan, et d'une grande niche au milieu, qui est surmontée d'un attique et d'un fronton cintré; dans l'entre-colonne des avant-corps se présente de chaque côté une plus petite niche, à laquelle un masque de fer sert de clef. Ses nombreux ornements sont des bossages et des congélations. Ce monument, construit par de Brosse et sculpté par de bons artistes, était dans un état déplorable lorsqu'en 1801 Chalgrin fut chargé de le restaurer. Les deux figures placées au-dessus du fronton, qui représentent un fleuve et une naïade, furent refaites. On plaça un petit rocher des cavités duquel s'échappe un jet d'eau, et qui sert de piédestal à une mauvaise figure en marbre blanc, représentant Vénus au bain. On sculpta aussi des congélations dans la totalité de l'attique, à la place des armes de France et des Médicis, qui avaient été effacées pendant la Révolution. Cette fontaine, naguère fort rapprochée du palais, a été transportée, de nos jours, vers la grille occidentale du jardin.

Le Luxembourg a eu différents maîtres. Comme on l'a vu plus haut, il reçut des divers gouvernements qui se succédèrent des dénominations repoussées par les habitudes parisiennes, en dépit des tables de marbre sur lesquelles ces titres étaient inscrits en lettres d'or. Il devait d'abord porter le nom de Palais *Médicis*; mais, la reine Marie l'ayant légué à Gaston de France, duc d'Orléans, son second fils, ce prince y fit mettre le sien (*Palais d'Orléans*), ainsi que le témoignait l'inscription réstée sur la principale porte jusqu'au moment de la Révolution. Toutefois il ne conserva ni l'un ni l'autre de ces noms, et l'ancienne habitude prévalut. Échu pour moitié à Anne-Marie-Louise d'Orléans, duchesse de Montpensier, il lui fut abandonné moyennant la somme de 500,000 livres. Une transaction faite en 1672 le fit passer ensuite à Élisabeth d'Orléans, duchesse de Guise et d'Alençon, laquelle en fit don au roi en 1694. Ce palais fut depuis occupé successivement par la duchesse de Brunswick et par mademoiselle d'Orléans, reine douairière d'Espagne. Enfin, étant rentré dans le domaine royal à la mort de cette princesse, Louis XVI le donna, en 1779, à Monsieur, depuis Louis XVIII, qui l'habita jusqu'au mois de juin 1791. Pendant la Terreur le Luxembourg fut changé en une maison d'arrêt, et, sous la constitution de l'an IV, le Directoire le choisit pour sa résidence et le lieu de ses séances. Il y resta depuis le 5 novembre 1795 jusqu'à sa suppression, le 10 novembre 1799. Le 24 décembre de la même année le sénat conservateur fut organisé, et on lui destina le Luxembourg, qui avait été occupé, au commencement du Consulat, par les chefs du gouvernement. Le sénat y tint ses séances jusqu'en 1814, époque à laquelle le *palais du Sénat conservateur* changea son nom contre celui de *palais de la chambre des Pairs.*

Sous le règne de Louis-Philippe on lui maintint cette dénomination officielle, et alors, comme la chambre des Pairs siégeait souvent en qualité de haute cour de justice, on agrandit le palais en faisant construire à grands frais un nouveau corps de bâtiment, semblable à ceux qu'avaient élevés les architectes du dix-septième siècle, et ces additions, dont la dépense s'éleva à près de quatre millions, ne furent achevées qu'en 1840. Le Luxembourg ne fut d'ailleurs touché que du côté du jardin; il fut avancé vers le sud et comme doublé. Ce travail fut l'œuvre d'un artiste habile, M. Alphonse de Gisors. C'est le même architecte qui, depuis 1841, a opéré dans le jardin de nombreux changements, trop longs à énumérer.

En 1848, sous le gouvernement provisoire, la chambre des Pairs ayant été dissoute et dispersée par les dictateurs républicains, on vit siéger au Luxembourg, sous la présidence de M. Louis Blanc, les délégués de tous les corps d'état de la classe ouvrière, cherchant à discuter, à explorer et à résoudre les dangereux problèmes de l'organisation du travail au point de vue du socialisme. Depuis 1852 le Sénat tient ses séances législatives au palais du Luxembourg.

Dans ces dernières années on a décoré ce magnifique monument à l'aide d'œuvres d'art qu'il est impossible d'énumérer en détail. La plus importante est, en même temps, l'une des plus belles pages que le génie fécond et puissant de M. Delacroix ait écrites sur les murs de nos monuments. C'est, dans la coupole de la Bibliothèque, l'Élysée païen, rêvé par le Dante pour l'honneur des grands esprits de l'antiquité, et, au-dessus de la fenêtre centrale, Alexandre, après la victoire d'Arbelles, faisant mettre dans une cassette précieuse les poëmes d'Homère. Pour compléter la part prise par le dernier règne aux embellissements du Luxembourg, il faut indiquer la suite des statues des reines et des femmes illustres de l'ancienne France qui ornent les terrasses du parterre.

En 1849 l'église des Religieuses du Calvaire, construite de 1625 à 1631, par Marie de Médicis, à droite du Petit-Luxembourg, et qui avait servi de prison politique sous Louis-Philippe, fut abattue sous prétexte d'alignement, à cause d'un coin de sa façade oblique, qui n'avançait pas de 65 centimètres sur le trottoir; destruction puérile, car l'on aurait très-facilement trouvé moyen d'utiliser la vieille église. Il n'en reste plus, grâce aux constructions voisines, que le mur de gauche et celui du fond; la jolie décoration centrale, maintenant ornée d'un buste en bronze de Marie de Médicis, était celle du maître-autel, et sur ses deux côtés se voient encore des restes de fresques, œuvres peut-être de Champagne; à côté, le petit cloître des religieuses; celui des Chartreux, détruit depuis longtemps, près de la rue d'Enfer, a été restauré et changé en serre d'ornement. Plus tard, en 1855, on a élevé dans la Pépinière, célèbre par ses collections de vignes et de rosiers, et par la Velléda de Maindron, une statue d'Eustache Le Sueur, noble hommage au génie de cet artiste, et qui est là tout à fait à sa place, à cause de la suite de Saint-Bruno, de ce grand maître, qui d'ailleurs n'est pas mort aux Chartreux. Enfin, tout récemment, dans le palais, les deux étages de la façade du fond de la cour viennent d'être convertis en une immense salle de fêtes désignée sous le nom de *Salle du Trône*. La dorure, la sculpture et la peinture sont prodiguées dans cette galerie, où se mêlent les souvenirs de la galerie d'Apollon au Louvre et de la galerie des Glaces à Versailles. Les trumeaux des lambris offrent les principaux faits du règne actuel, et les deux demi-coupoles des extrémités, confiées à M. H. Lehmann, offrent un résumé de l'histoire de France; l'une des deux, consacrée aux premiers temps, est tout à fait heureuse et remarquable par la vigueur et le pittoresque des types et des costumes, par le sentiment énergique des races barbares, dans lequel MM. Lehmann et Chassériau ont suivi Delacroix (1).

Le *Petit-Luxembourg*, contigu, du côté de l'ouest, au palais du Luxembourg, dont il est une dépendance, fut commencé vers l'an 1629, par l'ordre de Richelieu, qui l'habita jusqu'à ce qu'on eût achevé le Palais-Cardinal. Il donna alors à la duchesse d'Aiguillon, sa nièce, le Petit-Luxembourg, qui passa, à titre d'hérédité, à Henri-Jules de Bourbon-Condé. L'*hôtel d'Aiguillon* prit alors le nom de *Petit-Bourbon*. La princesse Anne, palatine de Bavière, veuve de Jules de Bourbon, le choisit pour sa demeure ordinaire, et y fit exécuter, en 1760 et 1761, de grands embellissements, sous la direction du célèbre architecte Germain Boffrand.

La *société des Arts*, formée en 1730, sous la protection de Louis de Bourbon-Condé, comte de Clermont, tenait des séances le dimanche et le jeudi de chaque semaine dans cet hôtel. De 1796 à 1799 quatre des directeurs habitèrent le Petit-Luxembourg (le cinquième logeait dans le grand palais). Pendant les dix premiers mois de son consultat le général Bonaparte y demeura; il fut ensuite successivement occupé par Joseph Bonaparte, roi de Naples, et par la reine d'Espagne.

La grande porte de cet hôtel est décorée de quatre

---

(1) M. de Montaiglon.

colonnes ioniques. L'intérieur est parfaitement distribué ; à main gauche, sous le vestibule, est un grand escalier d'ordre corinthien des plus ingénieux et des mieux ordonnés. Au pied de cet escalier vient se rendre un corridor voûté, qui passe sous la rue et communique à un grand bâtiment, situé de l'autre côté, où sont placées les offices, cuisines et écuries. Ces travaux font honneur à Boffrand.

Sur la rive droite de la Seine, et à peu de distance de la Porte Saint-Honoré et du Louvre, Richelieu fit élever, en l'an 1629, un palais dont la construction ne fut achevée qu'en 1636. Les ennemis du redoutable ministre colportèrent alors clandestinement les vers suivants, empreints des passions haineuses de cette époque :

> Funeste bâtiment, autant que magnifique,
> Ouvrage qui n'est rien qu'un effet des malheurs,
> Pavillons élevés sur les débris des mœurs,
> Qui causez aujourd'hui la misère publique ;
> Ordres bien observés dans toute sa fabrique ;
> Lambris dorés et peints de diverses couleurs,
> Détrempés dans le sang et dans l'eau de nos pleurs,
> Pour assouvir l'humeur d'un conseil tyrannique ;
> Pourpre rouge du feu de mille embrasements ;
> Balustres, promenoirs, superflus ornements ;
> Grand portail, enrichi de piliers et de niches,
> Tu portes en écrit un nom qui te sied mal :
> On te devrait nommer l'hôtel des mauvais riches,
> Avec plus de raison que *Palais-Cardinal*.

La principale porte d'entrée présentait les armoiries de Richelieu, et au-dessus cette inscription : *Palais-Cardinal*. A sa mort le ministre légua son hôtel au roi, qui vint y fixer sa demeure en 1642. Dès lors le palais prit le nom de *Palais-Royal*, qu'il a presque toujours conservé.

La décoration extérieure de toutes les parties de l'édifice était due à l'architecte Oppenord.

Au point de vue de l'art ce palais fut tantôt loué avec hyperbole, tantôt déprécié au delà de toute mesure. A l'époque où Richelieu en fit don au roi les constructions ne présentaient point comme aujourd'hui un aspect régulier; elles s'éparpillaient autour d'une suite de cours sans égard pour la symétrie, et toutefois le monument était beau et pittoresque. Dès ce temps-là il y avait une première cour, ou cour d'honneur, sur la rue Saint-Honoré, entourée de constructions de tous côtés. Le corps de logis du fond surpassait les autres en hauteur et en richesse. En arrière était une seconde cour plus vaste, séparée d'un jardin public par une terrasse percée d'arcades à jour. Au levant des jardins et de vastes cours étaient entourés des dépendances du palais. Au couchant s'élevait un second hôtel, indépendant du premier, que le cardinal avait fait bâtir pour sa famille.

Le palais comprenait dans ses bâtiments, en outre des logements nécessaires, une salle de spectacle, la fameuse salle où l'on applaudissait *Mirame* (1); une deuxième salle

---

(1) En 1641, comme on l'a vu plus haut, une représentation de cette pièce fut donnée pour célébrer le mariage de Clémence de Maillé, nièce du cardinal, avec le duc d'Enghien (le grand Condé). « La France, ni possible les pays estrangers, dit un contemporain, n'ont jamais veu un si magnifique théâtre, et dont la perspective apportât plus de ravissement aux yeux des spectateurs. La beauté de la grand'salle où se passoit l'action s'accordoit merveilleusement bien avec les majestueux ornements de ce superbe théâtre, sur lequel, avec un transport difficile à exprimer, paroissoient de fort délicieux jardins, ornés de grottes, de statues, de fontaines et de grands parterres en terrasse sur la mer, avec des agitations qui sembloient naturelles aux vagues de ce vaste élément, et deux grandes flottes, dont l'une paroissoit éloignée de deux lieues, qui passèrent toutes deux

plus intime, où les applaudissements étaient plus enthousiastes; une première galerie, peinte par Philippe de Champagne en l'honneur du maître; puis une deuxième galerie, dite des « Illustres, » où le cardinal s'était placé lui-même, et une chapelle fort exiguë, s'ouvrant au milieu de celle-ci.

La cour d'honneur était complétement fermée sur la rue Saint-Honoré, et sa façade présentait cinq corps de logis à toits distincts, qui correspondaient aux divisions intérieures. La porte d'entrée s'ouvrait au centre, entre quatre colonnes doriques, soutenant un fronton timbré des armes du cardinal, ayant la barette pour cimier.

La salle de spectacle occupait le pavillon extrême à l'est, qui s'élevait sur la place actuelle de la rue de Valois. C'est cette salle qui fut concédée à Molière, en 1660, et servit après lui pour la représentation des drames héroïques appelés opéras.

La seconde salle devait être placée en arrière, sur le côté droit de la cour d'honneur, tandis que la galerie de Philippe de Champagne en occupait, vis-à-vis, le côté gauche. La galerie des Illustres lui servait comme de pro-

à la vue des spectateurs, etc... Après la comédie trente-deux pages vinrent apporter une collation magnifique à la reine et à toutes les dames, et peu après sortit de dessous la toile un pont doré conduit par deux grands paons, qui fut roulé depuis le théâtre jusque sur le bord de l'eschaffaud de la reine; et aussitôt la toile se leva, et au lieu de tout ce qui avoit été vu sur le théâtre y parut une grande salle dorée et enrichie des plus magnifiques ornements, éclairée de seize chandeliers de cristal, au fond de laquelle étoit un throsne pour la reine, des siéges pour les princesses, et aux deux côtés de la salle des formes pour les dames. La reine passa sur ce pont pour aller s'asseoir sur son throsne, laquelle dansa un grand branle avec les princes, les princesses, les seigneurs et dames... »

longement sur le même côté gauche de la grande cour. La chapelle était en arrière et au centre, et la chambre du cardinal, située entre les deux galeries, devait être à l'extrémité occidentale du corps de logis principal.

La grande cour, ou « cour des Proues, » était entourée de tous côtés, au rez-de-chaussée, par une arcature à tympans ornés de caissons d'où sortait une proue accompagnée de deux ancres, pour rappeler que le cardinal était, en même temps que ministre, surintendant de la marine. Un dernier reste de ces proues existe encore à l'est de la grande cour actuelle, sous la galerie à laquelle elles ont donné leur nom. Sur trois côtés de cette cour cette arcature était surmontée de bâtiments éclairés de hautes fenêtres, ornés de pilastres et de niches renfermant des statues, couverts de toits élevés avec lucarnes rondes en pierre. L'arcature qui séparait la cour du jardin était à jour et formait terrasse.

Dans la cour d'honneur le rez-de-chaussée, appareillé avec bossages, supportait un premier étage percé de fenêtres à doubles croisillons, séparées par des trumeaux à caissons, avec haut toit à lucarnes et pavillon central plus riche et plus ouvert. Tout cet ensemble était accidenté, mouvementé, orné, bien accentué dans toutes ses parties, un vrai palais enfin. A l'est s'étendaient les potagers et les cours des cuisines, aujourd'hui cour des Fontaines.

Une galerie que ne donnent point les premières vues du Palais-Cardinal partait des environs de la chambre du ministre pour aller gagner perpendiculairement la rue Richelieu, derrière les maisons bâties à l'angle de cette rue et de la rue Saint-Honoré. Appelée « Nouveau Appartement » dans un plan de 1692, elle a reçu le nom de Bibliothèque dans un plan à la main dressé en 1737. Au nord de cette bibliothèque s'élevait l'hôtel Richelieu, si bien que les dépendances s'ajoutaient aux dépendances à mesure que Richelieu voyait grandir sa puissance, et que tout grandissait à l'unisson.

Le 21 octobre 1652 Louis XIV abandonna la résidence du Palais-Royal pour aller habiter le Louvre. Ce palais fut alors donné à la reine d'Angleterre, Henriette-Marie de France, femme de l'infortuné Charles Ier. La fille de cette princesse épousa Monsieur, duc d'Orléans, frère de Louis XIV, dans la chapelle du Palais-Royal, le 31 mars 1661 ; ils eurent ce palais pour résidence; mais ce ne fut qu'au mois de février 1692, après le mariage du fils de ce prince, Philippe d'Orléans, alors duc de Chartres et depuis régent de France, avec Marie-Françoise de Bourbon, fille légitimée de Louis XIV, que ce monarque donna les lettres patentes qui constituaient la propriété du Palais-Royal au duc d'Orléans, son frère, à titre d'apanage. A cette occasion le roi acheta divers terrains sur la rue de Richelieu, ainsi que l'hôtel de Brian, et ce fut sur l'emplacement de ces acquisitions que Mansard éleva une galerie décorée par Coypel, et représentant en quatorze tableaux les principaux sujets de *l'Énéide*. *Monsieur* fit orner en même temps cette superbe résidence et ajouta un grand appartement dans l'aile du côté de la rue de Richelieu.

Philippe d'Orléans, son fils, propriétaire du Palais-Royal, y fit exécuter de grands travaux. Il choisit Oppenord, qui passait pour le plus habile architecte de son temps, et lui confia le grand salon qui servait d'entrée à la vaste galerie construite par Mansard. Enfin, lorsque Philippe d'Orléans eut été nommé régent, après la mort de Louis XIV, il forma au Palais-Royal cette magnifique galerie de tableaux qui fit pendant longtemps l'admiration de toute la France. Elle fut vendue à la Révolution; lord Stafford en acheta la plus grande partie. Louis, fils de Philippe, succéda à son père le 2 décembre 1723; le nouveau propriétaire du Palais-Royal se borna à faire l'acquisition d'une maison appartenant à l'abbé de Francière, pour en étendre les dépendances du côté du passage de l'Opéra, que l'on appelait alors *cour aux Ris*. Son fils Louis-Philippe occupa la même résidence. Ce fut sur la galerie du Palais-Royal donnant sur le jardin que Louise-Henriette de Bourbon-Conti, sa femme, lut, aux acclamations de la multitude, le bulletin de la bataille d'Hastenbeck, gagnée, en 1757, par le maréchal d'Estrées sur l'armée du duc de Cumberland.

En 1763 la salle de l'Opéra, qui faisait partie du Palais-Royal (du côté de la cour des Fontaines), fut incendiée avec une grande partie du corps principal de l'édifice. On répara ces désastres aux frais de la ville, qui, depuis 1749, avait le privilége de l'Opéra.

En 1780 le duc d'Orléans transmit son palais par avancement d'hoirie à son fils, Louis-Philippe-Joseph, alors duc de Chartres, auquel il en fit cession par un acte légal. Ce prince forma le projet d'agrandir et d'embellir cette propriété déjà si magnifique. Louis, son architecte, proposa d'isoler le jardin et de l'entourer de portiques surmontés de bâtiments dont la décoration et l'ordonnance devaient s'accorder avec celles de la grande façade du palais. Ce projet souleva de nombreuses oppositions ; les propriétaires des maisons qui environnaient le jardin, et qui avaient des terrasses, des portes, des escaliers sur ce jardin, protestèrent avec violence. « Tout le monde vous jette la pierre, dit-on au prince. — Tant mieux, répondit-il, les constructions iront plus vite. » Le Parlement décida en faveur du duc, qui obtint, en 1784, la permission d'*accenser* les terrains des maisons bâties au pourtour du jardin, à raison de 20 sols par toises; le tout formant 3,500 toises. Pour l'exécution du plan de M. Louis il fallut abattre une grande allée de marronniers superbes plantés par Richelieu, et qui formaient une promenade célèbre dans les écrits du temps. L'Opéra ayant été incendié une seconde fois en 1781, on transféra ce spectacle dans la salle qui subsiste encore aujourd'hui sous le nom de *théâtre de la Porte-Saint-Martin*. L'architecte put alors exécuter son projet sur un plan plus vaste. En 1787 et 1788 on démolit successivement le grand corps de logis qui fermait le jardin des princes du côté du sud; l'aile où se trouvait le salon d'Oppenord, ainsi que la grande galerie de Coypel, qui séparait le jardin de la rue de Richelieu; enfin l'aile dite *aile de la Chapelle*, qui le séparait de la seconde cour. La nouvelle salle du Palais-Royal, aujourd'hui le Théâtre-Français, fut terminée vers 1790 ; ce fut la dernière construction faite par le duc d'Orléans, Philippe *Égalité*, mort sur l'échafaud révolutionaire en 1793.

Le *Palais-Égalité* fut alors réuni au domaine de l'État; on le vendit ou on le loua en partie; mais le premier consul chassa les locataires qui l'occupaient, et en 1802 le Palais-Royal prit le nom de *Palais du Tribunat*, parce que le Tribunat y tint ses séances jusqu'en 1807. La salle des séances, bâtie en 1801, fut démolie en 1827 pour la continuation des grands appartements, après avoir servi, pendant treize ans, de chapelle. Après la dissolution du Tribunat le Palais-Royal fut réuni au domaine extraordinaire de la couronne.

Le 18 mai 1814, le Palais-Royal ayant été rendu à la famille d'Orléans, les princes de cette maison s'y installèrent. Peu d'années après le duc d'Orléans entreprit des travaux dans le but de restaurer et d'achever le Palais-Royal. Secondé par M. Fontaine, son architecte, le prince réussit à mener à fin ces constructions et ces embellissements. Si cette œuvre, considérée au point de vue de l'art, laisse prise à la critique; si l'on peut lui reprocher de manquer de caractère et d'avoir cet aspect étroit et mesquin qui fut le cachet de l'école classique, elle étonne cependant par le talent dont elle fait preuve dans les distributions et les dégagements. Comme la première condition est d'être convenablement logé, que l'on soit prince ou non, le duc d'Orléans commença par restaurer ses appartements particuliers dans l'aile droite, occupée jadis par les princes ses ancêtres; vinrent ensuite les dépendances dans l'aile gauche. Pendant ce temps, pour régulariser la façade sur la rue Saint-Honoré, on créa la cour de Nemours, qui répète à l'ouest le vide laissé à l'est par la rue de Valois. Les maisons à gauche de la cour de Nemours, sur les rues Saint-Honoré et de Richelieu, ayant été acquises, furent appropriées pour servir de remises aux voitures, de dépendances au théâtre et de bureaux à l'administration du prince. Les derrières du théâtre sur la grande cour étant ainsi dégagés, on put les transformer en appartements. On attaqua ensuite le centre du palais, où la salle du Tribunat existait encore, transformée en chapelle; puis on construisit le pavillon de Valois, au sud-est du jardin, à la place de ce que Louis avait construit de la galerie transversale et en suivant le plan qu'il avait tracé pour elle. En même temps furent commencées, de ce côté, la galerie d'Orléans, avec son péristyle, et la galerie le long du mur des Proues. On venait d'achever la seconde partie de la galerie d'Orléans, le péristyle Montpensier, et l'on terminait l'aile derrière le théâtre, lorsque la révolution de juillet 1830 porta le duc d'Orléans sur le trône. Devenu roi, Louis-Philippe ne quitta le Palais-Royal qu'après avoir achevé le pavillon Montpensier, au sud-ouest du jardin, qui, dès les premières années de la Restauration, avait été décoré des parterres existant aujourd'hui. Le bassin central y avait été creusé à la même époque. Le duc d'Orléans livrait ainsi au roi des Français ce palais complétement restauré, mais qui cessait de faire partie de son apanage pour rentrer dans le domaine de la couronne.

Habité à de rares intervalles par les princes étrangers qui vinrent visiter Paris, le Palais-Royal, devenu « national » sous la dernière république, fut affecté aux expositions des artistes vivants en 1851 et 1852. On éleva dans la grande cour des constructions provisoires fort laides à l'extérieur et sans aucune prétention architecturale, mais fort bien disposées à l'intérieur pour recevoir les tableaux. Par un hasard étrange, à deux siècles d'intervalle, la première exposition de peinture faite par les membres de l'Académie, en 1673, et la première exposition où l'on se soit occupé de disposer un local pour les œuvres à exposer eurent lieu au Palais-Royal. En 1673 l'Académie royale de Peinture et de Sculpture, qui tenait ses séances à l'hôtel Biron, exposa dans la cour de cet hôtel les œuvres de ses membres, et ce fut probablement contre le mur qui la fermait du côté du jardin que les batailles d'Alexandre, de Ch. Le Brun, furent montrées au public pour la première fois.

Le Palais-Royal était occupé en même temps par l'état-major de la garde nationale et par l'exposition ; mais à l'avènement de l'Empire il fut affecté comme résidence à S. A. I. le prince Jérôme, ancien roi de Westphalie, et à son fils, S. A. I. le prince Jérôme-Napoléon (1).

Dans l'origine le jardin du Palais-Royal était borné par les rues Richelieu, des Petits-Champs et des Bons-Enfants. Ce jardin était très-irrégulier et n'avait de remarquable qu'un *rond d'eau* de quarante toises de diamètre, une belle allée de marronniers plantés, dit-on, par le cardinal lui-même, où il aimait à méditer et d'où Louis XIV enfant entendit le grondement des barricades de 1648. En outre il y avait, sur l'emplacement actuel du Théâtre-Français, un petit jardin dit des Princes. En 1730 le grand jardin fut replanté sur un nouveau dessin par le duc d'Orléans, fils du Régent, mais on conserva la grande allée. « Deux belles pelouses, dit Saint-Victor, bordées d'ormes en boule, accompagnaient de chaque côté un grand bassin placé dans une demi-lune ornée de treillages et de statues en stuc. Au-dessus de cette demi-lune régnait un quinconce de tilleuls, dont l'ombrage était charmant. La grande allée surtout formait un berceau dé-

---

(1) M. Alfred Darcel, *Paris dans sa splendeur*.

licieux et impénétrable au soleil; toutes les charmilles étaient taillées en portique. » Ce beau lieu devint alors la promenade la plus fréquentée de Paris; il n'était pas pourtant complétement public, mais la plupart des maisons des rues Richelieu, des Petits-Champs, des Bons-Enfants, ayant, depuis l'origine du palais, des entrées particulières dans ce jardin, il était le rendez-vous d'une société d'élite, de jolies femmes, de jeunes seigneurs, de gens de lettres, d'oisifs de tout genre, qui se pressaient dans la grande allée, au pied d'un énorme marronnier, dit l'*arbre de Cracovie*. C'était là qu'étaient discutés et critiqués, avec autant de liberté que d'esprit, les plans de campagne, les édits financiers et la politique générale de l'Europe. « Là on se regarde, dit Mercier, avec une intrépidité qui n'est en usage dans le monde entier qu'à Paris, et à Paris même que dans le Palais-Royal. On parle haut, on se coudoie, on s'appelle, on nomme les femmes qui passent, leurs maris, leurs amants; on se rit presque au nez, et tout cela se fait sans offenser, sans vouloir humilier personne. »

C'est ce beau jardin, tant aimé des Parisiens, que le duc d'Orléans, père de Louis-Philippe, avait détruit sous le règne de Louis XVI. A sa place il fit ouvrir les rues de Valois, de Beaujolais et de Montpensier, entoura l'espace restant, de trois côtés, de constructions uniformes, percées de galeries d'une architecture élégante, et bâtit, sous les galeries, des boutiques qui forment aujourd'hui le plus beau bazar qui soit en Europe. L'intérieur fut planté d'arbres qui, depuis plus de quatre-vingts ans et malgré les renouvellements annuels, refusent de former des allées touffues.

A l'autre extrémité de Paris, au delà du quai Saint-Bernard, on réalisa une idée de Henri IV qui se rattachait à l'établissement d'un jardin d'acclimatation ou d'un *jardin des plantes*. En 1633, et par la permission de Louis XIII, Guy de la Brosse, médecin ordinaire du roi, fit l'acquisition du terrain de la butte de *Coupeaux*, qui comprenait environ quatorze arpents. Le terrain de Coupeaux ou *des Copeaux* était une voirie, la voirie des bouchers; située d'abord au carrefour du même nom, où elle se trouvait encore en 1303, cette voirie avait été reculée jusqu'à l'endroit où se trouvait la butte, aujourd'hui le Belvédère ou Labyrinthe. Cette butte, avec ses dépendances, appartenait dans l'origine à l'abbaye de Sainte-Geneviève et avait passé depuis en la possession de différents particuliers; elle s'était insensiblement formée par l'amas des gravois et des immondices qu'on y avait transportés depuis très-longtemps. L'acquisition de ces terrains fut entièrement terminée en 1636. C'était sur cet ignoble emplacement que devait s'élever l'un des plus beaux établissements scientifiques de la France.

Guy de la Brosse sentit combien serait peu utile un jardin de plantes médicinales que l'on se bornerait à cultiver pour l'exposer aux regards des curieux; il sentit la nécessité d'en faire une école d'application, où les nombreux étudiants de la capitale pussent venir prendre une instruction complète. Il fit donc immédiatement construire des salles convenables pour des cours de botanique, de chimie, d'astronomie et d'histoire naturelle, et des logements pour les professeurs. Il sollicita même de l'archevêque et obtint, le 20 décembre 1639, la permission d'avoir une chapelle avec tous les priviléges dont jouissaient les chapelles de fondation royale ou particulière.

Dès l'origine cette institution, si éminemment utile, rencontra des obstacles. Elle empiétait ostensiblement sur les attributions de la Faculté de médecine, qui ne put voir sans jalousie s'élever en dehors de son sein un établissement qui complétait les lacunes de son enseignement. La Faculté fit donc valoir ses anciens priviléges; mais ce fut en vain. Les clameurs s'apaisèrent, et Guy de la Brosse continua son œuvre. En 1640 eurent lieu publiquement l'ouverture et l'inauguration du nouvel établissement, auquel on donna le nom de *Jardin royal des herbes médicinales*. La Brosse, afin d'ajouter encore à la publicité de la cérémonie, fit distribuer un catalogue imprimé des plantes cultivées au Jardin royal, avec leur dessin. Il ne put jouir longtemps des honneurs que lui devait la reconnaissance publique; il mourut l'année suivante (1641). Il consacra toute la dernière partie de sa vie à enrichir ce Jardin royal, pour lequel il faisait venir des plantes de toutes les parties du monde. Ce fut à force d'obsessions qu'il arracha, pour ainsi dire, au cardinal de Richelieu les sommes nécessaires à l'entretien de l'établissement, et l'on a dit, mais à tort je crois, que le terrain de Coupeaux avait été acheté à ses propres frais. Il fut enterré dans la chapelle de la maison, où l'on trouva son tombeau, sous l'Empire, en changeant la distribution de l'édifice.

Parmi les successeurs de La Brosse Fagon fut le plus distingué, et il rendit de véritables services à la science. Il fut secondé par Colbert, qui fit acquérir, au nom du roi, les peintures que Gaston, duc d'Orléans, avait fait faire par Robert d'après les plantes de son jardin de Blois ; en même temps une chaire d'anatomie était créée et confiée au savant Joseph Duvernay. Fagon, devenu vieux, donna sa démission et fit agréer le jeune Pitton de Tournefort, dont il avait deviné les talents. Celui-ci enrichit pendant vingt ans le Jardin des Plantes et mourut en 1708, léguant à l'administration sa collection et son magnifique herbier. Il avait fait construire, l'année même de sa mort, deux serres chaudes ; avant lui il n'en existait encore qu'une seule, construite par Vautier vers 1650. Les deux frères Joseph et Bernard de Jussieu poursuivirent dignement la tâche commencée par leurs prédécesseurs. En 1739 Cysternay du Fay pressentit l'avenir d'un savant qui, malgré sa jeunesse, venait d'être nommé membre de l'Académie des Sciences ; c'était Buffon, qui succéda, en 1739, à son protecteur.

Buffon préluda, dès son entrée au Jardin des Plantes, aux immenses travaux qui devaient lui donner un si grand lustre. Son attention se porta d'abord sur le cabinet, qui ne se composait alors que de deux salles et d'une petite pièce où étaient déposés, sans ordre, quelques squelettes d'animaux ; il fit agrandir les salles de la collection aux dépens de son propre logement ; il fit acheter deux maisons voisines du cabinet, que l'on y réunit pour le logement de l'intendance, divisa la nouvelle galerie en quatre salles, dont deux pour les animaux, une pour les minéraux, et la quatrième pour les herbiers et les anciens droguiers. Dès ce moment le cabinet devint public.

Le Jardin, borné à cette époque à la hauteur de la pépinière actuelle, du côté du levant, à celle des serres, au nord, et des galeries, à l'ouest, était trop étroit pour l'extension que venait de prendre l'école de botanique, pour laquelle Buffon avait obtenu une somme de 36,000 livres. Il fut prolongé en conséquence par la réunion des terrains qui le séparaient de la Seine, des dépendances de Saint-Victor et de quelques chantiers du quai. Une longue et belle rue, à laquelle on donna depuis le nom de Buffon, fut pratiquée au sud, parallèlement à la rue de Seine, et en détermina de ce côté les limites (1).

Aujourd'hui ce magnifique établissement, ce *Muséum d'Histoire naturelle,* qui compta parmi ses administrateurs, à diverses époques, les savants les plus illustres, est le premier et le plus riche de ce genre qui existe dans l'univers, dont il forme comme le centre scientifique, par les rapports des directeurs des diverses divisions avec les voyageurs et les savants étrangers. Il possède des galeries de zoologie dans lesquelles sont classés méthodiquement les insectes, les papillons, les reptiles, les oiseaux et les quadrupèdes de toute espèce; des galeries de minéralogie, de géologie, où sont rassemblés, à l'état brut, des milliers d'échantillons de tous les produits du sein de la terre; une galerie d'anatomie comparée d'une richesse et d'un intérêt indescriptibles; un jardin botanique et une ménagerie d'animaux vivants. Tous ces trésors sont livrés gratuitement à l'étude et à la curiosité du public tous les jours de la semaine.

Le jardin, si pittoresque et si varié, offre une promenade très-agréable et très-instructive pour l'observateur qui sait admirer la nature. On y trouve les arbres et les

(1) M. de Gaulle.

arbrisseaux les plus curieux et les plus rares ; des plantes de toutes les parties du monde, cultivées dans des serres spacieuses ou en plein air, suivant les espèces. Des animaux des diverses contrées du globe y sont rassemblés, parqués, suivant leur nature, ou enfermés dans des fosses ou des loges grillées. Ici tout parle à l'intelligence et éveille dans le cœur une admiration profonde ; aussi cet établissement est-il, de toutes les institutions scientifiques de Paris, le plus populaire et le mieux apprécié par le public.

Dans le principe et, comme on l'a dit plus haut, il n'y avait au Jardin des Plantes que des végétaux ; les animaux vivants n'y avaient point encore leur place comme aujourd'hui ; ce n'est que de la fin du dix-huitième siècle, à l'époque de la Révolution, que date la fondation de la Ménagerie. On la doit à un arrêté du procureur général de la Commune, qui, pour remédier aux accidents causés par les exhibitions publiques d'animaux féroces et à l'encombrement qu'elles occasionnaient sur les places publiques, ordonna la saisie immédiate de toutes ces ménageries foraines et leur transport au Jardin des Plantes, où elles furent installées à demeure après estimation de leur valeur et indemnité donnée à leurs propriétaires (1).

Sous le règne de Louis XIII le cardinal de Richelieu protégeait les lettres pour s'en faire un titre de gloire. Il avait pris à ses gages des écrivains chargés de louer ses actions, mais il racheta cette faiblesse en instituant l'Aca-

---

(1) *Observations sur les monuments et établissements publics*, Paris, 1863, chez Leleux.

démie française. Quelques hommes de lettres, tels que Godeau, Chapelain, Gombaud, Giri, Cerisai, se réunissaient une fois par semaine dans la maison de Conrard, secrétaire du roi, maison située rue Saint-Denis; ils y lisaient leurs ouvrages. L'abbé de Bois-Robert parla de cette réunion à Richelieu, qui voulut en être le protecteur, et qui, en 1635, la fit ériger en *Académie française*, après avoir décidé que ses membres n'excéderaient pas le nombre de quarante.

Entrons ici dans quelques détails. On venait d'imprimer une Histoire de Louis le Juste, écrite par Scipion du Pleix, « sur les *Mémoires* du cardinal, » disait-on, mais certainement avec son aveu. Cette histoire allait jusqu'à la fin de l'année 1634. Une autre publication accompagna cet ouvrage. C'était un recueil de toutes les pièces composées depuis trois ans pour la défense du gouvernement contre les libelles venus de France. On y lisait une longue préface écrite en style fleuri par le conseiller d'État Paul Hay du Châtelet, où se trouvaient relevées les principales calomnies répandues contre le cardinal. Ce recueil était de plusieurs mains; mais l'élégance affectée du discours préliminaire semblait le placer tout entier sous la recommandation d'une société naissante, établie pour la conservation du beau langage, et dont le sieur du Châtelet faisait partie. Un des familiers du cardinal lui avait rapporté qu'un petit nombre d'écrivains se réunissaient, à jour fixe, chez le mieux logé d'entre eux, pour s'entretenir de leurs études, se soumettre l'un à l'autre leurs ouvrages, et sans doute critiquer ceux des autres ; le cardinal vit aussitôt dans cette innocente fantaisie le fondement d'un établissement public. Il offrit de prendre sous sa protection leurs entretiens, d'autoriser leurs décisions, de convertir en règlement leurs conventions, et de soumettre les choses d'esprit au régime des lettres patentes. Une telle faveur, toute oppressive qu'elle fût jugée de plusieurs, ne pouvait être refusée. A ceux qui composaient la réunion primitive s'adjoignirent les patrons de la société auprès du cardinal. François Metel de Bois-Robert, son bouffon en titre, homme d'esprit du reste et de nature obligeante, y entra des premiers; le garde des sceaux, un secrétaire d'État, des conseillers d'État et des maîtres des requêtes voulurent y être affiliés. On créa des officiers; on fit des projets de statuts; on disputa le nom qu'il siérait de prendre; enfin le roi approuva (20 janvier) « les « assemblées et conférences qui se tenoient pour rendre « le langage françois non-seulement élégant, mais ca- « pable de traiter tous les arts et toutes les sciences; per- « mit de les continuer désormais en sa bonne ville de « Paris, sous le nom de l'Académie françoise, au nombre « de quarante personnes, sous la protection du cardinal « de Richelieu, qui en arrêteroit les statuts, avec exemp- « tion pour ceux qui en faisoient partie de tutelles et cu- « ratelles, comme aussi de tous guets et gardes, et attri- « bution privilégiée des procès qu'ils pourroient avoir « aux requêtes de l'Hôtel ou du Palais, ainsi qu'en jouis- « soient les officiers domestiques et commensaux de la « maison du roi. »

Le Parlement enregistra les lettres qui érigeaient l'Académie française, en 1637, avec l'addition de cette clause que « l'Académie ne pourroit connoître que de la langue françoise, et des livres qu'elle auroit faits, ou qu'on exposeroit à son jugement. » Cette société se vit contrainte de faire la critique du *Cid* de Corneille, pour satisfaire les idées du cardinal de Richelieu (1). Elle continua de siéger rue Saint-Denis jusqu'à la mort du cardinal; le chancelier Séguier lui céda, à cette époque, une partie de son hôtel. Louis XIV lui accorda pour ses séances une salle du Louvre.

Richelieu fonda aussi une *Académie royale pour la noblesse*, rue Vieille-du-Temple (1636), pour l'instruction de plusieurs jeunes gentilshommes à qui l'on enseignait les exercices militaires, les mathématiques et l'histoire. On ne retrouve aucune trace de cet établissement après la mort du cardinal. L'*Imprimerie royale*, fondée sous le ministère du duc de Luynes, en 1620, reçut en 1642 une organisation nouvelle. Cramoisy en fut le premier imprimeur. En deux ans il sortit de ses presses soixante-dix gros volumes in-folio, grecs, latins, français, italiens, imprimés avec beaucoup de soin. L'Imprimerie royale n'a cessé de faire les plus grands progrès; aujourd'hui elle possède des poinçons, matrices et caractères des langues de presque tous les peuples de la terre qui ont une écriture, et notamment les trente-sept mille signes de la langue chinoise.

Établie d'abord dans la galerie du Louvre, cette imprimerie fut transférée plus tard à l'hôtel de Toulouse, en face de la place des Victoires, et en 1809 à l'hôtel de Soubise, et dans le bâtiment de cet hôtel appelé *Palais-Cardinal*, situé rue Vieille-du-Temple.

Sous Louis XIII parurent dans la capitale les pre-

---

(1) Le cardinal, auteur de mauvaises tragédies, telles que *Mirame* et *Mérope*, ne pouvait voir sans déplaisir l'immense succès qu'obtinrent les chefs-d'œuvre du grand poëte.

miers ouvrages périodiques ; *le Mercure françois*, dont on publiait un volume par année, renfermait le récit des événements publics, les actes du gouvernement et plusieurs pièces historiques relatives à l'état de l'Europe ; il fut commencé en 1611. Les auteurs de cette publication, qui obtint un grand succès, établirent, en 1630, un *bureau d'adresses* ou dépôt de diverses marchandises à échanger ou à vendre, et firent imprimer et publier l'annonce de ces objets. Dans la suite ils joignirent à ces annonces des nouvelles politiques, et en 1637 ils publièrent la *Gazette* (1), qui paraissait chaque semaine, et dont la feuille ne coûtait que deux liards. Ce journal fut l'origine de *la Gazette de France*.

Ces établissements amenèrent un développement notable dans la littérature française. La critique et la discussion en matière de goût s'établit pour la première fois ; on commença à mieux étudier l'antiquité et à donner des règles à la langue. Les théâtres s'épurèrent ; les écrivains, protégés par Richelieu, devinrent plus nombreux que par le passé ; enfin les journaux exercèrent le jugement du public et répandirent en France le goût de la bonne littérature. Ce fut aussi pendant cette période que s'établit une heureuse rivalité entre les divers corps enseignants ; les Jésuites régularisèrent l'instruction et formèrent d'excellents élèves, dont plusieurs ont acquis une grande célébrité. De nombreux séminaires furent fondés et contribuèrent à faire acquérir des connaissances solides au clergé.

(1) Ce nom dérive de l'italien *gazetta*, petite pièce de monnaie qui était le prix d'un des plus anciens journaux publié à Venise, au dix-huitième siècle.

En 1614 on réforma l'art de l'écriture, dont le caprice était auparavant la seule règle. Louis Barbedor et Lebé, écrivains de Paris, fixèrent, par des exemples, le premier la forme des lettres françaises, et le second celle des lettres italiennes. Ces exemples, déposées au greffe du Parlement, furent gravées et publiées au profit de la commûnauté des écrivains.

Vers le même temps fut fondée à Paris la *Manufacture royale des Glaces*. Le 1er août 1636 le roi Louis XIII accorda des lettres patentes à Eustache Grandmont et à Jean-Antoine d'Anthonneuil pour une manufacture de glaces et miroirs, « sans préjudice des droits du maître de la verrerie, sans qu'ils pussent entreprendre sur le métier de marchands miroitiers de la ville, ni empêcher le commerce ordinaire des glaces. » Cette manufacture languissait lorsqu'en 1666 Colbert l'érigea en établissement royal et fit construire pour elle de vastes bâtiments, rue de Reuilly, n° 24, dans le faubourg Saint-Antoine. Elle était située auparavant rue de l'Université. Charles Rivière-Dufrény, célèbre par son originalité et auteur d'ouvrages dramatiques assez estimés, obtint de Louis XIV le privilége de cette manufacture; mais il le céda pour une somme assez modique. Le temps du privilége étant expiré, le roi ordonna aux nouveaux entrepreneurs de donner à Dufrény trois mille livres de pension viagère; mais le dissipateur s'accommoda avec ceux qui lui payaient cette rente et s'en dépouilla de manière à n'y plus revenir. Le monarque, ayant appris ce dernier trait de Dufrény, s'écria qu'il ne se croyait pas assez puissant pour l'enrichir.

Dans l'origine on ne fabriqua que des glaces soufflées;

leur dimension ne pouvait excéder quatre pieds. En 1688 Lucas de Nehon inventa la manière de les couler. Ce travail s'exécute à Saint-Gobain, bourg situé près de la Fère, département de l'Aisne; de là les glaces sont transportées à Paris, où elles reçoivent le poli nécessaire.

La manufacture des glaces, l'un des plus beaux établissements de ce genre, a été transférée rue Saint-Denis depuis quelques années. Les bâtiments qu'elle occupait rue de Reuilly ont été changés en caserne d'infanterie.

Dès le règne de Louis XIII Paris était en possession d'un assez grand nombre de théâtres. On entrait dans une période littéraire qui n'a point été surpassée et dont les préludes se manifestaient avec splendeur. Pierre Corneille avait déjà doté la scène tragique de ses plus remarquables chefs-d'œuvre: *le Cid, les Horaces, Cinna* et *Polyeucte*. Rotrou s'était illustré par son beau drame de *Wenceslas*. Pour bien traduire sous les regards du public des conceptions littéraires aussi grandes, il fallait des comédiens intelligents et habiles, et ils étaient encore en petit nombre; les salles de spectacle manquaient aussi, pour la plupart, et on se voyait réduit aux *théâtres du Marais* et de *l'hôtel de Bourgogne*, deux pauvres édifices, de médiocre étendue et de vulgaire apparence, sur les planches desquels se montraient Pierre Le Messier, dit Belle-Rose, Bertrand Haudrin, Claude Joffin, Zacharie Jacob, dit Montfleury, Raimond Vaisson, etc , tous plus ou moins honorés de la protection de Richelieu. Plusieurs de ces acteurs ne jouaient jamais sans masque. Le théâtre de l'hôtel de Bourgogne se composait d'un parterre et de quelques rangs de loges; les grands seigneurs et la cour ne dédaignaient pas de s'y rendre, et suivaient avec un juste empressement la représentation des comédies nouvelles, dont le mérite faisait oublier le vieux répertoire de Jodelle, de Baïf, de Robert Garnier et de Hardy. *Mélite, la Place Royale, le Menteur* n'étaient point indignes du génie de Corneille, et les farces rimées de Scarron étincelaient de cet esprit gaulois dont le secret ne se retrouve guère. Le théâtre du Marais, situé d'abord rue de la Poterie, hôtel d'Argente, entre les rues de la Tixeranderie et de la Verrerie, fut transféré, sous le règne de Louis XIII, dans la rue Vieille-du-Temple; il était occupé par une troupe de comédiens italiens pensionnés du roi. Là brillaient Arlequin, Pantalon, Mézetin, Trivelin, Isabelle, Colombine, le Docteur, Tiberio Fiorelli, dit *Scaramouche*, et Mondori, excellent acteur, admiré dans les rôles de héros comme dans ceux de bouffon.

Le *théâtre du Palais-Royal*, contigu au palais, avait été bâti par ordre du cardinal Richelieu. Sur ce théâtre on ne jouait que des tragédies, des tragi-comédies, des comédies héroïques, que composaient Pierre Corneille, Rotrou, de l'Estoile, Bois-Robert, Colletet, l'abbé Desmarets et le cardinal lui-même.

Le *théâtre d'Avenet* fut établi en 1632 rue Michel-le-Comte; on y jouait des comédies et des farces. Il ne se soutint pas longtemps.

Sur le Pont-Neuf, rendez-vous des charlatans et des badauds de Paris, près de maître Gonin, habile joueur de gobelets (1), et des marionnettes que Brioché faisait

(1) Son nom est devenu proverbial pour désigner les fourbes habiles; on qualifia souvent le cardinal de Richelieu de maître-gonin.

voir (1), se trouvaient plusieurs spectacles, et notamment celui de Désidério Descombes et le théâtre de Tabarin, situé place du Pont-Neuf, du côté de la place Dauphine. Tabarin était un bouffon au service d'un charlatan; il jouait le rôle d'un niais, et proposait à son maître des questions ridicules auxquelles celui-ci, vêtu en habit de médecin, répondait gravement en termes scientifiques et ampoulés. Tabarin, vêtu d'une longue veste et d'un large pantalon, portant un chapeau et une batte d'Arlequin, se montrait toujours mécontent des réponses de son maître, et en donnait d'autres originales et grossières, qui causaient parmi les spectateurs des accès de fou-rire.

La vogue de Tabarin fut telle que quelques auteurs écrivirent des satires contre lui. On a publié six éditions des œuvres de ce bouffon. On connaît les vers de la fable de la Fontaine :

> Le Charton n'avait pas dessein
> De les mener voir Tabarin.

Dans une pièce satirique de 1622 on lit :

> Que, si l'on a les dents gâtées,
> Faut les pommades fréquentées,
> L'opiate, le romarin,
> Que l'on trouve chez Tabarin.

Le charlatan représentait des farces sur son théâtre ; Molière a emprunté à une de ses pièces la scène du sac des *Fourberies de Scapin*.

Daniel Heinsius fut un des premiers qui mirent en avant

---

(1) Il était établi à l'endroit où est aujourd'hui l'arcade de l'abreuvoir, en face de la rue Guénégaud.

la querelle des unités (1611). Les réguliers, auteurs qui se conformèrent aux règles de l'unité, ne le firent d'abord qu'avec une grande circonspection. Mairet se crut obligé de défendre sa *Sylvanire* (1625) contre les attaques des partisans de Hardy et de réclamer la tolérance en faveur des unités de temps et de lieu; ce même auteur ne suivit pas toujours ces règles. Rotrou et Scudéry se laissaient aller aux vieilles habitudes; Corneille faisait *Mélite* sans se soucier de l'unité de temps et de lieu. Les comédiens s'effrayaient d'une innovation destinée à ruiner leur répertoire. « M. Corneille, disait mademoiselle Beaupré, nous a fait un grand tort. Nous avions ci-devant des pièces de théâtre pour trois écus, que l'on nous faisait en une nuit; on y était accoutumé, et nous y gagnions beaucoup. Présentement les pièces de M. Corneille nous coûtent bien de l'argent, et nous gagnons peu de chose. Il est vrai que ces vieilles pièces étaient misérables; mais les comédiens étaient excellents, et ils les faisaient valoir par la représentation. »

Vers la porte Saint-Jacques, et pour attirer à eux le public, trois garçons boulangers du faubourg Saint-Laurent, les nommés Henri Legrand, Hugues Guérin ou Guéru et Robert Guérin résolurent d'établir un théâtre. Legrand prit les noms de *Belleville* et de *Turlupin*, Hugues se nomma tantôt *Fléchelles*, tantôt *Gauthier-Garguille*, et Robert Guérin adopta les noms de *Lafleur*, et de *Gros-Guillaume*. Les fondateurs du *théâtre de l'Estrapade* louèrent donc un petit jeu de paume où ils donnèrent deux représentations par jour; ils jouaient d'une heure à deux pour les écoliers, et le soir pour le peuple. Le prix des places était de 2 sols 6 deniers par tête. Ce petit théâtre obtint une si grande vogue que les comédiens de l'hôtel de Bourgogne demandèrent sa suppression. Richelieu fit venir à son palais les trois *farceurs,* qui parvinrent à dérider Son Éminence, et ce fut en riant aux éclats que le cardinal enjoignit aux comédiens plaignants de tuer la concurrence en admettant sur leur théâtre les trois artistes de l'Estrapade. Ils obtinrent un grand succès, et l'on sait que *Turlupin* a donné son nom aux quolibets et aux mauvaises plaisanteries dont il était si prodigue. Cet acteur était grand, bien fait et de bonne mine. *Gauthier-Garguille* représentait les vieillards ridicules; il avait sur la tête une calotte noire et plate, aux pieds des pantoufles, un bâton à la main et longue barbe au masque. Des manches de frise rouge encadraient un pourpoint et des chausses de frise noire. Ce *farceur,* qui chantait d'une manière fort amusante, a publié un recueil de chansons (imprimé en 1631 et réimprimé en 1658). *Gros-Guillaume* était un excellent ivrogne, gros, gras et ventru, qui ne venait sur la scène que garrotté de deux ceintures, l'une au milieu du corps et l'autre auprès de la poitrine, en sorte qu'il ressemblait à un tonneau. Il ne portait point de masque, contre l'usage de ce temps-là, mais il se couvrait la figure de farine (1). Ce trio comique fit courir les Parisiens pendant fort longtemps à l'hôtel de Bourgogne. Mais un jour Gros-Guillaume osa contrefaire une grimace très-familière à un magistrat; il fut décrété de prise de corps, ainsi que ses deux compagnons. Ceux-ci purent s'enfuir, mais Guillaume fut renfermé dans les cachots de la Conciergerie; il y tomba malade de frayeur et mourut.

(1) *Anecdotes dram.*, t. III, p. 2,

Turlupin et Garguille ne purent lui survivre, et tous trois allèrent de vie à trépas dans la même semaine, vers l'an 1634. Leurs enfants se firent comédiens, et les deux veuves laissées par Turlupin et Garguille se remarièrent, la première à d'Orgemont, acteur de la troupe du Marais, et la seconde, fille du fameux Tabarin, à un gentilhomme normand. Ces trois célèbres artistes furent ensevelis à Saint-Sauveur ; voici l'une des épitaphes :

> Gauthier, Guillaume et Turlupin,
> Ignorants en grec et latin,
> Brillèrent tous trois sur la scène
> Sans recourir au sexe féminin
> Qu'ils disaient un peu trop malin.
> Fesant oublier toute peine,
> Le jeu de théâtre, badin,
> Dissipait le plus fort chagrin,
> Mais la mort, en une semaine,
> Pour venger son sexe mutin,
> Fit à tous trois trouver leur fin (1).

Jean Brioché était un pauvre arracheur de dents, établi sur le Pont-Neuf. Pour sortir de la misère il eut l'idée, vers 1640, de bâtir un petit théâtre semblable à ceux des *Fantoccini*, qu'il avait souvent admirés en Italie. Le succès fut complet, et Brioché était déjà célèbre lorsqu'en 1649 il obtint du lieutenant criminel Daubray la permission de s'établir à la foire Saint-Germain et de parcourir les boulevards et les grandes places. Il vint enfin se fixer à l'extrémité du Pont-Neuf, au Château-Gaillard. Brioché conçut bientôt le projet d'aller porter son industrie à l'étranger, et, s'étant associé un musicien nommé

---

(1) *Le Monde dramatique*, t. IV, 145 et suiv.

Voisin, il partit pour la Suisse. Mais son voyage ne fut pas heureux; les Suisses, effrayés de la figure étrange de polichinelle et de ses confrères de bois, arrêtèrent Brioché comme magicien et le jetèrent en prison. Peut-être même lui eût-on fait un mauvais parti lorsqu'un capitaine des gardes françaises, nommé Dumont, en ce moment à Soleure pour y faire des recrues, reconnut et parvint à faire mettre en liberté le pauvre artiste, qui regagna Paris sur-le-champ.

De concert avec son fils Fanchon (ou François), il rouvrit son théâtre au Château-Gaillard, qui avait vu sa prospérité. Pendant son absence un Anglais avait trouvé le moyen de faire mouvoir les marionnettes au moyen de ressorts; mais Paris, peu rancunier, ne se souvint que des plaisanteries amusantes que Brioché faisait faire aux siennes et revint de nouveau assiéger sa porte.

La mort vint surprendre notre artiste au milieu de ses succès, l'arracher à ses marionnettes, à son public, dont il était chéri; son fils Fanchon lui succéda et le surpassa même, dit-on, dans son *noble métier*. C'est lui que désigne Boileau dans sa septième épître, quand il s'écrie, à propos de la *Phèdre* de Pradon :

> Mais, pour un tas grossier de frivoles esprits,
> Admirateurs zélés de toute œuvre insipide,
> Que, non loin de la place où Brioché préside,
> Sans chercher dans les vers ni cadence ni son,
> Il s'en aille admirer le savoir de Pradon.

Des gens d'esprit de l'époque ne dédaignèrent pas d'écrire de petites pièces satiriques pour les marionnettes de Brioché, car en 1703 elles jouèrent avec un immense succès une parade intitulée : *Polichinelle demandant une place à l'Académie*. Malezieux, chancelier de Dombes, l'un des quarante, l'avait écrite à l'instigation du duc de Bourbon (1), qui n'avait pu se faire recevoir membre de l'Académie française.

Le nom de l'*hôtel Rambouillet*, qui ne saurait être passé sous silence par l'historien qui raconte les annales de Paris sous Louis XIII, désignait une réunion de personnes distinguées par la vertu, la naissance et l'esprit, qui se rassemblaient dans les salons de la marquise de Rambouillet, rue Saint-Thomas du Louvre. Là se rencontraient, avec plusieurs seigneurs et grandes dames de l'ancienne cour de Marie de Médicis, avec Richelieu, Condé et Corneille, beaucoup de littérateurs visant au bel-esprit et désireux de procéder rapidement à l'épuration du langage et à la révision des coutumes de la haute compagnie et de la ville. L'héritière de la maison de Rambouillet, Julie d'Angennes, à la fois spirituelle et instruite, aimant quiconque se distinguait par l'intelligence, était la vie et l'âme de ces réunions. On l'appelait *l'incomparable Arthénice*, et pour le moment elle promettait au marquis de Montausier sa main, qu'elle devait lui faire attendre près de douze ans. La *Guirlande de Julie*, dont il lui fit hommage, se composait de fleurs dont chacune était accompagnée d'une pièce de vers composée à sa louange par les auteurs les plus renommés du temps. Comme tout dégénère en ce bas monde, les assemblées de l'hôtel Rambouillet ne tardèrent pas à dépasser le but en se laissant aller, à force de purisme et de sévérité, à l'afféterie. D'abord on s'était attaché à la politesse des

---

(1) M. de Gaulle, *Histoire de Paris, règne de Louis XIII*, tome IV.

manières, à l'éclat de l'esprit, à la délicatesse des expressions ; on en vint à une recherche ridicule, à une originalité puérile et affectée, qui mérita d'être stigmatisée par les hommes de sens. A l'époque dont nous esquissons le récit, cette période de décadence ne s'était point encore manifestée, et l'hôtel Rambouillet rendait de véritables services aux lettres et aux mœurs.

On eût dit que la première moitié du dix-septième siècle avait travaillé à former l'autre ; la galanterie romanesque de la cour de Louis XIII et de la régence d'Anne d'Autriche avait, sinon remplacé, du moins recouvert d'un voile la corruption et la dépravation de la France des Valois ; Malherbe, Racan, Régnier, Rotrou, et, plus qu'eux tous ensemble, le grand Corneille avaient élevé à un haut degré la gloire de la poésie ; Descartes avait étendu les domaines de la philosophie ; Montaigne, Charron, Balzac, Voiture lui-même, chacun avec son originalité propre, avaient évidemment contribué à transformer, à créer la prose française. Toutes les notions du beau, du bien, du bon goût, se développaient et s'épuraient.

En dehors de l'hôtel Rambouillet il s'était également formé des centres de réunion où la jeunesse noble se trouvait en contact avec les gens de lettres et perdait peu à peu la rudesse de ses mœurs primitives. Les salons de deux courtisanes célèbres, Marion de Lorme et Ninon de l'Enclos, offraient à cette société, indécise sur les voies qu'elle avait à suivre, le singulier spectacle de gens honnêtes, de femmes vertueuses, d'artistes aux allures hardies, de gais commensaux à la morale relâchée, de poëtes justement célèbres, rassemblés sous les auspices d'une Aspasie qu'un pareil entourage semblait rehausser, sinon absoudre, et de grandes dames ne se croyaient ni déshonorées, ni compromises par un contact avec Ninon, la maîtresse de leurs maris ou de leurs fils.

D'autres réunions avaient lieu, vers la fin du règne de Louis XIII, chez le poëte Scarron. Elles gardèrent le caractère d'assemblées intimes et ne prirent jamais les allures d'une académie ; elles n'en contribuèrent pas moins à resserrer les rapports qui existaient entre des hommes de cœur et de talent et à préparer de sérieuses manifestations de l'art, de l'esprit et de la pensée. Là, autour du fauteuil où gisait l'amphytrion paralytique, se trouvaient réunis Ménage, Pélisson, Scudéri, Benserade, Sarrazin, Marigny, Segrais, Saint-Pavin, Charleval, Faret, Saint-Amand, et plusieurs autres, parmi lesquels il s'en rencontrait qui, à vrai dire, n'étaient ni assez bien famés, ni assez de mise pour se présenter à l'hôtel Rambouillet.

La part des femmes fut grande dans ce travail, qui se rattacha aux réformes du langage, à la réaction de la politesse et du goût sur les habitudes de la société. Plus tard on critiqua l'abus de ce système d'épuration en livrant aux sarcasmes du théâtre *les Précieuses ridicules*, et cette dernière épithète renferme en quelque sorte l'aveu formel qu'il y eut des *précieuses* dont les préoccupations furent raisonnables, l'intervention utile. Abandonnons l'abus au rire qui en fit justice, et constatons que les Précieuses, puisqu'il faut leur maintenir ce nom, rendirent des services réels au langage comme aussi aux coutumes de la bonne compagnie.

CHAPITRE V.

Paris sous Louis XIII. — Topographie et enceinte de la ville. — Édilité, police, salubrité et sécurité.

L'enceinte de la ville était devenue trop étroite; on eût dit que Paris étouffait dans l'espace mesuré par les Valois. En 1626 Boyer, secrétaire du roi, proposa d'abattre les remparts du côté du nord, et de développer au delà des faubourgs la nouvelle ligne de fortifications. Ce projet reçut un commencement d'exécution et ne tarda pas à être suspendu par des raisons d'économie. En 1631 Barbier, intendant des finances, fit adopter un nouveau plan d'agrandissement sur une échelle beaucoup plus large encore. Cette combinaison, d'abord accueillie avec faveur, souleva de nombreuses réclamations et fut annulée. Alors Barbier se résigna à donner à Paris des bornes moins reculées, et les travaux furent de nouveaux autorisés par le gouvernement de Louis XIII, d'accord avec l'administration municipale.

Dans le nouveau système Barbier se chargea de faire construire une enceinte qui commencerait à la porte Saint-Denis, suivrait, le long des *Fossés-Jaunes* (où se trouve aujourd'hui la rue Bourbon-Villeneuve), jusqu'à la nouvelle porte Saint-Honoré, dont la construction avait été commencée par Boyer, et qu'il s'engagea d'achever. Il fut tenu aussi de bâtir deux autres nouvelles portes, l'une au bout du faubourg Montmartre et l'autre entre ce faubourg et celui de Saint-Honoré; d'abattre les anciens murs, les anciennes portes qui se trouvaient depuis la porte Saint-Denis jusqu'à la Porte-Neuve ; de combler les anciens fossés où l'eau croupissait.

En vertu de ce traité l'ancienne porte Saint-Honoré, située vers l'endroit où la rue de ce nom reçoit celle de Richelieu, fut démolie en 1631. On établit sur son emplacement une boucherie, et la nouvelle porte fut placée à l'extrémité de la rue Saint-Honoré, entre le boulevard et la rue Royale.

L'ancienne porte Montmartre fut, en 1633, pareillement démolie, et à sa place on établit une boucherie. Cette ancienne porte était située dans la rue de ce nom, un peu au sud des angles méridionaux des rues des Fossés-Montmartre et Neuve-Saint-Eustache. La nouvelle porte Montmartre, construite alors, fut élevée sur la rue de ce nom, entre la fontaine et la rue des Jeûneurs, presque en face de la rue Neuve-Saint-Marc. Elle subsista jusqu'en 1700, époque de sa démolition.

Entre ces deux portes il en fut construit une troisième, à laquelle on donna le nom de *Richelieu*; elle était située dans la rue de ce nom, près celle Feydeau : elle a subsisté jusqu'en 1701.

Sur l'emplacement enserré dans cette nouvelle enceinte furent ouvertes, peu de temps après, les rues de Cléry, du Mail, Neuve-Saint-Eustache; celles des Fossés-Montmartre, Saint-Augustin, des Victoires, de Richelieu, Sainte-Anne et des Petits-Champs.

La butte Saint-Roch, butte dont la formation a été expliquée, s'élevait au milieu de ces nouvelles constructions, et conservait encore sa hauteur, sa forme agreste et ses moulins à vent.

Outre ce quartier on en vit alors bâtir plusieurs autres ; plusieurs rues tracées et construites tout alentour reproduisirent l'ancien village de la Villeneuve, autrefois situé sur cet emplacement et qu'on avait détruit durant la Ligue. Vers le même temps le Marais, quartier dont une grande partie, encore en culture, n'offrait que de vastes enclos, se couvrit aussi de maisons et de rues nouvelles. En 1620, sur l'emplacement de la rue Culture-Saint-Gervais, on traça les rues de Saint-Anastase, de Saint-Gervais, et, en l'année 1636, celles d'Anjou, de Beaujolais, de Beauce, de Bourgogne, de Bretagne, du Forez, de la Marche, du Perche, etc., furent ouvertes et bordées de maisons, afin de réaliser l'une des combinaisons imaginées par Henri IV pour l'agrandissement de Paris.

Un nouveau quartier fut créé dans les deux îles de la Seine situées entre la Cité et l'île Louviers, et nommées l'une *île Notre-Dame*, l'autre *île aux Vaches*. La première seule contenait des habitations, mais de pauvre apparence et peu nombreuses. Louis XIII avait, en 1614, nommé à ce sujet des commissaires qui devaient traiter pour l'exécution du projet avec l'évêque et le chapitre de l'Église de Paris, propriétaires des deux îles. Christophe Marie, entrepreneur général des ponts de France, se chargea de conduire les travaux. Il s'obligea à réunir les deux îles en comblant le canal qui les séparait, à les environner, dans le délai de dix ans, de quais revêtus de pierres de taille, à y construire des maisons, des rues larges de quatre toises et un pont de communication avec la ville. Il obtint la faculté d'établir dans l'île un jeu de paume et une maison de bains, et le droit d'y lever sur chaque maison 12 deniers de cens pendant soixante ans. Le contrat, passé le 19 avril, fut ratifié par lettres patentes le 6 mai 1614.

Dès cette année 1614 Marie commença le pont qui porte encore aujourd'hui son nom. Le 11 octobre le roi, assisté de sa mère, Marie de Médicis, en posa la première pierre en présence d'une assemblée de notables dans laquelle se trouvaient le président Miron, prévôt des marchands, les échevins Desvieux, Clapisson, Huot et Pasquier de Bucy; le procureur de la ville, Perrot, et le greffier Clément. Le chapitre de la cathédrale s'opposa vivement à l'exécution de ces travaux, à tel point qu'on fut obligé de porter l'affaire au conseil du roi. Le chapitre perdit son procès. Marie continua ses opérations, et, après avoir bâti une partie de l'île, il transporta son privilége à Jean de La Grange, secrétaire du roi. Comme on avait reconnu la nécessité de faire quelques changements au projet primitif, le traité fut renouvelé avec La Grange, qui s'engagea à continuer les ouvrages de son prédécesseur, et de plus à construire en six ans un pont de bois pour joindre l'île au quartier Saint-Landry, et un pont de pierre pour la réunir aux Tournelles. On lui permit en compensation d'établir douze étaux de bouchers, des bateaux de lavandières, et de bâtir des maisons sur le pont des Tournelles et le *pont Marie*.

Le nouvel entrepreneur ne conserva pas longtemps son privilége; Marie et ses associés lui intentèrent un procès, obtinrent la nullité de la cession qu'ils lui avaient faite et reprirent leurs travaux. Mais ils ne furent pas plus heureux; les chanoines de Notre-Dame renouvelèrent leurs oppositions. Pour lever toutes les difficultés le roi traita avec le chapitre et lui acheta, moyennant une somme de 50,000 livres, ses droits seigneuriaux sur l'île Notre-Dame (1642). Le payement des 50,000 livres fut mis à la charge des entrepreneurs. Ceux-ci imaginèrent de faire ordonner par le conseil du roi que la somme serait prise sur les propriétaires des maisons et les masures de l'île ; aussi ces propriétaires en furent tellement irrités contre eux qu'ils consentirent à tous les sacrifices pour obtenir de leur être subrogés. Ils offrirent de terminer les travaux, de payer les 50,000 livres promises par le roi au chapitre métropolitain et de donner en outre pareille somme pour hâter les travaux. Ils eurent gain de cause. Les bâtiments de l'île Notre-Dame, commencés par Marie en 1614, continués par La Grange en 1623, repris depuis par Marie en 1627, ne furent achevés qu'en 1647, sous la direction des habitants mêmes de l'île (1).

Au faubourg Saint-Germain, sur l'emplacement du *Petit Pré-aux-Clercs*, et sur celui qu'occupaient l'hôtel et les jardins de la reine Marguerite, on ouvrit la rue des Petits-Augustins et quelques autres voies nouvelles.

Le *Grand Pré-aux-Clercs* vit ses prairies, ses jardins, ses clos commencer à se couvrir de couvents, de maisons, d'hôtels et de larges rues, telles que celle de Saint-Dominique, autrefois nommée le *Chemin-aux-Vaches*, les rues de Bourbon, de Verneuil, etc. Trop souvent ces constructions s'exécutèrent sans plan, sans règle ; chacun bâtissait sur son terrain, ne s'assujettissait à aucun alignement, et suivait les ondulations des anciens chemins.

Ainsi Paris s'était considérablement accru sur les deux rives de la Seine, et, d'après les registres du temps, comp-

(1) M. de Gaulle.

tait déjà, tant dans l'enceinte que dans les faubourgs, environ cinq cent quinze rues, pour la plupart d'ailleurs mal pavées, mal éclairées, mal nettoyées et dépourvues d'égouts.

Les travaux et les embellissements dont nous venons de résumer le souvenir excitaient alors l'admiration des contemporains. Le grand Corneille y faisait allusion dans sa comédie du *Menteur*, qui fut représentée pour la première fois en 1642.

DORANTE.

Paris semble à mes yeux un pays de romans;
J'y croyais ce matin voir une île enchantée (l'*île Saint-Louis*);
Je la laissai déserte et la trouve habitée;
Quelque Amphion nouveau, sans l'aide des maçons,
En superbes palais a changé ces buissons.

GÉRONTE.

Paris voit tous les jours de ces métamorphoses;
Dans tout le Pré-aux-Clercs tu verras mêmes choses,
Et l'univers entier ne peut rien voir d'égal
Aux superbes dehors du Palais-Cardinal (*Palais-Royal*).
Toute une ville entière, avec pompe bâtie,
Semble d'un vieux fossé par miracle sortie (1).

On remarquait le bel *hôtel de Nevers*, situé sur l'emplacement de l'hôtel des Monnaies, qui bordait le quai jusqu'à la rue Guénégaud. Le quai, dépourvu de parapet, se terminait entre l'hôtel des Monnaies et l'Institut.

La *tour de Nesle*, avec sa porte, la *tour du Bois*, près du Louvre, et la *Porte-Neuve* subsistaient encore. Cha-

(1) Corneille parle ici des quartiers nouveaux situés autour du Palais-Royal, la rue Richelieu, etc.

cune de ces tours, élevées et rondes, était accouplée à une seconde tour moins grosse et plus haute.

Le *Louvre* était encore entouré de fossés alimentés par les eaux de la Seine. La façade de ce palais, du côté de Saint-Germain-l'Auxerrois, n'avait rien perdu de sa vieille physionomie ; elle était terminée aux deux angles par deux tours rondes, couvertes d'un toit en forme conique. Pour arriver à la porte principale il fallait franchir un pont composé d'arches en pierre et d'un pont-levis.

Le *jardin des Tuileries*, comme on l'a vu plus haut, restait séparé du palais par un espace assez considérable et par une rue qui portait le nom de ce même jardin. C'est ce que nous apprennent ces vers tirés du poëme intitulé *Paris ridicule*, composé dans les premiers temps de Louis XIV :

> Qu'il (*le jardin*) est beau ! qu'il est bien muré !
> Mais d'où vient qu'il est séparé
> Par tant de pas du domicile ?
> Est-ce la mode, dans ces jours,
> D'avoir la maison à la ville
> Et le jardin dans les faubourgs ?

Ce jardin, le Cours-la-Reine, le jardin des Plantes, celui du Luxembourg étaient alors, avec le Pré-aux-Clercs, les seules promenades de Paris ; encore les habitants de cette ville n'avaient-ils pas le droit d'aller dans la plupart de ces promenades, réservées à la cour et aux grands.

L'aspect de Paris était très-varié. Presque à côté des nouvelles constructions on voyait des monuments du moyen âge : le Grand et le Petit-Châtelet, le Temple, la Bastille, le palais de la Cité, les tours et les portes de l'enceinte méridionale de Paris conservaient le caractère du régime féodal. La Seine, bordée de quais sur une partie de son cours, allait battre, sur la plus grande étendue de ses rives, une grève nue et sans défense.

Que si, mettant de côté le point de vue pittoresque, nous voulons nous préoccuper des questions d'édilité et d'ordre, l'aspect change immédiatement, et dans ce Paris du dix-septième siècle nous voyons avant tout des rues étroites, tortueuses, bordées de loin en loin de quelques édifices somptueux ou solides, mais dont les intervalles étaient remplis par des maisons mal bâties, ou plutôt par de pauvres baraques ; nous y voyons un peu d'opulence avoisinant beaucoup de misère.

Dans les procès-verbaux qui furent dressés, en 1636, sur les rues de Paris, on peut voir quel en était le déplorable état. Des rues non encore pavées, ou qui ne l'étaient que d'un côté, ou seulement en quelques parties ; des amas de gravois, de fumier, d'immondices, entassés sur le bord des maisons depuis environ dix ans ; d'autres amas de mêmes matières, encombrant le milieu des rues, obstruaient le cours des eaux et fermaient l'ouverture des égouts. Ces égouts étant obstrués par ces amas ou par les matériaux de leur propre maçonnerie tombée en ruine, les eaux, sans écoulement, remplissaient les rues où se trouvaient ces égouts, refluaient dans les rues voisines, et y formaient d'immenses et fétides cloaques, continuels obstacles pour les passants, et foyers très-actifs de corruption et de maladies contagieuses pour les habitants du quartier.

Au double point de vue de la sécurité et de la police, l'état de Paris, sous Louis XIII et Richelieu, laissait toujours grandement à désirer. Les registres du Parlement en font foi, et sont pleins d'arrêts et ordonnances destinés à assurer la répression des vagabonds, des malfaiteurs et des bandits de toute espèce qui infestaient la ville. On pourrait citer au hasard.

Le 18 juin 1631 le procureur général du roi se plaint au Parlement « d'assemblées illicites, de voies de fait, de violences, meurtres, assassinats qui se faisoient hors la ville, entre les portes du Temple et Saint-Antoine. »

Le 17 novembre de la même année le Parlement, ayant mandé les officiers du Châtelet, leur ordonna, entre autres choses, de chasser les *vagabonds* de la ville et d'empêcher les *volleries*.

Le lendemain, le parlement mande encore les officiers du Châtelet, leur reproche leur négligence envers les *vagabonds*, annonce que cette négligence est cause des *vols* qui se commettaient en cette ville, *où il n'y avoit sûreté ni le soir ni le matin*.

Le 16 juillet et le 30 août 1632 le Parlement fut encore obligé de prendre, contre les mendiants valides et *vagabonds*, de rigoureuses mesures qui ne servirent à rien.

Le 17 mars, le 16 juillet et le 30 août 1632, le Parlement renouvelle ses ordonnances contre les mendiants valides et contre les personnes armées et malveillantes qui volent et tuent les voyageurs sur les grands chemins.

Le 23 avril 1633 le procureur du roi se plaignit à la cour du Parlement « des *meurtres, assassinats, violences*
« *et volleries* qui se commettoient journellement sur les
« grands chemins, par plusieurs personnes armées et autres
« malveillants qui empêchent la sûreté publique, forçant
« les maisons des particuliers, par la faute et négligence
« des officiers qui ne font ce à quoi ils sont obligés en

« leur charge. » La cour renouvela ses anciennes ordonnances et en ajouta de plus rigoureuses, qui ne furent pas plus efficaces.

Le 19 mai suivant le roi adressa au Parlement une lettre tendante à ce qu'il soit promptement remédié aux *désordres, volleries, insolences* qui se commettent dans Paris.

Le 13 février 1634 le procureur général du Parlement fait encore entendre à cette cour ses plaintes contre les *meurtres, assassinats, violences* et *volleries* « qui se
« commettent, dit-il, journellement, tant à la campagne,
« sur les grands chemins, que dans cette ville et fau-
« bourgs, par plusieurs personnes armées et malveillantes,
« et vagabonds sans aveu, qui empêchent la sûreté pu-
« blique et forcent les maisons des particuliers, par la
« faute et négligence des officiers, qui ne font pas ce à
« quoi ils sont obligés par leur charge. » Le Parlement ordonne des mesures très-rigoureuses contre ces perturbateurs, mesures qui furent sans effet.

Le 5 mai de l'année suivante on voit les mêmes désordres se reproduire. Le roi envoie au Parlement des lettres patentes qui portent ordre exprès de rechercher et poursuivre les *vagabonds, gens sans aveu, comme bohémiens, mendiants valides, soldats débandés,* et de les envoyer aux galères sans formalité de procès.

Il en était de même des *pages* et *laquais*. Leur insolence et leurs excès inquiétaient, troublaient les habitants de Paris, contrariaient l'action de la justice, qui n'avait contre eux que de faibles moyens de répression. Déjà ces domestiques, nobles ou roturiers, avaient, dans les temps antérieurs à cette période, signalé fortement leur caractère pertubateur et malfaisant. Ils continuèrent, sous celui-ci, leurs turbulentes habitudes. Ce furent les *pages* et *laquais* du prince de Condé qui, en 1617, pillèrent et dévastèrent l'hôtel que le marquis d'Ancre possédait rue de Tournon; ce furent aussi les *pages* et *laquais* qui déterrèrent le corps de ce marquis, le mirent en lambeaux, et ce ne fut qu'à leur exemple, ou peut-être à leur instigation, que le peuple de Paris prit part à ces excès.

Le 17 mars 1632, sur les remontrances du procureur général, le Parlement ordonna que les précédents arrêts relatifs à la tranquillité publique seraient exécutés, et fit « défense à tous *pages* et *laquais* de s'assembler à la « porte Saint-Antoine, ni ailleurs, de molester aucune « personne, ni de commettre insolences, de porter pis- « tolets, bâtons ni épées. Enjoint aux maîtres de les re- « tenir près d'eux en leur devoir, et leur défend de leur « faire porter épée, à peine de trois cents livres d'amende « et d'en répondre civilement. » Les maîtres et les laquais continuèrent à se livrer à leurs désordres accoutumés.

Le 19 janvier 1633 un page fut condamné à la potence. Le lieutenant criminel, voyant une réunion menaçante, fit retarder l'exécution; elle n'eut lieu que pendant la nuit. Cette exécution nocturne attira à ce magistrat les reproches du Parlement.

Par un autre arrêt de la même juridiction, et que les historiens ont cité, « la cour fait inhibition et défense à « tous seigneurs, gentilshommes et autres, de quelque « qualité et condition qu'ils soient, de faire porter leur épée « par leurs *pages* et *laquais*, à peine de quatre-vingts « livres parisis d'amende au roi, et, en cas d'excès faits

« par lesdits *pages* et *laquais*, d'en répondre civilement
« en leur propre et privé nom, envers les parties inté-
« ressées, jusqu'à la somme de quatre mille livres. Fait la
« cour inhibition et défense de permettre ni souffrir
« porter à leurs *pages* et *laquais* épées, bâtons et autres
« armes, et aux laquais d'en porter, à peine du fouet,
« etc. » Cet arrêt menaçant fut sans effet.

De nouvelles insolences des pages et laquais sont dé-
noncées au Parlement le 17 décembre 1638, et, dans
cette dénonciation, le procureur général fait l'aveu de
l'impuissance de ses moyens d'exécution. « Quoique par
« plusieurs ordonnances, dit-il, publiées de temps en
« temps, on ait essayé de maintenir en leur devoir les
« *pages* et *laquais*, néanmoins ils se portent à tels excès
« de désordres, dans la grande salle et autres endroits du
« palais, que le respect dû à la justice y est violé... La
« cour défend à tous *pages* et *laquais* de suivre leurs
« maîtres dans la grande salle et galerie des Merciers
« du palais; leur enjoint de les attendre dans la cour, et
« de s'y comporter modestement, à peine de punition
« corporelle, etc. »

Le 19 mars 1640 des officiers de la justice conduisaient au supplice, à la place de Grève, deux individus condamnés à mort; la potence fut « arrachée »; ce
délit fut imputé aux *pages* et *laquais*. Le Parlement ordonna qu'il en serait informé, et renouvela la défense
déjà faite à ceux-ci de tenir des assemblées et de porter
des épées.

Nos vieux annalistes, et après eux Dulaure, dont ici
on ne saurait repousser le témoignage, sont pleins de ces
arrêts impuissants, et la mention de ces documents ou de

ces souvenirs, que nous pourrions étendre à satiété, donnerait une idée exacte du tableau qu'offrait alors Paris au point de vue de la sécurité publique et du bon ordre. On ne regrettera pas de vivre sous des lois plus efficaces et en des jours moins troublés.

Le Pont-Neuf, dont nous avons déjà parlé, était le théâtre ordinaire des exploits des voleurs, que l'on distinguait en *coupe-bourses*, en *tire-laines* ou *tireurs de laines*, selon qu'ils s'adressaient à la bourse, que l'on portait pendue à la ceinture, ou au manteau des gens. Voici quelques vers d'une pièce intitulée *la Ville de Paris*, par Berthaud :

> Sois-je pendu cent fois sans corde
> Si jamais plus je vais chez vous,
> Maitresse ville des filous,
> Et si je me mets plus en peine
> D'aller voir la Samaritaine,
> Le Pont-Neuf et ce grand cheval
> De bronze, qui ne fait nul mal,
> Toujours bien net sans qu'on l'étrille...
> Vous, rendez-vous des charlatans,
> Des filous, des passe-volants,
> Pont-Neuf, ordinaire théâtre
> Des vendeurs d'onguent et d'emplâtre ;
> Séjour des arracheurs de dents,
> Des fripiers, libraires, pédants,
> Des chanteurs de chansons nouvelles,
> De maitres de sales métiers,
> De *coupe-bourses*, d'argotiers,
> D'opérateurs et de chimiques,
> De fins joueurs de gobelets,
> De ceux qui rendent des poulets, etc.

Scarron, qui écrivait sous Louis XIII, a fait dans le sonnet suivant un tableau de Paris, vu sans doute par son plus mauvais côté ou dans un moment d'humeur noire :

> Un amas confus de maisons,
> Des crottes dans toutes les rues ;
> Ponts, églises, palais, prisons,
> Boutiques bien ou mal pourvues ;
>
> Force gens noirs, roux ou grisons ;
> Des prudes, des filles perdues ;
> Des meurtres et des trahisons ;
> Des gens de plume aux mains crochues ;
>
> Maint poudré qui n'a point d'argent ;
> Maint homme qui craint le sergent ;
> Maint fanfaron qui toujours tremble ;
>
> Pages, laquais, voleurs de nuit,
> Carosses, chevaux et grand bruit,
> C'est là Paris : que vous en semble ?

Voici le tableau que fait des halles l'auteur de *la Promenade au Pré-aux-Clercs*, publiée en 1622 : « Vous verrez aux halles plusieurs gueux qui ne s'amusent qu'à piller et dérober les uns les autres, tant les acheteurs que les vendeurs ; à leur couper leur bourse, à fouiller dans leurs hottes et paniers. Les autres, pour mieux avoir leur proie, chanteront des chansons déshonnêtes, sales, tantôt de l'un, tantôt de l'autre, sans épargner ni dimanches ni fêtes, choses déplorables en une ville de Paris... Dans les halles et autres marchés ordinaires on voit des femmes qui vendent des vivres ; si vous en offrez moins qu'elles n'en désirent, fussiez-vous la personne la plus renommée de la France, là vous serez blasonné de toutes injures, imprécations, malédictions, taxés d'honneur, et le tout avec blasphèmes et jurements. »

CHAPITRE VI.

Mœurs et coutumes de la population parisienne sous Louis XIII.

Les progrès du luxe se manifestaient dans toutes les classes, en dépit des lois et des arrêts somptuaires. Le gouvernement et la police judiciaire n'en cherchaient pas moins à combattre le fléau et à lui opposer des barrières impuissantes.

Un édit du 18 novembre 1633 défendit à tous sujets « de porter sur leurs chemises, coulets (collets), manchettes, coiffes et sur autre linge, aucune découpure et broderie de fil d'or et d'argent, passements, dentelles, points coupés, manufacturés tant dedans que dehors le royaume. » Une seconde ordonnance, du mois de mai 1634, prohibe, pour les habillements, l'emploi de toute espèce de drap d'or ou d'argent, fin ou faux, et toutes broderies où ces matières sont employées. Elle porte que les plus riches habillements seront de velours, satin, taffetas, sans autre ornement que deux bandes de broderie de soie; défend de vêtir les pages, laquais et cochers autrement qu'en étoffe de laine, avec des galons sur les coutures, et à tous carrossiers de faire, vendre ou débiter des carrosses ou litières brodés d'or, ou d'argent, ou de soie, et d'en dorer les bois, etc. Au milieu du faste inouï de la cour de Louis XIII de semblables défenses étaient illusoires. Le costume éprouva d'assez grandes modifications sous ce règne. On abandonna la barbe; on se contenta de porter des moustaches au-dessus de la lèvre supérieure et de conserver, en se rasant le visage, un petit bouquet de poil au menton. Ce fut aussi vers 1630, suivant le Dictionnaire de Trévoux, que la mode des grandes perruques commença à s'introduire à Paris, à l'imitation de l'abbé Rivière, qui en fit usage le premier. D'abord on les composa de peu de cheveux que les fabricants passaient un à un, par le moyen d'une aiguille, au travers d'un léger *canepin* ou *treillis*, pour mieux imiter la nature, en laissant à nu la partie qui devait couvrir le crâne, et que l'on recouvrait ensuite par une calotte de laine ou d'étoffe, comme les portent encore aujourd'hui les comédiens dans les rôles *à manteaux*. A ces perruques succédèrent, sous Louis XIV, celles qu'on appelait *in-folio*.

Les femmes adoptèrent, pendant cette période, des modes plus ou moins ridicules, entre autres les *vertugades* et les *vertugadins*, introduits en France par les Espagnols. Le *vertugade* était un gros bourrelet que les dames mettaient à la ceinture pour donner plus d'ampleur à leurs jupes; le second était un fil de fer recouvert de grosse toile, qui servait au même usage, mais d'une manière plus large. La principale mode des femmes, sous ce règne, mode toute parisienne, fut celle des *signals*. Les annalistes modernes ont cru pouvoir en emprunter la description à un écrit du temps, publié par le P. Ripaut, gardien des Capucins de Saint-Jacques de Paris : « Ce sont autant d'enseignes d'incontinence, qui marquent le degré et le point de l'affection que les dames ont pour leurs serviteurs et les hommes pour leurs maîtresses... Si vous me demandez quels sont ces *signals* d'impureté, je réponds que ce sont plusieurs nœuds de ruban de soye, de la couleur dont ils conviennent, qui ont chacun leur nom, leur lieu et leur signification : l'un s'appelle le *mignon* et se place sur le cœur; l'autre au-dessus, proche le *mignon*, et se nomme le *favori;* sur le haut de la tête se dit le *galant,* avec le petit dizain de perles, de musc ou de diamants; sur le sein c'est l'*assassin des dames*, dont elles se parent et se vantent, disant : *C'est là mon assassin*... sans oublier le nœud pendant à l'éventail, qu'on nomme le *badin,* et le petit livret de prières, dit le *bijou*. Mais ce n'est pas tout, car elles ont des cheveux sur le front, à double étage, dont je tais le nom par modestie, comme aussi celui du peigne qui les dresse et arrange sur le front (noms qui sont horribles). Les cheveux frisés sur leurs tempes ont nom les *cavaliers;* les *moustaches* pendantes et les cheveux bavolant le long du visage s'appellent *les garçons*. Les *mouches* sur le visage, sur le sein, portent parfois le nom d'*assassin*, quand elles sont plus que les autres en forme longue, comme pour couvrir une plaie; mais particulièrement sur le visage des hommes, auxquels ils (les hommes) donnent toujours le nom d'*assassins*, et mettent le *galant* à la moustache. »

L'espoir d'obtenir des bénéfices, des places ou des pensions, attirait toute espèce de personnes à la cour. Pour y maintenir sa place il convenait d'être vêtu d'habits pareils à ceux des courtisans, d'avoir le chapeau ombragé d'un panache, de porter des hauts-de-chausses, un pourpoint ou un manteau de satin ou de velours, d'avoir la longue épée pendue à la ceinture, le tout relevé de rubans incarnats et de passements d'or ou d'argent. Les gentilshommes pauvres achevaient leur ruine pour se procurer ces dehors fastueux. Des bourgeois, des poëtes avaient la même ambition, et une misère réelle se cachait sous les apparences de la richesse.

Ce constraste a fourni aux poëtes du temps la matière de plusieurs satires; ils ont versé le ridicule sur la pauvreté couverte du manteau de la fortune.

Des spadassins, habitués des tripots de Paris, faisaient profession d'assassiner pour leur compte et pour celui des autres. La vengeance ou l'intérêt dirigeait leurs bras, indiquait les victimes et payait le crime.

Les duellistes étaient nombreux à Paris et acquéraient d'autant plus d'honneur qu'ils avaient fait périr un plus grand nombre d'individus. Le sujet de leur conversation du jour était la quantité des hommes tués la veille. Ils ne s'entretenaient, ils ne se glorifiaient que de meurtres.

Les *raffinés d'honneur* se composaient de nobles qui surpassaient en irritabilité la femme la plus difficile. « Un « clin d'œil, un salut fait par acquit, une froideur, un « manteau qui touchoit le leur suffisoit pour qu'ils ap- « pelassent au combat et s'exposassent à tuer celui dont « ils se prétendoient offensés ou à être tués par lui. Quel- « quefois ces *raffinés d'honneur* appeloient en duel un « homme qu'ils ne connoissoient pas, et qu'ils prenoient « pour un autre, et, quoique l'erreur fût reconnue, ils « ne laissoient pas que de se battre et de s'entre-tuer « comme des ennemis. »

A la cour de Louis XIII les plus distingués *raffinés d'honneur* étaient Balagni, surnommé *le Brave*, qui fut tué en duel en 1613; Pompignan, Végole, le cadet de Suze, Montglas, Villemore, La Fontaine, le baron de Montmorin, Pétris, etc., tous morts sans utilité, sans gloire, victimes de leurs fausses idées sur l'honneur, victimes du désir d'avoir des prouesses à s'attribuer, et de se faire, par elles, une réputation parmi les spadassins : prouesses, comme le dit judicieusement d'Aubigné, *dont l'histoire ne parlera jamais qu'avec mépris.*

Quelques châtiments éclatants consternèrent les duellistes et suspendirent un peu les exploits désastreux de leur honneur.

Le comte de Montmorency-Bouteville, après avoir tué plusieurs comtes et marquis, livra, à la Place-Royale, un combat de trois contre trois. Bussi-d'Amboise, qui était du nombre, fut tué. Bouteville, après ce combat, voulut se sauver hors du royaume. Il fut arrêté à Vitry avec le sieur des Chapelles, son parent et son complice. Tous les deux, condamnés à mort, subirent leur peine, le 21 juin 1627, à la place de Grève.

Nous avons dit ailleurs que pour la première fois depuis l'origine de la monarchie on vit à Paris des ouvrages périodiques.

Le Mercure français, dont il paraissait un volume chaque année, contenait le récit des événements publics, les actes du gouvernement et plusieurs pièces historiques relatives à l'état de l'Europe. Cet ouvrage, commencé en 1611 et continué jusqu'à la fin du règne de Louis XIII, quoique dénué de réflexions, était propre à en faire naître, et les actions des princes s'y trouvaient régulièrement soumises au jugement du public.

Les auteurs du *Mercure,* encouragés par le succès, conçurent le projet d'établir un *bureau d'adresses,* ou dépôt de divers objets de marchandises à échanger ou à vendre, et de faire imprimer et publier l'annonce de ces objets. Ce projet fut mis à exécution en 1630, et cette feuille d'annonces, dans laquelle on ne tarda pas à insérer des nouvelles politiques, fut l'origine de *la Gazette de France*.

L'instruction devint plus sérieuse et plus digne de la jeunesse. Le progrès des connaissances hâta les développements de l'industrie. En 1614 François Micaire, maître sellier, et Jean de Saint-Blunon, menuisier, obtinrent la permission de mettre en usage une invention dont l'objet était de construire des carrosses plus commodes que ceux dont on se servait alors. Denis de Foligny, d'après ses propositions, fut autorisé, en 1632, à rendre navigables plusieurs rivières qui ne l'étaient pas, telles que celles d'Eure, de Velle, de Chartres, d'Étampes, etc.

Dans la même année on réforma l'art de l'*écriture*, qui n'avait d'autre règle que le caprice. Louis Barbedor, syndic des écrivains de Paris, et le nommé Le Bé fixèrent par des exemplaires, le premier la forme des lettres françaises, le second celle des lettres italiennes. Ces exemplaires, déposés au greffe du Parlement, furent gravés et publiés au profit de la communauté des écrivains.

Le 19 février 1635 le Parlement vérifia les lettres patentes qui permettent à Jean Boudet, natif d'Agen, de fabriquer des tapisseries d'après un procédé de son invention et d'en diriger les travaux.

Louis Cellier et Louis Deschamps, habitants de la ville de Grenoble, obtinrent, le 3 février 1642, la permission de fabriquer et de vendre *des lampes en forme de chandelles*, éclairant dans tous les sens et consommant une moindre quantité d'huile.

Durant le règne de Louis XIII l'œuvre d'émancipation avait suivi un développement rapide. Au lieu d'enlever à la France l'institution des états généraux, le pouvoir eût été plus habile d'en régulariser le mécanisme et d'utiliser toutes les forces honnêtes du pays, au lieu de les supprimer l'une après l'autre et par des voies différentes. La France du dix-septième siècle méritait mieux ; elle n'était pas dépourvue de garanties d'ordre et de sagesse, cette nation qui enfantait des saints à l'Église et des hommes de génie au monde. La grandeur future du siècle s'annonçait même dans les luttes. Si, à la cour et dans les antichambres royales, on n'apercevait guère que des splendeurs de ruelle et des intrigues sans portée, dans d'autres régions on pouvait aisément entrevoir un travail sérieux de reconstruction sociale, un immense mouvement révélant les progrès de la civilisation chrétienne.

LIVRE XV.

PARIS SOUS LE RÈGNE DE LOUIS XIV.

CHAPITRE PREMIER.

Événements généraux. — Première période (1643-1715).

Le nouveau roi n'avait point encore atteint sa cinquième année lorsque la mort de son père, survenue le 14 mai 1643, le laissa héritier des plans et de la politique de Richelieu. Aux termes du testament de Louis XIII la régence allait appartenir à la reine-mère, mais l'exercice de l'autorité, déposée entre les mains d'Anne d'Autriche, devait être tempéré par un conseil dont les premiers princes du sang étaient les chefs désignés. Anne d'Autriche en appela au Parlement de ces précautions gênantes pour elle, et le Parlement, heureux d'être pris pour arbitre dans un si grave débat, annula les volontés du dernier roi. Anne d'Autriche usa de sa prérogative en nommant premier ministre le cardinal Jules de Mazarin (*Giulio Mazarini*), qui avait signalé son habileté en secondant les vues profondes de Richelieu.

Le règne de Louis XIV fut inauguré par la glorieuse bataille de Rocroi, que les Parisiens célébrèrent avec enthousiasme. Quinze mois plus tard, en novembre 1644, Henriette d'Angleterre, femme de Charles Ier, vint chercher un refuge à Paris et y fut reçue avec les égards dus à son rang et à son infortune. Le duc d'Orléans alla au-devant d'elle jusqu'à Bourg-la-Reine; le roi et la régente l'attendaient à Montrouge, et la conduisirent, au milieu d'un brillant cortége, à ses appartements du Louvre. Quelque temps après on célébra à Notre-Dame le service funèbre d'Élisabeth de France, reine d'Espagne, tante du roi. Jean-François-Paul de Gondi, archevêque de Corinthe, depuis peu coadjuteur de l'archevêque de Paris, dit la messe des funérailles (1). Ce personnage devint bientôt célèbre sous le nom de cardinal de Retz.

En 1645 eut lieu à Paris le mariage de Louise-Marie de Gonzague, fille de Charles Ier, duc de Mantoue, et de Catherine de Lorraine, avec Sigismond-Ladislas, roi de Pologne. La cérémonie se fit le 5 novembre, dans la chapelle du Palais-Royal, où demeurait alors la cour, mais sans aucune pompe; ce qui étonna fort, disent les historiens du temps, les envoyés polonais, qui étaient venus au nombre de quatre cents, tous richement vêtus et couverts de pierreries. Ce fut le palatin de Posnanie qui épousa Marie de Gonzague par procuration. Le jour du départ (27 novembre), le roi, la reine-mère, les princes et les princesses du sang et le corps de la ville conduisirent la nouvelle reine jusqu'au village de la Chapelle-Saint-Denis. Marie de Gonzague, qui n'avait accepté qu'avec regret le trône de Pologne, prit tristement le chemin de ses États, et elle y arriva encore trop tôt pour y trouver un vieux mari dont la caducité et la mauvaise humeur lui firent regretter plus d'une fois la brillante cour de France (2).

(1) Félibien, t. II, p. 1331.
(2) *Id., ibid.*, p. 1285.

Les annales de Paris ne contiennent rien d'intéressant jusqu'en 1648. Louis XIV, qui avait été dangereusement malade, alla rendre grâces de sa guérison dans les églises de Notre-Dame et de Sainte-Geneviève, et au milieu de l'été il assista au feu de joie de la Saint-Jean. En cette même année la France et Paris célébrèrent la paix de Munster, qui mit fin à la guerre de Trente-Ans.

Un parti puissant s'était formé à la cour, dans le Parlement et dans les rangs du peuple, contre l'administration du cardinal Mazarin. Cet homme d'État, aussi souple et dissimulé que Richelieu avait été ferme et hardi, s'attachait inutilement à dominer les esprits par ruse et par adresse; sa tortueuse politique ne le mit pas à couvert de la haine commune. Il est d'ailleurs vrai de dire que son nom n'était qu'un prétexte. Les princes voulaient reconquérir leurs anciens priviléges, le Parlement cherchait à s'ériger en grand corps politique, le peuple gémissait sous le fardeau des taxes anciennes et nouvelles. Pour arriver plus sûrement à satisfaire tant d'intérêts divers on avait commencé par faire la guerre au favori, en attendant qu'on pût la faire plus haut.

Les mécontents, excités par le duc de Beaufort, surnommé le Roi des Halles, témoignèrent leur opposition par des mutineries; le prince de Conti et la duchesse de Longueville, sœur du jeune prince de Condé, attisèrent, à son exemple, le feu de la sédition; mais le principal adversaire que la cour eut à combattre fut le Parlement de Paris.

Cette cour de justice, comme tous les corps dont les pouvoirs ne reposent que sur des traditions et des faits naturellement mobiles, n'avait que des attributions mal définies. On peut dire que les circonstances avaient fait tour à tour sa force ou sa faiblesse. Quand l'autorité royale paraissait amoindrie ou contestée, quand la tranquillité publique était mise en question, le Parlement s'érigeait en médiateur, il se constituait de lui-même assemblée politique, et, sous prétexte d'affermir le droit royal, il se posait en tuteur et en conseiller de la couronne. Quand les jours d'orages passaient, quand les rois ou leurs ministres avaient surmonté les obstacles les plus sérieux, ils considéraient avec inquiétude le terrain que le Parlement avait conquis à la faveur des difficultés et des troubles; c'était alors leur coutume de protester contre les usurpations de cette réunion de scribes et de légistes sans qualité pour s'immiscer dans les choses de l'État; on rappelait au Parlement son origine précaire et douteuse; on lui démontrait, non sans raison, qu'il ne relevait que du roi, et non du peuple, et que, n'ayant d'autre racine dans la monarchie que le bon plaisir du prince, il ne pouvait sans danger se poser comme un pouvoir politique prenant conseil de soi-même et se déterminant d'après un droit reconnu.

Les nécessités de la guerre avaient épuisé le Trésor, et, pour faire face aux dépenses sans cesse renouvelées, le gouvernement de la régente avait cru devoir recourir à des ressources onéreuses pour le peuple. Mazarin usait largement de cette triste ressource, et, comme l'esprit d'économie lui manquait, il contribuait encore, par son imprévoyance, à aggraver le mauvais état des finances publiques. Un nouvel édit fut promulgué portant un impôt sur toutes les denrées qui entraient dans la ville de Paris. De nos jours, en dépit du progrès dont on se vante, ces choses-là s'opèrent sans conteste; on a des corps municipaux pour voter, des citoyens pour payer; mais, en ces temps qu'on appelle despotiques, les contribuables y mettaient moins de complaisance. Les esprits s'échauffèrent, le Parlement éclata en plaintes; la reine manda cette compagnie au Palais-Royal; on ne put s'accommoder. Alors le conseil, craignant que le Parlement ne donnât un arrêt de défense qui aurait infailliblement été exécuté par le peuple, envoya une déclaration pour supprimer le tarif, afin de sauver au moins l'apparence de l'autorité du roi.

Le jeune roi, à peine entré dans sa dixième année, tint un lit de justice (janvier 1648) où il fit enregistrer un grand nombre d'édits, dont l'un portait création de douze nouvelles charges de maîtres des requêtes, et un autre la suppression de quatre années de gages des membres des cours souveraines. Le parlement était excepté de cette mesure sévère, mais il méprisa une grâce qui l'exposait au reproche de préférer son intérêt au bien public; le 13 mai 1648 il donna un arrêt d'union avec le grand conseil, la cour des aides et la chambre des comptes de Paris. C'était méconnaître ouvertement la volonté royale. L'union ne s'en opéra pas moins, malgré les tentatives de la cour. Un comité formé de députés des quatre compagnies souveraines tint ses séances à la chambre de Saint-Louis; on y discuta des intérêts dont le gouvernement revendiquait seul la surveillance, justice, finances, police, commerce. Ces envahissements dans le domaine du pouvoir s'accomplissaient aux applaudissements de la multitude. La cour, incertaine de la position qu'elle avait à prendre, craignant néanmoins d'user de rigueur et d'allumer sans nécessité, en France, un incendie pareil à celui qui dévorait l'Angleterre, la cour résistait mollement ou cédait de mauvaise grâce. Mazarin crut faire beaucoup en sacrifiant le surintendant Émery, que ses exactions avaient rendu odieux; cette concession tardive ne concilia au ministre aucune reconnaissance; on y vit seulement l'indice de la faiblesse du gouvernement, et la hardiesse des parlementaires en fut accrue.

Quelques méchants écoliers se livraient alors bataille avec des frondes dans les fossés de Paris; pour parer aux accidents inévitables en pareil cas, la police envoyait des archers sur le théâtre de ces luttes, et bien souvent il arrivait que les gens du guet étaient eux-mêmes reçus à coups de pierres. Dans une ville où l'on parle de tout, cet incident sans portée avait fait un moment l'objet des conversations du peuple; on s'intéressait aux démêlés de la garde et des petits rebelles. Sur ces entrefaites se manifestèrent les premiers efforts des magistrats du Parlement contre Mazarin; l'un des conseillers, dont l'avis était sans doute favorable à la cour, chercha un jour à ridiculiser les tentatives de l'opposition en les comparant aux mutineries des *frondeurs* du rempart. Ce rapprochement parut bizarre; il plut aux imaginations, et le mouvement de rébellion qui commençait prit le nom de *Fronde*.

L'opinion publique se prononçait énergiquement contre Mazarin et en faveur du Parlement. Pour en finir avec cette agitation menaçante la reine-mère fit tenir un nouveau lit de justice (31 juillet); mais, en dépit de cette solennité, la résistance redoubla d'énergie. Soudain on reçut à Paris, le 24 août, la nouvelle de la victoire remportée à Lens par le prince Condé. La cour fit chanter un *Te Deum* d'actions de grâces (26 août) à l'occasion de cet événement; bien persuadée de sa force, et se croyant sûre du concours des troupes, elle fit enlever deux membres du Parlement, Broussel et Blancmesnil, qui, dans les dernières discussions, s'étaient signalés par leur opiniâtre lutte contre les prétentions royales. Broussel était un vieillard d'une grande nullité; il aimait à critiquer le pouvoir, et ses beaux cheveux blancs lui avaient concilié les sympathies de la multitude. Il eût été adroit de laisser cet homme en paix et de ne lui donner aucune importance politique; sa vertueuse nullité, aigrie par beaucoup de vanité et plus encore par l'oubli du pouvoir, ne pouvait créer de sérieux embarras, tandis que l'apparence d'une persécution dirigée contre lui paraissait insupportable. L'arrestation du *bonhomme*, ainsi le désignent les Mémoires du temps, fut confiée à Gaston de Comminges, lieutenant des gardes de la reine. Pierre Broussel logeait dans une rue étroite de la Cité; ses fenêtres donnaient sur le port Saint-Landry, toujours peuplé de mariniers. Quand l'ordre d'arrestation lui fut signifié il pâlit et chancela. Alors sa vieille servante ouvrit la fenêtre et appela les passants au secours. Comminges, sans plus tarder, arracha Broussel aux embrassements de sa famille. Les chroniqueurs de la Fronde, qui racontent l'arrestation de Broussel, ajoutent : « On ne lui donna pas le temps de quitter ses pantoufles pour prendre ses souliers, ni même de se revêtir de son manteau; à peine put-il, au moment où on l'enlevoit, adresser ces paroles à ses enfants : « Mes enfants, je n'espère pas de « vous revoir jamais. Je vous donne ma bénédiction. Je

« n'ai pas de bien, mais je vous lègue un peu d'honneur.
« Ayez soin de le conserver... » En même temps d'autres gardes s'étoient portés à la hâte chez MM. le président de Blancmesnil et Charton, et chez MM. Lainé, Loysel et de la Hanne, conseillers, pour les arrêter; mais ces quatre derniers ne se trouvèrent point en leur maison. Cependant un petit laquais qui revenoit de chez M. Broussel, au moment que l'on mettoit son maître dans le carrosse, le suivit en criant : « On enlève M. Broussel! Aux « armes! aux armes, bourgeois! » A ces cris les bourgeois et marchands du quartier de l'île du Palais et des rues voisines, ayant fermé leurs boutiques, sortirent pour courir au secours de M. Broussel ; mais, se trouvant en petit nombre à l'endroit où le carrosse s'étoit rompu et les Suisses du régiment des gardes étant encore en haie, ils ne purent enlever le prisonnier des mains de ceux qui le tenoient. Quelque rapide que fût le trajet de M. Broussel, il avoit été suivi par la populace, dont les cris eurent bientôt excité une rumeur dans tout Paris. M. le maréchal de la Meilleraye, sortant alors du Palais-Royal à la tête de quelques gens d'armes et chevau-légers, s'avança jusqu'au bout du quai des Orfévres, à l'entrée de la rue Neuve-Saint-Louis, où il trouva le peuple qui mettoit en pièces le carrosse de M. de Comminges, le jetant morceau par morceau dans la rivière. Le maréchal, pour apaiser ce désordre, s'avançant de sa personne, commanda à chacun de se retirer; mais pour toute réponse il fut assailli par les fenêtres d'une grêle de pierres dont une l'atteignit à l'épaule, ce qui le mit dans la nécessité de commander aux Suisses de faire une décharge sur les fenêtres, où une femme et deux hommes furent tués. M. le ma-

réchal de L'Hôpital travailloit de son côté, vers le Pont-Neuf, à faire retirer le peuple ; mais il était loin de parvenir à calmer la foule, qui grossissoit de moment en moment, lorsque se présenta M. le coadjuteur de Paris, en habits pontificaux, lequel, s'étant arrêté devant le cheval de bronze, donna la bénédiction au peuple. Mais, comme on lui crioit de toute part que l'on vouloit M. Broussel, le protecteur du peuple, et que lui, coadjuteur, devoit l'aller demander à la reine, le prélat le fit sur l'heure même. »

En rendant compte de sa présence sur le théâtre de l'émeute le cardinal de Retz dit dans ses *Mémoires* : « Je n'eus pas beaucoup de peine à engager le peuple de se retirer, parce que l'heure du souper approchoit, et j'ai observé, à Paris, dans les émotions populaires, que les plus échauffés même ne veulent pas ce qu'ils appellent se *desheurer*. »

Cependant Paul de Gondi s'était rendu auprès de la reine pour lui demander la mise en liberté de Broussel ; mais Anne d'Autriche ne comprenait rien au mouvement ; elle disait avec gravité, ne voulant point admettre le danger, « qu'il y avoit de la révolte à croire qu'on pouvoit se révolter. » Elle ajoutait, en s'emportant comme une bourgeoise, « qu'au lieu de rendre Broussel elle l'étrangleroit plutôt de ses propres mains. » Cependant, intimidée par les remontrances de ceux qui osaient la conseiller, elle promit, pour gagner du temps, d'ordonner le lendemain la mise en liberté des prisonniers, se réservant d'ailleurs de n'en rien faire. Cet engagement ne calma point les inquiétudes du peuple ; de nouvelles collisions éclatèrent entre les insurgés et la troupe ;

13.

la nuit qui suivit fut tout entière consacrée à la construction de barricades. Les Parisiens, habitués à cette guerre de rues, tendirent des chaînes et élevèrent aux principaux carrefours des remparts mobiles, formés de tonneaux pleins de terre. Au point du jour la ville présentait le formidable aspect d'une place de guerre, peuplée d'une armée immense également disposée à attaquer ou à se défendre.

La journée fut chaude et sérieuse; les barricades, rapidement élevées au nombre de douze cents, furent poussées jusqu'à cent pas du Palais-Royal. Les forces militaires placées sous les ordres du maréchal de la Meilleraye résistaient à contre-cœur et cédaient le pied aux bourgeois. Le chancelier Séguier et sa fille, la duchesse de Sully, coururent les plus grands périls; l'hôtel de Luynes, où ils se réfugièrent, fut pillé et dévasté; on se battit aux abords du Pont-Neuf et de la porte de Nesle; quelques pas encore, et on allait voir se réaliser ces inquiétudes prophétiques de la reine d'Angleterre lorsqu'elle disait : « C'est ainsi que l'émeute commença à Londres, et vous savez ce qu'elle est devenue. »

La cour supplia le coadjuteur, le seul de la réunion qui fût populaire, de se rendre auprès de la multitude et de l'apaiser; l'insurrection ne se laissa point désarmer par des promesses suspectes.

Le lendemain, jeudi 27 août, dès cinq heures du matin, les présidents et conseillers du Parlement se rendirent au palais pour délibérer sur l'attitude que les magistrats devaient prendre à la suite de l'arrestation de leurs collègues. Boucherat et Broussel, l'un conseiller aux requêtes, l'autre maître des comptes, et tous deux neveux de Pierre Broussel, portèrent plainte au sujet de l'acte de violence commis envers leur oncle. Les gens du roi furent mandés, et, sur leurs conclusions, le Parlement rendit un arrêt décrétant de prise de corps M. de Comminges et ceux qui comme lui avaient coopéré à l'arrestation des deux magistrats. Plusieurs voix s'élevèrent alors, suppliant le Parlement de se rendre au Palais-Royal pour exiger de la reine le retour de *messieurs les absents*. La majorité fut de cet avis. Le Parlement décida qu'il se rendrait en corps auprès de la régente, et, à cette nouvelle, le mouvement insurrectionnel de la veille prit des développements rapides. En moins de trois heures la ville fut couverte de barricades que plus de cent mille hommes garnissaient et défendaient. La régente fit venir des renforts de troupes et des collisions s'engagèrent. Des coups de fusil, tirés de part et d'autre, tuèrent ou blessèrent un certain nombre d'archers ou de gens du peuple; une escouade de la garde suisse, qui cherchait à prendre position aux abords de la tour de Nesle, fut attaquée et mise en fuite par les bourgeois de la rue Dauphine. Il était temps d'intervenir pour arrêter l'effusion du sang. A dix heures du matin le Parlement sortit du Palais de Justice pour se rendre auprès de la reine.

Cent soixante magistrats, vêtus de leurs robes rouges, ayant leurs huissiers en tête, marchaient deux à deux. Ce cortége passa devant l'horloge du palais, le long d quai, sur le Pont-Neuf, dans la rue de l'Arbre-Sec et dans la rue Saint-Honoré. En ce moment, dit l'un des membres de la cour, « la face de la ville de Paris étoit méconnoissable; tous les hommes, jeunes et vieux, les petits enfants, avoient les armes à la main, criant qu'ils vouloient que M. Broussel fût rendu. » Omer Talon ajoute : « Nous trouvâmes, depuis le palais jusqu'au Palais-Royal, huit barricades faites par les chaînes tendues ès lieux où il y en doit avoir, par des poutres mises en travers, par des tonneaux remplis de pavés, ou de terre, ou de moellons; outre plus, toutes les avenues des rues traversantes étoient aussi barricadées, et à chaque barricade un corps de garde composé de vingt-cinq ou trente hommes armés de toutes sortes d'armes, tous les bourgeois disant qu'ils étoient au service du Parlement (1). » Le coadjuteur Paul de Gondi, qui, de son côté, parcourait les rues voisines du Palais-Royal, complète ces détails par des souvenirs non moins curieux. « Le mouvement, dit-il, fut comme un incendie subit et violent qui se prit du Pont-Neuf à toute la ville. Tout le monde sans exception prit les armes. L'on voyoit les enfants de cinq à six ans le poignard à la main; on voyoit les mères qui les leur apportoient elles-mêmes. Il y eut dans Paris (aux abords du Pont-Neuf) plus de deux cents barricades en moins de deux heures, bordées de drapeaux et de toutes les armes que la Ligue avoit laissées entières..... Dans la rue Neuve-Notre-Dame je vis entre autres une lance traînée plutôt que portée par un petit garçon de huit ans, qui étoit assurément de l'ancienne guerre des Anglois. J'y vis encore quelque chose de plus étrange. M. de Brissac me fit remarquer un hausse-col sur lequel la figure du Jacobin qui tua

---

(1) *Mémoires d'Omer Talon*, t. II.

Henri III étoit gravée; il étoit de vermeil doré, avec cette inscription : *Saint Jacques Clément !* Je fis une réprimande à l'officier qui le portoit, et je fis rompre le hausse-col publiquement à coups de marteau sur l'enclume d'un maréchal. Tout le monde cria : *Vive le roi !* mais l'écho répondoit : *Point de Mazarin* (1) ! »

Le cardinal Mazarin, en dépit de la reine-mère, qui ne voulait rien céder, s'engagea à rendre les prisonniers, pourvu que le Parlement cessât de tenir ses assemblées. On promit d'en délibérer, et l'on sortit pour retourner au Palais de Justice.

Un morne silence accueillit les magistrats qu'on avait tout à l'heure salués avec tant d'enthousiasme; vers la troisième barricade, le peuple, qui n'apprenait rien de la mise en liberté de Broussel, éclata en murmures et en menaces. Un garçon rôtisseur, qui commandait deux cents insurgés, tourna sa hallebarde contre le premier président et lui dit : « Tourne, traître; si tu ne veux être massacré toi-même, remène-nous Broussel ou le Mazarin. » D'autres crièrent : « Va dire à la régente que, si dans une heure nous n'avons pas M. Broussel, cent mille métiers iront le requérir d'autre manière, et que le Mazarin passera un mauvais quart d'heure. »

Ces paroles s'adressaient à Matthieu Molé; elles n'ébranlèrent pas son courage; mais cinq présidents à mortier et plus de vingt conseillers se jetèrent dans la foule pour s'échapper. Le premier président réussit enfin à ral-

---

(1) *Mémoires du cardinal de Retz.*

quelques membres de la compagnie, et, conservant encore la dignité de la magistrature, revint à leur tête au Palais-Royal, au milieu des imprécations et des menaces du peuple. Tandis qu'ils essayaient d'obtenir de la reine la liberté des prisonniers, le jeune roi se livrait dans la cour aux jeux de son âge, ce qui fit dire au président de Mesmes : « Pendant que cet enfant joue là-bas il perd une couronne!... » Cette sinistre prophétie et les instances de la reine d'Angleterre, épouse de Charles Ier, déterminèrent enfin Anne d'Autriche et le conseil à donner satisfaction au Parlement et à la multitude. Dès que le peuple eut ainsi conquis la liberté de Broussel, il s'empressa de poser les armes et de porter en triomphe son idole le long des rues pacifiées et à travers les barricades détruites. Pour lui il était à la portière du carrosse, pleurant à chaudes larmes, tandis que chacun se précipitait à sa rencontre, heureux de pouvoir l'embrasser ou seulement de pouvoir toucher sa main.

Les archives de l'hôtel de ville ont conservé la trace pâle et décolorée de cette insurrection populaire. « Le jeudi 27 août, les quarteniers vinrent rendre raison de ce qu'ils avoient voulu faire pour l'exécution des mandements, lesquels ordonnoient d'ôter les chaînes ; à quoi le peuple avoit vivement résisté ; il n'avoit voulu laisser abattre les chaînes, ni ouvrir les boutiques. M. le président Aubry, plaise vous trouver et venir présentement à l'hôtel de cette ville pour ayiser à ce qu'il est à propos de faire sur l'état présent des affaires, vous priant n'y vouloir faillir. Et se trouvèrent en l'hôtel de ville MM. d'Estampes, de Lamoignon, Miron, Scarron, de Vauve et de Montauron, colonels de ladite ville. Le prévôt des marchands dit qu'il les avoit fait appeler pour savoir de leurs bouches ce qui s'étoit passé en leurs colonelles depuis vingt-quatre heures. Là-dessus un de ces MM. les colonels, qui s'étoit trouvé jusqu'à deux heures au Palais-Royal, leur fit un ample récit de tout ce qui s'étoit passé.

« Après cette relation ouïe, il a été résolu par M. le prévôt des marchands que MM. les colonels se promèneroient avec leurs capitaines dans l'étendue de leur colonelle, pour empêcher les désordres et inviter les marchands à ouvrir leurs boutiques. Sur cette résolution, chacun s'étant retiré, Messieurs de la Ville, vers les cinq heures du soir, tous à cheval, ayant vingt archers devant et derrière eux, avec quatre de leurs sergents, furent par la rue de la Vannerie jusqu'au *grand Châtelet*, de la Tour au long de la rue *Saint-Denis*, entrèrent dans la rue de *la Ferronnerie*, revinrent par celle *Aubry-Boucher*, descendirent par la rue Neuve-Saint-Médéric en celle de *Sainte-Croix* et par la rue *Bourtibourg*, passèrent au travers du cimetière *Saint-Jean*, furent à la rue *Saint-Antoine*, revinrent par la rue *Geoffroy-l'Asnier*, par-dessus les quais de la ville, en l'hôtel de ville. Pendant laquelle course ils firent le possible d'ôter au peuple tous les ombrages qu'on lui avoit mis dans l'esprit et dont il s'expliquoit volontiers avec beaucoup de chaleur ; l'émotion fut néanmoins un peu ralentie en quelques endroits.

« Or, de par le prévôt des marchands et échevins, etc., Monsieur le Colonel, vous donnerez avis aux officiers et bourgeois de votre colonelle que toutes choses sont pacifiées, ainsi que nous avons appris de la bouche de la reine. C'est pourquoi il n'est plus nécessaire de tenir personne sous les armes, ni de continuer les corps de garde, que nous vous prions de faire lever (1). »

Ajoutons qu'une effervescence populaire aussi vive, aussi générale, ne disparut point comme par enchantement, et qu'il s'y mêla, comme toujours, les passions brutales de ceux qui spéculent sur le désordre matériel.

Il est certain, d'ailleurs, que la victoire des bourgeois et des faubourgs ne mit pas fin à toutes les inquiétudes de ceux qui redoutaient une revanche de la cour et du cardinal. Pendant la nuit qui suivit la journée des barricades le peuple monta la garde dans les carrefours; il y eut plusieurs alertes; de nouveaux attroupements séditieux se formèrent, en dépit des efforts des échevins, du prévôt des marchands et des chefs de la bourgeoisie, qui siégeaient à l'hôtel de ville. On répandait dans la foule le bruit que des troupes allaient cerner Paris; il fallut beaucoup de peine à l'autorité pour calmer les esprits et dissiper les craintes.

Les deux partis en étaient venus à s'observer, attendant chacun un prétexte; seulement le cardinal avait profité de ces moments de répit pour emmener le jeune roi hors de Paris (13 septembre). La reine régente, retirée à Saint-Germain, avait repris courage; justement indignée des insolences que la populace se permettait librement à son égard et des termes de mépris dont certaines gens de bas étage l'aspostrophaient dans les rues de Paris, elle méditait les moyens de faire rentrer dans l'ordre ces brouillons et ces factieux (ainsi les nommait-elle), qui osaient s'en prendre à la majesté du trône. Les

(1) *Registre de l'hôtel de ville*, cote n° XXXII, aux archives de l'Empire.

conseils de Mazarin la déterminèrent à exiler Châteauneuf et à envoyer Chavigny à Vincennes ; c'étaient deux Frondeurs accrédités dans le parti. Ce coup d'autorité ranima le feu qui couvait sous la cendre ; le Parlement s'en émut, les principaux rebelles s'agitèrent ; le coadjuteur, qui depuis six mois n'avait rien épargné pour capter la faveur du peuple, fit ouvrir au Parlement, par le président Viole, ami de Chavigny, l'avis de renouveler l'arrêt donné contre le maréchal d'Ancre en 1617, et qui défendait aux étrangers de s'immiscer dans le gouvernement de l'État. C'était briser judiciairement le pouvoir aux mains de Mazarin, Italien d'origine ; cette résolution hardie trouva des approbateurs.

La cour, intimidée par l'attitude du Parlement et du peuple, se résigna à diverses concessions. Une paix imposée au gouvernement par la résistance des magistrats et les menaces de la bourgeoisie ne pouvait être de longue durée ; l'exaspération des esprits était trop grande pour que les partis pussent se rapprocher. Dès les premiers jours les troubles recommencèrent. L'assemblée des chambres étant sans cesse différée, les magistrats prirent le parti de se réunir eux-mêmes. La reine leur envoya aussitôt les princes et les pairs ; mais Gaston, toujours flottant entre les deux partis, était un parlementaire dérisoire, et la brutalité de Condé augmenta le désordre. Il s'oublia, dit-on, jusqu'à menacer un conseiller aux enquêtes, nommé Quatresous, dont les clameurs l'importunaient, et fut obligé de faire une sorte d'amende honorable. Les huées l'accompagnèrent lorsqu'il sortit, la rage dans le cœur et jurant de ne plus s'exposer à de semblables avanies. « Il ne vouloit pas, disait-il, de prince qu'il étoit, devenir bourgmestre de Paris. » Gondi profita de ces circonstances ; il attacha à son parti une foule de gentilshommes inquiets et ambitieux, qui se jetaient de gaieté de cœur dans une querelle dont on ne pouvait prévoir l'issue ; il excitait en même temps les passions populaires contre Mazarin et la reine régente. Un homme célèbre alors, le chansonnier Carpentier de Marigni, inonda Paris de ses piquants *vaudevilles*, dans lesquels Anne d'Autriche elle-même était calomniée et tournée en ridicule ; le Parisien ne désignait cette princesse que par le sobriquet de *Dame Anne*. Un tel état de choses ne pouvait durer plus longtemps. Le 6 janvier, à quatre heures du matin, le jeune roi et sa mère sortirent du Palais-Royal et se retirèrent à Saint-Germain, accompagnés du duc d'Anjou, du duc d'Orléans, des princes de Condé, de Conti, du duc d'Enghien, du cardinal Mazarin, du maréchal de Villeroi et de Villequier, capitaine des gardes. Le chancelier, les secrétaires d'État et les autres ministres partirent de Paris deux heures après.

La nouvelle du départ de la cour plongea Paris dans la consternation ; mais Gondi et ses partisans ranimèrent le courage des factieux. On prit les armes ; on s'empara des portes ; toutes les issues furent fermées à ceux qui voulaient gagner Saint-Germain ; on pilla leurs bagages, on maltraita leurs gens, et ces excès furent, pour ainsi dire, autorisés par le Parlement. La compagnie s'était réunie dès neuf heures du matin à la grand'chambre, et lecture y avait été faite des lettres du roi, de la reine, du duc d'Orléans et du prince de Condé. Deux partis s'agitaient dans les rangs de cette assemblée, l'un qui voulait se soumettre, l'autre qui poussait à la résistance. Ce dernier l'emporta et fit rendre un arrêt par lequel il fut ordonné que les bourgeois prendraient les armes, que l'on garderait les portes de la ville, et qu'enfin le prévôt des marchands et le lieutenant civil pourvoiraient au passage des vivres. Une disposition de cet arrêt enjoignait à tous les gouverneurs, capitaines, maires, échevins, baillis et sénéchaux, et à leurs lieutenants, des villes, bourgs, bourgades, ponts et passages à vingt lieues à la ronde de Paris, de laisser passer librement les denrées et objets d'approvisionnement destinés à la ville, et de se refuser à recevoir garnison ou gens de guerre. C'était se préparer aux éventualités du blocus.

Le gouvernement de la régente, pour toute réponse, adressa au Parlement une lettre de cachet qui lui prescrivait de se transporter à Montargis et d'y attendre les ordres du roi. Ce coup de vigueur consterna la compagnie, qui, malgré les avis de Broussel et de quelques autres, se borna à rendre un arrêt par lequel elle assurait la reine de son obéissance et la suppliait de lui permettre de se justifier. Deux autres lettres de cachet intimaient à la chambre des comptes et au grand conseil de se rendre, l'une à Orléans, l'autre à Mantes. La chambre des comptes adressa à la cour d'humbles remontrances; les membres du grand conseil se soumirent, mais l'hôtel de ville leur refusa des passeports, et ils ne purent partir.

Cependant l'agitation croissait dans Paris; les échevins et les gens du roi se voyaient déjà débordés; le coadjuteur soufflait partout l'esprit d'émeute, tout en affectant vis-à-vis de la régente de faux semblants de fidélité. A la faveur de l'émotion populaire toujours croissante les quarteniers firent prendre les armes et demandèrent à assumer sur eux la garde de Paris; le conseil de ville, quoique moins impatient, se vit forcé de suivre de loin cette impulsion, et de commettre le commandement des diverses portes de Paris à des officiers dignes de la confiance des Frondeurs. Soudain on apprit que la reine, conseillée par Mazarin, avait refusé d'entendre une députation du Parlement qui s'était rendue à Saint-Germain pour obtenir des conditions plus douces; cet acte d'autorité, empreint d'une dignité mesquine, tourna contre ses auteurs; le Parlement, la veille encore disposé à se soumettre, se réfugia tristement dans la rébellion; il rendit alors contre Mazarin l'arrêt célèbre qui le déclarait perturbateur du repos public et lui enjoignait de se retirer de la cour dans la journée (9 janvier), et de sortir du royaume dans la huitaine, faute de quoi il était ordonné à tous les sujets du roi de lui courir sus, sans qu'il fût permis à personne de le recevoir. Le même arrêt prescrivait une levée de troupes destinée à assurer la défense de la capitale et l'exécution des volontés de justice. C'était décréter la guerre.

Le Parlement avait affaire à forte partie, mais, appuyé d'un côté sur la bourgeoisie et la multitude, il avait de l'autre, dans les rangs de la noblesse et jusque parmi les princes du sang, des adhérents dont l'appui venait encore le fortifier. Le prince de Conti, frère de Condé, aussi jaloux de son aîné qu'incapable de l'égaler, vint, l'un des premiers, offrir ses services à la Fronde; le duc de Longueville, beau-frère de ces deux princes, se laissa faire, par les conseils de sa femme, l'un des chefs de la révolte. A leur exemple le duc d'Elbeuf, le duc de Bouillon, le vicomte de Turenne, le duc de Nemours, le prince de Vendôme et le duc de Beaufort s'étaient associés à l'insurrection et avaient accepté des commandements militaires dans l'armée du Parlement.

Avant de porter les premiers coups la bourgeoisie parisienne fit faire auprès du gouvernement une tentative de conciliation qui demeura infructueuse. Alors l'assemblée générale des magistrats municipaux réunie à l'hôtel de ville autorisa le prévôt des marchands et le premier échevin, Fournier, à donner des commissions « pour lever quatre mille chevaux et dix mille hommes de pied. » Le corps de ville donna aussi des ordres pour la réparation immédiate de toutes les brèches des murailles (1). Il protesta en même temps de son attachement à la cause du

(1) « Il y eut mandement pour que l'on eût à arrêter aux portes toutes voitures, tous chevaux et leurs cavaliers non munis de passe-ports. Il fut ordonné en outre aux quarteniers de faire une revue dans l'étendue de leur colonelle pour savoir de quelles personnes on pouvoit faire état pour le service du Roi et de la Ville, et quels sont ceux qui demeurent en chambres louées et cabarets publics, et le sujet qu'ils ont d'y demeurer; ils devoient en envoyer un état au bureau de la Grève au plus tôt. Il fut enjoint en outre aux habitants du faubourg Saint-Germain des Prés de travailler aux fortifications de ce côté des murailles, aux maîtres des œuvres de la ville de faire réparer les brèches, murer les portes de Saint-Louis, de la Conférence, de Sainte-Anne, de Saint-Roch, du Temple, de Richelieu, de Nesle et de Saint-Marcel. Un autre ordre fut adressé à M. Tallemon, colonel destiné à la garde de la porte de la Conférence, et à sire Julien Gervais, quartenier, de faire incessamment rompre le pont de ladite porte de la Conférence, à peine de répondre, en leurs propres et privés noms, des inconvénients qui en pourroient arriver cette nuit. Autre à M. de Tillevault, lieutenant-colonel, de faire mettre ce soir cinq cents hommes de guerre à la porte Saint-Antoine, et d'autant qu'on disoit tout haut qu'il se devoit faire un grand effort cette nuit et qu'il étoit constant que les ennemis avoient dessein de brûler les moulins et les faubourgs. » (V. *Registres de l'hôtel de ville.*)

Parlement, malgré une nouvelle lettre du roi qui lui ordonnait de ne plus reconnaître son autorité et de le contraindre à se transporter à Montargis. Loin de pouvoir donner cette satisfaction à la cour, Le Féron, prévôt des marchands, courut le danger d'être massacré par le peuple sur le soupçon de n'être pas sincèrement dévoué aux intérêts des magistrats.

La guerre une fois acceptée, il fallait la soutenir. Chacun se taxa pour lever des troupes. Les magistrats donnèrent l'exemple. La grand'chambre, les enquêtes, les requêtes, la chambre des comptes, la cour des aides, après avoir tant crié contre les faibles impôts nécessaires à l'État, fournirent une somme dix fois plus forte pour le service de la Fronde. Le peuple est ainsi ; il ne mesure pas le murmure au sacrifice, mais le sacrifice aux sympathies. Les corporations et les maîtrises levèrent un régiment à leurs frais ; vingt conseillers nouveaux, institués par Richelieu, et que le Parlement ne subissait qu'à regret, les accablant de dédains et de déboires, donnèrent quinze mille livres par tête pour racheter leur nomination aux yeux de la compagnie. Enfin le coadjuteur arma un régiment à ses frais.

Il est juste de dire que l'esprit français ne perdit pas ses droits ; dans notre pays on se bat, on tue, on meurt, mais surtout on cherche à mettre de son côté le bon goût et la grâce. Au temps dont nous parlons la gaieté ne connaissait encore ni frein ni limites. On chansonnait l'ennemi, on décochait contre lui autant d'épigrammes que de balles, et, quand les ridicules de Mazarin ne fournissaient plus à la plaisanterie que des textes vieillis, on s'en prenait à ses propres amis, aux chefs eux-mêmes de la

Fronde. Ainsi le régiment du coadjuteur était dérisoirement nommé *le régiment de Corinthe*, parce que ce prélat était archevêque titulaire de cette ville ; cette troupe ayant, dès le début, été mise en fuite, on appela cet échec *la première aux Corinthiens*. Les vingt conseillers qui avaient chacun fourni quinze mille livres furent désignés à la ville sous le nom de *Quinze-Vingts*. Le duc de Beaufort, en langage populacier, porta le surnom de *Roi des halles*.

Le Parlement, ayant égard à la haute naissance du prince de Conti, lui déféra le commandement suprême de l'armée. Les ducs d'Elbeuf et de Bouillon et le maréchal de la Mothe furent placés sous ses ordres, avec pouvoir de commander à tour de rôle pendant vingt-quatre heures. Le duc de Longueville se rendit dans son gouvernement de Normandie pour y tenir tête aux forces royales. Sur les drapeaux de l'armée de la Fronde le Parlement fit inscrire ces mots : *Quærimus regem nostrum* (Nous cherchons notre roi)! formule respectueuse et qui tendait à attribuer à l'insurrection les caractères de la fidélité monarchique. En cet état des choses, les forces du gouvernement cantonnées autour de Paris ayant manœuvré pour intercepter les approvisionnements de la capitale, le Parlement ordonna d'agir par la force pour assurer les subsistances du peuple, et les hostilités commencèrent.

Le duc d'Elbeuf assiégea la Bastille. Cette forteresse, à peine gardée par une poignée de soldats laissés sans pain et sans munitions, se rendit après un simulacre de résistance (13 janvier). Le gouvernement de la forteresse fut confié, au moins de nom, à Pierre Broussel, l'idole du peuple, et exercé en son nom par le sieur La Louvières, fils de ce conseiller. Le même jour les milices bourgeoises, aux ordres de Noirmoutiers, repoussèrent hors des faubourgs cinq cents hommes de l'armée royale qui avaient osé s'y introduire. Quant au Parlement, il remporta aussi sa petite victoire en décrétant, par un arrêt, la saisie immédiate des biens meubles et immeubles appartenant à Mazarin, aussi bien que le revenu de ses bénéfices. En revanche le prince de Condé enleva, presque sans coup férir, Saint-Cloud, Saint-Denis, Lagny et Corbeil. Peu de jours après, à Charenton, il rencontra une vigoureuse résistance; à la fin il emporta la position. Pour tenir tête au prince et retarder les progrès des troupes royales les compagnies bourgeoises, aux ordres du duc d'Elbeuf, se déployèrent vers Picpus et du côté de la Marne; mais, de part et d'autre, on évita d'engager une collision dont l'issue semblait douteuse. Une gaieté folle animait les deux partis : Marigny, Blot, le médecin Gui-Patin, Scarron, Mézerai, jeune alors, inondaient Paris de chansons, de ballades, de pamphlets, où ils déchiraient et plaisantaient tout le monde, royalistes et parlementaires. Condé, d'un autre côté, si dédaigneux et si railleur, réjouissait la cour des sarcasmes amers qu'il lançait sur ses valeureux adversaires.

Cependant le peuple de Paris n'était plus, comme aux jours de la Ligue, soutenu par des convictions généreuses; la bourgeoisie se lassait de souffrir et s'en prenait à Messieurs du Parlement. Quand le soir arrivait, quand les colonnes de volontaires envoyées en reconnaissance au dehors de la ville rentraient dans leurs foyers, souvent battues, toujours découragées et chansonnées, elles se demandaient si ces luttes sans issue n'auraient pas un terme, et si la paix ne renverrait pas bientôt les citadins à leurs loisirs et à leurs affaires domestiques. Ces symptômes d'accommodements mécontentaient la faction parlementaire, qui, poussée par Broussel et Grandménil, rêvait peut-être une révolution au bout d'une résistance; mais surtout ils inquiétaient ceux des princes et des seigneurs dont la Fronde servait les intérêts et les vanités. Ces derniers, alors, n'épargnaient rien pour donner des gages au peuple; tantôt c'était Mme de Longueville, la sœur du Grand Condé, qui, avec sa fille, venait à titre d'otage prendre logement à l'hôtel de ville de Paris, et tantôt messieurs les échevins obtenaient l'honneur de tenir sur les fonts baptismaux, au nom de la cité, le prince que Mme de Longueville mettait au monde. Ces jours-là l'enthousiasme se ranimait : les dames de la halle pleuraient de joie; les forts et les harengères couvraient de fleurs le perron qui s'avance sur la Grève, et les orateurs du Parlement comparaient la princesse à la mère des Gracques. Le lendemain les illusions s'effaçaient, et l'on se trouvait en présence de la cherté du pain, de la crise du commerce et des rudes coups de hallebarde.

Un traité fut conclu à Rueil, le 11 mars 1649, qui remit les choses comme elles étaient avant la fuite du roi et ne satisfit aucun des deux partis. La régente conserva son ministre et le Parlement son autorité. Ce fut d'ailleurs cette compagnie, d'accord en cela avec la bourgeoisie, qui fit les premières avances. Les seigneurs et les princes du sang, qui avaient embrassé la cause de la Fronde dans l'intérêt de leurs vanités ou de leurs rancunes, se plaignirent d'avoir été oubliés dans le traité de Rueil; on eut égard à leurs réclamations, et, par des articles additionnels signés à Saint-Germain, chacun de ces mécontents stipula le prix de son retour à l'obéissance. Il y eut d'ailleurs une amnistie générale.

Ainsi se termina la première guerre civile qui troubla la régence d'Anne d'Autriche. Mais l'inquiétude des esprits, l'audace de quelques ambitieux et la haine générale contre Mazarin rendaient la paix fort précaire. Le coadjuteur et tous les mécontents s'honorèrent plus que jamais du titre de *Frondeurs*, et portèrent, en signe de ralliement, à leurs chapeaux, des cordons en forme de fronde. Le peuple, de son côté, était plus que jamais turbulent. La Tournelle ayant condamné à mort deux libellistes, la populace les enleva de l'échafaud, parce qu'ils s'écrièrent qu'ils étaient exécutés pour avoir lu des vers contre Mazarin. La régente, qui avait emmené le roi sur les frontières de la Flandre, vit qu'il était nécessaire d'imposer aux factieux par son retour à Paris. L'entrée du roi eut lieu le 18 août. Quoiqu'il eût ordonné de ne faire aucuns préparatifs, il ne put empêcher les Parisiens de le recevoir en grande pompe. « Les bateliers du port de Saint-Paul, des Tournelles et du guichet du Louvre, au nombre de trois cents, se rendirent au village du Bourget, à trois lieues de Paris, où ils attendirent la cour; ils avoient des hauts-de-chausses chamarrés d'argent, des pourpoints blancs, des baudriers brodés, l'épée au côté, des plumes et des rubans sur leurs chapeaux; ils tenoient à la main, les uns des lances et les autres des avirons couverts de fleurs de lis d'or. Le roi regarda avec plaisir cette nouvelle milice qui défila devant lui, ayant en tête leurs capitaines et douze tambours, et il voulut la revoir après le dîner. La cour trouva à la *Croix penchée*, entre Saint-Denis et

Paris, M. de Montbazon, gouverneur, à la tête de trois cents archers de la ville, qui lui présenta le prévôt des marchands et les échevins. Après la harangue des magistrats municipaux le cortége se remit en route, précédé de sept à huit cents gentilshommes et d'un plus grand nombre de bourgeois, tous à cheval. Puis marchoit la maison du roi. Le carrosse de la reine, dans lequel se trouvoient Anne d'Autriche, le roi, son frère le duc d'Anjou, le prince de Condé et le cardinal Mazarin, étoit accompagné du duc de Montbazon et du prévôt des marchands, qui se tenoient à chaque portière. Le carrosse du roi étoit suivi de plus de trois mille autres carrosses et de plus de huit mille hommes bien montés, qui étoient sortis de Paris au-devant de la cour. Toute la soirée se passa en divertissements, et de nombreuses illuminations éclairèrent la ville jusqu'au jour (1). »

« Ce fut, dit Mme de Motteville, un véritable prodige que l'entrée du roi en ce jour et une grande victoire pour le ministre. Jamais la foule ne fut si grande à suivre le carrosse du roi, et il sembloit, par cette allégresse publique, que le passé fût un songe. Le Mazarin, si haï, étoit à la portière avec monsieur le Prince et fut regardé attentivement de tous ceux qui suivoient le roi. Ils se disoient les uns aux autres, comme s'ils ne l'eussent jamais vu : Voilà le Mazarin ! Les uns disoient qu'il étoit beau, les autres lui tendoient la main et l'assuroient qu'ils l'aimoient bien ; d'autres disoient qu'ils alloient boire à sa santé, qu'il étoit bon homme, et qu'ils s'étoient trompés quand ils avoient tant crié contre lui (2). »

(1) Félibien, t. II, p. 1412.
(2) *Mémoires* de madame de Motteville.

Les procès-verbaux de l'hôtel de ville et les journaux du temps ont également conservé le souvenir de cette cérémonie imposante.

« Le roi, étant parti de la ville de Compiègne le 17 août, vint coucher le même jour en celle de Senlis, où le sieur de Saint-Simon, gouverneur de la place, rendit les honneurs dus à Leurs Majestés. Elles en partirent le 18 pour venir dîner au Bourget, à l'entrée duquel les bateliers du port Saint-Paul, des Tournelles, du Guichet et autre avenues de Paris, se présentèrent au nombre de trois cents, ayant des hauts-de-chausses d'écarlate et autres couleurs chamarrées d'argent, des pourpoints blancs, des baudriers en broderies et l'épée au côté, avec quantité de plumes sur leurs chapeaux, et tenant les uns des lances peintes, les autres des avirons couverts de fleurs de lis. Leurs Majestés partirent de ce lieu-là sur les trois heures et demie de relevée du même jour, dans le carrosse du corps de la reine, et, passant entre Saint-Denis et Aubervilliers, vinrent gagner le grand chemin qui conduit de Saint-Denis à Paris. Et à une lieue d'ici trouvèrent les trois cents archers de la ville en trois compagnies à cheval, leurs trompettes en tête, leurs guidons et enseignes portés par leurs officiers très-bien montés, et tous avec leur casaque de velours bleu, ornée des armes du roi et de la ville en broderies d'or et d'argent; lesquels avoient été détachés du corps de la ville, qui, s'étant assemblé à une heure de relevée en l'hôtel d'icelle, en étoit parti pour prendre le duc de Montbazon, gouverneur de Paris, en cet ordre. Il étoit précédé de ces compagnies de trois cents archers à cheval, après lesquels marchoit le sieur Le Fèvre, maître d'hôtel de la ville, très-lestement vêtu et monté sur un cheval d'Espagne richement caparaçonné et paré d'une infinité de rubans ; puis les douze huissiers de la ville, pareillement à cheval et en housse, avec leurs robes de drap. Les conseillers de ville alloient après eux en même équipage et deux à deux, comme faisoient les quarteniers, cinquanteniers et dizainiers, et près de cinq cents bourgeois, tous à cheval, en habits noirs. Le roi fit arrêter son carrosse, et le corps de ville, s'étant approché de la portière, lui fut présenté par le duc de Montbazon. Puis le prévôt des marchands fit à Leurs Majestés les compliments de la ville. Cette harangue finie, on continua la marche jusques au Palais-Royal. Toutes les rues servant au passage étoient ornées des plus superbes tapisseries, et si fourmillantes de peuple que l'on eût dit que Paris étoit venu fondre en ces endroits. Passant sous la porte Saint-Denis, parée dedans et dehors, Leurs Majestés y furent saluées de notables volées de canon et de boîtes qu'on avoit plusieurs fois déchargées dès le matin ; ce qui fut redoublé et continué pendant le jeu d'un beau feu d'artifice qui avoit été dressé et fut allumé ce soir-là en la place de l'hôtel de ville, au tintamarre duquel plusieurs autres servirent d'écho (1). »

Le surintendant des finances, Émeri, fut rappelé à Paris ; il fit précéder son retour de quelques largesses qui lui concilièrent la populace. Moins jaloux sans doute de la faveur de la bourgeoisie, ou pressé par les dettes de l'État, il se contenta de faire payer un terme des rentes, et appliqua ensuite le revenu des gabelles à des dépenses

(1) *L'arrivée de Leurs Majestés, et la cordiale réception qui leur a été faite en cette ville de Paris.* (Août 1649.)

jugées plus nécessaires. Plusieurs arrêts du Parlement l'avaient destiné au payement des rentes sur l'hôtel de ville. Alors les rentiers se plaignirent au prévôt des marchands et aux échevins. Ceux-ci, par égard pour la cour, ne les écoutèrent qu'avec indifférence; mais les Frondeurs, ennuyés d'être réduits à se croiser les bras, se saisirent de cette affaire comme d'une excellente occasion pour troubler la tranquillité publique, et proposèrent aux rentiers d'élire parmi eux douze syndics chargés de veiller à leurs intérêts. En conséquence les rentiers, assemblés au nombre de plus de trois mille, suivant le cardinal de Retz, tous bons bourgeois et vêtus de noir, nommèrent pour syndics ceux qui leur parurent les plus capables de défendre les droits de tous, et entre autres Charton, président aux requêtes, et [Guy Joly, conseiller au Châtelet, créature du coadjuteur.

Les syndics, la plupart déterminés Frondeurs, s'adressèrent au Parlement, qui venait de faire sa rentrée, et demandèrent une assemblée de toutes les chambres. Dirigée par le premier président, la grand'chambre cassa l'élection des syndics, comme faite sans aucun droit de la part d'é-ecteurs ne formant pas un corps reconnu dans l'État et ne pouvant se donner des chefs. Ceux des enquêtes, satisfaits de trouver l'occasion de s'agiter, embrassèrent la cause des rentiers. Ceux-ci, assurés de la protection du duc de Beaufort et du coadjuteur, auxquels ils avaient envoyé une députation, se réunirent fréquemment à l'hôtel de ville, malgré l'arrêt de la grand'chambre.

Les princes du sang furent encore moins fidèles au roi que ne l'étaient les magistrats et les bourgeois de Paris; ils reprirent le cours de leurs intrigues contre la reine-mère et le ministre. Pour déjouer ces menées Anne d'Autriche et Mazarin mirent à profit des circonstances favorables; on entama des négociations secrètes avec le coadjuteur, auquel on fit espérer le chapeau de cardinal; puis, le 18 janvier 1650, comme les princes de Condé, de Conti et de Longueville s'étaient rendus au Palais-Royal pour assister au conseil, ils furent tous trois arrêtés et conduits sous escorte au château de Vincennes. On avait pris des précautions contre le peuple; mais le peuple, au lieu de délivrer les prisonniers, alluma des feux de joie.

Pendant que les citadins de Paris voyaient avec plaisir humilier l'ennemi de la Fronde, le parti des princes et les derniers chefs de la féodalité sentaient bien que c'en était fait pour toujours de leurs prétentions si le ministre pouvait impunément atteindre de si hautes têtes. La noblesse de province, les possesseurs de fiefs et de villes éprouvèrent en même temps le besoin de se liguer et de faire une dernière tentative contre le système monarchique imaginé par Richelieu et continué par Mazarin. En peu de mois la Fronde réorganisa les cadres de son armée et la ville de Paris se trouva de nouveau entraînée dans la révolte; la cendre des feux de joie allumés pour célébrer l'arrestation de Condé fumait encore que déjà les bourgeois se rappelaient avec remords que ce prince avait naguère sauvé la France; mille pamphlets répandus dans Paris représentaient Condé comme victime de son amour pour le peuple et de l'ambition du ministre détesté. Cette ligue, d'abord sourde et inaperçue, devint en un moment si formidable que Mazarin, tout vainqueur qu'il était des révoltés de Normandie et de Guienne, ne se crut point assez fort pour tenir tête. Le 6 février 1651, à huit heures du soir, le ministre quitta furtivement Paris et chercha un refuge à Saint-Germain; le 13, apprenant que Condé et les princes, qui, pour plus de sûreté, avaient été transférés au Havre, devaient être prochainement rendus à la liberté, il se rendit dans cette ville et ouvrit lui-même aux détenus les portes de leur prison : réparation tardive qui ne désarma pas la colère du prince de Condé, et bientôt après Mazarin se vit réduit à chercher un asile hors du royaume.

Mazarin exilé, le Parlement tint un moment la cour sous le joug et rendit des arrêts favorables aux princes rebelles et au parti des Frondeurs. On fit déclarer le roi majeur, mais la situation n'en devint pas meilleure pour le gouvernement.

La guerre civile avait recommencé dans les provinces. Condé, qui commandait l'armée des rebelles, s'était allié aux Espagnols; Turenne, revenu au sentiment du devoir, commandait l'armée royale. Il n'entre pas, d'ailleurs, dans le cadre qui nous est assigné, de raconter les événements de cette guerre civile lorsque la ville de Paris ne s'y trouva point associée.

Après un grand nombre d'escarmouches et d'engagements, qui augmentèrent la renommée militaire de Condé sans amener aucun résultat, le prince prit le parti d'entrer à Paris. Il n'y fut reçu que très-froidement, si ce n'est par le peuple, qui l'accompagna jusqu'à son hôtel au milieu des cris de joie. Le Parlement lui refusa l'autorisation qu'il demandait de lever des troupes. Une assemblée de l'hôtel de ville, où il espérait dominer, ne lui fut guère plus favorable, et, sur l'invitation qu'il lui fit d'écrire aux principales villes du royaume pour former une *union* avec la capitale, il fut seulement arrêté qu'il serait fait une députation au roi pour le supplier de renvoyer Mazarin et de donner la paix à son peuple. La partie turbulente du peuple était pour Condé, mais la plupart des colonels de quartiers suivaient le parti de la cour; il y eut même, dit-on, un projet formé par Guénégaud, trésorier de l'épargne, pour livrer la porte du Temple à l'armée royale. L'éloignement des honnêtes gens, fatigués de la guerre civile, les intrigues de Mazarin, le manque de ressources, les excès populaires, tout contribuait à augmenter les embarras de Condé. Il tâchait de s'assurer Paris par tous les moyens imaginables. Le peuple, qui souffrait beaucoup, demanda la procession de la châsse de Sainte-Geneviève; elle fut ordonnée aussitôt par le Parlement. Le même jour on délibéra sur la manière de se procurer les 50,000 écus promis à celui qui apporterait la tête de Mazarin, ce qui fit dire au conseiller Leclerc de Courcelles : « Nous sommes aujourd'hui en dévotion de fête double : nous ordonnons des processions et nous travaillons à faire assassiner un cardinal. » La solennité eut lieu avec le plus grand recueillement, et Condé y montra une dévotion qui parut bien théâtrale aux gens de bonne foi (16 juin 1652).

Les deux armées ravageaient les campagnes sans qu'on pût prévoir l'issue de cette fatale querelle. Condé, à la tête des Parisiens, s'était emparé de Saint-Denis; mais cette ville fut reprise le lendemain par les troupes du roi. Le prince de Condé avait rassemblé le gros de son armée à Saint-Cloud, étendant son camp jusqu'à celui de Turenne, tandis que Turenne était venu occuper

Chevrette, à une lieu de Saint-Denis, de manière que la rivière seule séparait les deux armées. Avec des forces très-supérieures à celles de Condé, Turenne jugea qu'il lui serait facile de l'anéantir s'il pouvait le placer entre l'armée royale et les murs de Paris, parce que les intelligences que la cour avait su se procurer dans cette ville, où le désordre était à son comble, lui donnaient l'assurance que jamais les portes ne s'en ouvriraient pour frayer un passage à l'armée rebelle. Condé avait reconnu le danger extrême où il allait se trouver; il prit sur-le-champ la résolution de sortir d'une situation aussi périlleuse et de gagner Charenton avec sept ou huit mille hommes.

Maître du pont de Saint-Cloud, le prince rebelle fit filer ses troupes sur la rive droite et demanda passage à la ville de Paris pour lui et pour son armée. Les milices bourgeoises et le bureau de la Ville repoussèrent sa requête. Ne pouvant triompher de ce refus, Condé et ses soldats pénétrèrent dans le bois de Boulogne, et, par un chemin qui, depuis lors, a reçu le nom de « route de la Révolte, » se portèrent sur les faubourgs, déjà considérables, qui s'étendaient à l'occident et au nord de Paris. L'armée des princes marchait sur trois colonnes; Tavannes conduisait la première, Nemours la seconde, Condé la dernière. Averti de la retraite de son ennemi, Turenne accourut de Saint-Denis, suivi de vingt-deux escadrons, dans l'espoir de l'arrêter et de donner le temps aux différents corps de l'armée royale de se porter à leur tour au-devant de Condé et d'en finir avec la guerre civile. Vers la porte Saint-Denis, M. le Prince, qui avait traversé sans obstacle le faubourg Saint-Honoré et le faubourg Montmartre, vit venir à lui la cavalerie de Turenne. Il accéléra sa marche et prit bientôt position dans le faubourg Saint-Antoine, derrière les retranchements que les bourgeois de Paris avaient récemment élevés pour se mettre à l'abri des courses des soldats de Lorraine. Toute la cour s'était portée sur les hauteurs de Charonne pour voir l'action qui allait s'engager. Le maréchal de Turenne ne voulait pas la commencer avant d'avoir été rejoint par les troupes du maréchal de la Ferté, qui étaient en route; ni la cour ni le prince de Condé ne lui en laissèrent le temps.

Le faubourg Saint-Antoine n'était point alors, comme aujourd'hui, un quartier vaste et populeux, couvert de rues et de maisons, et offrant l'aspect d'une immense ville de fabrique. En deux siècles il s'est agrandi, on l'a peuplé, on lui a donné de vastes proportions. En ce temps-là il ressemblait à l'un de ces villages mal bâtis, assez pauvres, bien que déjà importants, qui s'élèvent aux abords des grandes capitales, et auxquels tout manque, le pavé, la régularité, l'alignement, l'éclairage. Comme aujourd'hui il formait une espèce de patte d'oie, dont la partie la plus large s'étendait du côté de la campagne, et qui allait toujours en se resserrant jusqu'à la porte Saint-Antoine, par où l'on entrait dans Paris. Il était divisé en cinq rues, dont les trois principales le perçaient de part en part, savoir : la grande rue qui s'ouvre au milieu du faubourg, la rue de Charenton qui est sur la droite, la rue de Charonne qui est sur la gauche. Elles aboutissaient toutes trois à un grand emplacement que dominait la Bastille. Du côté de la campagne les retranchements improvisés qui protégeaient le faubourg s'étendaient sur un développement de dix-huit cents toises, s'appuyant vers la gauche aux collines de Charonne, vers la droite à la Seine. Des rues transversales coupaient les trois longues rues et établissaient entre elles plusieurs communications parallèles. Ce faubourg enfermait d'ailleurs dans son enceinte de nombreux jardins, des espaces vides et des champs en culture. Habile tacticien, le prince de Condé reconnut sans hésiter le parti qu'il pouvait tirer de cette position. Il rangea ses bagages sur la place et aux abords de la porte Saint-Antoine. Obligé de combattre entre l'armée royale et Paris, fermé derrière ses troupes, il construisit immédiatement, en arrière des retranchements, de solides barricades, qui formèrent la seconde ligne de défense. Il fit percer et créneler les maisons dont les fenêtres s'ouvraient sur les grandes rues. Le duc de Nemours eut ordre de s'établir dans la rue de Charenton; M. de Vallon, dans la grande rue; M. de Tavannes, dans la rue de Charonne. Pour M. le Prince, avec le duc de la Rochefoucauld et un petit nombre de combattants d'élite, il forma la réserve et se tint prêt à se porter partout où un danger pressant réclamerait le secours de son épée. Il était sept heures du matin (2 juillet). Anne d'Autriche se mit en prières au pied des autels, à Saint-Denis, et le jeune Louis XIV, âgé de moins de quinze ans, se porta sur les hauteurs de Charonne, d'où il pouvait encourager son armée et présider à la lutte. Impatient de voir engager le combat, il expédiait à Turenne message sur message; mais l'habile maréchal répondait toujours que, pour commencer l'attaque, il attendait d'être joint par son artillerie et par les troupes du maréchal de la Ferté.

Tant de prudence étonnait Louis XIV, et déjà plusieurs de ces courtisans ineptes qui entourent les rois murmuraient le mot de trahison. Forcé de combattre avant l'heure, Turenne engagea l'attaque sans attendre son artillerie; il se porta au centre, confia sa droite à Saint-Maigrin, sa gauche à Navailles; puis tous trois abordèrent intrépidement les postes de l'ennemi, d'où partait un feu terrible. En moins d'une heure l'armée royale emporta les retranchements qui formaient la première ligne de défense, et Turenne occupa la principale entrée du faubourg. S'avançant alors vers la grande rue, dont il s'était réservé l'attaque, il en fit abattre la barrière à coups de hache, força la barricade, en dépit d'une résistance opiniâtre et meurtrière, et s'élança en avant, renversant tout ce qui se trouvait sur son passage. Il allait emporter les traverses, derniers retranchements des ennemis, lorsque le prince de Condé, mesurant ses coups à la force de son adversaire, rallia autour de lui tous les volontaires gentilshommes qui étaient à son service, et, à la tête de ce corps de cavalerie, se jetant sur les troupes du roi, il les fit plier et les rejeta, en désordre et pêle-mêle, jusque sur les débris des barricades qu'elles avaient enlevées. Un moment après la scène changea; Turenne se fit suivre de soldats qui n'avaient point encore pris part à l'action; puis, pendant que le prince de Condé faisait reprendre haleine aux siens, il passa une seconde fois la barricade, taillant en pièces tous ceux qui se présentaient devant lui. Aucun obstacle ne retardant alors sa marche, il força toutes les traverses et pénétra jusqu'à l'abbaye Saint-Antoine, alors située au milieu du faubourg. Or, en ce moment, le prince de Condé, étant venu fondre sur lui avec un escadron choisi, le fit encore reculer jusqu'au delà de la grande barricade. Cette lutte, qui coûta la vie à bon nombre de gens d'élite, semblait alors terminée. Cependant le maréchal de Turenne revint une troisième fois à la charge, entra encore très-avant dans la rue, et, trouvant le prince de Condé devant lui, fut encore repoussé. De part et d'autre on s'exaltait par l'espoir de la victoire et la honte de la défaite. Les maisons de la grande rue furent prises et reprises par les deux partis. Le prince de Condé et le vicomte de Turenne essuyèrent plus d'une fois le feu des mousquetaires qui s'étaient retranchés dans ces citadelles improvisées à la hâte. Jamais deux généraux n'en vinrent aux prises de plus près que ne firent là ces deux grands hommes. Ils se mêlèrent, l'épée à la main, à toutes les charges qui furent faites ; ils se trouvèrent partout au milieu du feu. Ils combattirent souvent à la portée du pistolet, et tous deux étaient couverts de sang. Les autres attaques se firent et furent soutenues avec la même vigueur. La confusion fut si grande par moment sur quelques points du champ de bataille que deux escadrons du prince de Condé, se prenant pour ennemis, se chargèrent l'un l'autre, tandis que la cavalerie de Turenne les sabrait en même temps. Autour du prince de Condé périrent les comtes de Bossut et de Castres, les marquis de Flammarin et de la Roche-Giffard, et le duc de la Rochefoucauld reçut au visage un coup de mousquet qui faillit l'aveugler. Dans les rangs de l'armée royale furent tués les marquis de Saint-Maigrin et de Rambouillet, et le marquis de Mancini, neveu de Mazarin, tomba atteint d'une blessure mortelle. Alors Turenne, renonçant à faire reculer son illustre rival et les gentilshommes qui combattaient près de lui, affaiblit son attaque pour fortifier sur la gauche celle du comte de Navailles, dans la rue de Charonne. Ce mouvement habile parut un moment couronné de succès ; Navailles, après avoir forcé les barricades et les traverses, se voyait maître de toute la rue et allait prendre le prince de Condé par derrière pour l'envelopper, quand ce prince, averti à temps, se replia sur sa place d'armes et échappa au danger. En ce moment, et malgré l'intrépide ardeur de leurs chefs, les troupes rebelles, rebutées de tant d'attaques, hésitèrent et refusèrent d'avancer. Leur découragement permit à l'armée de Turenne de gagner du terrain. Puis, le canon qu'on attendait depuis le matin étant arrivé, Turenne le fit pointer à la tête de chaque rue.

Jusqu'à cette heure, qui semblait décisive, Paris était demeuré incertain et neutre. Le Parlement, les échevins, la haute bourgeoisie, persistant à ne voir en Condé qu'un oppresseur et un rebelle, lui refusaient toute assistance militaire et ne laissaient pénétrer dans la ville que les blessés et les mourants, qu'on transportait sur des civières. La classe populaire, dont M. le Prince avait flatté les passions et les haines, commençait à s'indigner de l'indifférence de ses magistrats, à s'apitoyer sur le sort de ces braves gentilshommes qui succombaient vaillamment au pied des remparts, sous les coups de l'armée royale, supérieure en nombre. De son côté le conseil du roi, qui connaissait l'importance de conserver Paris afin de réduire plus aisément Condé à l'impuissance, ne cessait d'entretenir des intelligences dans la ville, afin d'arriver à maintenir la neutralité de Paris, seule condition de la victoire de l'armée royale. Or, plus le combat se prolongeait et plus l'anxiété devenait vive, plus aussi la ville de Paris avait honte de se montrer jusqu'au bout oublieuse et indifférente. Tandis que les lettres du roi impressionnaient favorablement le conseil municipal et le parlement de Paris, le peuple était fortement ému; il était partout réuni, bien décidé à s'allier avec M. le Prince, à seconder cette noblesse qui combattait avec tant de vaillance. Les registres du conseil municipal font foi de l'agitation populaire. Il y est dit : « L'attaque du faubourg Saint-Antoine, ayant donné beaucoup d'alarmes aux divers quartiers de Paris, a fait amasser quantité de canaille en la place de Grève, qui crioit hautement que la longueur apportée à faire unir toute la ville avec les princes étoit la seule cause de la ruine de leur armée; ensuite de quoi le Mazarin viendroit foudroyer Paris, tant pour tirer raison de l'outrage qu'il croit avoir reçu du Parlement que pour assouvir la haine mortelle qu'il a conçue contre les habitants et bourgeois de Paris. Et vouloient tous ces gens-là qu'on leur ouvrît la porte de l'hôtel de ville pour avoir des armes et se défendre contre le Mazarin; lequel tumulte fut obstiné, et avec tant de furie qu'aucun du dedans n'osoit mettre la tête aux fenêtres du côté de la Grève sans courre fortune. Auquel bruit MM. les prévôts des marchands et échevins étant accourus, ainsi que le procureur de la Ville, auroient avisé d'envoyer prier M. le gouverneur de prendre la peine de venir audit hôtel, ce qu'il fit à l'instant. Et comme ces messieurs s'entretenoient de ce qui s'étoit passé hier au soir et de ce que réclamoit la foule, il s'émut un grand bruit sur la place, voyant arriver un carrosse des couleurs de M. le duc d'Orléans dans la Grève, et en même temps l'on vint dire à ces messieurs que c'étoit Mademoiselle, avec quelques autres dames, qui montoit l'escalier pour leur parler. » On ne se trompait pas ; c'était en effet l'intrépide princesse, qui, munie des pleins pouvoirs de son père, et suivie de mesdames de Châtillon, de Nemours et de Rohan, se présentait à l'hôtel de ville et venait réclamer, en faveur de Condé et des princes, l'intervention des magistrats et des citoyens de Paris. Elle harangua l'assemblée, elle fit un tableau pathétique du courage et des souffrances de la noblesse, alors accablée par les troupes de Turenne ; puis elle supplia le gouverneur et les échevins de faire ouvrir les portes de la ville et de donner refuge aux vaincus. On ne répondit que par le silence. Elle insista ; elle dit que, si on ne faisait pas droit à sa demande, elle en appellerait au peuple, dont on entendait les cris sur la place. En ce moment l'agitation de la multitude prenait un caractère menaçant ; le gouverneur et les officiers de la Ville, cédant à la crainte, signèrent un ordre destiné aux chefs des milices bourgeoises et au commandant de la Bastille, et qui leur enjoignait d'obtempérer en toutes choses aux réquisitions qui leur seraient faites au nom du duc d'Orléans. Mademoiselle sortit immédiatement et se rendit à la Bastille ; sur sa route elle rencontra plusieurs de ses amis qu'on transportait blessés ou mourant ; elle les consola de la voix et du geste. Arrivée aux abords de la porte Saint-Antoine, elle fit appeler le prince de Condé et lui annonça que Paris allait enfin servir de refuge à son armée. M. le Prince était couvert de fumée, de poussière et de sang, les cheveux mêlés, hérissés et dans un désordre épouvantable, ses armes brisées, sa cuirasse couverte de coups de feu, son épée faussée et sans fourreau. « Ah! Mademoiselle, s'écria-t-il en jetant loin de lui son épée, vous voyez devant vous le plus infortuné des hommes. Je suis au désespoir; j'ai perdu tous mes amis. MM. de Nemours, de la Rochefoucauld, de Clinchamp, de Valon, sont blessés à mort! Pardonnez à ma douleur. » Un moment après, les débris des bataillons et des escadrons de Condé entrèrent, silencieux et mornes, dans Paris, qui s'ouvrait devant leurs pas. L'infanterie étrangère, la gendarmerie, et quelque cavalerie formant l'arrière-garde, protégeaient cette retraite et faisaient rentrer l'artillerie. Turenne, déterminé à en finir, ordonna une charge; mais alors, au commandement de Mademoiselle, le canon de la Bastille se fit entendre et tonna sur l'armée royale. Étonné et hors d'état de poursuivre plus loin sa victoire, Turenne fit à son tour replier ses troupes, et M. le Prince acheva sa retraite sans laisser en arrière un blessé ni un chariot. Le soir même l'armée de Condé campait sur le Pré-aux-Clercs.

Telle fut la bataille du faubourg Saint-Antoine; elle eut des résultats décisifs pour Condé, car elle lui assura la retraite de Paris, ville forte et puissamment soutenue. Vainement le conseil municipal, représentant la bourgeoisie, voulait-il garder un milieu entre le roi et le peuple; la résolution hardie de Mademoiselle, l'énergique intervention des masses dominèrent à la fois l'hôtel de ville et le Parlement. La révolution qui cherchait à s'accomplir fit un pas en arrière en devenant plus violente, et, en abandonnant le terrain du droit pour s'unir aux ambitions, le Parlement et le pouvoir municipal s'effacèrent devant l'opinion plus décidée des Frondeurs; le parti militaire des gentilshommes, les halles et les métiers furent maîtres de Paris. Le courage qu'avait déployé le prince de Condé dans ses attaques successives, cette merveilleuse activité qui l'avait fait se jeter tête baissée à droite et à gauche de l'ennemi, tous ces actes d'éclatante valeur lui avaient créé dans Paris une grande popularité; c'était à lui d'exploiter la situation.

Il était urgent d'organiser une forme de gouvernement capable de mettre en action toutes les forces de la ville. Il y avait dans les vieilles constitutions de la monarchie un titre qui donnait tous les pouvoirs de la royauté sans pour cela changer l'ordre successorial; la lieutenance générale du royaume, réunion de toutes les pérogatives de la couronne, faisait supposer le roi captif ou absent; le lieutenant général, image vivante de la royauté héréditaire, était l'unité dans ces temps de crise où le pays ne pouvait en appeler au roi. Le prince de Condé insistait pour que cette autorité fût déférée à Gaston, duc d'Orléans et premier prince du sang; il pouvait, sous la surveillance peu redoutable de cet homme, commander à son aise et organiser un vaste complot. Dans ce but il s'entendit avec Monsieur, et, en ne lui révélant qu'une partie de son secret, il disposa tout avec lui en vue d'une émeute populaire dont tous les ressorts étaient dans sa main et qui devait servir d'instrument à leur ambition commune.

Les esprits ne semblaient que trop préparés à une démonstration sanguinaire. Déjà, dans toutes les rues de Paris, on arborait l'étrange signe de ralliement que Mademoiselle avait donné elle-même, le 2 juillet, aux partisans de la Fronde, savoir, un peu de paille attachée au chapeau en forme de croissant. Tout homme ou toute femme qui ne se parait pas de ce symbole de l'émeute était insulté ou proscrit.

Une assemblée avait été convoquée à l'hôtel de ville pour le 4 juillet; les princes se proposaient d'y faire déclarer ouvertement Paris contre le roi; mais, dans la crainte que leur projet ne passât pas sans difficulté, ils ordonnèrent à des soldats, choisis parmi les plus intrépides, de se déguiser en artisans, de se mêler à la populace et de l'ameuter, afin d'épouvanter les chefs de la ville s'ils refusaient de les seconder. L'assemblée s'ouvrit au jour fixé; les magistrats municipaux, les députés des cours souveraines et de l'Université, les curés des paroisses, les capitaines des quartiers, des délégués choisis parmi les bourgeois et notables marchands s'y rendirent, au nombre de trois cent dix personnes, malgré les avis donnés à quelques-uns sur le danger qui les menaçait. Dès le matin de nombreux rassemblements parcoururent les rues et se dirigèrent vers la place de Grève.

Condé, Gaston et un grand nombre de seigneurs se présentèrent à l'assemblée avec les insignes séditieux pour faire décider l'union de Paris avec les princes.

« En ce moment, disent les registres municipaux, il arriva un trompette du roi à l'hôtel de ville, lequel entra dans la grande salle, présenta un paquet de lettres audit sieur gouverneur. Mais, comme cette dépêche s'adressoit à M. le prévôt des marchands, il l'auroit remise aux mains du sieur prévôt, qui en fit la lecture à l'heure même. Et fut remarqué, pendant l'arrivée de ce trompette et le temps de la lecture desdites lettres, qu'aucuns disoient tout haut que c'étoient des lettres composées à

Paris, à dessein d'empêcher l'assemblée de prendre quelque généreuse résolution sur l'affaire présente, et qu'il falloit jeter le trompette et ses dépêches dans la rivière. M. le gouverneur ayant donné la parole au procureur du roi, celui-ci rappela dans un ample discours les services que la ville de Paris avoit rendus aux divers rois de France. « Il faut donc reprendre les bonnes voies, en suppliant le roi de retourner ici et de nous donner la paix, en lui remontrant courageusement que son État périclite, et faire considérer à Sa Majesté qu'elle est enfermée dans ce vaisseau aussi bien que ses sujets, avec toute sa fortune, qu'il en est le pilote et le maître. Ce n'est pas assez d'être habile et heureux; il faut, sur la terre aussi bien que sur la mer, souvent caler les voiles et se mettre à couvert, enfin céder à la tempête et à l'orage. Il y a des fatalités dans les royaumes et des constellations malheureuses, et, comme les États ont souvent de faibles commencements, aussi la chute peut arriver de même. Les sages ministres commandent aux astres quand ils pénètrent les malheurs d'un État et les évitent par prudence. » Ce discours fini, s'élevèrent plusieurs voix confuses; ce qui dura assez longtemps, y ayant eu des personnes qui dirent tout haut, s'adressant au procureur du roi, que dans toutes ses conclusions il n'y avoit rien contre le cardinal Mazarin. « Je croyois, répliqua-t-il, m'être assez expliqué dans l'affaire dont il est question. Tout ce que j'ai représenté est directement contre le cardinal Mazarin, je le dirois à Sa Majesté elle-même si elle m'en requéroit, parce que les voies que j'ai indiquées me paroissent les seules propres à ramener la paix et la tranquillité parmi nous. »

Le procureur du roi de la ville ayant ainsi parlé, les princes, jugeant à l'attitude de l'assemblée que la majorité adoptait ses conclusions, se retirèrent comme pour ne pas gêner la liberté des suffrages, ne contenant qu'avec peine leur mécontentement. Arrivé sur le perron de l'hôtel de ville, Condé cria au peuple entassé sur la place : « Ces gens ne veulent rien faire pour nous; ils ne cher« chent qu'à gagner du temps. Ce sont des Mazarins; « faites-en ce que vous voudrez. » Puis, montant dans son carrosse avec le duc d'Orléans, il s'éloigna rapidement de la place de Grève. Le duc de Beaufort et quelques autres seigneurs restèrent sur le théâtre de l'émeute et s'établirent dans la boutique d'un mercier, rue de la Vannerie.

Après le départ des princes on entendit des coups de mousquet dirigés contre les fenêtres de l'hôtel de ville, et le cri séditieux : « Union avec les princes! » répété par cent mille voix, apprit à l'assemblée ce que la multitude exigeait d'elle. En même temps on entassait du bois et des matières combustibles contre les portes du palais municipal, qui ne tardèrent pas à prendre feu. Les magistrats, les échevins, les citoyens notables qui siégeaient à l'hôtel de ville, ne pouvaient rien contre une insurrection populaire. Leurs registres, qui nous ont été conservés, témoignent de tous les incidents de cette déplorable scène; il y est dit « que messieurs les princes, arrivant sur la place de Grève parmi le peuple, avoient donné de l'argent à quelques-uns, auxquels ils disoient que l'hôtel de ville n'étoit rempli que de *Mazarins* et qu'il falloit faire main basse. A quoi les séditieux mirent si bon ordre que devant les quatre heures tous les passages dudit hôtel de ville étoient en leurs mains, et le feu mis en deux endroits du côté de Saint-Jean. M. le gouverneur se levant pour demander si l'on commenceroit à prendre les avis, ou si l'on remettroit au lendemain à cause de l'heure avancée, il fut interrompu par une grande décharge de mousquetons et de fusils, tant du côté de Saint-Jean que dans les fenêtres de la grande salle du côté de la Grève. Il est certain, en effet, que ceux qui tiroient de la Grève, voyant qu'il étoit difficile de venir à bout de leur pernicieux dessein, pour être trop bas, une grande partie d'entre eux montèrent dans des chambres ouvertes vis-à-vis desdites fenêtres, d'où ils tirèrent d'abondance plusieurs coups, dont les balles passèrent tout au travers de la salle, portèrent jusques à l'autre côté de la cour, où les marques y sont toutes visibles ; ce qui obligea la compagnie de se retirer de côté et d'autre pour tâcher à sauver sa vie, ayant d'ailleurs été remarqué un signal fait, des fenêtres de la grande salle, à ceux qui étoient dans la Grève, par un homme inconnu, qui s'étoit glissé avec beaucoup d'autres pour jouer leur tragédie ; on put juger que c'étoit une partie faite. Ceci obligea le colonel des archers de la ville de faire des barricades aux principales avenues, afin de contenir l'effet que ces gens-là vouloient accomplir dans l'hôtel de ville ; ce que lui, ses archers et ses officiers, assistés des gardes de M. le gouverneur, firent avec toute la résolution que l'on pouvoit attendre d'eux. Et se peut dire sans flatterie que, sans leur résistance et l'effet du saint Sacrement de l'autel, que M. le curé de Saint-Jean, qui étoit dans l'hôtel de ville, fit apporter, toute la compagnie et la maison de ville étoient perdues ; car, aussitôt que le feu eut fait jour à la grande porte, le nommé Blanchart, qui étoit des troupes de M. le Prince, et vingt-cinq ou trente hommes de sa cabale, qui avoient projet de faire main basse sans exception de personne, se jetèrent à main armée sur la grande montée, de laquelle ils furent fortement repoussés, et ledit Blanchart, avec bon nombre des siens, fut tué, et lui porté mort par ses acolytes à l'hôtel de Condé, comme on l'a su depuis. »

Les registres disent encore : « Le but de la majeure partie de ces gens-là étoit de piller, voler et tuer. Ils commirent mille indignités contre les hommes et les femmes de l'hôpital de l'Hôtel-Dieu, outre les pilleries qui furent exercées, jusqu'à rompre les buffets de la chambre de M. l'économe; ce qui donna une telle peur aux grands et aux petits qu'il y en a beaucoup qui en sont morts depuis, même le receveur du Saint-Esprit, qui eut bien de la peine à empêcher qu'on en volât les deniers. Cependant il fut jeté beaucoup de ces projets de ligue et d'union par les fenêtres, tant dans la Grève qu'ailleurs, y ayant été travaillé jusqu'à neuf heures du soir, ce qui ne servit qu'à augmenter l'aigreur des séditieux, quoique M. Goubais, secrétaire des commandements de Son Altesse Royale, et M. le président Charton firent tout ce qu'ils purent pour amortir cette fureur. Mais ces gens-là ayant trouvé moyen d'entrer dans l'hôtel de ville, tant du côté de Saint-Jean, par les salles qui sont sous ledit hôtel, où l'on trouva plusieurs hommes noyés dans le vin, que par la porte de la Douane, se jetèrent de violence dans la montée de l'horloge et rompirent une petite porte à gauche, par laquelle ils allèrent dans le département du greffier de la ville, où une vingtaine de ces coquins firent tous les désordres imaginables; car, ayant, par la menace qu'ils firent hautement de mettre le feu à la porte de la garde-robe, obligé ceux des députés qui s'y étoient retirés, pensant y être en sûreté, à leur ouvrir, ils ne furent pas plus tôt entrés qu'ils fouillèrent et volèrent tous ceux qu'ils y trouvèrent, et ensuite rompirent quatre guichets d'armoires et trois coffres, prenant tout le linge et la vaisselle d'argent qu'ils y trouvèrent, rompirent une grande armoire aux habits, dont beaucoup s'affublèrent grotesquement, et prirent en général tout ce qu'ils trouvèrent de beau et de bon. »

Ces scènes de meurtre et de pillage se prolongèrent depuis six heures du soir jusqu'à minuit, sans que les assiégés reçussent le moindre secours du dehors. Les insurgés et la force publique, aux ordres des princes, engageaient un combat furieux autour des barricades qui protégaient l'hôtel de ville, et plus de deux cents séditieux perdirent la vie. A la fin, faute de munitions, la garde bourgeoise ne put continuer la lutte et se dispersa à la faveur de la nuit. Un maître des requêtes et un conseiller de la grand'chambre, reconnus au moment où ils prenaient la fuite, furent poignardés sous les yeux du duc de Beaufort. Gilbert-Desvoisins fut dépouillé et laissé pour mort sur la place. Un maître des requêtes, colonel de son quartier, l'intrépide Miron, échappé par bonheur au massacre, allait réunir sa compagnie pour voler au secours de ses confrères, lorsqu'il fut assailli par les séditieux et laissé sur la place, couvert de blessures. Quelques ecclésiastiques déployèrent aussi un courage animé de la plus ardente charité. Pendant ce temps-là Gaston et Condé, enfermés au Luxembourg, écoutaient avec indifférence le récit de ces tristes événements. Ils refusèrent de retourner à l'hôtel de ville pour apaiser ce tumulte sanglant, et donnèrent au duc de Beaufort la charge de travailler au rétablissement de l'ordre. Cependant l'héroïne du faubourg Saint-Antoine, mademoiselle de Montpensier, à laquelle ce nouveau désastre avait inspiré un mouvement de profonde pitié, intervint encore, mais cette fois afin de réprimer les derniers excès de la populace dont on avait excité la fureur. Elle sortit, avec le duc de Beaufort, pour se rendre à l'hôtel de ville, mais la nuit étant venue mit fin aux massacres. Tandis qu'on jetait à la rivière les cadavres dont la place était couverte, les députés, que le peuple avait cernés dans l'hôtel de ville, s'évadèrent sans bruit, et, insensiblement, la foule se dispersa par les rues voisines de la place déserte. A la lueur des feux qui brûlaient encore on distinguait quelques hommes occupés à reconnaître et à relever les morts. La même solitude régnait dans l'hôtel de ville. Beaufort et Mademoiselle firent éteindre le feu, qui attaquait déjà les voûtes de l'édifice. « Jamais, disait l'avocat général Talon, une action plus farouche, plus brutale et plus sauvage, n'avoit été commise en France. » Le prévôt des marchands parut tranquille et serein devant la princesse, qui exigea de lui la démission de sa charge et lui donna une escorte pour le conduire jusqu'à sa maison, avec son frère, maître des comptes, et Labarre, son fils.

La responsabilité des massacres de l'hôtel de ville retomba entièrement sur Condé et sur les princes; plusieurs magistrats osèrent la leur reprocher en face. « Les plus modérés, refusant de croire que de grands et nobles princes se fussent rendus coupables d'une lâcheté si noire et si atroce, s'indignoient cependant que Leurs Altesses eussent laissé pendant cinq heures un si grand nombre de gens de bien dans le plus extrême danger sans s'inquiéter de leur porter secours. » Quoi qu'il en soit de ces justes reproches, Condé avait réussi au delà de ses espérances. Il voulut tirer de cette sanglante journée tous les résultats politiques; il se rendit maître absolu dans la capitale, où la terreur inspirée par des menaces de pillage, et par des émeutes sans cesse renaissantes, étouffa toute résistance. Le 6 juillet les princes convoquèrent une assemblée de notables, dont l'élection fut viciée par la violence et la fraude; et cependant, lorsque ces nouveaux députés furent réunis à l'hôtel de ville, il fallut recourir aux plus honteux expédients pour les contraindre à seconder de leurs votes et de leurs choix la politique des rebelles.

Le parlement de Paris se divisa; les magistrats les plus âgés et les plus recommandables refusèrent de se rendre aux audiences de la compagnie tant que les séditieux seraient maîtres de la ville et essayeraient d'influencer les délibérations par la menace de l'émeute. Les plus jeunes et les plus timides persistèrent à se réunir, et quelques assemblées eurent lieu. Le 29 juillet, à la suite d'une vive discussion, cette ombre de Parlement, convoquée par le duc d'Orléans, rendit, à la majorité de soixante-quatorze voix contre soixante-neuf, un arrêt célèbre, portant que, « attendu la captivité du roi, M. le duc d'Orléans seroit déclaré lieutenant général du royaume, et M. le prince de Condé seroit prié d'accepter le commandement général et la conduite des armées. » Cet arrêt fut enregistré sans contradiction par la cour des comptes et la cour des aides. Les princes présidèrent ensuite à l'hôtel de ville une assemblée de notables bourgeois, et en obtinrent l'autorisation de faire dans Paris des levées de soldats et de deniers.

Disposant alors à leur gré des ressources d'une population immense, les princes croyaient leurs succès assurés contre la cour. Bientôt ils s'aperçurent d'un étrange mécompte : les ordonnances du corps de ville, les arrêts mêmes du Parlement restaient sans force dans l'exécution ; les hommes notables avaient quitté la ville, les bourgeois honnêtes se tenaient enfermés dans leurs maisons, et les artisans sans ouvrage, attroupés tout le jour sur les places publiques, demandaient à grands cris du pain et le retour du roi.

Par un juste jugement de la Providence, le massacre de l'hôtel de ville perdit ainsi la cause qu'il avait déshonorée. Ni le vrai Paris ni la France ne s'étaient associés à la victoire des rebelles, et la cour elle-même, bien loin de fléchir, répondit aux provocations de ses ennemis par un redoublement d'énergie. Comme elle résidait à Pontoise, appuyée par l'armée de Turenne, qui s'était repliée jusque-là, elle conserva dans ses revers une attitude à la fois haute et digne. Le 6 août un ordre émané du roi cassa tout ce qui s'était fait en l'hôtel de ville et au Parlement, et manda ce corps à Pontoise pour y tenir séance. Quelques magistrats, en petit nombre, obéirent ; mais, si les autres persistèrent dans leur résistance, ils ne se virent pas moins avec inquiétude déclarés, par lettres royales, « désobéissants et rebelles, atteints et convaincus du crime de lèse-majesté. » Leur résolution s'affaiblit, en dépit des conseils des princes et des murmures du peuple.

Sur ces entrefaites une grande agitation continuait de régner à Paris. Les soldats pillaient les bourgeois pour subsister et une terreur profonde comprimait les plaintes. Quant aux princes, obligés de lâcher la bride aux mauvaises passions, ils pouvaient à peine maintenir un peu de discipline parmi leurs amis, et ils se voyaient, les premiers, exposés aux outrages. Deux princes, beaux-frères l'un de l'autre, les ducs de Nemours et de Beaufort, se battirent en duel près du Marché-aux-Chevaux, et le premier fut tué de la main de son adversaire. Tandis que cet affreux événement répandait la consternation dans la ville, le mouvement de réaction devenait de plus en plus manifeste dans le sens de la cour, et le parlement royal, convoqué à Pontoise, se recrutait chaque jour, grâce au repentir des magistrats de Paris qui se retiraient du camp de la Fronde.

Les jours suivants de nouvelles déclarations du gouvernement annulèrent tous les actes de l'hôtel de ville, notamment l'élection de Broussel et la levée des taxes de guerre. Ces mesures, fermes et décisives, prises en face de Paris révolté, pouvaient avoir deux résultats, l'un d'irriter, l'autre d'intimider la Fronde; or, comme la bourgeoisie avait vu avec une terreur mêlée de remords les massacres du 4 juillet, les actes de pillage et d'incendie qui en avaient été la suite, elle recommençait à se séparer de l'émeute et à regretter la paix.

Mazarin se retira à Sedan; la cour quitta Pontoise pour Compiègne, d'où elle se rendit plus tard à Saint-Germain. Là les négociations recommencèrent; le coadjuteur ayant été nommé cardinal, faveur que sa vanité avait si longtemps convoitée, tantôt par la ruse, tantôt par la révolte, il usa de son influence sur le clergé pour l'engager à prêcher au peuple des paroles de soumission et de paix.

Il n'y eut point d'amnistie générale, mais un engagement d'oublier les excès d'une guerre civile, et, quand tout fut disposé pour recevoir le roi dans sa bonne ville, le conseil fixa le 21 octobre 1652 pour le jour où Louis XIV reviendrait à Paris. Ce jour-là une immense affluence de peuple se rendit au-devant de ce prince et de sa mère. Le jeune roi, monté sur un cheval gris, et à la lueur de cinquante torches de cire, fit son entrée dans sa capitale, la marche de son cortége, retardée par la foule et par d'inévitables harangues, dura cinq heures depuis Chaillot jusqu'au Louvre. Arrivé aux portes de son palais, le roi fut reçu par le cardinal de Retz, suivi d'un grand nombre de prélats et de gentilhommes; mais les princes frondeurs ne s'y trouvèrent pas.

Le lendemain fut réservé à la justice; les ducs d'Orléans, de Beaufort et de Rohan reçurent l'ordre de partir pour l'exil; Mademoiselle fut invitée à se rendre à Saint-Fargeau. Il fut enjoint à plusieurs magistrats du Parlement et à quelques meneurs de la Fronde de quitter Paris et de n'y plus rentrer sous aucun prétexte. Broussel refusa seul d'obtempérer à la volonté du roi et se cacha dans Paris, disant qu'il n'avait point de maison de campagne et qu'on lui ferait plaisir d'adoucir ses peines en abrégeant sa vie. Pour Condé, il ne se montrait nullement disposé à se courber sous sa disgrâce; aussi ne tarda-t-il pas à mettre le comble à ses égarements, et, oubliant ses devoirs de Français et de prince du sang, il offrit ses services aux Espagnols, qui les acceptèrent.

Quelques jours après, quand le repentir ou la crainte eut pacifié Paris, le cardinal de Retz fut arrêté par ordre du roi et conduit au château de Vincennes.

Mais là ne devait point s'arrêter la réaction; le roi se considérait comme vaincu tant que durait l'exil de Mazarin; sans s'inquiéter des murmures ou des menaces que cette résolution hardie pourrait soulever, et toujours guidé par les conseils de sa mère, Louis XIV invita Mazarin à rentrer à Paris et à revenir prendre sa place au conseil. Les esprits étaient si las de la révolte, la bourgeoisie tellement fatiguée de l'état de guerre, le commerce si avide de sécurité et de repos, la cour, enfin, si déterminée à user de rigueur, que le cardinal exilé ne rencontra, de Sedan à Paris, ni opposition ni obstacle, et qu'il reprit les rênes du pouvoir et les tint jusqu'à sa mort, sans qu'il fût désormais, de la part du Parlement ou du peuple, l'objet d'aucune agression. Nous ajouterons même, ce qui serait incroyable pour quiconque ne se rend pas compte de la haine ou de la faveur des masses, que le ministre vit succéder aux proscriptions dont il avait eu à se garantir une sorte de popularité et d'engouement.

Ainsi se terminèrent à Paris les longues agitations de la Fronde.

CHAPITRE II.

Paris sous le règne de Louis XIV. — Accroissement de la ville. — Suite des événements généraux. — Dernière période.

Les années qui suivirent, jusqu'à la mort de Mazarin, furent pour Paris une période de calme et de paix.

Depuis son avénement au trône Louis XIV avait d'abord habité l'ancien Palais-Cardinal, devenu le *Palais-Royal,* nom qui est resté à ce somptueux édifice bien qu'il n'ait servi que huit ans de demeure à la royauté. Louis n'y retourna pas en effet après la Fronde, comme s'il eût craint de se retrouver au milieu des pénibles souvenirs de son enfance. Paris même ne les lui rappelait que trop; aussi le quittait-il souvent pour Saint-Germain, jusqu'au jour où il lui dit un définitif adieu pour aller se fixer à Versailles. Son retour à Paris est de 1652, son départ pour Versailles de 1672. Pendant les vingt années qui séparent ces deux dates, le roi se fixa d'abord au Louvre, puis, dans les derniers temps, aux Tuileries. Ce fut dans la chapelle du Louvre, construite en 1656, sous le dôme, et dédiée à Notre-Dame-de-Paix et à saint Louis, que Bossuet prêcha pour la première fois à la cour, le 2 février 1662, et ce fut aux Tuileries que Bourdaloue débuta devant Louis XIV pendant l'Avent de 1670. « Le Père Bourdaloue prêche divinement bien aux Tuileries, écrivait alors Mme de Sévigné à sa fille... Il passe infiniment tout ce que nous avons ouï. »

C'était une époque de rénovation morale, monarchique et sociale, durant laquelle les annales particulières de Paris ne furent signalées que par un très-petit nombre d'incidents.

On pouvait d'ailleurs constater le développement de la transformation religieuse et intellectuelle : les fondations de couvents et de maisons de retraite étaient loin de diminuer. A mesure que Paris prenait de l'accroissement sur ses différents points l'on voyait naître de tous côtés un grand nombre d'institutions nouvelles, pour la plupart utiles au public. La reine-mère favorisait de tout son pouvoir la multiplication de ces établissements pieux; elle se déclara fondatrice de plusieurs d'entre eux, comme de Sainte-Élisabeth, de la Merci, etc., etc., et fit commencer la reconstruction de l'église ainsi que du monastère du Val-de-Grâce. Le 1er avril 1643 elle voulut que le roi son fils lui-même posât solennellement la première pierre de ce monument, qui, depuis lors, fut continué, autant que les troubles du royaume le permirent, avec une somptuosité remarquable. Son exemple ne manqua pas de trouver des imitateurs, et la même année la douairière de la Roche-Guyon posa aussi la première pierre de l'église de Notre-Dame-de-la-Paix, dans le faubourg Saint-Victor.

En 1646 les accroissements incessants du faubourg Saint-Germain y rendirent nécessaire la construction d'une nouvelle église paroissiale; ce fut Saint-Sulpice, qu'on éleva sur les dessins de l'architecte Gamart (nous ne tarderons pas à mentionner plus au long ce monument). Jacques Olier, abbé de Pibrac, conseiller d'État et curé de cette paroisse, s'étant associé avec quelques autres ecclésiastiques savants et pieux, acheta dans la rue du Vieux-Colombier une maison avec un espace de terre considérable, et y fonda un séminaire pour les jeunes gens qui se destinaient au sacerdoce. Ce fut le séminaire de Saint-Sulpice.

Les constructions civiles et les augmentations de la ville marchaient de front avec les constructions d'édifices religieux. En 1645 un arrêt du conseil ordonna de vendre, pour y élever des maisons, tous les espaces vides qui se trouvaient entre les portes Saint-Denis et Saint-Honoré. Cette mesure y fit ouvrir aussitôt plusieurs rues nouvelles qui obligèrent de refaire les portes Gaillon et Sainte-Anne, abattues depuis quelques années. Les ouvrages commencés sous Louis XIII dans l'île Notre-Dame ou de Saint-Louis s'avançaient rapidement, et cette partie orientale de Paris se couvrait aussi de maisons.

L'on reconnaissait généralement alors l'inutilité des anciennes fortifications de la ville; en 1646 le prévôt des marchands et les échevins obtinrent l'autorisation de les détruire et d'élever des constructions sur la place qu'elles occupaient. Toutefois, pendant quelque temps encore, l'on se borna à combler les fossés, à détruire les remparts et à former des rues du côté de l'Université seulement. La guerre de Picardie et de Flandre fit conserver par prudence, jusqu'à nouvel ordre, les fortifications qui se trouvaient sur la rive droite de la Seine. L'on travaillait alors avec ardeur à construire sur le grand bras du fleuve, en face de la place du Châtelet, le large pont au Change, ainsi nommé à cause de plusieurs changeurs qui s'y établirent et firent entre eux une espèce de bourse ou banque commune.

En 1646 le Parlement enregistra des lettres patentes établissant, pour les faubourgs Saint-Honoré et Montmartre, des lettres royales de maîtrise sans lesquelles on ne pouvait y excercer ni art ni métier. Dès lors tous les fabricants et industriels durent s'y pourvoir de cette autorisation. Le Parlement exempta cependant de cette obligation les orfévres, les apothicaires, les marchands drapiers, les chirurgiens, les maîtres des monnaies, les écrivains, les chaussiers, bonnetiers et pelletiers ; il ordonna en même temps que les maîtres y suivraient les règlements faits pour Paris.

A l'imitation de Richelieu, qui avait mis la tragédie et la comédie en honneur, le cardinal Mazarin venait d'introduire à Paris le spectacle de l'opéra. Un soir du mois de décembre 1645, toute la cour s'était réunie dans une salle du palais Bourbon pour assister à un drame chanté par des comédiens venus d'Italie et ayant pour titre *la Folle supposée*. Ce genre de spectacle avait des ballets et des danses, avec des décorations et des changements de scènes inconnus jusqu'alors en France. Ce fut la première importation à Paris de ce qu'on appelle encore *opéra*.

A l'occasion de la mort du duc de Bellegarde et du maréchal de Bassompierre, qui, dans leur vieillesse, avaient conservé toute la politesse et les manières galantes de l'ancienne cour, les Mémoires du temps, ceux de Mme de Motteville surtout, se plaignent de la disparition complète, dans les jeunes gens, de ces formes polies et respectueuses par lesquelles se manifestait, chez les hommes du règne précédent, le désir de plaire aux femmes. En effet il s'était alors produit à la cour une nouvelle école de prétendues bonnes façons affectant un ton leste et tranchant, avec de la brusquerie, de l'impatience et toute l'allure de conquérants et de victorieux. Les jeunes gens qui la composaient ne voulaient reconnaître que le duc d'Enghien pour chef et pour modèle; on les désigna par le sobriquet railleur de *petits maîtres*.

A cette époque saint Vincent de Paul, quoique septuagénaire, se livrait encore avec ardeur à Paris au soin des missions. Chaque année un grand nombre de ses disciples partaient de la capitale pour les différentes provinces du royaume, visitant partout les villes et les campagnes; animée de l'esprit du saint vieillard, leur sollicitude s'étendait également sur les riches et sur les pauvres, sur les protestants et sur les catholiques. En 1647 Vincent de Paul fonda à Paris une nouvelle société de filles et de femmes pieuses qui, après s'être solennellement consacrées au service de Dieu et à l'instruction du prochain, à l'exclusion de toute autre occupation, devaient se rendre partout où l'on jugerait à propos de les envoyer. Cette congrégation fut appelée *Union chrétienne*. Elle eut bientôt plusieurs maisons où l'on s'occupa surtout d'instruire les protestantes nouvellement converties, ainsi que celles qui désireraient embrasser la religion catholique. Plusieurs de ces établissements étaient connus sous le nom de *Propagation de la foi*.

Dans le cours de la même année le cardinal Mazarin fit venir et établir à Paris les religieux de l'ordre des Théatins, et les religieuses de la Providence se fixèrent au faubourg Saint-Marceau, dans une maison que leur donna, rue de l'Arbalète, la reine-mère Anne d'Autriche. Cette dernière communauté s'occupait principalement du soin d'élever de jeunes filles délaissées et dont la vertu courait des dangers au milieu du monde. Les Théatins, parmi lesquels était dom Ange de Bissari, confesseur du cardinal, habitèrent une maison achetée exprès pour eux sur le quai Malaquais, vis-à-vis les galeries du Louvre (1).

L'abbé Olier transformait au même moment le quartier de Saint-Germain des Prés; il renouvelait les mœurs, construisait une église, fondait un séminaire et enrôlait les hommes mêmes du monde, les grands seigneurs, les militaires, dans une sainte croisade contre le duel. A chaque instant on entendait dans les rues du faubourg la sonnette de ses catéchistes, appelant les enfants, les valets ou les maîtres aux exercices divers d'instruction et d'édification que le pieux curé avait établis à Saint-Sulpice pour tous les âges de la vie et pour toutes les classes de la société. Une humble marchande de vin, Marie de Gournay, et un pauvre coutelier, le *bonhomme Clément*, avaient été les premiers à lui préparer les voies. Sous le porche de l'église ou dans leur échoppe ils prêchaient, ils convertissaient, et prenaient part aux plus grandes œuvres de la charité chrétienne. Mme de Miramion et Mme de Neuvillette fondaient, de leur côté, des asiles pour la pauvreté et pour le vice; Anne d'Autriche appelait les Théatins, fondait le Val-de-Grâce; la famille Lhuillier aidait de ses fonds l'établissement des Ursulines, et le premier président, Pomponne de Bellièvre, attachait son nom à l'érection, tant de fois résolue et tant de fois ajournée, de l'*Hôpital général*. L'hôpital général de la *Salpétrière* fut destiné à recevoir les pauvres qui, de tout temps, avaient infesté et rendu peu sûres les rues de Paris.

(1) *Histoire de Paris*, par M. A.-J. Meindre.

On comptait à Paris, en 1655, quarante mille mendiants, vagabonds, demandant trop souvent l'aumône *l'épée au côté*. L'idée de leur ouvrir un asile, idée qu'on avait déjà cherché à réaliser sous Louis XIII, fut alors reprise par Vincent de Paul. Mme Le Gras, Mme d'Aiguillon, le président Pomponne de Bellièvre lui vinrent en aide, et dans le courant de mai 1657 d'immenses bâtiments, rayonnant autour d'une chapelle centrale, s'ouvrirent sur le terrain d'une ancienne salpétrière pour recevoir les malheureux. « Sortez un peu hors de la ville, s'écriait alors Bossuet, et voyez cette *nouvelle ville* qu'on a bâtie pour les pauvres, cette ville l'asile de tous les misérables! Rien n'est égal à cette ville nouvelle; non, ni cette superbe Babylone, ni ces cités si renommées que les conquérants ont bâties. Là on tâche d'ôter à la pauvreté toute *la malédiction qu'apporte la fainéantise*, de faire des pauvres selon l'Évangile; là les enfants sont élevés, les ménages sont recueillis, les ignorants sont instruits. » Quelques jours après, le 29 juin, Bossuet prononçait le panégyrique de saint Paul dans cet *hôpital merveilleux*.

On s'était demandé cependant comment il serait possible de subvenir aux besoins de quarante mille pauvres, *peuple d'infidèles parmi les fidèles, baptisés sans savoir leur baptême, réduits à l'état de bêtes*, ainsi que disait Bossuet; mais lorsque le travail, l'instruction, le pain de l'âme, en un mot, et le pain du corps leur furent offerts, au lieu de quarante mille pauvres on n'en trouva plus que cinq mille. *On n'a jamais vu*, disait Loret,

> On n'a jamais vu dans Paris
> Tant de gens si soudain guéris.

La paix régnait au dehors, grâce au traité des Pyrénées, que Mazarin, avant de descendre au tombeau, avait ménagé entre la France et l'Espagne. Cette pacification fut, à Paris, un sujet de réjouissances publiques qui durèrent plusieurs jours et furent suivies du mariage du roi. Cette solennité, qui était l'une des conditions du traité, fut célébrée à Saint-Jean-de-Luz le 9 juin 1660. Le 26 août suivant Louis XIV fit son entrée dans la capitale, nouvelle cérémonie pour laquelle les Parisiens déployèrent un luxe extraordinaire. Ils s'avisèrent, entre autres choses, de joindre au cortége de la ville cinquante hommes de chacun des corps des métiers, tous équipés et armés de manière différente. Les horlogers étaient habillés en Flamands, les menuisiers en Italiens, les bouchers en Arméniens, les rôtisseurs en Turcs, les pâtissiers en Indiens, les tailleurs en Égyptiens, les fripiers en Juifs, etc.

Avide de luxe et de fêtes, Louis XIV, quelques mois après la mort de Mazarin, donna un *carrousel* si brillant que le souvenir en est resté dans l'histoire. Cette fête eut lieu les 5 et 6 juin 1662. « Le roy, à la fleur de son âge, dit un historien (1), invita ceux de son sang et les premiers officiers de ses troupes à une course de bagues et de têtes organisée suivant le projet imaginé par son ingénieur, le sieur Vigarani. Les seigneurs de la cour désignés pour entrer en lice furent divisés en cinq brigades représentant diverses nations dont ils portoient les habits et les armes. Le roy, chef de la première brigade, étoit vêtu à la romaine, ainsi que tous les chevaliers de sa suite,

---

(1) Félibien, t. II, p. 1478.

au nombre de dix, sans compter un maréchal de camp, plusieurs trompettes et timbales. Les quatre autres brigades, sous des habits de Persans, de Turcs, d'Arméniens et de Sauvages, étoient composées d'un pareil nombre de seigneurs et avoient à leur tête quelqu'un des princes du sang, avec des devises et des livrées particulières. Le cortége du roi étoit composé de plusieurs écuyers, vingt-quatre pages, cinquante chevaux de main, conduits chacun par deux palefreniers et cinquante valets de pied, vêtus en licteurs ou *estafiers romains,* et portant des faisceaux d'armes dorés. Monsieur, frère du roy, avoit aussi à sa suite plusieurs écuyers, dix-huit pages, vingt chevaux de main conduits par quarante palefreniers et vingt-quatre esclaves, avec l'arc et le carquois à la façon des Perses. Le prince de Condé, le duc d'Enghien et le duc de Guise, chefs des trois autres brigades, étoient dans un équipage convenable à leur rang, et chaque cavalier étoit escorté de deux pages, deux chevaux de main et quatre palefreniers, tous équipés avec tant de magnificence qu'il sembloit qu'on eût rassemblé tout ce qu'il y avoit au monde de pierreries et de rubans pour l'ornement de cette fête. L'or et l'argent étoient employés avec une si grande profusion sur les habits et les housses des chevaux qu'à peine pouvoit-on discerner le fond de l'étoffe d'avec la broderie dont elle étoit couverte. Le roy et les princes brilloient extraordinairement par la quantité prodigieuse de diamants dont leurs armes et les harnois de leurs chevaux étoient enrichis. Le duc de Grammont, qui faisoit l'office de maréchal de camp général, marchoit en tête de cette pompeuse cavalcade, qui, s'étant réunie au marché aux chevaux, derrière l'hôtel de Vendôme, au bout du faubourg Saint-Honoré, continua sa marche par la rue de Richelieu, à l'extrémité de laquelle elle entra dans le champ de bataille, sur une place située devant le château des Tuileries et appelée autrefois le *Jardin de Mademoiselle*. Cet endroit a conservé depuis le nom de *place du Carrousel*. Les quatre côtés du champ de bataille étoient environnés d'une galerie de soixante-dix toises de long sur chaque face, dans laquelle se plaça un nombre infini de spectateurs. Le roy commença la course avec trois cavaliers de sa brigade, armés chacun d'une lance et d'un dard pour emporter et darder les têtes de Maure et de Méduse, posées sur des bustes de bois doré. Les autres cavaliers le suivirent quatre à quatre, et presque tous signalèrent leur adresse, aussi bien du reste que le roy, qui en fit paroître beaucoup. L'honneur de la journée fut cependant déféré au marquis de Bellefonds, de la brigade de Monsieur, frère du roy. Il en reçut le prix des mains de la reine; c'étoit une boîte à portrait garnie de diamants. La fête recommença le lendemain et se termina, comme le premier jour, par un splendide souper chez la reine. »

Pendant que la cour prodiguait l'argent en fêtes somptueuses le peuple souffrait encore. La disette était dans Paris. En 1660 la récolte avait été médiocre; en 1661 elle avait été mauvaise; au commencement de l'année 1662 le blé, qui ne valait auparavant que 13 livres 10 sous le septier, augmenta jusqu'à 50 francs. Le pain se vendait 8 sols la livre. Le gouvernement, dans cette triste occasion, vint au secours du peuple avec une généreuse sollicitude. Les pauvres gens, ne pouvant pas acheter de pain, s'étaient contentés de détestables aliments qui avaient engendré des maladies; des accapareurs, pour profiter de la détresse générale, poussaient encore à la hausse des blés, et le menu peuple, peu disposé à prendre son mal en patience, fomentait des émeutes et menaçait les riches. Heureusement le roi fit venir des extrémités de l'Europe une grande quantité de blés qui arrivèrent à Paris au mois d'avril et furent déchargés au Louvre; puis il nomma, pour décider ce qu'il y avait à faire, une assemblée qui se réunit à la salle Saint-Louis, le 21 du même mois, et qui fit convertir le blé du roi en pain qu'on distribua au peuple à un prix modique. « Pour cet effet on bâtit des fours aux Tuileries, et, par des fenêtres qu'on perça le long des murs du jardin en tirant vers la porte de la Conférence, où il n'y avoit point alors de terrasse, le pain du roi se vendit à raison de 2 sols 6 deniers la livre, ce qui fut d'un grand secours pour les pauvres. Outre cela on permit aux pâtissiers, aux communautés et à tous particuliers d'en cuire et de le mettre en vente. » Le 4 mai 1662 les Parisiens firent une procession générale et des prières pour implorer du Ciel la fécondité de la terre; mais la récolte de cette année fut encore médiocre et celle de l'année suivante le fut aussi. L'abondance ne revint qu'en 1664.

Au commencement de l'année 1666, après une longue et douloureuse maladie, la reine-mère, Anne d'Autriche, était à la dernière extrémité. Le 18 janvier le Parlement ordonna que, « sans tirer à conséquence pour l'avenir, » la châsse de sainte Geneviève serait descendue pour être visitée par les processions de la ville et des faubourgs; mais on n'eut guère le loisir de prier pour elle : Anne d'Autriche expira deux jours après.

Paris regretta cette princesse, et cependant, au temps de la Fronde, on ne l'avait épargnée ni dans les pamphlets, ni dans les salons. L'injustice populaire n'a point coutume de s'arrêter devant la vérité et la vertu. Quoi qu'en aient dit les *Mazarinades*, la petite-fille de Charles-Quint était une femme d'un mâle courage, qui rappela souvent celui de Janne d'Albret, mère de Henri IV. Elle sut triompher d'un grand nombre d'ennemis. Sa beauté avait fait jadis beaucoup de bruit en Europe. Elle était d'une délicatesse extrême sur tout ce qui touchait son corps, et l'on avait peine à trouver de la batiste assez fine pour ses draps et ses vêtements.

Louis XIV accorda, au mois de mars 1669, des lettres patentes pour la confirmation de la plupart des priviléges de la ville de Paris. Par cet édit, enregistré à la chancellerie, au Parlement, à la chambre des comptes et à la cour des aides, il renouvela les franchises concédées aux Parisiens par un grand nombre de ses prédécesseurs (1), et dont les principales dispositions étaient les suivantes : l'exemption du droit de prise au profit de la maison royale, le droit de prélever sur les marchands forains le péage des ponts de Paris, de posséder des fiefs nobles, d'avoir la garde des enfants mineurs, de porter armes, livrées et ornements de chevalerie, l'exemption du logement des gens de guerre, le droit d'avoir des prisons dans l'hôtel de ville, etc., etc.

Quelques années plus tard (1674) la munificence royale se manifesta en faveur du chef du clergé parisien. La terre archiépiscopale de Saint-Cloud fut érigée en

---

(1) En 1134, 1165, 1324, 1350, 1371, 1465, 1515 et 1543.

duché-pairie, et l'archevêque François de Harlay fut créé duc et pair de France. En conséquence un siége de juridiction particulière fut établi au palais de l'archevêché.

Le principal ministre, le digne auxiliaire du roi, Colbert, apporta dans les dépenses publiques et dans les revenus de l'État la plus sévère économie et l'ordre le plus parfait. Sous lui le beau siècle de Louis XIV commença à éclore ; tous les arts semblèrent revivre ; la France vit des chefs-d'œuvre de sculpture, d'architecture ; de nouvelles sociétés littéraires ou savantes, et entre autres l'Académie des Sciences, l'Académie de Peinture et l'Académie des Inscriptions, prirent naissance, à Paris, par les soins du ministre et avec l'impulsion du jeune roi. On accorda des gratifications aux savants de la France et de l'étranger. *Quoique le roi ne soit pas votre souverain*, écrivait Colbert au Hollandais Isaac Vossius, *il veut néanmoins être votre protecteur*. Ce grand ministre oubliait son penchant pour l'économie dans toutes les occasions sérieuses. « Il faut, écrivait-il à Louis XIV, « épargner cinq sols aux choses futiles, et jeter les mil- « lions quand il est question de votre gloire. »

Le génie de Louis XIV préparait des conquêtes en Europe et accomplissait au dedans des révolutions pacifiques. Aux vastes améliorations que nous avons déjà énumérées s'en joignirent d'autres non moins utiles. En 1667 parut l'ordonnance sur la procédure civile, qui, sans détruire les abus de l'esprit de chicane, les réforma au moins pour un temps. Plus tard parurent un code pour le commerce (1673), un autre pour la marine (1681), un autre pour les eaux et forêts, et enfin un autre pour les colonies, connu sous le nom de *Code noir,* qui présentait quelques lueurs d'humanité. L'ordonnance rendue en 1670 pour les procédures criminelles conserva, malgré les sages avis de Lamoignon, les principes d'une jurisprudence surannée et cruelle (1670).

Au milieu de ces réformes, de ces progrès, de ces transformations, on ne trouve que très-rarement l'occasion de signaler les actes du gouvernement de Louis XIV qui pouvaient exclusivement se rattacher à la situation de Paris. L'histoire de cette ville semblait parfois être absorbée par les grandes choses du règne. Ajoutons que le roi n'aimait pas beaucoup sa capitale, qu'il ne lui pardonnait guère les longues épreuves de la Fronde, et qu'il voyait avec déplaisir les habitudes d'une population toujours disposée à la critique, au mécontentement et à la révolte.

Quoi qu'il en soit, un règne de plus de soixante-dix ans ne pouvait être entièrement consacré aux soins de la guerre et à l'administration générale du royaume. Paris avait sa part de grandeur et de misères, et nous devons la mentionner en recueillant les faits épars dans les registres officiels, dans les procès-verbaux, dans les chroniques et dans les autres documents qui servent de sources à l'histoire.

Louis XIV, après avoir confirmé pour la forme les priviléges de Paris, s'était appliqué à les modifier dans le sens des principes monarchiques. On diminua les prérogatives du prévôt des marchands pour en investir des officiers royaux, tels que le chevalier du guet. La charge de lieutenant de police, qui comprenait la justice et la police, fut supprimée, et le roi créa, pour en tenir lieu, deux autres charges, l'une de lieutenant civil du prévôt de Paris, l'autre de lieutenant du prévôt de Paris pour la police.

Aux termes de l'édit de 1667, qui opéra ce changement dans l'administration de la justice et de la police, à Paris, le lieutenant civil eut la surveillance des officiers du Châtelet. Sa compétence s'étendit sur toutes les contestations relatives aux actions personnelles, réelles et mixtes, aux contrats, testaments, promesses, aux tutelles, curatelles, avis de parents, émancipations, aux matières bénéficiales et ecclésiastiques; elle comprit, en général, les questions purement civiles dans l'étendue de la ville, de la prévôté et de la vicomté de Paris. Le lieutenant de police fut chargé de toutes les affaires ayant rapport à la sûreté et à la salubrité de la ville, de la prévôté et de la vicomté de Paris, comme le port d'armes prohibées, le nettoiement des rues et des places publiques, les mesures à prendre dans les cas d'incendie ou d'inondation, les dispositions à faire pour assurer les divers approvisionnements des halles, des ports et des magasins publics; il eut, en conséquence, la surveillance des marchés et foires, des manufactures, des auberges, hôtelleries, maisons garnies, maisons de jeu, tabacs (estaminets) et lieux *mal famés*; il dut régler les étaux des boucheries et leur adjudication, les élections des maîtres et gardes des six corps de marchands, les brevets d'apprentissage et la réception des maîtres, les visites des gardes, leurs rapports, et l'exécution des statuts des divers métiers. L'édit lui attribuait également le droit d'étalonner les poids et balances de toutes les communautés de la ville et des faubourgs, à l'exclusion de tous autres juges, ainsi que celui de connaître des contraventions aux ordonnances, statuts et règlements sur l'imprimerie, et des cas de flagrant délit en fait de police. Les chirurgiens durent lui donner chaque jour une déclaration portant les noms et adresses des blessés qu'ils soignaient. Le siége ordinaire du nouveau lieutenant de police fut fixé à la chambre civile du Châtelet ; c'est là que siégeait également le lieutenant civil. Quand ces deux magistrats se trouvaient réunis dans une assemblée ou dans une cérémonie publique, le lieutenant civil avait la préséance sur son collègue, mais sans aucune autorité ni subordination hiérarchique de l'un à l'autre.

Peu de temps après, le roi, désirant affaiblir l'influence du Parlement et soumettre tous les services de la sûreté publique à une centralisation vigoureuse, conféra à d'Argenson les fonctions de lieutenant général de la police. Ce magistrat devint ainsi l'homme du roi et servit ses desseins systématiques en concentrant entre ses mains exclusivement cette branche importante de l'administration. Il fut aussi l'instrument dont usa le prince pour diminuer l'action du Parlement sur les actes de l'administration. En 1673 un édit subordonna à l'enregistrement préalable l'usage de l'antique droit de remontrance de cette compagnie sur les ordonnances et décrets de l'autorité souveraine qui lui étaient présentés. Par cette annulation implicite d'un droit de *veto* provisoire dont elle avait toujours joui, la cour suprême se vit privée désormais de toute participation à la confection des lois. Les lieutenants généraux de police portèrent le dernier coup à son influence administrative; encouragés dans cette voie par le roi lui-même, ils affectèrent constamment envers l'ordre judiciaire une sorte d'indépendance, au moins pour tout ce qui n'était pas du domaine réglementaire.

On considérait depuis longtemps, non-seulement comme une superfétation, mais encore comme un obstacle au maintien de l'ordre public dans la ville, les diverses justices seigneuriales et extraordinaires qui partageaient la répression des délits avec le Châtelet. Jusqu'à ce moment les efforts incessants de ceux qui jouissaient de ces droits de juridiction avaient rendues vaines les différentes tentatives des souverains pour s'en emparer et étaient parvenus à maintenir les choses dans le même état. Louis XIV, après de nombreux efforts et en dépit des résistances, opéra cette importante amélioration en incorporant toutes les justices à celle du Châtelet.

Vers le même temps le roi, par un édit spécial, rangea les charges de quarteniers parmi celles qui devaient être considérées comme offices et acquises moyennant finances. Aux termes de cet édit, qui nous donne un spécimen du régime fiscal du règne, toutes les charges attenantes à l'hôtel de ville furent érigées en offices; les conseillers de ville, les procureurs du roi de la ville et le receveur, les visiteurs et compteurs de bois furent soumis à cette condition; on excepta seulement la fonction de prévôt des marchands et des échevins; mais, comme on le verra ci-après, au lieu d'être élus par des conseillers de ville et des quarteniers choisis par les bourgeois de leurs quartiers, ils le furent par des électeurs ayant acheté une charge qui leur donnait le droit de les élire. Le système électif fut complétement changé, et le droit de bourgeoisie devint à peu près illusoire.

Un autre édit, auquel est également attaché le nom de Louis XIV, nomma quarante commissaires, contrôleurs généraux de la police de l'hôtel de ville de Paris, « lesquels, dit l'édit, porteront robes courtes; et ensemble cent aides aux jurés mouleurs, compteurs, cordeurs et visiteurs de bois audit Paris, avec dispense à tous lesdits officiers d'aller en personne résigner leurs offices audit hôtel. » Dans les années suivantes on continua encore de créer d'autres offices; la plupart n'avaient pas d'utilité. Louis XIV battait monnaie avec ces créations, qui ne dépendaient plus en réalité de l'hôtel de ville et qu'on lui imposait. Le public faisait les frais de toutes ces charges, lui qui ne pouvait acheter ni bois, ni vin, ni charbon sans passer par les mains des compteurs, des mesureurs, des cordeurs.

Louis XIV, de plus en plus désireux d'absorber tous les pouvoirs qui pouvaient conserver encore une espèce d'indépendance, s'empara également de la nomination des maires et des officiers municipaux; peu à peu ces magistrats perdirent partout leur caractère de représentants de la commune pour devenir purement et simplement fonctionnaires et officiers du roi. Paris et Lyon conservèrent leurs prévôts des marchands; mais ces magistrats reçurent leur investiture du pouvoir royal, et leur autorité cessa ainsi d'émaner d'une source populaire. A Paris les échevins seuls, au nombre de quatre, furent nommés par l'élection, mais par une élection si restreinte qu'elle était à peine digne de ce nom. C'était, en effet, le conseil général de la ville qui devait exercer le droit électoral, et ce conseil était composé du bureau de la ville, de vingt-six conseillers formant le conseil ordinaire, de seize quarteniers et de trente-deux notables seulement, choisis par les quarteniers dans leurs quartiers respectifs. On prenait le premier échevin parmi les conseillers de ville, le second parmi les quarteniers, et les deux autres dans les bourgeois notables. Les fonctions d'échevin duraient deux ans, aussi bien que celles de prévôt des marchands; mais, d'ordinaire, l'autorité royale prorogeait ce dernier dans sa charge pendant six années.

On se plaignait depuis longtemps des inégalités choquantes que présentait la division des différents quartiers de la ville, ainsi que des graves inconvénients qui en résultaient, soit pour l'action de la police, soit pour la perception des impôts. Afin de faire cesser cet état de choses, le gouvernement porta, vers l'année 1672, le nombre de ces quartiers de dix-sept à vingt; il eut soin de distribuer les rues, dans chacun d'eux, d'une manière plus régulière, et d'y répartir aussi plus exactement la population. A cette occasion Paris reçut quelques accroissements partiels vers ses barrières.

Louis XIV ôtait à la ville de Paris ses véritables droits municipaux, et, pour la dédommager, il caressait la vanité de ses édiles; ainsi, en 1705, il accorda au prévôt des marchands le titre de chevalier, et les honneurs et privilèges de la noblesse aux échevins, au procureur, au greffier et au receveur de la ville; par un autre édit de 1715 ces priviléges leur furent retirés. Ces titres de noblesse, accordés par Louis XIV au prévôt des marchands et aux échevins, flattaient la vanité de quelques familles de la bourgeoisie sans offrir la moindre compensation aux droits réels qu'on avait enlevés aux Parisiens.

La ville n'avait dans l'origine qu'un receveur de finances; la création des rentes, sous François Ier, augmenta l'importance de ces fonctions. En 1517 on créa, pour lui venir en aide, deux contrôleurs des rentes. La ville s'émut alors de cette création et fit des remontrances; on passa outre; les charges avaient été érigées en offices moyennant finances, ce qui portait atteinte aux usages de l'hôtel de ville, qui jusqu'alors avait choisi son receveur. Sous Louis XIV on créa jusqu'à quarante-trois charges de contrôleurs et receveurs des finances ; le roi ne se contenta pas de se procurer ainsi de l'argent en créant sans cesse de nouveaux offices; il ne cessa aussi de faire des emprunts.

Il alla jusqu'à faire contribuer Paris pour deux millions de livres pour la construction du château de Versailles. Jusqu'alors la ville avait voté des fonds pour armer des soldats, pour fondre des canons, pour fournir des vivres aux troupes dans les besoins pressants de l'État; jamais aucun roi de France ne lui avait demandé des fonds pour faire élever une demeure royale, et surtout une demeure située hors Paris. « Les édits bursaux, nous dit le président Hénault, se multiplièrent à l'infini. En 1702 on voyait paraître toutes les semaines édits bursaux, rentes viagères, création de nobles, de chevaliers en France; nouvelles rentes sur la ville au denier seize, nouveaux gages, caisse d'emprunts, vente des emplois de commissaires de marine au plus offrant. » Et pourtant l'argent manquait toujours; on n'en trouvait même pas pour les travaux les plus urgents.

Plus d'une fois, pour se procurer ces fonds nécessaires aux constructions municipales, on s'était vu dans la nécessité de recourir à des expédients dont nos pères ne s'étaient point toujours avisés.

« Voyant, dit Félibien, dans quel embarras d'argent on se trouvoit pour faire bâtir le pont des Tuileries, un nommé Laurent Tontin imagina une banque ou espèce de loterie pour l'établissement de laquelle il obtint des lettres patentes au mois de décembre. Le fonds de la banque devoit être composé de cinquante mille billets chacun de deux louis d'or, ce qui devoit produire la somme de douze cent mille livres, sur laquelle on devoit prendre cinq cent quarante mille livres pour la construction du pont et d'une nouvelle pompe. Le sieur Tontin, dans toute cette affaire, ne s'oublia pas; car il s'étoit réservé une somme assez ronde, « tant, étoit-il dit « dans l'acte de création de sa banque, *pour son droit* « *d'avis* que pour les frais de son établissement et sa di- « rection; » cette somme ne s'élevoit ni plus ni moins qu'à soixante mille livres. Le tout payé, le sieur Tontin désintéressé, il restoit cinq cent mille livres, qui devoient être partagées en douze cent quinze lots, parmi lesquels il y avoit le *gros lot* de trente mille livres, quatre de dix mille, dix de trois mille, deux cents de cinq cents livres, et mille valant trois cents livres chacun. L'on devoit joindre la somme de quarante-huit mille sept cent quatre-vingt-cinq blancs aux douze cent quinze billets contenant les lots mentionnés plus haut, pour faire le nombre de cinquante mille billets, et tous les billets devoient être paraphés par le lieutenant civil et par le sieur Tontin, en présence du maréchal de l'Hôpital, gouverneur de Paris, du prévôt des marchands et de M. de Brienne, secrétaire général des commandements du roi, ainsi que de divers autres personnages fort éminents. Les cinquante mille billets devoient être déposés dans un coffre fermant à quatre

clefs, scellé par le lieutenant civil, et les quatre clefs données au maréchal de l'Hôpital, au prévôt des marchands, au comte de Brienne et aux officiers du roi au Châtelet. »
On voit que le coffre était mis à l'abri de toute mauvaise convoitise, et que les quatre clefs ne pouvaient pas être entre des mains plus sûres; et cependant, pour donner pleine et entière confiance, il devait être déposé dans l'hôtel de ville et surveillé de très-près par MM. les archers, et on devait l'ouvrir, le moment du tirage venu, au grand bureau des pauvres de la Grève.

Ceux qui voulaient prendre part à cette loterie devaient aller faire leur déclaration chez le lieutenant civil, qui enregistrait leurs soumissions; ils allaient ensuite les acquitter au bureau de l'hôtel de ville. On devait tirer la loterie quand le nombre des soumissions serait parvenu à cinquante mille. Le sieur Tontin avait cru devoir aussi annoncer que ce serait un enfant de douze à quatorze ans qui prendrait un des cinquante mille billets à mesure qu'on ferait lecture des soumissions, selon la date des enregistrements, et les bons billets devaient être payés sur-le-champ. Malheureusement les souscripteurs ne vinrent pas, et, la loterie n'ayant été ni remplie ni tirée, le pont fut rebâti en bois, et l'ingénieux Tontin n'eut pas les soixante mille livres qu'il espérait toucher.

On n'avait pas encore rebâti le pont des Tuileries quand la Seine, dans un débordement désastreux, entraîna avec elle bateaux, quais, maisons, et le pont Marie, qui s'écroula en partie, avec les maisons qu'il portait. Il périt dans ces accidents environ soixante personnes qu'on ne put secourir.

Parmi les incidents qui, sous le règne de Louis XIV,

marquèrent les annales de Paris, nous mentionnerons le voyage de Christine de Suède.

Cette princesse fit son entrée solennelle sur un cheval blanc, couvert d'une housse en broderie d'or et d'argent, les pistolets à l'arçon, avec les chaperons en broderie. La reine Christine était habillée d'un justaucorps d'écarlate, et d'une jupe dont la broderie d'or et d'argent paraissait avec éclat ; son chapeau était garni de plumes noires ; elle avait une petite canne à la main.

Le roi avait envoyé le duc de Guise au-devant d'elle, pour la conduire. A son arrivée au faubourg Saint-Antoine elle trouva la bourgeoisie parisienne sous les armes, au nombre de plus de quinze mille hommes, en tout trente-deux compagnies. Le maréchal de l'Hôpital, gouverneur de Paris, et le prévôt des marchands, avec le corps de ville, l'attendaient à la porte Saint-Antoine. Ils descendirent de cheval dès qu'ils l'aperçurent, la saluèrent et lui présentèrent le dais, qu'elle ne voulut pas accepter. Il fut porté devant elle par les quatre échevins, et successivement par les corps des marchands. Les trois cents archers de la ville marchaient en tête du cortége, puis les gardes du gouverneur et les officiers du corps de ville ; les six corps de marchands suivaient ; après venaient les quarteniers et les conseillers de la ville, le procureur du roi, le greffier, le receveur, les échevins, le prévôt des marchands et le gouverneur, qui précédaient immédiatement la reine ; le duc de Guise marchait à côté, un peu au-dessous d'elle. On la conduisit ainsi en grande pompe à l'église cathédrale de Notre-Dame ; on chanta un *Te Deum* ; le clergé l'accompagna jusqu'à la porte de l'église, et là elle monta dans une calèche découverte et se rendit au Louvre, où le roi avait fait préparer pour elle des appartements. Il y eut alors dans la soirée de nombreuses réceptions et force compliments. Pendant le séjour qu'elle fit à Paris, cette princesse, qui cultivait les lettres avec succès, voulut faire visite à l'Académie française, à laquelle, deux années auparavant, elle avait envoyé son portrait comme témoignage d'estime. L'Académie française la reçut avec toutes les marques d'honneur et de respect dus à son rang. Olivier Patru, avocat au parlement et l'un des plus célèbres membres de l'Académie française, la complimenta au nom de toute la compagnie.

Bien qu'il n'aimât guère la capitale de la France, et malgré les souvenirs de la Fronde, le roi accepta, en 1687, un banquet qui lui fut offert, le 30 janvier, par l'hôtel de ville. Ce jour-là, disent les historiens, le le roi, après avoir entendu la messe à Notre-Dame, se rendit à l'hôtel de ville, accompagné du Dauphin et de la Dauphine, des princes et des princesses, de plusieurs seigneurs et dames de la cour. Le prévôt des marchands, les échevins, le procureur du roi, le greffier et le receveur de la ville, tous vêtus de robes de velours, vinrent le recevoir à la porte de l'hôtel de ville et le conduisirent ensuite à la grande salle, où l'on avait dressé une table de cinquante-cinq couverts. Le prévôt des marchands servit le roi; Geofroy, premier échevin, servit le Dauphin; la présidente de Fourcy servit la Dauphine; Monsieur fut servi par le second échevin, et le dernier échevin servit le duc de Chartres. Jusqu'alors nous n'avons vu nulle part que messieurs du corps de ville se soient montrés assez courtisans pour se transformer ainsi en valets servants des rois. Nous avons pu remarquer, au contraire, que Louis XI, revenant de la bataille de Montlhéry, avait admis à sa table les dames bourgeoises de Paris; mais sous Louis XIV l'adulation était à son comble; les lois de l'étiquette étaient frappées au coin de la plus déplorable vanité, et chacun s'empressait d'y souscrire. Ainsi, à ce dîner, ce fut le prévôt des marchands qui servit le roi. Les autres princes et princesses furent servis par les conseillers de ville et les quarteniers; les dames de la même table reçurent le même honneur. Après le repas le roi se mit à la fenêtre de l'hôtel de ville pour se montrer à une foule de peuple qui était venu à la Grève, nous dit Félibien, pour profiter des fontaines de vin qui coulèrent tout le long du jour et des viandes qui furent distribuées. Le roi se rendit ensuite à la place des Victoires, pour y voir sa statue que le maréchal de la Feuillade y avait érigée.

Le roi, le jour même où il alla dîner à l'hôtel de ville, demanda à la prévôté des marchands de changer diverses inscriptions qui se trouvaient encore dans la cour de cet hôtel de ville; elles rappelaient sans doute des victoires de Louis XIV, mais elles faisaient aussi allusion aux principaux événements de la Fronde, dont l'hôtel de ville avait été, comme nous l'avons vu, le théâtre.

Ainsi, en souvenir de la commotion populaire pendant laquelle la porte d'entrée de l'hôtel de ville avait été livrée aux flammes, le sculpteur Gilles avait représenté Louis XIV, le sceptre en main, foulant aux pieds la Discorde; on avait mis aussi une inscription au-dessus de la grande porte d'entrée, au bas de la statue équestre de Henri IV; elle était en latin; voici le sens :

« Détruite, par le fer et le feu, le 4 juillet 1653, sous

« le règne de Louis XIV; Antoine Lefèvre, prévôt
« des marchands. » Venaient ensuite les noms des échevins.

Enfin divers travaux furent exécutés dans l'intérieur de l'hôtel de ville; l'inscription de la grande porte d'entrée fut remplacée par celle-ci : *Sub Ludovico Magno, felicitas urbis* (sous Louis le Grand, prospérité de la ville). On changea aussi la statue de Louis XIV foulant aux pieds la Discorde, qui avait été exécutée par Gilles Guérin, et on en fit cadeau au président de Fourcy, prévôt des marchands, qui l'envoya dans sa maison de Chessy. Celle qui l'a remplacée existe encore aujourd'hui, et représente Louis XIV en pied, dans le costume des triomphateurs romains, appuyé d'une main sur un faisceau d'armes qui s'élève du milieu du trophée, et qui, de l'autre main, semble donner des ordres. Ce bronze, œuvre de l'illustre sculpteur Coysevox, donnait à Louis XIV un vêtement tout à fait romain, et, en outre, une énorme perruque, calquée sur celle que portait le roi. C'était là un singulier anachronisme.

La figure, toute de bronze, était considérée comme un chef-d'œuvre. Le piédestal qui portait la figure était blanc, et les faces étaient chargées de deux bas-reliefs et de deux inscriptions.

Le premier des bas-reliefs représentait ce que le roi avait fait en 1662 pour soulager le peuple au temps d'une grande disette; la piété royale y distribuait du pain et d'autres aliments à des pauvres affamés.

L'autre bas-relief faisait voir la religion triomphant de l'hérésie, qu'elle foudroyait. Ce morceau faisait allusion à la révocation de l'édit de Nantes.

On avait mis sous le piédestal de la statue deux inscriptions gravées sur des lames de cuivre, avec des médailles, comme on a l'usage de faire quand on pose les premières pierres des monuments publics; l'une de ces inscriptions était en latin, et l'autre, qui en était la traduction fidèle, en français. Elle portait ce qui suit : « La ville de Paris a fait dresser ce monument éternel de son respect, de sa fidélité, de sa reconnaissance, dans cet hôtel public de ses assemblées, pour conserver la mémoire de l'honneur que lui fit Louis le Grand, le 30° jour de janvier de l'année 1687, y dînant avec toute la maison royale, servi par les prévôt des marchands, échevins, conseillers et quarteniers, après avoir rendu à Dieu, dans l'église métropolitaine de Notre-Dame, de solennelles actions de grâces pour le recouvrement de sa santé, que tous nos citoyens avoient demandé au Ciel par de très-instantes prières. »

Sur la frise du marbre qui régnait au pourtour de la cour où était la statue de Louis XIV, un assez grand nombre d'inscriptions rappelaient les grandes époques du règne.

Sous le gouvernement de Louis XIV, et en dépit des splendeurs qui rayonnaient du trône, Paris fut affligé par des fléaux dont le plus fréquent et le plus redoutable était la disette. Le roi, conseillé par Colbert, s'attachait à procurer des soulagements au peuple pauvre. On faisait annoncer, à son de trompe ou par des affiches, des distributions de pain à bon marché; elles avaient lieu en même temps au Louvre, aux Tuileries, au Luxembourg, à la Bastille et sur plusieurs autres points de la ville. On les payait sur la cassette du prince, de même qu'une partie des secours remis par les curés aux pauvres honteux de leurs paroisses. Autant que les localités de l'Hôpital général le permettaient, on y logeait et on y nourrissait, pendant les disettes, les mendiants étrangers à la ville. Ceux qui, faute de place dans l'hospice, se trouvaient sans asile, étaient renvoyés dans leurs provinces. Sous la forte impulsion du roi et la direction de Colbert, on voyait l'administration déployer, durant les crises, un dévouement sans bornes, ainsi qu'une fécondité inépuisable de moyens pour combattre le fléau. Plusieurs fois un instinct irréfléchi vint mettre en avant l'idée de soumettre le prix des grains à un maximum; mais le bon sens finit toujours par prévaloir et par la faire écarter. Les grandes assemblées de police que l'on convoquait à Paris dans les temps de calamité rendirent constamment, par leurs lumières et leur zèle, les services les plus éminents au pays tout entier. Colbert joua un rôle capital dans celle qui se tint chez le chancelier Séguier, au mois d'avril 1662.

A Paris des dispositions sages et bien calculées de l'autorité administrative vinrent régler tout ce qui concernait les autres natures d'approvisionnement. Colbert fit transférer à Sceaux, sur un terrain qui lui appartenait, la foire et le marché qu'on avait tenus jusqu'alors à Bourg-la-Reine pour la vente des bestiaux. Un marché du même genre existait déjà à Poissy; il continua de subsister, concurremment avec celui de Sceaux. Dans l'un et dans l'autre on vendit toutes sortes de bestiaux destinés spécialement à l'approvisionnement de la capitale. Des règlements attribuèrent au lieutenant général de police la connaissance des différends fort nombreux qui s'élevaient entre les bouchers de Paris et les marchands forains. Ces derniers restaient garants, pendant neuf jours, de la mort des bœufs qu'ils vendaient; les bouchers, de leur côté, furent astreints à payer aux forains le prix de leur marchandise en argent comptant ou en billets à courte échéance. Cette condition était gênante et souvent fort onéreuse; elle ne tarda pas à rendre difficiles des transactions qui, de leur nature, doivent être promptes et aisées. Pour lever toutes difficultés sur ce point, on créa, près du marché de Poissy, une bourse ou caisse de crédit destinée à pourvoir au payement immédiat des marchands forains. Cette institution, qui a résisté jusqu'ici à de nombreuses vicissitudes, fut dès lors un bienfait pour les marchands de bestiaux aussi bien que pour les bouchers de Paris.

Malgré la sagesse des règlements qui s'étaient succédé, le régime des abattoirs ne s'était pas amélioré, à Paris, sous Louis XIV. On en avait construit quelques-uns dans les faubourgs; mais un grand nombre de bouchers tuaient encore les bestiaux dans l'intérieur de la ville. Leurs intrigues et une force d'inertie désespérante avaient fait échouer constamment les réclamations incessantes du public (1).

Le Parlement déploya un grand zèle durant une maladie contagieuse qui vint affliger Paris et ses environs en 1668; elle ordonna aux médecins, apothicaires et chirurgiens de la ville et des faubourgs, sous des peines sévères, de déclarer aux commissaires de leurs quartiers respectifs les noms de toutes les personnes qui seraient attaquées de la contagion. Ceux qui avaient eu des com-

---

(1) M. A.-J. Meindre.

munications avec les malades étaient conduits dans une maison particulière appartenant au président Musnier, près de l'hôpital Saint-Louis. A cette occasion il fut défendu de tenir la foire du Landit. Les autres bonnes mesures sanitaires et hygiéniques que l'on prit partout dans la ville ne tardèrent pas à en chasser le fléau avant qu'il eût pu faire de grands ravages.

Vers la fin du dix-septième siècle, et la période de bonheur du règne s'étant éteinte pour faire place à la période d'épreuves, Paris fut de nouveau consterné par les ravages de la disette et par des maladies contagieuses. L'administration prit des mesures efficaces pour secourir la population souffrante. Des règlements sévères défendirent aux mendiants de se répandre dans la ville ; l'on forma des ateliers publics de travail où furent envoyés tous les nécessiteux valides. Les nombreux établissements hospitaliers, les monastères et les diverses communautés reçurent les invalides des deux sexes. Le roi fit distribuer cent mille livres de pain par jour, à raison de deux sous la livre; il fit venir, en outre, des quantités prodigieuses de riz, que l'on vendit aussi à bas prix. Par ses ordres on construisit au Louvre trente fours qui ne cessaient ni nuit ni jour de cuire du pain. Sur toutes les paroisses le haut et le bas clergé, les ordres religieux et les personnes charitables rivalisaient de zèle pour soulager les pauvres et faire parvenir des secours précieux jusqu'au fond des réduits où se tenait souvent cachée la misère honteuse. Il y avait près de six mille malades à l'Hôtel-Dieu ; comme la place y manquait, et qu'on était forcé d'en mettre quelquefois jusqu'à douze dans le même lit, on se hâta d'ouvrir l'hôpital Saint-Louis, qui en reçut un grand nombre. Dans cette calamité publique la ville, comme à l'ordinaire, eut recours à la protection de sainte Geneviève; l'on descendit sa châsse, et on la porta solennellement dans une procession générale à laquelle prit part la plus grande partie de la population. Peu à peu les deux fléaux finirent par céder aux moyens prompts et énergiques que l'on prit pour les combattre.

Après les troubles de la Fronde, qui avait augmenté dans la ville ses éléments de désordre, on avait vu Paris infesté plus que jamais de filous, de faux monnayeurs, de coupe-jarrets, de soldats vagabonds et de valets tapageurs (1); de plus, les *Cours des Miracles* vomissaient chaque matin une armée de trente mille mendiants invalides et affectant des infirmités, lesquels s'étaient organisés en *royaume* « et vivoient, dit un écrit du temps, comme païens dans le christianisme, en adultère, en concubinage, en mélange et communauté de sexes, puisant l'abomination avec le lait, ayant le larcin par l'habitude et l'impiété par nature, faisant commerce des pauvres enfants, enfin étant tels que parmi eux il n'y a plus d'intégrité du sexe après l'âge de cinq à six ans. »

On pendait, on rompait, on décapitait les voleurs et les assassins avec une incroyable et barbare facilité; toutes les rues, toutes les places étaient, chacune à son tour, ensanglantées par des supplices; c'était le spectacle de tous les jours, spectacle fort couru, fort goûté du peu-

---

(1) On connaît ces vers de Boileau :

Sitôt que de la nuit les ombres pacifiques
D'un double cadenas font fermer les boutiques...
Les voleurs à l'instant s'emparent de la ville;
Le bois le plus funeste et le moins fréquenté
Est auprès de Paris un lieu de sûreté..

ple et même des grands (1); « mais, dit Guy Patin, on a beau pendre les voleurs, on ne sauroit en tarir la source. »

L'administration, surveillée par Colbert, énergiquement stimulée par Louis XIV, ne se montra point découragée par l'opiniâtre persévérance des malfaiteurs. On multiplia les mesures de police; on confia la garde de la ville au régiment des Gardes-Françaises, qui se recrutait presque entièrement d'enfants de Paris, et on leur bâtit des casernes. On inventa les pompes à incendie, les voitures publiques appelées *fiacres* (2), qui succédèrent à celles que nous appelons aujourd'hui *omnibus*, dont la première idée est attribuée à Pascal (3). On fit les premières ordonnances sanitaires relatives aux prostituées, et l'on ouvrit un premier hôpital pour ces malheureuses. On créa la halle aux Vins, le marché de Sceaux, la caisse de Poissy, et, n'eût été la crainte de l'enchérissement de la viande, on eût fait des abattoirs. « Le roi a dit, raconte Guy Patin,

(1) Voir les *Lettres de Madame de Sévigné* sur les supplices de la Brinvilliers et de la Voisin. La foule qui assistait aux exécutions était si grande qu'il y avait souvent des gens étouffés.

(2) On les appela ainsi, soit de la maison où elles s'établirent, rue Saint-Martin, et qui avait pour enseigne Saint-Fiacre, soit d'un moine des Petits-Pères, nommé Fiacre, qui mourut, vers ce temps, en odeur de sainteté, et dont on mit l'image dans ces voitures *pour les préserver d'accidents.*

(3) « En 1660, dit un almanach, on établit à Paris des carrosses à cinq sous par place; ils partoient à différentes heures marquées pour aller d'un quartier à l'autre, et ressembloient aux coches et diligences dont on se sert aujourd'hui sur les routes. » Ces voitures eurent d'abord une grande vogue, mais, étant mal administrées, elles ne réussirent pas. En 1662 il y avait trois lignes de *carrosses à cinq sous* : la première, de la porte Saint-Antoine au Louvre; la deuxième, de la place Royale à Saint-Roch; la troisième, de la porte Montmartre au Luxembourg.

qu'il veut faire de Paris ce qu'Auguste fit de Rome : *Lateritiam reperi, marmoream relinquo.....* Aussi on travaille diligemment à nettoyer les rues, qui ne furent jamais si belles; on exécute la police sur les ravaudeuses et savetiers qui occupent des lieux qui incommodent le passage public; on visite les maisons et l'on en chasse les vagabonds et gens inutiles; on établit un grand ordre contre les filous et les voleurs de nuit (1). »

Enfin « il y avoit plusieurs soldats et même des gardes du corps qui, dans Paris et sur les chemins voisins, prenoient par force des gens qu'ils croyoient être en état de servir et les menoient dans des maisons qu'ils avoient pour cela dans Paris, où ils les enfermoient et ensuite les vendoient malgré eux aux officiers qui faisoient les recrues. Ces maisons s'appeloient des *fours*. Le roi, averti de ces violences, a commandé qu'on arrêtât tous ces gens-là et qu'on leur fît leur procès. Il ne veut point qu'on enrôle personne par force. On prétend qu'il y avoit vingt-huit de ces *fours* dans Paris (2), » lesquels ne servaient pas seulement à retenir les hommes à vendre comme recrues, ils servaient encore à renfermer des femmes et des enfants

---

(1) *Lettres*, t. 3, p. 619 et suiv. La grande voirie fut alors confiée à deux magistrats financiers qu'on appelait *trésoriers de France*. « Elle se bornait, dit M. de Chabrol-Volvic, à la haute surveillance de la solidité des constructions, à la prohibition des étalages extérieurs et à l'exécution de quelques règlements de salubrité. Quant aux alignements à suivre pour les constructions nouvelles, ils étaient en quelque sorte indiqués sur place par l'examen isolé des lieux. On n'était pas alors frappé, comme aujourd'hui, de la nécessité de subordonner toutes ces décisions à un projet général et fixe qui eût pour but l'assainissement et l'embellissement de la capitale. » (*Recherches statistiques sur Paris.*)

(2) *Journal de Dangeau*, t. V, p. 168.

que l'on enlevait pour les vendre et les envoyer en Amérique.

Grâce à ces importantes innovations, grâce surtout au gouvernement vigoureux de Louis XIV, Paris jouit pendant tout son règne, et malgré les désastres qui en marquèrent la fin, d'une sécurité jusqu'alors inconnue.

Par malheur, l'établissement ou le maintien du despotisme, déjà inauguré par Richelieu, fit durement acheter par la France et Paris ce bien-être et ces progrès matériels. Le despotisme était entré dans les nécessités de cette époque. La France, travaillée par un siècle de convulsions politiques et religieuses, avait soif d'ordre et de renommée. Les partis s'étaient usés par la guerre ou le frottement ; le protestantisme était humilié, l'aristocratie déchue, la féodalité détruite, l'étranger vaincu ; mais toutes ces victoires avaient été obtenues au prix des plus douloureux sacrifices, et il y avait au dedans plus de ruines éparses que de véritables éléments de prospérité.

Le roi aimait à s'entourer d'une élite de courtisans, humiliant à ses pieds les traditions du pouvoir féodal. Tout dans ses habitudes, dans ses volontés et dans ses actes, était empreint d'une grandeur théâtrale, un peu froide dans son uniformité. Les monuments de cette époque eux-mêmes gardent un caractère de régularité grandiose qui les fait concourir à la gloire du règne. On ne peut les considérer sans être frappé de cette majesté grave, et cependant assez triste, que le roi lui-même portait empreinte sur sa figure et qu'il a imposée à toutes les œuvres de son temps. Dans la pensée de Louis XIV, les choses de l'art devaient être politiquement dignes du souverain et du pays par leur destination et leur aspect, et plus admirées de la foule que de ceux dont le talent consiste à apprécier le fini des accessoires. Dans ce système, la grâce résultait plus des proportions et de l'harmonie des parties principales que de la profusion et de la coquetterie des ornements. Sans doute, quand l'artiste passait devant les sculptures de Jean Goujon et de Germain Pilon, un sentiment profond du beau s'éveillait en lui et le portait à juger avec dédain les travaux entrepris sous Louis XIV; mais en revanche le peuple, qui a ses instincts particuliers, se sentait fier de ces palais et de ces jardins si splendidement monotones qu'on élevait à Paris ou à Versailles pour la gloire du maître; il relevait la tête en entrant dans l'hôtel des Invalides, en mesurant des yeux la colonnade du Louvre, en retrouvant partout l'image classique de son roi, reproduit sous les traits d'Hercule, foulant aux pieds les nations enchaînées par ses victoires. L'architecture religieuse fut, pendant le dix-septième siècle, froide, correcte et monotone. Saint-Louis de la rue Saint-Antoine, Saint-Louis-en-l'Ile, Saint-Nicolas-du-Chardonnet, Saint-Jacques-du-Haut-Pas, Saint-Thomas-d'Aquin, le chœur et les nefs de Saint-Sulpice et de Saint-Roch donnent une idée complète de cet art, qui prétendit être original et prit même le nom d'*art français*, tandis qu'il n'était qu'une pâle imitation des monuments de l'Italie ancienne et moderne.

Paris, pendant la moitié du règne de Louis XIV, fut troublé par des conflits religieux dont nous ne rappelons qu'en passant le déplorable souvenir; ces luttes, ces réactions, ces résistances donnèrent lieu à des mesures de compression et de persécution que nos lois condamnent aujourd'hui et que nos mœurs réprouvent ; alors elles étaient dans les habitudes des gouvernements et des populations, et l'opinion publique, loin de les interdire, conspirait avec le pouvoir pour les réclamer.

Mais ce n'est point ici le lieu de raconter les longues querelles suscitées par le jansénisme et le calvinisme ; nous les avons rappelées dans des ouvrages historiques que nos lecteurs peuvent consulter ; elles se lient à l'histoire générale de notre pays, bien que Paris ait eu une grande part à ces luttes et se soit trouvé, d'une manière toute particulière, associé aux manifestations du jansénisme. A quoi bon réveiller des souvenirs qui fatiguent une génération désireuse d'émotions moins tristes ?

Le pouvoir intervint par la force pour comprimer toutes les révoltes religieuses. En même temps il déchira ce qui restait de l'édit de Nantes promulgué par Henri IV en faveur des protestants. De 1665 à 1685 il y eut un édit, vingt-deux déclarations et vingt-huit arrêts du conseil donnés tour à tour pour miner lentement le calvinisme. Ces actes divers portent l'empreinte des mœurs judiciaires d'une époque où la répression était cruelle, la prévention farouche ; le pouvoir s'y trouvait froidement en guerre contre une portion du peuple. Le prosélytisme, en religion comme en politique, cède à des entraînements dont, aux époques de calme ou d'indifférence, on se rendrait à peine compte ; le gouvernement de Louis XIV, acceptant la mission de convertisseur, chercha à faire des catholiques par tous les moyens dont usent les gens imbus de convictions inexorables : menaces, promesses, récompenses, châtiments, il ne négligea rien. C'est la marche ordinaire du zèle que la résistance irrite ;

et n'avons-nous pas vu, depuis un demi-siècle, les partis qui ont tour à tour dominé en France employer, pour propager leurs principes, la force, qui impose le silence et commande la résignation?

Les dernières années du règne de Louis XIV furent signalées par de grands désastres; la guerre, les défaites, la ruine du trésor, la disette et les intempéries furent autant de fléaux qui humilièrent le roi sans lasser son courage et sans abattre l'orgueil du peuple de Paris. Nous n'avons point, une fois encore, à raconter ces événements généraux. Durant le cours de ces calamités la capitale était aussi sombre que Versailles; la triste vieillesse de Louis XIV et de madame de Maintenon exerçait une fatale influence sur tous ceux qui les entouraient. De 1692 à 1694 une affreuse disette, suite des guerres continuelles et d'une mauvaise administration, se fit ressentir à Paris. Le Parlement fit travailler les mendiants valides, et ceux qui voulurent se soustraire à leurs tâches furent renfermés pendant quinze jours à Bicêtre ou à la Salpétrière; la récidive fut punie de cinq ans de galères. Le roi vint au secours du peuple, et il fit distribuer chaque jour cent mille livres de pain, à raison de deux sous la livre. Madame de Miramion, toujours active lorsqu'il s'agissait d'un acte de charité, seconda les vœux du monarque, et elle distribuait *six mille potages* aux pauvres honteux de sa paroisse. Enfin, ayant vu qu'il y avait à l'Hôtel-Dieu jusqu'à douze malades dans un même lit, elle en fit porter un grand nombre à l'hôpital Saint-Louis. En 1698 et 1699 la disette recommença, et elle fut accompagnée d'une atroce maladie. « C'était, dit un écrivain contemporain, un scorbut mêlé de cette cruelle peste dont le poëte Lucrèce a fait la description dans son VI⁰ livre. Enfin, en 1709, l'hiver, qui fut extrêmement rigoureux, fut suivi d'une nouvelle disette. Le scorbut exerçait toujours ses ravages; l'hôpital Saint-Louis était réservé pour ceux qui en étaient attaqués, et il y avait cependant en même temps quatre mille cinq cents malades à l'Hôtel-Dieu.

Dieu avait humilié Louis XIV; il étendit la main sur sa race. Les héritiers du grand roi moururent l'un après l'autre, à l'exception d'un arrière-petit-fils âgé de cinq ans, faible enfant à qui il était réservé d'échanger le berceau contre le trône. D'abord ce fut le Dauphin qui fut emporté par la petite vérole, puis le duc de Berri, puis la Dauphine, épouse du nouveau Dauphin (le duc de Bourgogne), princesse qui faisait les délices de la cour. Six jours après, son mari, le digne élève de Fénelon et l'espoir de la France, fut emporté par la même maladie; enfin, de deux enfants qu'ils laissaient après eux, l'aîné mourut, l'autre tomba gravement malade. C'était sur la tête débile de ce jeune prince que reposait l'avenir de la monarchie. On parlait d'empoisonnement; la malignité de la cour accusait le duc d'Orléans. Ce prince, dont les mœurs étaient dissolues, mais qui était incapable d'un crime, demanda que la Bastille lui fût ouverte; Louis XIV eut assez de grandeur d'âme pour résister à cette prière. Cependant, par précaution, il ordonna que le duc du Maine et le comte de Toulouse, ses fils illégitimes, fussent déclarés princes légitimes par arrêt du Parlement. Après cet outrage à la loi ce vieillard s'éteignit lui-même. Il vit approcher la mort avec la résignation d'un chrétien et le courage d'un roi; il expira sans ostentation et sans murmure, confessant ses fautes, et donnant à son successeur de sages conseils qui ne furent point suivis. Comme ceux qui entouraient son lit de mort fondaient en larmes, il leur dit : « M'avez-vous cru immortel ? » Un moment après il lui échappa de dire : « Quand j'étais roi. » Enfin il ajouta : « O mon Dieu! venez à mon aide, hâtez-vous de me secourir! » Ce furent ses dernières paroles jusqu'à sa mort, qui arriva le 1er septembre 1715. Il était âgé de soixante-dix-sept ans et en avait régné soixante-douze.

La populace insulta à ses dépouilles, et, quand il fallut porter à Saint-Denis le royal cadavre, on fut obligé de diriger le convoi funèbre par des rues écartées, afin de soustraire Louis XIV mort aux dernières ignominies. Pareils outrages avaient menacé les cendres de Colbert. Un jour vient où toute gloire passe par l'épreuve de la boue et la traverse sans en être souillée ; mais quatre-vingts ans ne s'étaient pas écoulés qu'une autre populace non moins vile, et bien autrement criminelle, se faisait l'héritière des malédictions sauvages de ses devanciers ; ce jour-là elle se transportait à Saint-Denis, et, au nom de la patrie, qui la répudiait, elle brisait le cercueil de Louis XIV et de cinquante rois et dispersait sur le sol leurs illustres ossements.

CHAPITRE III.

Développements et agrandissements de Paris sous Louis XIV. — Monuments publics. — Édifices civils.

Les registres de l'état civil n'étaient point tenus, sous Louis XIV, comme ils le sont de nos jours, et il est assez difficile, à l'aide des documents incomplets qui nous sont restés de cette époque, de se faire une idée fort exacte de la population de Paris vers la fin du dix-septième siècle. On s'accorde néanmoins à l'évaluer à quatre cent soixante mille âmes.

La ville s'était nécessairement agrandie. Dès le 28 janvier 1645 un arrêt du conseil avait ordonné de vendre, pour être couverts de constructions, tous les emplacements vides qui se trouvaient entre la porte Saint-Denis et la porte Saint-Honoré. Peu de temps après, les anciennes fortifications de Paris ayant été jugées inutiles, on commença à les abattre, d'abord sur la rive gauche, et à établir le long des fossés de la ville de nouvelles rues et de nouvelles maisons. Le quai de Nesle, appelé de nos jours quai Conti, était dépourvu de trottoirs et de parapets. Des travaux furent prescrits pour le continuer jusqu'à la rue du Bac, et on construisit alors le port de *Malacquest* (Malaquais). En 1704 on établit, au delà de la rue du Bac, le *quai de la Grenouillère*, plus tard appelé *quai d'Orsay*. Déjà on avait construit, aux extrémités occidentales de la cité, le *quai de l'Horloge* et le *quai des Orfèvres*; leur établissement précéda de peu celui du *quai*

Pelletier et du *quai de Gèvres*. Vers le même temps on construisit la porte Gaillon et la porte Sainte-Anne, qui furent démolies après avoir à peine subsisté un demi-siècle. On supprima la butte Saint-Roch; on construisit les ports de Bellefonds et du Pertuis; on abattit la porte Saint-Bernard ou de la Tournelle, et l'on éleva sur son emplacement un arc de triomphe à deux arcades. Sur la rive droite on commença la belle ligne plantée d'arbres qui devait bientôt s'étendre de la porte Saint-Antoine jusqu'à la porte Saint-Martin, et qui forme aujourd'hui cette partie de nos boulevards intérieurs. A côté du Cours-la-Reine on planta les allées et les contre-allées, de diverses largeurs, dont se compose la promenade magnifique des Champs-Élysées. Par suite de l'exécution d'un plan d'assainissement et d'agrandissement, les hôtels de Nemours et de Luynes étaient démolis. Sur les ruines de l'un on ouvrait la rue de Savoie, et à la place de l'autre l'on construisait les maisons formant aujourd'hui la continuation du quai des Augustins. On élargissait ensuite les rues des Arcis, Galande, de la Vieille-Draperie, et l'on en formait une nouvelle qui devait traverser le fossé de la ville devant le grand portail des Cordeliers. On démolissait en même temps les portes de Bucy et de Saint-Germain et l'on abattait la porte Dauphine. Il s'agissait d'éloigner du centre de la ville les tanneries et les teintureries qui bordaient le fleuve depuis la Grève jusqu'au Grand-Châtelet; un édit royal ordonna que les teinturiers et les tanneurs iraient s'établir au faubourg Saint-Marcel et à Chaillot. L'on continua dès lors les constructions du quai de Gèvres, sur la partie de la rive qu'ils laissaient libre, depuis la culée de la première arche du pont Notre-Dame jusqu'au quai placé derrière les maisons de la rue de la Tannerie. En même temps on commença un mur, large de douze mètres, qui devait s'étendre de la porte Saint-Victor à la porte Saint-Bernard. L'on en démolit un autre sur le quai du port au Foin, et l'on forma un abreuvoir le long du mur du quai aux Ormes. Afin de mettre en communication avec le boulevard la place Royale, ainsi que les rues de Paradis et des Francs-Bourgeois, dans le quartier du Marais, l'on ouvrit une rue nouvelle à travers la rue des Tournelles, vis-à-vis le pavillon de la place Royale. Peu de temps après la porte Saint-Martin fut élevée, sur les dessins de Pierre Bulet, de même que la porte Saint-Louis, ainsi appelée à cause de l'hôpital de ce nom.

L'île Louviers appartenait au sieur d'Entragues; la ville l'avait prise à bail, dans l'intention d'y construire un port pour la décharge des marchandises. On y avait déjà fait un pont en bois qui la mettait en communication avec la rive droite de la Seine. Afin de pouvoir en disposer plus librement et de couper court à de nombreux procès qui ne manquaient pas de s'engager chaque année, une ordonnance royale, du mois d'octobre 1671, permit au corps municipal d'en faire l'acquisition.

L'augmentation continuelle de la population faisait prendre à la ville, vers ses faubourgs, un accroissement incessant et peu réglé; chaque jour voyait s'élever des constructions nouvelles à ses extrémités, et la police, malgré son activité, avait beaucoup de peine à y maintenir une surveillance suffisante. Afin de faire cesser cet état de choses, qui compromettait la sûreté publique, le roi renouvela, en 1672, les ordonnances successives de Henri II et de Louis XIII, qui défendaient de bâtir, à Paris, au delà de certaines limites déterminées. La même année le village de Passy fut érigé en paroisse. Dans le courant de 1671 des lettres patentes étaient venues confirmer la plupart des anciens priviléges que la ville avait obtenus successivement, et d'âge en âge, des rois de France prédécesseurs de Louis XIV. D'autres lettres patentes avaient déchargé les habitants du faubourg Saint-Germain de l'obligation de fournir le logement à la première compagnie des mousquetaires à cheval de la garde royale, et avaient établi cette troupe dans une caserne dite *hôtel des Mousquetaires*, que l'on venait de construire près du pont des Tuileries, sur la rive gauche du fleuve. Dans le même temps le premier président de Harlai, ayant obtenu du roi la concession du jardin du Bailliage, avait fait exécuter, en échange, plusieurs ouvrages importants pour la décoration intérieure et extérieure du Palais de Justice, dans la Cité, comme des escaliers, des galeries, des salles et une nouvelle rue qui portait son nom et longeait le côté occidental du monument. De nos jours ces dernières constructions, depuis longtemps vieillies, tombent sous le marteau des démolisseurs et ne vont pas tarder à disparaître, aussi bien que la place Dauphine, pour faire place à une nouvelle préfecture et à la façade occidentale du Palais de Justice. Ces vastes travaux, à peine commencés, se rattachent à la transformation de la Cité, ce berceau de Paris, dont la physionomie est déjà à ce point changée que la génération actuelle ignorera bientôt ce que fut cet étrange et pittoresque quartier durant quatorze siècles.

Sur la rive droite on n'avait pas tardé à entreprendre

la démolition des remparts de Paris; on comblait les fossés, et les faubourgs n'étaient plus séparés de la ville que par la belle ligne des boulevards plantée d'arbres qui se prolongeait déjà jusqu'à la porte Poissonnière et ne devait pas tarder à être poussée jusqu'à la Porte Saint-Honoré. L'exécution de cette promenade, qui allait devenir bientôt la grande artère de Paris, avait rendu nécessaire la démolition de l'ancienne porte du Temple; d'après un arrêt du conseil, on en éleva une autre sur le même point, mais au delà de la ligne des arbres. L'on fit en même temps les premiers travaux pour la formation de la place des Victoires, dans la rue des Fossés-Montmartre, et il fut décidé qu'on y placerait la statue du roi. Près du Pont-Neuf on continua la rue du Roule, ainsi nommée à cause d'un fief qui existait autrefois sur cette place. Au Marais la rue Saint-Louis fut continuée et une fontaine nouvelle commencée. L'on jeta les fondements de plusieurs casernes que le roi avait ordonné de bâtir dans les faubourgs, afin d'y loger les Gardes-Françaises et les Suisses; mais, pour le moment, ces constructions demeurèrent inachevées, faute d'argent. Dans le quartier Saint-Honoré, la belle et grande place Vendôme, appelée alors place de Louis-le-Grand, fut commencée sur l'emplacement occupé par l'hôtel de Vendôme et par l'ancien couvent des Capucins. Le roi Louis XIII avait fait vœu de reconstruire avec magnificence le grand autel de Notre-Dame; Louis XIV, pour accomplir ce vœu, ordonna à son architecte Mansard de travailler à cette reconstruction, et il en posa lui-même la première pierre; toutefois elle ne fut terminée que beaucoup plus tard, vers l'année 1714.

A cette époque la ville proprement dite était divisée en vingt quartiers : la *Cité*, *Saint-Jacques-de-la-Boucherie*, *Sainte-Opportune*, le *Louvre*, le *Palais-Royal*, *Montmartre*, *Saint-Eustache*, les *Halles*, *Saint-Denis*, *Saint-Martin*, la *Grève*, *Saint-Paul*, le *Temple*, *Saint-Antoine*, la place *Maubert*, *Saint-Benoît*, *Saint-André*, le *Luxembourg* et *Saint-Germain-des-Prés*. Cette division s'est maintenue jusqu'en 1791. La communication d'une rive à l'autre, et celle des îles en même temps, se faisait par onze ponts, qui étaient : le *pont de Grammont*, entre le quai des Célestins et l'île Louviers; le *pont aux Biches* ou *aux Tripes*, conduisant de la rue Censier à la rue Fer-à-Moulin; le *pont Marie*, du quai Saint-Paul à celui de la Tournelle; le *pont de la Tournelle*, entre le quai des Miramiones et la rue des Deux-Ponts; le *petit pont de l'Hôtel-Dieu*, de la rue de la Bûcherie à la rue de la Huchette; le *pont Notre-Dame*, de la rue Planche-Mibray (aujourd'hui rue Saint-Martin) à la rue de la Lanterne, dans la Cité; le *Petit-Pont*, le plus ancien de tous, de la rue du marché Palu à celle du Petit-Pont; le *pont au Change;* le *pont Saint-Michel*, de la place de ce nom à la rue de la Barillerie; le *Pont-Neuf*, composé de douze arches, sept sur le grand bras de la Seine, du côté du Louvre, et cinq sur le petit bras, du côté des Augustins; le *pont Royal*, entre la rue du Bac et le château des Tuileries.

On continua les constructions de la *place Vendôme* entre la rue Saint-Honoré et la rue Neuve-des-Petits-Champs. Sur son emplacement était un hôtel accompagné de jardins, qui, après avoir appartenu au duc de Retz, passa à la maison de Vendôme par le mariage de Françoise de

Lorraine avec César, duc de Vendôme, fils légitimé de Henri IV. Louvois, désireux d'agrandir cette place, acheta, en 1685, l'hôtel de Vendôme et ses dépendances, fit démolir le couvent des *Capucins* et en rebâtir un autre dans la rue Neuve-des-Petits-Champs, dont le portail fut élevé sur l'axe même de la place projetée. Ce ministre étant mort en 1691, les travaux furent interrompus. M. de Pont-Chartrain les reprit en 1698, fit abattre toutes les constructions déjà faites et en fit élever d'autres sur les dessins de Mansard. La ville de Paris, à qui l'on abandonna tous les emplacements acquis depuis 1687 et tous les matériaux, se chargea de faire bâtir à ses frais le reste de la place. En 1701 elle était terminée; nous voyons aujourd'hui qu'elle forme un carré dont les angles sont à pan coupé; les bâtiments sont construits uniformément et avec goût.

Cette place, nommée d'abord *place des Conquêtes*, reçut ensuite le nom de *Louis-le-Grand*, et pendant la Révolution celui de *place des Piques*. L'ancienne dénomination (place Vendôme) a toujours prévalu.

En 1699 on y érigea la statue en bronze de Louis XIV, fondue d'un seul jet par Keller, sur les dessins de Girardon, et qui avait vingt-deux pieds de hauteur; le piédestal, de marbre blanc, était couvert d'inscriptions et d'ornements en bronze. Louis XIV était représenté vêtu à l'ancienne mode des Grecs et la tête affublée de sa volumineuse perruque.

Cette statue, renversée en 1792, fut remplacée en 1806 par la Colonne de la Grande Armée.

La *place des Victoires*, à l'extrémité des rues Croix-des-Petits-Champs, Neuve-des-Petits-Champs, de la Feuillade, Vide-Gousset, des Fossés-Montmartre et du Petit-Reposoir, fut construite par le maréchal d'Aubusson de la Feuillade, qui, comblé d'honneurs et de biens par Louis XIV, voulut par là signaler sa reconnaissance. La ville de Paris coopéra aussi de ses deniers à l'embellissement de cette place, dont la bâtisse fut confiée à Mansard;

l'inauguration s'en fit en 1686. Au milieu le duc fit élever la statue du roi, représenté couronné par la Victoire, avec ces mots : *Viro immortali* (à l'homme immortel). Ce groupe, en plomb doré, était de Desjardins, ainsi que les esclaves enchaînés et les bas-reliefs qui accompagnaient le piédestal. Ce monument fut renversé en 1792 ; on fit des balles avec le plomb qui en provenait, et des canons avec le cuivre et le bronze; quatre bas-reliefs conservés se voient au Louvre; les Esclaves sont aux Invalides, à l'entrée de la grande porte du côté de l'esplanade. Le maréchal de la Feuillade avait placé aux quatre coins du piédestal des fanaux qui furent ôtés en 1717. Tout le monde sait qu'un Gascon, faisant allusion au soleil que le roi avait pris pour emblème, avait placé sur la grille du monument la boutade suivante :

<blockquote>
La Feuillade, sandis! jé crois qué tu mé bernes,
Dé placer lé soleil entré quatré lanternes.
</blockquote>

L'opinion s'élevait depuis longtemps contre l'existence des quatre esclaves enchaînés; cette inconvenance était surtout intolérable depuis que la Franche-Comté, représentée sous les traits d'un de ces esclaves, était devenue une province française. Quelques jours avant la fédération du 14 juillet 1790 les figures furent enlevées et déposées dans la cour du Louvre; elles ont été depuis transférées à l'hôtel des Invalides et adossées à la façade. Le groupe de Louis XIV fut renversé par les vandales révolutionnaires en septembre 1792. Bientôt après on éleva sur cette place une pyramide en bois portant les noms des citoyens morts dans la journée du 10 août 1792. La place reçut le nom de *place des Victoires nationales*. Bonaparte, premier consul, posa, le 27 septembre 1800, la première pierre d'un monument consacré à la mémoire des généraux Desaix et Kléber, morts le même jour, Kléber sous le poignard d'un assassin, après la bataille d'Héliopolis, Desaix dans les champs de Marengo.

Ce monument, dont le modèle, figuré en charpente, sur les dessins de M. Chalgrin, représentait un temple égyptien renfermant les bustes des deux généraux, ne fut pas exécuté. On en substitua un autre en 1806; il était uniquement consacré à Desaix. Sur un piédestal de quatre mètres de face, et dans le style égyptien, s'élevait la statue colossale du héros; elle était nue et adossée à une pyramide sur laquelle étaient gravés les principaux exploits de Desaix. C'était l'ouvrage de M. Dejou. Sous prétexte de corriger quelques défauts, cette statue, dont la nudité était assez ridicule, fut masquée par une charpente. Elle fut enlevée en 1815, lors de la seconde occupation de la capitale par les armées étrangères. Le piédestal fut démoli ensuite, et le 25 août 1822 fut inaugurée, sur la même place, la statue équestre de Louis XIV, ouvrage de M. Bosio.

Au commencement du dix-septième siècle tout le terrain compris entre la Seine et les Champs-Élysées était une vaste culture, ouverte seulement par quelques sentiers et bornée au couchant par les villages pittoresques de Chaillot et du Roule. En 1628 Marie de Médicis fit construire sur ce terrain, le long de la rivière, depuis la porte de la Conférence jusqu'à Chaillot, une promenade composée de trois allées d'arbres, bordée de fossés revêtus de pierres et fermée par deux grilles. On l'appela le *Cours-la-Reine* et il devint le rendez-vous des seigneurs et des dames de la cour, auxquels il était réservé; on ne s'y promenait qu'en voiture ou à cheval, et Sauval dit que les cavaliers y avaient continuellement le chapeau à la main. En 1670 on planta d'arbres tous les terrains qui étaient en culture, jusqu'au faubourg Saint-Honoré, mais en leur laissant leur aspect pittoresque, leurs baraques de chaume; c'était une sorte de jardin anglais auquel on donna le nom de Champs-Élysées. Un nouveau *cours* y fut ouvert dans l'axe de la grande allée des Tuileries. « Ses belles allées, dit Piganiol, s'étendent jusqu'au Roule et aboutissent en forme d'*étoile* à une hauteur d'où l'on découvre une partie de la ville et des environs. » Cette promenade si attrayante n'en resta pas moins un désert pendant plus d'un siècle; les quartiers voisins étaient encore, à cette époque, hors de la ville et peu habités; les Champs-Élysées étaient un refuge pour les malfaiteurs; enfin, pour s'aventurer dans ces allées, dans ces bosquets, il fallait traverser les mares de boue qui s'étendaient jusques aux Tuileries.

Vers les commencements du règne de Louis XIV le palais des Tuileries était encore séparé des anciens murs de la ville par un terrain vague sur lequel se déroulait la façade orientale du château. Louis XIV avait choisi cet emplacement pour y donner, les 5 et 6 juin 1662, le magnifique carrousel dont nous avons déjà parlé.

La *place du Carrousel* était sous Louis XIV plus vaste qu'elle n'a été dans la suite. Plusieurs cours et bâtiments, construits depuis, en diminuèrent l'étendue. Mais un lugubre événement fit disparaître plusieurs constructions qui rétrécissaient cette place.

Le 3 nivose an IX (24 décembre 1800) Bonaparte, alors premier consul, se rendait à l'Opéra; une machine *infernale*, placée à l'entrée de la rue Saint-Nicaise au moment du passage de la voiture du chef de la République, fit une explosion qui retentit dans tous les quartiers de la ville. Quarante-six maisons furent fortement ébranlées ou endommagées; huit personnes furent tuées, et vingt-huit autres blessées grièvement.

La voiture du premier consul ne fut point atteinte, ce qui trompa les espérances des auteurs du complot.

Les maisons ébranlées furent démolies. On commença la construction de la galerie du Louvre parallèle à l'ancienne, et la place du Carrousel fut agrandie et déblayée, en attendant l'heure où, sous le règne de Napoléon III, elle reçut, par l'achèvement des galeries du Louvre, sa décoration définitive.

Nous mentionnerons encore l'*avenue de Neuilly*, qui commence à l'entrée des Champs-Élysées, dont elle fait partie jusqu'au Rond-Point, et qui se prolonge jusqu'à la barrière de l'Étoile. Cette avenue, qui date de la première plantation des Champs-Élysées, portait autrefois le nom d'*allée du Roule;* elle était partagée dans sa longueur par un petit pont de pierre, dit *Pont d'Antin*, jeté, en 1710, sur l'égout qui passait à l'endroit où est actuellement le Rond-Point. Les allées du Roule (avenue de Neuilly) consistaient en quatre rangées d'arbres régulièrement plantés et formant, au milieu de deux belles allées, une vaste chaussée. Cette avenue, de nos jours encore, est alignée avec la principale allée du jardin des Tuileries et forme ainsi une perspective magnifique; elle est bordée des deux côtés, jusqu'à sa jonction avec les Champs-Élysées, de superbes habitations et de riches hôtels, coupés par quelques rues transversales, dont les unes aboutissent à la rue parallèle du faubourg du Roule et les autres à Chaillot.

Indiquons, un peu à la hâte, les monuments civils et les édifices publics dont la construction date du règne de Louis XIV.

La porte Saint-Denis et la porte Saint-Martin, que nous avons déjà mentionnées, situées sur les boulevards, la première à l'extrémité de la rue Saint-Denis, la seconde au bout de la rue Saint-Martin, furent élevées pour

perpétuer la mémoire des exploits de Louis XIV. Ce sont deux arcs de triomphe, que l'on place parmi les monuments les plus remarquables de Paris. On lit sur la corniche de la porte Saint-Denis l'inscription : *Ludovico Magno.* Ces deux portes sont presque sœurs. La porte Saint-Denis, œuvre de Blondel, est de 1672, et la porte Saint-Martin, construite par Bullet, est de 1674 ; deux années seulement les séparent, mais la première a une incontestable supériorité sur la seconde. Sous le rapport de l'ornementation et de l'harmonie des lignes, la porte Saint-Denis est d'un style aussi brillant que sévère. Les trophées et les faisceaux d'armes qui couvrent ses pyramides, et les écussons fleurdelisés qui les surmontent, portent un caractère grandiose. La porte Saint-Martin, au contraire, est d'une simplicité attristante ; l'aspect de son granit minutieusement fouillé fait regretter qu'il n'y ait pas de sculptures. L'attique de cette porte a été restauré ou reconstruit vers la fin de la Restauration.

L'architecte Blondel fut chargé de convertir cette porte de ville en un arc de triomphe. Il fut terminé en 1674, comme l'indiquent ses inscriptions. Il se composait de deux portiques d'égales dimensions. Au-dessus, du côté de la ville comme du côté du faubourg, régnait un bas-relief qui occupait presque toute la largeur du monument. Celui qui regardait la ville présentait Louis XIV vêtu à la manière des héros de l'antique Grèce, la tête et les épaules couvertes de sa vaste perruque et assis sur un trône. Les divinités de la mer lui offraient des hommages et divers présents qu'il distribuait ensuite à la ville de Paris. Cette ville était figurée par une femme à genoux devant ce roi et lui tendant les bras en suppliante.

Du côté du faubourg le bas-relief offrait Louis XIV aussi ridiculement costumé que dans le précédent, monté sur la poupe d'un navire voguant à pleines voiles et poussé par des naïades et des tritons. Toutes les divinités de la mer et des cieux semblaient se réjouir de son heureuse navigation. Ces sculptures, ainsi que les figures de six Vertus, placées au-dessus des impostes, étaient l'ouvrage de Jean-Baptiste Tuby. Chaque bas-relief était surmonté par un entablement, et l'entablement par un attique où se lisaient des inscriptions à la louange du roi. Cet édifice, bien que remarquable au point de vue de l'art, entravait considérablement la circulation des habitants de Paris, et l'on se vit forcé, en 1787, d'en opérer la démolition, à la grande satisfaction du commerce.

La *porte de la Conférence,* qu'il ne faut pas confondre avec la *porte Neuve,* était située entre la Seine et l'extrémité occidentale de la terrasse des Tuileries, un peu avant le lieu où existe aujourd'hui le pont de la Concorde ; elle fut démolie en 1740. La *porte Richelieu* s'élevait dans la rue de ce nom, à la hauteur de la rue Feydeau. La *porte Saint-Louis*, située sur le *pont aux Choux*, fut démolie en 1760.

Les autres portes de la capitale, bâties ou reconstruites sous Louis XIV et aujourd'hui détruites, étaient : la porte Saint-Antoine, qui se trouvait à l'endroit du boulevard où aboutit la rue Saint-Antoine ; la porte Saint-Bernard, située au commencement du quai de la Tournelle ; la porte de la Conférence, entre la Seine et l'extrémité occidentale de la terrasse des Tuileries ; la porte Richelieu, rue Richelieu, près de la rue Feydeau ; la porte Saint-Louis, située sur le pont aux Choux, et l'arc de triomphe du faubourg Saint-Antoine, qui se trouvait à l'extrémité de ce faubourg et au commencement de l'avenue de Vincennes.

Le peintre Lebrun, l'architecte Leveau avaient fourni les dessins de cet arc de triomphe, mais leurs plans ne furent point adoptés; on leur préféra ceux de Charles Perrault. La première pierre fut posée le 6 août 1670. Guittard fut chargé de l'exécution, et Claude Perrault de la direction de cet ouvrage, qui ne fut élevé en maçonnerie que jusqu'à la hauteur des piédestaux des colonnes. Pour faire juger de l'effet de cette construction on imagina de l'achever en plâtre, ce qui fut exécuté. Louis XIV prit peu d'intérêt à cet arc de triomphe; les magistrats de Paris imitèrent l'indifférence du maître et ne firent point continuer sa construction. Après la mort de Louis XIV le régent ordonna son entière destruction;

il fut démoli en 1716. Le dessin de cet arc de triomphe était d'une grande beauté ; on en peut juger d'après la gravure qu'en a faite Leclerc. Il coûta 563,755 livres.

La porte Saint-Bernard était située sur le quai et près du pont de la Tournelle ; elle s'appuyait, du côté de la rivière, contre l'ancienne forteresse de la Tournelle. En cet endroit était auparavant une porte qui faisait partie de l'enceinte de Philippe-Auguste et dont j'ai déjà parlé. Cette porte fut reconstruite, dans les années 1606 et 1608, par les soins du sieur Miron, prévôt des marchands. Elle était anciennement nommée de *la Tournelle;* elle ne reçut le nom de Saint-Bernard, que porte le quai situé en dehors, qu'après sa reconstruction sous Louis XIV.

En 1669 Daniel Jolly, chargé de la direction de *la Samaritaine*, proposa d'établir au pont Notre-Dame une machine semblable. Il se chargea d'élever trente à quarante pouces d'eau de la rivière pour la somme de 20,000 livres. Cette proposition fut acceptée, et cette pompe donna trente pouces d'eau en 1671. Un autre mécanicien, Jacques Demance, éleva en même temps une seconde machine, composée de huit corps de pompe, qui fut placée au-dessous du même pont et qui donna cinquante pouces d'eau. Ces pompes étaient renfermées dans un bâtiment dont la porte était assez remarquable ; on y voyait un *Fleuve* et une *Naïade*, deux chefs-d'œuvre de Goujon, qui avaient appartenu à un édifice du Marché-Neuf, démoli pour agrandir cette place. Au-dessus était un médaillon de Louis XIV et une inscription de Santeul, dont voici la traduction par le grand Corneille :

> Que le dieu de la Seine a d'amour pour Paris !
> Dès qu'il en peut baiser les rivages chéris,

> De ses flots suspendus la descente plus douce
> Laisse douter aux yeux s'il avance ou rebrousse.
> Lui-même à son canal il dérobe ses eaux,
> Qu'il y fait rejaillir par de secrètes veines
> Et le plaisir qu'il prend à voir des lieux si beaux
> De grand fleuve qu'il est le transforme en fontaines.

Ces constructions furent réparées en 1678 et 1708 (1). La pompe du pont Notre-Dame donnait soixante-dix pouces d'eau de la Seine.

La construction de la pompe du pont Notre-Dame, en procurant aux différents quartiers de Paris une plus grande quantité d'eau, nécessita l'accroissement des fontaines. Les concessions d'eau, dont le gouvernement se montrait si prodigue (2), étaient funestes aux besoins du public; on les révoqua en grande partie sous le règne de Louis XIV.

Parmi les fontaines qui furent alors construites, à la grande satisfaction des habitants de Paris, nous citerons celle *de Saint-Michel*, située sur la place de ce nom et construite en 1682 sur les dessins de Bullet; celle *des Cordeliers*, rue de l'École-de-Médecine, entre la rue du Paon et le passage du Commerce, bâtie en 1672, reconstruite en 1682 et 1717 (elle a été supprimée en 1806, lors de la construction de la fontaine placée dans la même rue, mais elle n'est pas entièrement tarie); la *fontaine des Capucins*, aujourd'hui *de Casti-*

---

(1) Une machine hydraulique fut construite, en 1695, au-dessous de la première arche du pont de la Tournelle, du côté de l'île Saint-Louis; elle n'eut aucun succès et on la démolit en 1707.

(2) Depuis l'an 1634 l'usage s'était établi de gratifier de quatre lignes d'eau chaque prévôt des marchands et chaque échevin qui sortait de charge.

glione, rue Saint-Honoré, vis-à-vis la place Vendôme ; la *fontaine d'Amour*, située butte Saint-Roch, au coin de la rue des Moineaux et de celle des Moulins ; la *fontaine de Sainte-Avoye*, rue de ce nom ; celle *de Richelieu*, au coin de la rue Traversière, détruite en 1840 ; la *fontaine des Petits-Pères*, rue de ce nom ; celle *de la Charité*, rue Taranne ; celle *de Saint-Séverin*, au coin de la rue de ce nom et de la rue Saint-Jacques ; celle *de la place du Palais-Royal*, construite au centre de cette place en 1671 et détruite en 1719 ; celle *d'Alexandre* ou *de la Brosse*, au coin des rues de Seine et de Saint-Victor, bâtie en 1686 (elle doit son premier nom à une vieille tour à laquelle elle est adossée, tour dépendante de l'ancienne abbaye de Saint-Victor). Parmi les autres fontaines de cette époque nous citerons : celle de *Louis-le-Grand* ou *d'Antin*, à l'extrémité de la rue Neuve-Saint-Augustin et au coin des rues de la Michodière et du Port-Mahon, construite en 1707 ; celle *de Desmarets* ou *de Montmorency*, rue Montmartre, établie en 1713 pour le contrôleur général Desmarets ; la *fontaine Saint-Martin*, rue de ce nom, au coin de celle du Vert-Bois, érigée en 1712 ; enfin la *fontaine de Garancière*, rue de ce nom, construite par Anne, palatine de Bavière.

Sous le même règne fut construit le célèbre établissement scientifique qui porte le nom d'*Observatoire*.

Cet édifice fut entrepris, de 1667 à 1673, sur les plans de Perrault et par ordre de Colbert. Lorsqu'on achevait de le construire, le célèbre astronome Jean-Dominique Cassini, qui venait d'être appelé en France, trouva les dispositions de ce monument peu favorables aux observations et exigea plusieurs changements. Les modifications demandées par Cassini ne plaisaient pas à Perrault, qui persista dans son plan, si bien que, l'édifice achevé, Cassini fut forcé de faire élever sur sa terrasse supérieure une petite tourelle où, pendant longues années, se sont faites toutes les observations.

La forme de cet édifice est un rectangle dont les quatre façades correspondent aux points cardinaux du monde. Deux tours octogones s'élèvent aux deux angles de la façade méridionale. Une troisième, mais carrée, est au milieu de la façade du nord, où se trouve l'entrée. La ligne de sa face méridionale se confond avec la latitude de Paris. La méridienne est tracée dans la grande salle du second étage et la divise en deux parties égales. C'est de cette ligne, s'étendant de Dunkerque à Collioure, que les astronomes et les géographes français comptent leur longitude, et c'est de la mesure de cette ligne qu'ils ont déduit la longueur de la mesure appelée mètre. Ces deux lignes, qui se coupent au centre de la façade méridionale de l'Observatoire, ont servi de bases aux nombreux triangles d'après lesquels on a levé la carte générale de France, appelée *carte de Cassini* ou *de l'Observatoire*.

Les planchers et les escaliers de ce monument sont voûtés. La plate-forme qui couronne l'édifice est élevée de vingt-deux mètres au-dessus du sol. De là on peut contempler la voûte du ciel sur tout l'horizon. Six pièces en composent la distribution intérieure ; leurs ouvertures sont exposées aux différents points du ciel. Malgré tout le faste extérieur de cet édifice consacré à l'astronomie, il ne s'y trouvait pas un seul lieu commode où l'on pût faire sûrement et tranquillement une série d'observations, pas un instrument en état, pas un cabinet pour y placer les objets les plus nécessaires aux astronomes et aux physiciens; on y manquait encore des machines dont l'exécution demandait une grande dépense. Cet état de dénûment a cessé; l'intérieur de l'Observatoire est devenu habitable; des cabinets convenables pour les observations et la conservation des intruments ont été construits au dehors et sur la plate-forme.

Au sol du rez-de-chaussée on voit une ouverture d'un mètre de diamètre, entourée d'une margelle en boiserie; elle communique aux souterrains qui existent au-dessous de cet édifice, et auxquels on descend par un escalier de trois cent soixante marches en forme de vis, et représentant, selon son axe, un vide cylindrique. Une pareille ouverture, faite à la voûte de ce rez-de-chaussée, correspond à celle-ci; elle s'élevait verticalement de la profondeur des caves jusqu'au sommet du bâtiment. On s'en est servi pour mesurer le degré d'accélération de la chute des corps graves. Ces expériences n'étant plus nécessaires, cette ouverture a été bouchée dans les voûtes des étages supérieurs. Les caves servent à des expériences sur la congélation, la réfrigération des corps et à diverses remarques sur la température.

Au premier étage on remarque un grand télescope, de 66 centimètres de diamètre, dont le pied mobile facilite les mouvements dans toutes les directions. Cet instrument, plus embarrassant qu'utile depuis l'invention des lunettes achromatiques, ne sert aujourd'hui que comme un monument de l'art optique. Il est remplacé par les belles lunettes de Cauchoix-Lerebours.

Au second étage se présente la grande salle qui contient des globes, des instruments de physique, et la statue en marbre du célèbre Cassini, mort en 1712. Cette figure assise, dont les proportions sont plus grandes que nature, a été exécutée par Moite en 1810. La ligne méridienne est tracée sur le pavé de cette salle.

En 1810 on a construit, sur la sommité de l'édifice, un bâtiment carré en pierre de tailles, flanqué de deux tourelles. Dans l'une d'elles on a établi une lunette achromatique dont le pivot est incliné comme l'axe de la terre, et qui sert à observer et à décrire la marche des comètes.

Un aéromètre sert à indiquer la force des vents sur un cadran placé sous la voûte de la salle du nord. Une cave de jauge indique la mesure d'eau pluviale dans un temps déterminé.

Le bâtiment contigu, situé à l'est de l'édifice principal, est celui où se font presque toutes les observations astronomiques et météorologiques, et l'on peut dire que c'est le seul vraiment utile. Ce bâtiment renferme, entre autres instruments, la lunette méridienne de Gambey et le cercle mural de Frontin. Il a été complétement reconstruit en 1834.

L'Observatoire renferme une bibliothèque très-riche en livres d'astronomie. Une loi du 7 messidor an III prescrivit de prendre dans les dépôts de livres appartenant à la nation et dans les doubles de la Bibliothèque nationale les livres nécessaires pour compléter la bibliothèque astronomique commencée à l'Observatoire. Cette bibliothèque se compose d'environ quatre mille volumes imprimés ou manuscrits. On y trouve, entre autres ouvrages précieux, les collections complètes des observations faites et imprimées à Paris, en Angleterre, en Allemagne et en Italie. Mais au premier rang des richesses bibliographiques de l'Observatoire on doit placer les grandes tables logarithmiques et trigonométriques manuscrites, en dix-sept volumes grand in-folio, calculées au cadastre sous la direction de M. de Prony, et beaucoup d'autres manuscrits relatifs à l'astronomie ancienne, provenant de la bibliothèque de l'astronome Delisle (1).

C'est à l'administration de Colbert que remonte l'établissement définitif de la *manufacture des Gobelins*. La Bièvre, dont les eaux sont, dit-on, favorables à la teinture, avaient attiré, dès le quinzième siècle, plusieurs drapiers et teinturiers sur les bords de cette petite rivière. Vers 1450, l'un deux, Gilles Gobelin, acquit une grande fortune, qu'il laissa à ses descendants. Ceux-ci agrandirent l'établissement de leur père et finirent par acheter des terrains si vastes le long de la Bièvre que la rivière et le quartier prirent leur nom. Dans le siècle suivant d'autres industriels succédèrent aux Gobelins et fabriquèrent des tapisseries de haute lice. En 1662 Colbert fit l'acquisition de l'emplacement qui forme aujourd'hui la manufacture des Gobelins et érigea la fabrique en maison royale. La direction en fut donnée à Lebrun, et après lui à Mignard; ce fut une véritable école d'arts et métiers. « Le directeur, porte l'édit de fondation, tiendra la manufacture remplie de bons peintres, maîtres tapissiers, orfévres, fondeurs, graveurs, lapidaires, menuisiers en ébène, teinturiers et autres bons ouvriers en toutes sortes d'arts et métiers; il sera entretenu, dans ladite manufacture, soixante enfants pendant cinq ans, aux dépens de Sa Majesté, lesquels pourront, après six ans d'apprentissage et quatre ans de service, le-

---

(1) M. de Gaulle, — Dulaure. Voir également : *de la Fortune publique en France*, par MM. Macarel et Boulatignier, t. Ier.

ver et tenir boutique de marchandises, arts et métiers auxquels ils auront été instruits, tant à Paris que dans les autres villes du royaume. » Cette magnifique institution, qui a rendu tant de services, est aujourd'hui déchue de son importance; c'est simplement une belle manufacture de tapis de luxe, dans la dépendance de la couronne, et à laquelle on a ajouté une école de dessin pour les ouvriers et un cours de chimie appliquée à la teinture.

Quoi qu'il en soit, aujourd'hui encore cet établissement appelle l'attention et la curiosité de l'élite des voyageurs qui séjournent à Paris. Les ateliers qu'on visite offrent des tapisseries sur le métier et des parties de tableaux commencés. Dans la basse lisse le métier de l'ouvrier est placé horizontalement comme celui d'un tisserand; dans la haute lisse la chaîne est verticale et l'ouvrier travaille en face de son ouvrage; il tourne le dos à son modèle et s'y porte de temps en temps pour comparer la teinte des fils à celle des parties du tableau qu'il copie. Par des procédés ingénieux on est parvenu à exprimer avec la plus grande vérité, non-seulement toute la correction du dessin des plus beaux tableaux, mais encore toute la force et la vivacité de leur coloris et la gradation des nuances, de sorte que ces tapisseries, vues à une distance convenable, rendent parfaitement l'effet des peintures les plus achevées. Les tentures que l'on exécute aux Gobelins représentent des sujets historiques. Auprès de cette manufacture est un atelier de teinture dirigé par un chimiste habile, où se teignent un nombre infini de nuances de toutes les couleurs, inconnues dans le commerce pour la plupart, mais nécessaires pour exprimer toutes les teintes que sait créer le génie du peintre. La laine est employée exclusivement dans ces tapisseries pour donner à leurs couleurs plus de fixité.

La France doit à cet établissement les progrès extraordinaires que les arts et les manufactures y ont faits dans l'espace d'un siècle, et la quantité d'ouvrages parfaits et d'excellents ouvriers qui sont sortis de cette grande école est presque incroyable. Rien n'égale surtout la beauté des tapisseries qu'on y exécute, et qui surpasse de beaucoup ce que les Anglais et les Hollandais ont jamais fait de mieux en ce genre. Les étrangers ont peine à croire que l'on puisse produire tant de merveilles sur des ouvrages de laine, et s'étonnent de l'indifférence des Parisiens pour cette manufacture.

Nous avons vu qu'à la fin du règne de Louis XIII il y avait deux théâtres principaux à Paris, le théâtre de l'*hôtel de Bourgogne* et celui du *Marais*. En 1650 le fils d'un tapissier de la Halle, Jean-Baptiste Poquelin, dit Molière, cédant à une vocation prononcée pour l'état de comédien, réunit quelques jeunes gens et éleva un théâtre dans le jeu de paume de la *Croix Blanche*, rue de Buci, faubourg Saint-Germain. Après avoir joué pendant trois ans sur cette scène, qui prit le nom de *Théâtre illustre*, cette troupe parcourut les provinces et revint à Paris en 1658. Molière obtint de donner une représentation, en présence de Louis XIV, sur un théâtre dressé au Louvre, dans la salle des gardes; il y joua avec ses camarades *Nicomède* et *le Docteur amoureux*, farce de sa composition. Le roi, satisfait de ces nouveaux comédiens, leur accorda, la même année, le *théâtre de l'hôtel du Petit-Bourbon*, place du Louvre, où ils débutèrent, le 3 novembre, par *l'Étourdi* et *le Dépit amoureux*. Deux ans après l'hôtel du Petit-

Bourbon devant être démoli, la troupe de Molière fut placée au grand théâtre construit par Richelieu au Palais-Royal; elle y débuta le 5 novembre 1660 et reçut alors le nom de *troupe de Monsieur*; en 1665 elle prit celui de *Troupe royale*. Ce théâtre, illustré par les productions de Corneille et de Molière (on y joua le *Tartufe*) et par le talent des Montfleuri et des Baron, se soutint avec un éclat qui alla toujours croissant jusqu'à la mort de Molière (17 février 1673).

Le théâtre du Palais-Royal fut alors donné à l'Opéra, et la troupe de Molière, se réunissant à celle du Marais, alla jouer rue Mazarine, au jeu de paume du *Bel-Air*. Bientôt après elle occupa le théâtre de l'hôtel *Guénégaud*, voisin de ce lieu et bâti en 1660 pour l'Opéra. Mais, lorsqu'en 1674 on voulut réunir le collége Mazarin à l'Université, la Sorbonne exigea que le *théâtre de Guénégaud* fût transféré ailleurs. « Alors, dit un écrivain contemporain, les comédiens marchandèrent des places dans cinq ou six endroits; partout où ils alloient c'étoit merveille d'entendre comme les curés crioient. Le curé de Saint-Germain-l'Auxerrois obtint qu'ils ne seroient point à l'hôtel de Sourdis, parce que de leur théâtre on aurait entendu les orgues de l'église, et de l'église on auroit parfaitement bien entendu les violons. Le curé de Saint-André-des-Arts, ayant su qu'ils songeoient à s'établir rue de Savoie, vint trouver le roi, et lui représenta qu'il n'y avoit plus dans sa paroisse que des aubergistes et des coquetiers, et que, si les comédiens venoient, son église seroit déserte. Les grands Augustins présentèrent aussi leur requête; mais on prétend que les comédiens dirent à Sa Majesté que ces mêmes Augustins, qui ne vouloient point de leur voisinage, étoient fort assidus spectateurs de la comédie, qu'ils avoient offert de vendre à la troupe des maisons qui leur appartenoient dans la rue d'Anjou pour y bâtir un théâtre, et que le marché se seroit conclu si le lieu avoit été plus commode. » L'alarme fut grande dans tout le quartier, et les comédiens eurent défense de bâtir dans la rue de Savoie. « Si on continue à les traiter comme on fait, écrivait Boileau à Racine, il faudra qu'ils aillent s'établir entre la Villette et la porte Saint-Martin ; encore nesais-je s'ils n'auront point sur les bras le curé de Saint-Laurent. » Racine lui répondit : « Ce serait un digne théâtre pour les œuvres de Pradon. »

Malgré cette opposition, Louis XIV, par lettres patentes du 22 octobre 1680, maintint les comédiens en possession de leur local et leur agrégea la troupe de l'*hôtel de Bourgogne*. Il n'y eut plus alors qu'une seule Comédie française. L'année suivante un règlement fixa le sort de ces acteurs. Le théâtre de la rue Guénégaud n'étant point assez vaste, ils achetèrent, dans la rue des Petits-Champs, l'hôtel de Rustan et une maison voisine ; mais le roi, pour une raison inconnue, annula cette acquisition. Un arrêt du conseil du 1er mars 1688 autorisa les *comédiens français ordinaires du roi* (titre qu'ils prennent encore aujourd'hui) à s'établir dans le jeu de paume de l'*Étoile*, rue des Fossés-Saint-Germain. Ils y débutèrent le 18 avril 1689. Dès leur installation ils décidèrent que, chaque mois, on prélèverait sur la recette une certaine somme qui serait distribuée aux communautés religieuses les plus pauvres de Paris. Plusieurs couvents adressèrent à ce sujet d'humbles suppliques à *Messieurs de l'illustre compagnie de la comédie du roi.*

« Messieurs, leur écrivaient les membres d'une congrégation célèbre, les Pères Cordeliers vous supplient très-humblement d'avoir la bonté de les mettre au nombre des pauvres religieux à qui vous faites la charité..... L'honneur qu'ils ont d'être vos voisins leur fait espérer que vous leur accorderez l'effet de leurs prières, qu'ils redoubleront envers le Seigneur pour la prospérité de votre compagnie. » Les comédiens leur accordèrent trois livres par mois, et ce fut, dit-on, l'origine de ce prélèvement fiscal qu'on appelle de nos jours « *la recette des hôpitaux.* »

L'*Opéra* ne s'établit réellement à Paris qu'en 1669. Avant cette époque diverses troupes italiennes étaient venues représenter des opéras qui eurent un grand succès. Interrompu par les troubles de la Fronde, ce spectacle fut remis en faveur par Pierre Perrin et les maîtres de la musique de la reine, Lambert et Cambert. En 1669 Pierre Perrin obtint le privilége de jouer des opéras et se fixa dans le jeu de paume du Bel-Air, rue Mazarine, vis-à-vis celle de Guénégaud. En 1672 Louis XIV retira à Perrin son privilége et le concéda au Florentin J.-B. Lully, en lui permettant d'établir une *Académie royale de Musique* dans Paris. En 1673 le roi donna à ce spectacle la salle du Palais-Royal. Brûlée en 1763, cette salle fut reconstruite en 1770 et brûlée une deuxième fois en 1782 ; on la reconstruisit ailleurs.

Sous le règne de Louis XIV les femmes parurent pour la première fois sur la scène. Les acteurs, dans la tragédie, étaient vêtus de l'habit français, portaient une écharpe en ceinture, et avaient la tête couverte d'une volumineuse perruque. Dans les farces italiennes les acteurs figuraient constamment avec l'habit de leur caractère. A l'Opéra les costumes étaient d'imagination ; on voyait des héros, des bergers, des dieux ornés de guirlandes de fleurs, et les bergères portaient des paniers comme les dames d'alors.

Les seigneurs se plaçaient ordinairement sur le théâtre même et sur des bancs posés aux deux côtés et au fond de la scène; les dames de la cour faisaient porter des fauteuils ou des chaises dans la salle, qui était disposée en gradins.

Louis XIV, voulant remplacer le théâtre du Petit-Bourbon, qu'on venait de démolir pour élever la façade du Louvre, décida que dans la partie septentrionale du château des Tuileries serait construite une salle de spectacle destinée aux représentations des ballets et des comédies. En 1662 Vigarani, machiniste du roi, fut chargé de faire exécuter sur ses dessins cette salle, qui servit peu à l'usage auquel on l'avait consacrée. Louis XIV avait alors renoncé à danser dans des ballets.

Sous le règne de Louis XV cette salle fut mise à la disposition de Jean Servandoni, le plus ingénieux décorateur, le plus habile architecte de son temps. Il y donna, vers l'an 1730, des spectacles de décorations et de pantomime. *La Descente d'Énée aux enfers*, *la Forêt enchantée*, tirée du Tasse, la représentation de *Saint-Pierre de Rome*, *les Travaux d'Ulysse*, etc., furent les scènes qu'il offrit aux yeux des Parisiens.

Le premier théâtre d'enfants qu'on ait vu à Paris date de 1664. Il y avait à Troyes un organiste fort habile, nommé J.-B. Raisin, dont le talent ne pouvait cependant suffire à l'entretien de sa nombreuse famille. La misère le rendit ingénieux; il inventa une épinette fort large, à clavier intérieur, dans laquelle il cachait un de ses fils, âgé de quatre ans, qui exécutait à volonté, sur l'invisible clavier, les airs les plus nouveaux, sans qu'on soupçonnât la ruse. Cet instrument, qu'il transporta à Paris dans une loge de la foire Saint-Germain, en 1662, lui fit gagner beaucoup d'argent. La cour elle-même voulut avoir à Versailles Raisin et son épinette merveilleuse; il n'y obtint pas moins de succès, et lorsque l'organiste, spéculant sur l'intérêt que lui portait le public, conçut le projet de former, avec sa petite famille et d'autres enfants, une troupe de jeunes comédiens, le roi lui en accorda de suite la permission. Ces acteurs d'un nouveau genre, qui prirent le titre de *troupe royale de M. le Dauphin*, débutèrent, au mois de juin 1664, sur le théâtre du Palais-Royal, avec un succès prodigieux. Chaque soir la foule venait rire et applaudir *Tricassin* et l'amusante farce intitulée *l'Andouillette de Troyes*. Mais à la fin de cette même année, au moment où son entreprise avait le plus de vogue, Raisin mourut en laissant le théâtre à sa femme, et cet établissement, mal administré, ne tarda pas à disparaître.

Des établissements plus sérieux et bien autrement utiles aux progrès des arts, des lettres et des sciences, honorèrent l'administration de Colbert et ajoutèrent aux titres de gloire de Paris.

L'Académie royale de Peinture et de Sculpture fut fondée en 1668 et tint d'abord ses séances au Louvre. On y réunit, en 1665, une académie établie à Rome pour des artistes français par le ministre Colbert, et où l'on envoyait des élèves entretenus par le roi. En 1795 cette société fut comprise dans la troisième classe de l'Institut, et en 1803 dans la quatrième. En 1807 elle fut transférée, ainsi que l'Institut, au collége Mazarin. Elle juge les ouvrages des peintres, sculpteurs et architectes, aux concours qui ont lieu annuellement, et envoie les artistes qui ont remporté les grands prix à Rome, où ils sont entretenus pendant cinq ans.

La communauté des peintres, sculpteurs et graveurs de Paris existait depuis longtemps, comme la plupart des autres corps de métiers ou professions. Cette communauté obtint, en 1704, la chapelle de Saint-Symphorien; elle la fit réparer et embellir, et, autorisée par lettres patentes du 17 novembre 1703, elle établit dans une partie de cette chapelle une école de dessin. Il est présumable que cette école reçut alors le titre d'*Académie de Saint-Luc*, qu'elle a porté depuis. Elle avait des concours, des prix et des expositions, qu'elle organisait en divers lieux.

Cette société, de laquelle il n'est sorti que très-peu d'ouvrages dignes d'être cités, se maintint jusque vers l'an 1776. Alors les élèves de l'école de Saint-Luc se réunirent à ceux de l'Académie royale, qui, pour les recevoir, fit disposer au Louvre une seconde salle consacrée à l'étude du modèle.

Mentionnons, en outre, l'*Académie des Inscriptions et Belles-Lettres*, dont les séances se tinrent d'abord dans la bibliothèque de Colbert, puis au Louvre, enfin aujourd'hui au palais des Beaux-Arts. Cette institution eut de faibles commencements. Colbert, voulant se maintenir en faveur, flattait les vanités de Louis XIV, et notamment son goût pour les fêtes, les bâtiments et les louanges. Il réunit chez lui, pour la première fois, le 3 février 1663, quatre hommes de lettres : Chapelain, Charles Perrault, l'abbé de Bourseil et l'abbé de Cassagne. Il leur dit qu'il les avait fait appeler pour les consulter sur des matières de goût et d'érudition; qu'il désirait qu'ils formassent un petit conseil qui pût se réunir deux fois la semaine, le mardi et le vendredi. Le lieu des séances était celui de la bibliothèque de ce ministre, rue Vivienne.

Cette académie naissante, dite *Petite Académie*, était chargée de composer les sujets et les légendes des médailles, les sujets et les inscriptions des tapisseries qui devaient être exécutées à la manufacture des Gobelins, les sujets et devises des jetons, et des inscriptions pour les bâtiments. Elle était aussi chargée de revoir et de corriger les ouvrages en vers ou en prose, composés à la louange du roi, pour les mettre en état d'être livrés à l'imprimerie du Louvre. « Il en a été corrigé, dit Charles Perrault, de quoi faire « un très-gros volume. »

Colbert présenta les quatre académiciens au roi, qui, content de l'emploi qu'ils faisaient de leurs talents, leur dit : « Vous pouvez, messieurs, juger de l'estime que je « fais de vous, puisque je vous confie la chose du monde « qui m'est la plus précieuse, qui est ma gloire. Je suis « sûr que vous ferez des merveilles; je tâcherai de ma « part de vous fournir de la matière qui mérite d'être « mise en œuvre par des gens aussi habiles que vous « êtes. »

Après avoir établi l'Académie des Inscriptions Colbert s'occupa du projet de fonder une *Académie des Sciences*. Il se fit donner un Mémoire de tous les gens de lettres qui s'assemblaient chez M. de Montmort, conseiller d'État, ainsi que de tous les savants répandus dans le royaume et même dans les pays étrangers. Voici les choix qui résultèrent de cette recherche : MM. Carcavi, Roberval, Huyghens, Frenicle, Picard, Duclos, Bourdelin, Delachambre, Perrault, Auzout, Pecquet, Buot, Gayant, Mariotte et Marchand, noms aujourd'hui pour la plupart ignorés. Dans la suite on y joignit Duhamel, abbé de Saint-Lambert; l'abbé Galois; Blondel, architecte; Dominique de Cassini, que M. Carcavi fit venir de Bologne, où il était professeur; Lahire, etc. A Gayant succéda peu de temps après du Verney.

Cette académie devait s'exercer sur cinq sciences principales : les *mathématiques*, l'*astronomie*, la *botanique*, la *chimie* et l'*anatomie*. Bientôt on proposa de joindre à ces sciences celle de la *théologie*; Colbert adopta la proposition, et l'abbé Ogier, le plus célèbre prédicateur de son temps, fut nommé pour cette science; mais la Sorbonne alarmée vint se plaindre qu'on empiétait sur ses attributions : Colbert se rendit à ses remontrances.

Le gouvernement crut nécessaire d'ordonner aux astronomes de ne point s'appliquer à l'*astrologie judiciaire*, et aux chimistes de ne point chercher la *pierre philosophale*.

Cette académie tint ses premières séances, en 1666, dans une salle basse de la Bibliothèque du roi, où l'on construisit un laboratoire pour les chimistes, et en même temps pour les astronomes on fit bâtir ailleurs l'Observatoire dont j'ai parlé. Jusqu'en 1699 cette académie exista en vertu d'autorisation du roi; ce ne fut qu'en cette année qu'elle reçut une forme stable, un règlement, une existence légale et un appartement au Louvre. Tous ces avantages furent confirmés par lettres patentes de février 1713.

La *Bibliothèque royale*, l'un des établissements qui furent, pour l'ancienne monarchie, un légitime sujet d'orgueil, reçut de Louis XIV son établissement définitif. Qu'on nous permette ici quelques détails rétrospectifs.

Saint Louis rapporta de l'Orient un grand nombre de manuscrits qui se dispersèrent après sa mort. Le roi Jean avait une bibliothèque peu considérable; elle se composait de dix à vingt volumes, presque tous livres de piété. Comme on l'a vu plus haut, Charles V, son successeur, qui aimait et encourageait les lettres, porta cette collection à neuf cent neuf volumes, qu'il plaça au Louvre dans la *tour de la Librairie*. Gillet-Mallet, son bibliothécaire, nous en a laissé un inventaire écrit en 1373. Ces livres ou manuscrits, reliés avec magnificence et enrichis de dessins ou de miniatures, consistaient en ouvrage d'astrologie, de prières, de droit, de théologie; on y trouvait les œuvres d'Ovide, de Lucain, de Boëce; les traductions de Tite-Live, de Josèphe, de saint Augustin, de Salluste, etc. Cette bibliothèque, très-considérable pour l'époque, était peut-être la seule qui existât alors (1). Charles V permit aux savants de la consulter. Après sa mort cette collection fut en partie dispersée, et, malgré les nouveaux livres qu'on y introduisit, elle ne contenait, en 1423, que huit cent cinquante-huit volumes. Le duc de Bedford, régent de France, l'acheta et la fit transporter en Angleterre.

(1) A l'exception de celle de la Sorbonne, rassemblée par saint Louis, et qui contenait, en 1290, plus de 2,000 volumes.

Louis XI rassembla les volumes que Charles V avait répartis dans diverses maisons royales et y joignit plusieurs ouvrages. Louis XII et Charles VIII agrandirent considérablement cette collection nouvelle. Le premier la transféra à Blois, d'où François Ier la fit porter à Fontainebleau. Ce prince fit acheter un grand nombre de manuscrits grecs et plusieurs orientaux. La découverte de l'imprimerie favorisa l'accroissement de la Bibliothèque; mais les livres français étaient en très-petite quantité; les manuscrits grecs dominaient.

Henri IV ordonna, par lettres du 14 mai 1594, que la bibliothèque de Fontainebleau serait transférée dans sa capitale et déposée dans les bâtiments du collége de Clermont, que les Jésuites, chassés de Paris et de la France, venaient d'évacuer; mais cet ordre ne fut exécuté qu'au mois de mai 1595. La Bibliothèque royale fut alors recueillie dans les salles de ce collége.

Elle s'augmenta, vers cette époque, d'un grand nombre de livres précieux. Catherine de Médicis avait laissé une collection de manuscrits hébreux, grecs, latins, arabes, français, italiens, au nombre de plus de huit cents. Cette collection provenait de la succession du maréchal Strozzi, qui l'avait achetée après la mort du cardinal Ridolfi, neveu du pape Léon X. Catherine se l'appropria, sous le vain prétexte que ces livres provenaient de la bibliothèque des Médicis. Après sa mort ils étaient restés en dépôt chez Jean-Baptiste Benivieni, abbé de Bellebranche, aumônier et bibliothécaire de cette reine. Henri IV ordonna l'acquisition de cette collection. Trois commissaires en firent, en mars 1597, l'estimation, et la portèrent à la somme de cinq mille quatre cents écus. Les créanciers de

la défunte reine mirent opposition à cette vente, et l'abbé de Bellebranche mourut dans ce temps. Il y eut beaucoup de lenteur. Henri IV mandait à M. de Thou, son bibliothécaire, le 4 novembre 1598 : « Je vous ai ci-
« devant écrit pour retirer des mains du neveu du feu
« abbé de Bellebranche la librairie de la feue reine, mère
« du roi, mon seigneur, ce que je vous prie et commande
« encore un coup de faire, si jà ne l'avez fait, comme
« chose que je désire et affectionne et veux, afin que rien
« n'esgare, et que vous la fassiez mettre avec la mienne.
« Adieu. »

Deux arrêts du Parlement, l'un du 25 janvier, l'autre du dernier jour d'avril 1599, ordonnèrent la remise de cette collection et sa translation au collége de Clermont.

Les Jésuites furent rappelés en 1604; on leur rendit leur collége de Clermont, et on transféra la bibliothèque du roi dans une salle du cloître du couvent des Cordeliers. Ces livres étaient alors sous la garde de Casaubon (561).

Henri IV s'occupait de placer plus convenablement cette riche bibliothèque. Le 23 décembre 1609 il nomma quatre commissaires, le cardinal du Perron, le duc de Sully, le président de Thou et un conseiller du Parlement, et les chargea de visiter les colléges de Tréguier et de Cambrai, dans l'intention de les supprimer et de placer la bibliothèque dans leurs bâtiments. « A la place desdits
« colléges, dit l'Estoile, Sa Majesté en veut faire édifier
« un autre, plus magnifique, qui sera appelé *Collége*
« *royal*, dans lequel sera mise la bibliothèque du roi. »
(*Journal de Henri IV*, au 23 décembre 1609.) La mort

imprévue de Henri IV laissa ce projet sans exécution; cette bibliothèque resta dans le couvent des Cordeliers.

Sous Louis XIII la Bibliothèque royale fut enrichie des livres de Philippe Hurault, évêque de Chartres, au nombre de 118 volumes, dont 100 manuscrits grecs; de ceux du sieur de Brèves, ambassadeur à Constantinople, consistant en 108 beaux manuscrits syriaques, arabes, persans, turcs, qui avaient été acquis et payés par le roi pour faire partie de sa bibliothèque; mais le cardinal de Richelieu s'empara de cette collection, ainsi que de la bibliothèque de la Rochelle, dont il composa la sienne, qu'il légua à la Sorbonne.

Sous le même règne la bibliothèque du roi, restée au couvent des Cordeliers, fut transférée dans une grande maison appartenant à ces religieux et située rue de la Harpe, au-dessus de l'église de Saint-Côme. Les deux frères Pierre et Jacques Dupuy en furent nommés gardes, et Jérôme Bignon, grand-maître; elle consistait alors dans environ 16,746 volumes, tant manuscrits qu'imprimés.

Sous le règne de Louis XIV et sous le ministère de Colbert cette bibliothèque acquit une consistance et des richesses qu'elle n'avait jamais eues; pour la première fois rendue accessible au public, elle favorisa puissamment les progrès des connaissances humaines.

En 1684 on comptait dans la Bibliothèque royale 10,542 manuscrits, sans y comprendre ceux de Brienne et de Mézerai, et environ 40,000 imprimés, non compris les divers recueils d'estampes et de cartes de géographie.

Louvois succéda à Colbert dans la direction de cette

bibliothèque; il continua son ouvrage, chargea les ministres français dans les cours étrangères d'acheter des manuscrits et des imprimés; on en reçut de toutes parts. Le Père Mabillon voyageait en Italie pour le même objet; il procura à la bibliothèque plus de 4,000 volumes imprimés et plusieurs manuscrits. Louvois fit rendre, le 31 mai 1679, un arrêt du conseil, tendant à remettre en vigueur l'ordonnance de Henri II, qui obligeait les libraires à fournir à la bibliothèque des exemplaires des livres qu'ils faisaient imprimer par privilége; ce qui procura à cette collection une source intarissable de volumes.

L'emplacement de la Bibliothèque royale fut changé très-fréquemment selon les agrandissements de cette immense collection littéraire. En 1666 Colbert acheta des héritiers de M. de Beautru deux maisons, voisines de son hôtel, rue Vivienne; il les fit disposer convenablement, et les livres y furent transportés.

Sous la régence du duc d'Orléans la bibliothèque jouit de la même propriété; mais, le local de cette collection toujours croissante étant insuffisant, on s'occupa de la placer ailleurs.

Il existait dans la rue de Richelieu un hôtel immense, qui portait le titre de palais, qu'avait autrefois habité le cardinal Mazarin. Cet hôtel, qui occupait l'espace qui se trouve entre les rues Neuve-des-Petits-Champs, Vivienne, Richelieu, et celle de Colbert, laquelle a été ouverte sur l'emplacement de ses bâtiments, était encore plus remarquable par son extrême magnificence et par les objets rares et précieux qu'il contenait que par son étendue. Après la mort de Mazarin il fut divisé en deux parties :

l'une, du côté de la rue Vivienne, fut le lot du duc de la Meilleraie, époux d'une nièce du cardinal, et porta le nom d'*hôtel de Mazarin* jusqu'en 1719, époque à laquelle le roi en fit l'acquisition pour la donner à la Compagnie des Indes : on y a depuis établi la Bourse ; l'autre partie du palais Mazarin, située du côté de la rue de Richelieu, échut au marquis de Mancini et devint l'*hôtel de Nevers*. On y avait placé la banque, du système de Law ; cette banque, ruinée de fond en comble, laissait un local vide.

L'abbé Bignon, bibliothécaire, décida le régent à ordonner, en 1721, que la bibliothèque serait placée à l'hôtel de Nevers. Sans retard on y transporta une grande partie des livres, que l'on plaça sur des tablettes faites à la hâte.

La possession de cet hôtel éprouva des difficultés qu'on n'aurait jamais pu surmonter sans le crédit de l'abbé Bignon, appuyé de celui du comte de Maurepas ; ils parvinrent à obtenir des lettres patentes de 1724, enregistrées au Parlement le 16 mai de la même année, par lesquelles le roi affecte à perpétuité cet hôtel au placement de sa bibliothèque.

De nos jours on a presque entièrement reconstruit les bâtiments de la Bibliothèque impériale (c'est la dénomination actuelle). Ils tombaient en ruines, ils avaient cessé d'être en rapport avec l'immensité des collections, avec l'incomparable richesse des trésors intellectuels et artistiques que l'Europe envie à Paris et à la France. Nous indiquerons, à leur date, le but, l'étendue et l'importance des travaux de réédification, qui ne sont point encore parvenus à leur terme et qui ont été poursuivis méthodiquement, lentement, et sans nuire aux études.

En 1770 la bibliothèque était riche de 200,000 volumes ; en 1792, après la suppression des bibliothèques des couvents, de plus de 600,000 ; aujourd'hui le total de ses richesses est inconnu et s'élève peut-être à deux millions de livres imprimés, à 80,000 manuscrits, à 1,500,000 estampes, à 100,000 médailles, outre une multitude d'antiquités et d'objets précieux provenant des trésors de Saint-Denis, de Sainte-Geneviève, de Saint-Germain des Prés, etc.

En résumé la Bibliothèque impériale est comme un monde ouvert à la science, aux lettres et aux arts. On ne saurait, même en simple visiteur, parcourir ces salles immenses, les jours d'exposition, sans se sentir ému et comme oppressé par la pensée de tout ce qui est là. Puis c'est un attrait en quelque sorte mélancolique que de se promener dans ces vastes salles, de parcourir cette immense nécropole de l'esprit, où tant de morts sont rangés, dociles à qui les désire, mais dont un si grand nombre demeurent sur leurs rayons, ensevelis dans leur poussière, destinés à ne pas voir le jour, parce qu'ils sont morts et sans retour. Un grand travail, dont on a peine à sortir, est celui du catalogue ; il s'opère au moins par parties, et il s'achèvera, si Dieu le permet. Cet immense travail sera le relevé universel des productions écrites du génie et de l'esprit de l'homme.

Le *collége Mazarin* ou *des Quatre-Nations* fut fondé par Mazarin en faveur de soixante élèves, gentilshommes ou bourgeois, qui seraient nés à Pignerol, en Savoie, et dans les provinces d'Alsace, de Hainaut et de Luxembourg, récemment réunies à la couronne. Cette disposition, faite expressément par le fondateur, valut à son établissement le nom vulgaire de *collége des Quatre-Nations*. Les soixante élèves devaient y être gratuitement logés, nourris, instruits dans la religion, dans les belles-lettres, apprendre à danser, à monter à cheval et à faire des armes. Mazarin légua sa bibliothèque à ce collége, et lui laissa deux millions pour subvenir aux frais de sa construction.

En 1662 on commença les travaux de cet édifice, sur l'emplacement de l'hôtel de Nesle et de plusieurs maisons voisines. Leveau, premier architecte du roi, donna les dessins de l'édifice et y mit la première main; Lambert et Orbay le terminèrent après lui. La façade est précisément à la place qu'occupait la fameuse tour de Nesle. Cette façade fut placée sur le quai; son plan forme une portion de cercle terminée, à l'une et à l'autre extrémité, par une face en ligne droite, qui s'unit à un gros pavillon s'étendant sur le bord du quai. Au centre était le portail de l'église, faisant avant-corps, composé d'une ordonnance corinthienne et couronné d'un fronton; au-dessus s'élevait un dôme, surmonté d'une lanterne et d'une croix. Cette église était spacieuse et de forme circulaire; on y voyait les figures des huit Béatitudes placées sous les archivoltes des grands arcs de la nef, ouvrage de Desjardins. Le tableau du grand autel, représentant la Circoncision, fut, dit-on, peint par Paul Véronèse; le dôme, à l'extérieur, était orné de plusieurs groupes représentant les Pères des Églises grecque et latine; l'intérieur était décoré des quatre Évangélistes, sculptés par Desjardins.

A droite du sanctuaire on voyait le tombeau du cardinal fondateur, l'un des plus beaux ouvrages de Coysevox. La statue de Mazarin, de grandeur naturelle, à genoux et en marbre blanc, était posée sur un sarcophage de marbre porte-or, richement décoré et accompagné de trois Vertus allégoriques en bronze. Ce tombeau, après diverses vicissitudes, fait aujourd'hui partie du musée de Versailles.

Pendant la Révolution le collége fut d'abord affecté à l'école centrale des Quatre-Nations, puis à l'*Institut de France*, qui tient son administration dans les bâtiments qui en dépendent. En 1806 l'architecte Vaudoyer transforma l'église de l'ancien collége Mazarin en salle des séances de l'Institut. La lanterne qui terminait le dôme fut entièrement reconstruite, et l'on établit aux deux côtés de l'avant-corps de la façade les deux fontaines en fonte, chacune avec deux lions qui jettent de l'eau dans un même bassin. L'intérieur du palais se divise en trois cours d'inégale grandeur. La première attire particulièrement l'attention par la beauté de son architecture et surtout par l'ampleur d'exécution de ses deux grands portiques à pilastres corinthiens. Celui de droite sert d'entrée à la chapelle et celui de gauche à la bibliothèque Mazarine. Les deux autres cours, dépendances de l'ancien collége, n'offrent rien de remarquable.

La bibliothèque Mazarine, qui se trouve placée dans l'édifice même, fut léguée par le cardinal Mazarin au collége des Quatre-Nations. Cette bibliothèque a reçu depuis la Révolution des accroissements assez considérables; aujourd'hui elle possède près de cent cinquante mille volumes imprimés et environ quatre mille cinq cents manuscrits. Il n'existe malheureusement pas de catalogue des manuscrits, qu'on dit précieux, et qui n'ont été, jusqu'à présent, d'aucun usage pour le public.

Les salles de cette riche bibliothèque sont ornées de bustes en bronze et en marbre dont quelques-uns sont antiques. On y voit aussi des modèles en relief des monuments pélasgiques de l'Italie et de la Grèce, collection précieuse due à la libéralité de M. Petit-Radel, administrateur de cette bibliothèque, mort récemment. Dans une autre salle est placé un beau globe terrestre de dix-huit pieds de diamètre, en lames de cuivre, exécuté par Buache pour le roi Louis XVI.

Nous mentionnerons ici l'un des plus remarquables édifices dont la fondation remonte au règne de Louis XIV; nous voulons parler de l'*hôtel des Invalides*.

Ce magnifique asile, situé entre le faubourg Saint-Germain et le Gros-Caillou, à l'extrémité d'une vaste esplanade, fut entrepris, en 1671, pour servir de demeure ou de retraite aux soldats et aux officiers blessés ou infirmes. C'était l'établissement de prédilection du grand roi. Cet immense édifice se compose de dix-huit corps de bâtiments et d'une église, occupant ensemble une superficie de cinq hectares et demi; il peut contenir près de cinq mille invalides. L'architecte, Libéral Bruant, fit les dessins des bâtiments et de la partie méridionale de l'église; la partie septentrionale, qui se trouve dans l'axe prolongé de la première, est l'œuvre de Mansard. Cette église est un monument d'une élégance et d'une régularité des plus rares; elle est surmontée d'un dôme de 105 mètres d'élévation. Pour l'œil du voyageur qui arrive à Paris, sa coupole dorée est l'édifice le plus frappant de l'immense panorama formé par les divers monuments et par l'océan de maisons de cette capitale. Les bâtiments de l'hôtel étaient déjà en état d'être habités en 1674; mais l'église ne fut entièrement terminée qu'après trente ans de travaux; une vaste arcade en sépare les deux parties. Autrefois l'on voyait au-dessous le maître-autel, chef-d'œuvre de composition, qui a disparu pour faire place au tombeau de Napoléon. Six chapelles règnent autour du plan circulaire du dôme, et quarante colonnes d'ordre composite, supportant le dôme lui-même, sont couronnées d'une balustrade. On remarque au-dessus un attique percé de fenêtres, avec des volutes en manière de contre-fort. La coupole, divisée par côtes entre lesquelles brillent des trophées militaires, est surmontée d'une lanterne au-dessus de laquelle est une flèche très-élevée et terminée par un globe et une croix. Ces trophées et les côtes, en plomb comme toute la couverture, ont été dorés plusieurs fois; mais l'action de l'air a toujours fait disparaître leur éclat. Le dôme recouvre le magnifique tombeau de Napoléon, que nous aurons plus tard occasion de décrire. Il recouvre également les tombeaux de Turenne et de Vauban, qu'on y a placés sous le Consulat. De plus les caveaux renferment les sépultures des gouverneurs de l'hôtel, de plusieurs autres généraux, des victimes de l'attentat Fieschi, etc. La voûte de l'église était tapissée autrefois de neuf cent soixante drapeaux pris sur l'ennemi; ils furent presque tous brûlés en 1814. De nos jours on en a retrouvé plusieurs qui ont été solennellement replacés sous cette glorieuse voûte, près des étendards enlevés aux Arabes, aux Romains, aux Russes, aux Autrichiens, aux Mexicains et aux barbares d'Asie. Dans les bâtiments l'on remarque, comme objets de curiosité, les quatre réfectoires, la cuisine et sa *fameuse marmite,* la pharmacie, l'horloge à équation, ouvrage estimé de Lepaute, les jardins avec les canons, etc., etc. Dans le pavillon du milieu, au-dessus de la porte d'entrée, est la bibliothèque, créée par Napoléon en 1800, et composée de vingt mille volumes. Les plans en relief des principales villes fortes de France sont conservés dans les combles.

De nombreux canaux répandent avec abondance dans toutes les parties de l'hôtel les eaux nécessaires à la salubrité et à la consommation journalière de ses habitants.

Le nombre des invalides existant aujourd'hui à l'hôtel est d'environ quatre mille. Pour y être admis il faut avoir perdu un ou plusieurs membres, ou avoir trente ans de service effectif et soixante ans d'âge. La perte de la vue, par suite d'événements de guerre, est aussi un titre d'admission. Les militaires retirés du service doivent de plus jouir déjà d'une pension de retraite.

Sur la terrasse, bordée de fossés larges et profonds, qui s'étend au delà de la façade du Nord, sont placées en batterie de nombreuses pièces de canon enlevées aux ennemis de la France. Elles annoncent à la capitale les grandes solennités nationales et les victoires de nos armées.

Comme on a pu le voir en parcourant les annales de Paris, les rois de France s'étaient préoccupés à plusieurs reprises d'agrandir ou de réparer le Louvre. Durant le quatorzième siècle Charles V fit presque entièrement reconstruire ce palais et le renferma dans Paris. Ce château du moyen âge était alors très-irrégulier dans sa construction; il se composait de plusieurs tours de différentes hauteurs, reliées par des bâtiments criblés au hasard de fenêtres grandes et petites, larges et étroites, sans alignement et toutes grillées. C'était à la fois une maison de plaisance et une forteresse, pendant de la Bastille, construite sous le même règne à l'extrémité est de la ville, pour défendre et en même temps contenir les habitants.

Tel était le château du Louvre à l'avénement de François Ier. Négligé depuis longtemps, il n'offrait pas une habitation digne du goût et de la grandeur de ce monarque; car, lorsqu'en 1539 on voulut y recevoir Charles-Quint, on fut obligé d'y faire des changements et de grandes réparations pour pouvoir y déployer une magnificence digne des deux souverains. Ces travaux considérables, et qui n'étaient que partiels, donnèrent à François Ier l'idée de rebâtir le Louvre sur un nouveau plan. On se remit à l'œuvre vers 1541 ; mais les travaux ne prirent pas sous son règne de grand développements. Après avoir démoli une grande partie du Louvre gothique, Pierre Lescot fut chargé de commencer le Louvre de la Renaissance par la construction de la grande et belle salle des Gardes, connue aujourd'hui sous le nom de salle des Cariatides, dont les travaux, poussés lentement, se continuèrent sous le règne de Henri II. Pierre Lescot s'associa, pour la décoration du Louvre, les célèbres sculpteurs Jean Goujon et Germain Pilon.

Charles IX fit commencer en 1566 la galerie méridionale, qui devait relier le Louvre au palais des Tuileries. Elle consistait alors dans le seul étage du rez-de-chaussée, que surmontait une terrasse. Henri IV la fit exhausser d'un étage et supprimer la terrasse. Les sculptures qui décorent cette galerie à l'extérieur, et surtout la délicieuse frise à figures de l'étage inférieur, sont d'une élégance et d'une exécution telles que la vue ne se lasse pas de la suivre d'un bout à l'autre de l'édifice.

Henri IV fit continuer les autres parties de ce palais, et Louis XIII fit achever, par Jacques Lemercier, la belle façade occidentale de la cour, sur les dessins qu'avait laissés Lescot, à l'exception du pavillon du milieu, dont on modifia l'ordonnance. En 1660 Louis Levau remplaça Lemercier, qui venait de mourir. Avec le concours de son gendre, François Dorbay, il continua l'aile du nord, commença le prolongement de celle du sud, et fit élever la grande façade extérieure, qui avait en perspective la Seine et le collége des Quatre-Nations. Au bout de trois années, en 1663, il ne restait plus à faire que la quatrième façade de la cour, vers l'orient; les trois autres étaient achevées, à quelques détails près. Le roi et son ministre, Colbert, voulaient que, de ce côté, une façade supérieure en magnificence à toutes les autres annonçât d'une manière imposante la principale entrée du palais. Des projets furent demandés aux artistes le plus en renom. Dans l'embarras de choisir on s'adressa au Bernin, dont la réputation avait traversé les monts et qui passait pour le premier architecte du siècle. Pour obtenir que le pape lui permît de se rendre en France la diplomatie eut à déployer toutes ses ressources, comme s'il se fût agi du salut d'un empire. Le Bernin fut accueilli avec des honneurs extraordinaires. A peine arrivé à Paris il se mit à l'œuvre, et pendant son séjour, le 17 octobre 1665, le roi posa la première pierre du bâtiment qui devait enfin fermer l'enceinte du Louvre. Mais on sait que le voyage du Bernin, si fastueusement accompli, fut stérile en résultats. Fatigué des intrigues qui contrariaient sans relâche tous ses plans, l'architecte romain retourna dans sa patrie, non toutefois sans avoir reçu des preuves efficaces de la munificence royale.

Le départ du Bernin laissa le champ libre à Claude Perrault, auteur d'un plan de colonnade extérieure qui avait séduit le roi par son apparence de faste et de majesté. A la fin de l'année 1666 les travaux étaient en pleine activité. En 1670 Perrault posait le couronnement de sa façade, et faisait monter à grand'peine, sur les deux corniches du fronton central, ces deux pierres si souvent citées, longues chacune d'environ dix-sept mètres, que lui avaient fournies les carrières de Meudon.

Personne ne peut refuser à la colonnade du Louvre, considérée isolément, un caractère de grandeur et de sévère

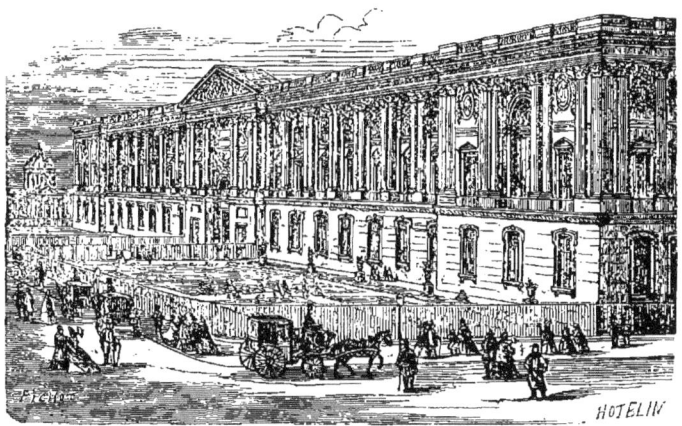

élégance; mais elle a le grand défaut de faire disparate avec le reste du palais et de ne répondre à aucune de ses distributions intérieures. Ce n'est, pour ainsi dire, qu'une décoration de théâtre. On est étonné de voir ce péristyle de temple grec servir de façade à un palais de la Renaissance. La construction, en outre, manque de solidité. On reproche à Perrault d'avoir employé des armatures et des crampons de fer pour la soutenir. « Malgré toutes les précautions, écrivait en 1852 M. Vitet, le fer se rouille, se descelle peu à peu; bientôt tout cède, tout s'ébranle. La Colonnade en est déjà là. Il y a trois ans un morceau s'est détaché. Dieu sait si dans un siècle on pourra, même à force d'argent, maintenir debout ce splendide placage. »

Les vastes proportions de la Colonnade avaient d'ailleurs un inconvénient auquel Perrault fut obligé de remédier par un sacrifice regrettable. Comme elle dépassait de beaucoup en hauteur la façade élevée au midi par Levau, en harmonie avec l'œuvre de Pierre Lescot, le nouvel architecte du Louvre ne vit rien de mieux à faire que de construire du même côté une seconde façade pour masquer complètement la première. La balustrade placée au-dessus de la corniche de la Colonnade dominait aussi les combles des trois autres façades. Perrault, regardant comme impossible de continuer par derrière, sur la cour, la corniche, l'attique et les toits à la française du reste du palais, se décida à les sacrifier et à leur substituer un second étage couronné par une balustrade correspondant à celle de la Colonnade. Cette malencontreuse addition, complétée sur trois côtés, eut l'immense inconvénient de détruire l'unité de l'ensemble et d'écraser, en la dominant, la façade de Lescot, qui est, sous tous les rapports, la plus remarquable. Ce n'est pas tout ; Perrault était si peu préoccupé de mettre sa nouvelle construction en proportion avec les parties antérieures de l'édifice qu'elle dépassait au nord les limites du carré, plan général de l'ensemble. De là l'irrégularité de la façade septentrionale, sur la rue de Rivoli. Ainsi les disparates se multipliaient de plus en plus dans la construction du Louvre.

Pendant quelques années les travaux de décoration intérieure furent poursuivis assez activement. Tout ce qui regardait la peinture et la sculpture s'exécutait sous la direction de Charles Lebrun. Mais bientôt le roi commença à délaisser ce palais de François Ier et de Henri IV pour porter toute son attention et toutes les ressources de ses finances sur Versailles. Dès 1679 il n'est plus fait mention du Louvre dans les comptes que Mansard rendait, chaque année, au roi. Les constructions de Perrault restèrent sans toiture ; on apercevait, derrière les bâtiments inachevés de l'aile méridionale, l'ancienne façade de Levau. Peu de temps après la mort de Colbert le monument tout entier menaça de n'offrir bientôt plus que de pompeuses ruines.

Devenus inutiles pour l'avenir, les dessins et les projets de Perrault furent déposés dans la bibliothèque particulière du cabinet du roi, où ils ont toujours été conservés depuis. Inachevé à l'extérieur, dépourvu de toiture dans une partie de son développement, composé de corps de logis immenses, la plupart sans voûtes, sans plafonds, sans escaliers, ce palais, qui était destiné à représenter l'image matérielle de la puissance du roi de France, passa en peu d'années à un état misérable. Ce qui pouvait offrir un abri fut divisé en une foule de petits appartements que le roi ou ses ministres concédaient à des artistes ou à des gens de lettres. Les trois ou quatre salles les plus spacieuses et les plus habitables servirent aux réunions des académies. Louis XV songea un instant à faire terminer les constructions tant de fois reprises et toujours abandonnées; mais les travaux entrepris sous son règne se bornèrent à une restauration, très-urgente d'ailleurs, et surtout pour les parties les plus récentes.

Lorsque la Révolution arriva le Louvre était occupé par les Académies, l'Imprimerie royale et les bureaux du secrétaire d'État qui avait la ville de Paris dans ses attributions. La galerie d'Apollon servait, sous Louis XVI, aux expositions de peinture; la salle des Cariatides était devenue un musée de sculpture où l'on avait rassemblé des marbres antiques et des moulages de plâtre. Une certaine partie des bâtiments était encore affectée à l'habitation d'artistes, de médecins de savants.

En 1792 la Convention expulsa du palais tous ceux qui y logeaient, à quelque titre que ce fût, et, l'année suivante, elle décréta que le Louvre serait désormais consacré à l'étude des beaux-arts.

Sous le Consulat Napoléon assigna plusieurs salles du Louvre aux corps savants rétablis, et une exposition publique des chefs-d'œuvre de peinture et de sculpture conquis sur l'Italie fut installée au rez-de-chaussée, dans les anciens appartements d'Anne d'Autriche, au premier étage, dans le grand salon et dans une partie de la grande galerie. En même temps le premier consul résolut de s'occuper du Louvre, non plus seulement pour le réparer et le déblayer, mais pour l'achever, l'orner, l'agrandir et le réunir aux Tuileries. Les travaux de restauration et d'ornementation, exécutés sous la direction habile de MM. Percier et Fontaine, se poursuivirent activement dès 1804; mais ce fut seulement en 1806 que l'empereur adopta définitivement le projet proposé pour l'achèvement des quatre façades de la cour, sur les plans de Perrault. La colonnade fut remise à neuf, la façade du bord de l'eau sculptée, close et couverte, ce qui fit disparaître les vestiges, apparents jusque-là, de celle de Levau. En 1812 le vieux Louvre se trouva terminé, quant à l'extérieur, à peu près trois siècles depuis que François Ier en avait entrepris la reconstruction, et le public put jouir enfin de l'ensemble de ce magnifique monument.

Dans la pensée de l'empereur, et suivant le projet de MM. Percier et Fontaine, la réunion du Louvre aux Tuileries devait s'opérer par la construction, sur la rue de Rivoli, d'une galerie parallèle à celle qui longe la Seine. On aurait élevé entre ces deux galeries une aile transversale destinée à masquer le défaut de parallélisme des deux palais. Ce grand dessein ne put recevoir qu'un commencement d'exécution. La galerie de la rue de Rivoli, partant du pavillon de Marsan, ne fut bâtie que jusqu'à la rue de Rohan, et, du côté du Louvre, les constructions entreprises vis-à-vis de l'entrée du musée durent être presque aussitôt interrompues.

Sous la Restauration le gouvernement, entravé par de grands obstacles, ne put continuer les travaux extérieurs du Louvre, mais il tint à honneur de l'enrichir de salles splendides et de précieuses collections. Louis XVIII et Charles X firent travailler à la décoration des diverses parties du palais, et l'on doit à ce dernier roi la fondation du musée qui porte son nom.

Louis-Philippe fit exécuter aussi dans l'intérieur du Louvre quelques améliorations importantes; mais les abords du monument restèrent embarrassés de décombres et de constructions provisoires. Divers projets de loi que les ministres présentèrent en 1833 et dans les années suivantes, pour l'achèvement du palais et sa jonction aux Tuileries, furent constamment rejetés par les Chambres. Au milieu de la cour du Louvre on éleva une statue équestre du duc d'Orléans, œuvre de M. Marochetti; elle en fut enlevée à la révolution de Février, et elle est aujourd'hui reléguée dans une des cours du château de Versailles.

Plus tard, en esquissant le règne de Napoléon III, nous dirons par quels travaux prodigieux furent réalisés les plans rêvés depuis deux siècles par les architectes, par les artistes et par les rois, pour l'achèvement et la décoration du Louvre.

CHAPITRE IV.

Suite du règne de Louis XIV. — Édifices religieux fondés à Paris. — Institutions de piété et de bienfaisance.

L'espace ne tarderait pas à nous manquer si nous entreprenions de décrire tout au long les établissements religieux qui illustrèrent, à Paris, le règne de Louis XIV ; nous ne pouvons que mentionner, un peu à la hâte, plusieurs d'entre eux, nous réservant d'entrer dans des détails plus complets lorsqu'il s'agira d'édifices qui, au mérite de leur institution, joignirent le privilége d'être des monuments remarquables au point de vue de l'art.

Les *Théatins* (1) furent appelés d'Italie par le cardinal Mazarin ; dom Ange de Bissari, religieux de cet ordre, était le confesseur de ce ministre. Mazarin leur fit bâtir un couvent situé quai *Malaquest*. Le 7 août 1642 Louis XIV plaça de sa propre main une croix que l'évêque de Dol venait de bénir en sa présence. Les Théatins embrassèrent avec chaleur le parti de Mazarin ; ils faisaient paraître en chaire des figures de saints que les Frondeurs appelaient des *mazarinettes*. Ils suivirent le ministre dans sa fuite et revinrent avec lui. En 1662 on commença la construction de leur église, qui fut achevée en 1720. Le portail fut élevé en 1747. Anne d'Autriche enrichit cette église de dons. On y déposa le cœur de Mazarin.

(1) J.-P. Caraffa, archevêque de *Théate*, aujourd'hui *Chiéti*, au royaume de Naples, fut un des fondateurs de cet ordre, qui tira son nom du siége épiscopal de ce prélat.

Ce couvent fut supprimé en 1790. Vers l'an 1800 le bâtiment de l'église fut converti en salle de spectacle, mais on n'y joua jamais; on y donna des bals, des fêtes, et en 1815 on y établit le *café des Muses*. Cet édifice a été démoli de 1821 à 1823. On a élevé sur son emplacement des maisons particulières.

L'*institution de l'Oratoire* fut fondée en 1650, au quartier de l'Observatoire et rue d'Enfer, pour servir au noviciat des personnes qui se destinaient à la congrégation de l'Oratoire. L'église fut bâtie de 1655 à 1657, sous le vocable de la Sainte-Trinité et de l'Enfant-Jésus. En 1814 on y établit l'*hospice des Enfants-Trouvés*.

Les *Prémontrés réformés* s'établirent au carrefour de la Croix-Rouge, à l'angle des rues de Sèvres et du Cherche-Midi (1661). L'année suivante Anne d'Autriche posa la première pierre de leur église, qui fut consacrée au très-saint Sacrement et à l'Immaculée Conception de la sainte Vierge. Cette église fut agrandie en 1719. Elle a été démolie après 1790, et l'emplacement du couvent s'est couvert de maisons particulières.

Les *Orphelins de la Mère de Dieu* ou de *Saint-Sulpice* furent établis, en 1648, rue du Vieux-Colombier, par le pieux Ollier, curé de Saint-Sulpice, en faveur des orphelins des deux sexes de cette paroisse. Cette maison, supprimée, fut occupée par des sœurs de la Charité vers 1802. Après la translation de ces sœurs rue du Bac elle a été convertie en une caserne de pompiers.

Les *Frères des Écoles chrétiennes* avaient leur maison principale rue Notre-Dame-des-Champs. Une dame Cossar fonda, en 1658, un établissement qui avait pour objet l'instruction des enfants pauvres; il fut supprimé en 1792 et rétabli en 1806.

Le séminaire des *Missions étrangères* fut fondé, en 1663, rue du Bac, au coin de la rue de Babylone, par Bernard de Sainte-Thérèse, évêque de Babylone, dont la rue voisine a retenu le nom. On y formait des missionnaires pour les pays étrangers. La chapelle primitive, qui portait le titre de la Sainte-Famille, fut reconstruite, en 1683, sur un plan plus vaste; l'archevêque de Paris en posa la première pierre. Cette église se compose de deux parties, l'une au rez-de-chaussée et l'autre au-dessus. On y voyait autrefois des tableaux de plusieurs artistes distingués, de Carle Vanloo, de Restout, d'André Bardou, etc., etc. Les bâtiments de la maison furent reconstruits en 1736. Après avoir été habités longtemps par des particuliers ils sont occupés de nouveau par des prêtres de la Mission. L'église a été rendue au culte en 1802; elle est aujourd'hui la seconde succursale de la paroisse de Saint-Thomas-d'Aquin.

Le P. Michel de Picauville, religieux franciscain, commissaire général des affaires de la Terre Sainte, ayant obtenu, au mois de juin 1655, des lettres patentes par lesquelles le roi lui permettait d'établir en l'un des faubourgs de Paris un hospice pour recueillir les religieux de son ordre à leur retour du voyage de la Palestine, Nicolas Parfait, abbé de Bazonville et chanoine de l'Église de Paris, acheta le 2 mars 1656 une maison de la Ville-l'Évêque, qu'il donna pour être affectée à cet établissement. Le 6 avril suivant l'autorité épiscopale confirma la fondation de l'hospice des *Cordeliers de la Terre-Sainte*, qui subsista, malgré les oppositions du curé de la

Ville-l'Évêque et du chapitre de Saint-Germain-l'Auxerrois.

Le *Séminaire anglais*, établi rue des Postes, fut fondé en 1684 par des prêtres anglais, sous l'invocation de Saint-Grégoire-le-Grand. En 1685 l'archevêque de Paris approuva cet établissement, qui fut placé sous la dépendance du collége des Irlandais.

Le *séminaire de Saint-Sulpice* fut établi par M. Ollier en 1645. Le petit séminaire fut placé dans des bâtiments contigus à la rue Férou ; le grand le fut dans les bâtiments élevés sur le lieu aujourd'hui occupé par la place Saint-Sulpice. Ces bâtiments masquaient la façade de l'église, dont ils n'étaient séparés que de quelques toises ; les constructions furent détruites vers l'an 1800. En 1802 les Sulpiciens vinrent occuper la maison située à l'angle de la rue de Vaugirard et de la rue du Pot-de-Fer, appartenant autrefois aux Filles de l'Instruction chrétienne ou de la très-sainte Vierge. En 1820 on a construit, sur la partie méridionale de la place Saint-Sulpice, le séminaire qui s'y voit actuellement.

Le *séminaire de Saint-Pierre et Saint-Louis*, situé à l'extrémité de la rue d'Enfer, fut établi en 1676. La première pierre de la chapelle fut posée en 1703, et le petit séminaire, auparavant situé rue du Pot-de-Fer, fut transféré en ce lieu l'année suivante. Les bâtiments servent aujourd'hui de caserne ; l'église est consacrée à la fabrication du gaz hydrogène pour l'éclairage du quartier.

Les *Eudistes* furent établis, en 1671, près de l'église Saint-Jean, puis dans la cour du Palais, enfin rue des Postes. Les ecclésiastiques qui venaient séjourner à Paris trouvaient dans cette maison, pour un prix modique, un logement convenable. Les Eudistes furent supprimés en 1792.

Le *séminaire des Prêtres irlandais*, ou *collége des Lombards*, fut établi rue des Carmes. Le vieux collége des Lombards, appelé aussi *collége de Tournay* ou *d'Italie*, tombait en ruines lorsque des prêtres irlandais le firent rebâtir pour y recevoir les Irlandais étudiant en l'université de Paris. Ces prêtres se destinaient aux fonctions de missionnaires.

Les *Prêtres de Saint-François de Sales* desservaient un hospice établi, en 1700, sur les fossés de l'Estrapade, pour les prêtres vieux et infirmes, par Witasse, docteur de Sorbonne. En 1702 le cardinal de Noailles les transféra au carrefour du Puits-l'Ermite, faubourg Saint-Marcel, dans une maison qui appartenait auparavant aux Filles de la Crèche. Les religieuses bénédictines d'Issy ayant été dispersées en 1751, l'on donna aux prêtres de Saint-François de Sales l'établissement qu'elles occupaient. Les bâtiments délaissés du carrefour du Puits-l'Ermite ont été réunis depuis à la Pitié.

Les *Filles de Saint-Chaumont* ou *de l'Union chrétienne* furent instituées en 1661, pour instruire les jeunes filles nouvellement converties à la religion catholique et celles qui se trouvaient sans fortune et sans appui. En 1665 elles s'établirent à l'hôtel de Saint-Chaumont, rue Saint-Denis. Les maisons de cette communauté se multiplièrent en peu de temps; la plus considérable était *le Petit-Saint-Chaumont* ou *la Petite-Union chrétienne*, rue de la Lune. Elles furent toutes supprimées à la Révolution. Sur l'emplacement de l'ancien hôtel Saint-

Chaumont l'on ouvrit un passage qui porte encore aujourd'hui le même nom. Le Petit-Saint-Chaumont est une maison particulière.

La *Visitation de Sainte-Marie* fut fondée à Chaillot par Henriette d'Angleterre, veuve de Charles Ier. En 1651, dans l'église, rebâtie en 1704, furent déposés les cœurs de cette princesse, de Jacques Stuart II, roi d'Angleterre, et de Louise-Marie Stuart.

Les *Religieuses anglaises* vinrent à Paris vers 1644; ces filles priaient constamment pour la conversion des Anglais à la religion catholique.

Un autre couvent de *Religieuses anglaises* ou *de la Conception* fut fondé en 1658 et placé rue Moreau. Ce couvent, qui avait reçu le nom de *Bethléhem*, a été supprimé en 1770. On y a établi depuis une école gratuite de demoiselles, dirigée par les Filles de la Croix.

L'*abbaye de Notre-Dame de Pentemont* ou *du Verbe incarné* fut transférée à Paris, en 1643, rue de Grenelle-Saint-Germain; l'église fut reconstruite en 1749. Les bâtiments de cette abbaye, dont les religieuses se consacraient à l'instruction des jeunes filles, ont été convertis en caserne, et en maison particulière; l'église, d'abord affectée comme magasin de fournitures militaires, sert aujourd'hui de temple aux Luthériens.

Les *Filles de l'Instruction chrétienne* furent établies, pour l'instruction des jeunes filles, dans une maison de la rue du Gindre, en 1657. Elles furent transférées, en 1738, rue du Pot-de-Fer. Les bâtiments de cette communauté, supprimée en 1790, ont été occupés, depuis 1802, par le séminaire de Saint-Sulpice.

Les *religieuses de la Présentation-Notre-Dame* ou

Bénédictines mitigées furent instituées en 1649, et se fixèrent en 1671 rue des Postes. Après 1790 cette maison est devenue propriété particulière; elle est occupée aujourd'hui par la *pharmacie de l'administration*.

Les *Miramiones* ou *Filles de Sainte-Geneviève*. Cette communauté fut formée par la réunion des Filles de Sainte-Geneviève, établies en 1636 pour la visitation des malades et l'instruction des jeunes demoiselles, à la maison de la Sainte-Famille, fondée par la veuve de M. de Beauharnais de Miramion, conseiller au Parlement. La réunion s'opéra en 1665, et le couvent fut placé rue de la Tournelle, au coin du quai de la Tournelle. Il fut supprimé en 1790. Les bâtiments servent aujourd'hui à la pharmacie de l'administration centrale des hospices et hôpitaux civils de Paris.

Sainte-Pélagie, rue de la Clef, fut une communauté religieuse fondée en 1665, par madame de Miramion, pour renfermer les filles publiques et les femmes débauchées. Depuis la Révolution cette maison est devenue une prison.

Les *Filles de la Croix* s'établirent, en 1643, cul-de-sac Guémené, quartier du Marais; elles s'occupaient de l'instruction des jeunes filles. Elles ont été supprimées en 1790, en même temps qu'une autre communauté de *Filles de la Croix*, rue d'Orléans-Saint-Marcel, fondée en 1656.

Les bâtiments des premières sont occupés par une filature de coton; ceux des secondes sont convertis en institution privée.

L'abbaye de Sainte-Geneviève, ou *de Sainte-Perrine*, ou *de Notre-Dame-de-la-Paix*, fut établie, en 1659, à l'entrée de la grande rue de Chaillot, du côté de l'avenue de Neuilly; elle a été supprimée à la Révolution. Vers l'an 1806 on y a placé l'institution des vieillards, qui y sont nourris et soignés moyennant une pension. De nos jours cette maison de retraite vient d'être démolie pour faire place à une avenue aboutissant à l'arc de triomphe de l'Étoile, et l'institution de Sainte-Perrine a été transférée dans le quartier d'Auteuil.

Le *couvent du Bon-Pasteur* fut fondé rue du Cherche-Midi pour les filles débauchées et repentantes. Cette maison a été démolie en 1846, et sur son emplacement on a construit la prison militaire qui a remplacé la trop fameuse prison de l'Abbaye.

Une chapelle située dans un quartier populeux, rue de Sèvres, à peine révélée par l'existence d'une grille et d'une croix, s'ouvre dans l'enfoncement d'une cour d'hôtel ou de couvent. Dans cette chapelle, des murailles à demi peintes, présentant l'aspect d'une église d'hôpital; quelques tableaux, deux ou trois confessionnaux, des portes et des couloirs communiquant avec les chapelles réservées d'un monastère de femmes, et tout est dit pour l'observateur superficiel ou pour l'artiste. Le chrétien qui visite cette église n'y sera point attiré par les merveilles de la sculpture ou de la peinture.

L'histoire de cette église offre bien peu d'incidents remarquables. Dans l'origine *l'Abbaye-aux-Bois* était une communauté de filles de l'ordre de Cîteaux; elle fut fondée en 1207 par Jean de Nesles, châtelain de Bruges, dans un lieu nommé Batiz, au milieu des bois, et sous l'autorité de l'évêque de Noyon. L'an 1640, et le 20 octobre, les religieuses de l'Annonciade des dix Vertus furent installées à Paris, rue de Sèvres, par dom Benoît Brachet, prieur et grand-vicaire de l'abbaye de Saint-Germain des Prés, en présence de Mademoiselle, fille de Gaston de France, duc d'Orléans, leur fondatrice, et de la princesse de Condé. Soit que le temporel de cette maison fût mal administré, soit qu'elle manquât de ressources, les Annonciades ne purent s'y maintenir et se dispersèrent en 1654. Ce fut alors que l'abbesse et les religieuses de Notre-Dame-aux-Bois, du diocèse de Noyon, qui s'étaient retirées à Paris à cause des guerres, achetèrent cette maison et s'y établirent. En 1719 elles y bâtirent une nouvelle église, dont la princesse palatine, veuve de Philippe de France, duc d'Orléans et frère de Louis XIV, avait posé la première pierre le 8 juin 1718. Dans cette pierre, disent les chroniqueurs, est encastrée une grande médaille d'or, donnée par Son Altesse Royale Madame, sur laquelle est en bas-relief le portrait de cette princesse; au revers elle est assise sur deux lions, tenant dans sa main droite une médaille représentant le dessin de l'église, et autour de la médaille on lit : *Diis genita et genitrix Deum.* » Cette inscription, passablement païenne, signifie que la princesse palatine, issue des dieux, a enfanté une race de dieux. C'était l'histoire numismatique écrite en 1718. Depuis lors nous savons que la postérité divine à laquelle Élisabeth-Charlotte donna naissance a été la famille d'Orléans, révolutionnairement élevée au trône et bientôt après chassée par les révolutions.

De nos jours, Notrre-Dame de l'Abbaye-aux-Bois a longtemps formé l'une des églises paroissiales de Paris;

elle était succursale de Saint-Thomas-d'Aquin. L'élite du faubourg Saint-Germain aimait à y assister aux offices, célébrés avec une pieuse pompe, et ce concours de fidèles se faisait remarquer par sa piété fervente, par l'abondance de ses aumônes. L'Abbaye-aux-Bois était comme un foyer de piété qui d'ailleurs ne s'est nullement éteint, bien que l'église soit en ce momoment replacée dans la condition d'une chapelle de monastère. Nous avons pu même reconnaître qu'elle était devenue le but d'un nouveau pèlerinage depuis que la communauté a fait don à l'église de l'image exposée à la vénération des fidèles au-dessus du maître-autel et qui est désignée sous le nom de *Notre-Dame de toute aide*.

Voici en quels termes en parle M. l'abbé Hamon, curé de Saint-Sulpice, dans le bel ouvrage qu'il publie sous le titre de *Notre-Dame de France* :

« Cette statue, autrefois propriété de la communauté des *Filles-Dieu*, y a été en grande vénération pendant plus de deux siècles, à raison des nombreux prodiges, tant spirituels que temporels, qui ont attesté combien la sainte Vierge avait pour agréable d'être honorée devant cette image et sous le titre de *Notre-Dame de toute aide*. C'est aux pieds de cette statue que furent guéris autrefois un jeune homme atteint d'une fièvre ardente et continue; l'abbesse de Notre-Dame de Meaux, madame de la Vieuville, paralysée des deux jambes, et dont on voit encore aujourd'hui dans la main de la sainte Vierge l'*ex-voto* commémoratif; la prieure du monastère, victime d'un accident qui lui brûla le visage en 1692, et dont la trace même disparut après deux jours de prières devant l'image miraculeuse; madame Bailly, religieuse du monastère de

Collinnances, au diocèse de Meaux, qui, affligée d'une extinction de voix rebelle à tous les remèdes, y recouvra la parole en 1713. Saint François de Sales bénit cette statue en 1618, lorsqu'il visita le monastère des Filles-Dieu. A la révolution de 1792 une religieuse du monastère, madame de Flavigny, la sauva des mains de l'impiété, et la laissa, en mourant, à madame Leclère, son ancienne élève, qui pendant les troubles de la France lui avait accordé une généreuse hospitalité. Madame Leclère, à son tour, la laissa, en mourant, à madame Leroy, religieuse Fille-Dieu, qui, en 1824, en fit hommage au couvent de l'Abbaye-aux-Bois. Cette maison, heureuse de posséder un tel trésor, aime à venir prier devant cette antique statue et a souvent éprouvé qu'on n'y prie pas en vain (1). »

Le 27 avril 1656 Louis XIV rendit un édit qui ordonnait l'établissement d'un *hôpital général* et prescrivait les règles qui devaient y être observées. *Bicêtre*, depuis longtemps abandonné, et la maison de *la Salpêtrière* furent désignés à cet effet.

Le nombre des pauvres et des mendiants qui étaient dans Paris s'élevait, en 1649, à quarante mille. On crut devoir remédier promptement aux désordres inévitables qu'entraînait avec elle cette masse de nécessiteux. Pomponne de Bellièvre avisa aux moyens de contenir cette multitude de pauvres, inquiétante pour la sûreté de Paris; il eut recours au roi pour l'exécution de ce louable projet. Louis XIV appuya de son autorité et aida par ses bienfaits l'accomplissement de l'entreprise du président Bellièvre.

---

(1) *Notre-Dame de France,* ou *Histoire du culte de la sainte Vierge en France,* tome Ier, pages 72 et 73.

Un édit porta création de l'*Hôpital-Général* pour y renfermer les *pauvres mendiants de la ville et des faubourgs de Paris*, et le 1ᵉʳ septembre suivant le Parlement vérifia l'édit royal. Non-seulement le roi donna à l'*Hôpital-Général* les deux châteaux de *Bicêtre* et de *la Salpétrière*, qui étaient les deux principales maisons qui le composaient à cette époque, plusieurs fonds en terre et en maisons, mais encore il le gratifia de plusieurs priviléges et l'assista chaque année par des libéralités considérables. Louis XIV peut donc être regardé comme le véritable fondateur de l'*hôpital général de la Salpétrière*.

Le 7 mai 1657 l'établissement de la Salpétrière fut ouvert. « Les magistrats, rapporte un historien anonyme de la ville de Paris, firent alors publier aux prônes de toutes les paroisses de Paris que l'Hôpital-Général seroit ouvert le 6 mai 1657 pour tous les pauvres qui voudroient y entrer de leur propre volonté, et défense fut faite à cri public à tous les mendiants de demander l'aumône dans Paris. La messe du Saint-Esprit fut chantée le 13 dans l'église de la Pitié, et le lendemain les pauvres furent enfermés... »

Notre-Dame de la Pitié, Saint-Louis-de-la-Salpétrière, Saint-Jean-de-Bicêtre et Sainte-Marthe-de-Scipion reçurent environ quatre ou cinq mille pauvres, et quelque temps après le nombre s'éleva jusqu'à dix mille, en y comprenant les enfants trouvés.

L'emplacement de la Salpétrière est le plus vaste qui ait été consacré à un établissement de ce genre dans aucun pays de l'Europe. La superficie des bâtiments, cours et jardins, contient près de cinquante-cinq mille toises carrées.

Lors de la fondation de l'Hôpital-Général un *recteur* et vingt-deux prêtres y étaient attachés. On offrit cette direction aux missionnaires de Saint-Lazare, mais ils refusèrent par l'organe de Vincent, leur supérieur général. L'archevêque de Paris était absent; ses grands-vicaires nommèrent pour recteur Louis Abelly, qui fut dans la suite évêque de Rodez.

Le roi nomma pour la direction de l'établissement vingt-six personnes, avec le titre de directeurs perpétuels, et pour chefs de la direction le premier président du Parlement et le procureur général. Par une déclaration expresse du roi, en date du 29 avril 1673, l'archevêque de Paris fut adjoint comme *chef*, et en 1690 le premier président de la chambre des comptes, celui de la cour des aides, le lieutenant général de police et le prévôt des marchands furent aussi nommés *chefs*. Indépendamment de ces sept chefs et des vingt-six directeurs perpétuels, on nomma un receveur et un secrétaire.

En 1720 il existait à la Salpétrière deux salles contenant huit cents petites filles occupées à divers travaux. On y trouvait trois grands dortoirs contenant deux cent cinquante cellules, destinées aux époux âgés qui ne pouvaient plus subsister par leur travail. C'est ce qu'on appelait *les Ménages*.

Au centre de l'hôpital il existait une maison de force qui comprenait quatre prisons : *le Commun*, lieu destiné aux filles les plus dissolues; *la Correction*, contenant les filles qui donnaient des espérances de repentir; *la Prison*, réservée aux femmes détenues par ordre du roi, et *la Grande-Force*, aux femmes flétries par la justice.

Des changements considérables et des améliorations

heureusement exécutées ont eu lieu depuis 1802 jusqu'à ce jour dans l'hospice de la Salpétrière. Un ordre, un ensemble, une distribution de service remarquables distinguent cet immense établissement, dont la population équivaut à celle d'une petite ville.

L'établissement des *Filles de la Providence*, situé rue de l'Arbalète, reconnaissait pour fondatrice Marie Lumagne, veuve de François de Polaillon, gentilhomme ordinaire du roi et conseiller d'État. Cette dame, qu'une fervente piété avait associée à toutes les œuvres de saint Vincent de Paul, son directeur, conçut le projet de retirer du libertinage les jeunes personnes que la séduction ou la misère avaient pu y engager, et de prévenir la chute de celles qui étaient sur le point de s'y précipiter. Les fondements de cette charitable institution furent jetés en 1630 dans une maison qu'elle possédait à Fontenay; peu de temps après madame de Polaillon transféra sa communauté naissante à Charonne. Elle y prospéra tellement qu'en 1643 elle était déjà composée de cent filles. C'est alors que Louis XIII, dont elle avait attiré l'attention, permit à ces filles de venir se fixer à Paris, lui accordant, avec cette permission, la faculté de recevoir des donations et tous les priviléges dont jouissaient les maisons royales. Cette communauté reçut, par les mêmes lettres-patentes, le nom de *Maison de la Providence de Dieu*.

Toutefois il ne paraît pas que ces filles aient pensé alors à profiter de la faveur que le roi leur avait accordée, car en 1647 elles habitaient encore Charonne. On les voit enfin, dans le courant de cette année, venir occuper, rue d'Enfer, une maison qui fut depuis renfermée dans celle des Feuillants. Vincent de Paul, qu'on regarde avec raison comme le second instituteur de cette maison, et qui en fut nommé directeur, s'occupa activement de procurer à la communauté un emplacement plus vaste et plus commode. Ce fut à sa sollicitation que la reine Anne d'Autriche se déclara protectrice de la maison de la Providence. Elle avait acheté, en 1651, de l'Hôtel-Dieu, une maison fort spacieuse, qui avait été destinée à recevoir les pestiférés et qu'on nommait l'*hôpital de la Santé*; on la divisa en deux parts, dont l'une fut comprise dans les jardins du Val-de-Grâce et l'autre donnée aux Filles de la Providence. Elles en prirent possession le 11 juin 1652, ainsi que d'une chapelle sous l'invocation de saint Roch et de saint Sébastien, que l'Hôtel-Dieu y avait fait construire et qu'on a depuis ornée et agrandie. Vincent de Paul leur donna alors des statuts, qu'elles ont conservés jusqu'à la fin, avec de légers changements.

La maison des *Filles de la congrégation Notre-Dame* fut fondée, rue Neuve-Saint-Étienne-du-Mont, en 1673, pour des religieuses consacrées à l'instruction de la jeunesse, à l'instar des Filles de Sainte-Ursule; elles avaient une église qui fut bénite en 1688. Après la suppression des couvents, en 1790, l'on vendit cette maison à des particuliers; elle est habitée aujourd'hui par les Dames de la Miséricorde.

L'évêque de Paris et le chapitre de Notre-Dame pourvurent les premiers, dans la capitale, à l'établissement d'un *hospice pour les enfants trouvés*. Ils consacrèrent à cet usage une maison située près du port Saint-Landri, qu'on nomma *maison de la Crèche*. En même temps on plaça dans la cathédrale une espèce de bureau ou de crèche pour faire appel à la pieuse libéralité des fidèles. C'est ce premier asile qui les fit appeler les *pauvres enfants trouvés de Notre-Dame*. Mais la brutalité des gardiens rendait affreux le sort de ces pauvres enfants, et ils les vendaient souvent en secret, au prix de vingt sous. Pour mettre un terme à leur traitement barbare, saint Vincent de Paul fonda, en 1638, un nouvel hospice, près de la porte Saint-Victor, pour les enfants-trouvés, et mit à la tête de cet établissement les Dames de la Charité. Mais les ressources pécuniaires n'étant pas en rapport avec les besoins de ces enfants, dont le nombre croissait toujours, les administrateurs prirent le parti de tirer au sort ceux qui seraient nourris; *les autres*, dit un historien, *étaient abandonnés!* La charité ardente et les soins infatigables de saint Vincent de Paul parvinrent enfin à assurer le sort de ces pauvres enfants. Le Parlement, s'associant à son œuvre, ordonna que les seigneurs hauts justiciers de Paris payeraient une rente annuelle de 15,000 livres pour élever les enfants trouvés. Les administrateurs achetèrent alors un vaste emplacement dans le faubourg Saint-Antoine et y construisirent un grand bâtiment avec une chapelle. Cet établissement fut érigé en hospice en 1670 et uni à l'Hôpital-Général. On y a placé depuis l'hospice des Orphelins.

En 1660 les administrateurs de l'hospice du faubourg Saint-Antoine achetèrent trois petites maisons sur le parvis Notre-Dame et en firent une succursale du grand établissement. Ces maisons furent démolies en 1747, et l'on construisit un nouveau bâtiment, sur les dessins de Boffrand, au coin de la rue Neuve-Notre-Dame. Il sert aujourd'hui de *bureau central d'admission dans les hôpitaux et hospices*.

Saint-Pierre-de-Chaillot, situé grande rue de Chaillot, était, à ce qu'il paraît, dans l'origine, une ancienne chapelle de château, dont les revenus furent donnés, au onzième siècle, au prieuré de Saint-Martin-des-Champs. En 1659 Louis XIV érigea le village de Chaillot en faubourg de Paris; l'église fut alors reconstruite en partie. En 1740 on rebâtit la nef et le portail; en 1802 Saint-Pierre a été érigé en succursale de la paroisse de la Madeleine.

La *chapelle Sainte-Anne*, située dans le faubourg Montmartre, fut fondée en 1657; elle donna son nom à une porte de la ville et à une longue rue qui sépare le faubourg Poissonnière du faubourg Montmartre, et qui portait anciennement le nom de *Chaussée-de-la-Nouvelle-France*. Cette chapelle n'existait plus au commencement du règne de Louis XV.

Mentionnons ici quelques détails concernant l'origine, la construction et l'histoire de l'église de *Saint-Sulpice*.

Comme on l'a vu plus haut, sous le règne de Philippe-Auguste, vers l'an 1211, l'église paroissiale de Saint-Pierre ou de Saint-Père (d'où est venu le nom que porte la rue des Saints-Pères) ayant été reconnue trop petite pour le grand nombre de fidèles qui la fréquentaient, on fut obligé d'en faire construire une autre, dédiée sous le vocable de Saint-Pierre. Plus de trois siècles plus tard, sous François Ier, cette nouvelle église ayant également paru beaucoup trop étroite, on y ajouta une nef. En 1614 on construisit trois chapelles de chaque côté de cette nef.

Cependant, au commencement du règne de Louis XIV, la population du faubourg Saint-Germain avait pris un accroissement si considérable que l'on prit le parti de rebâtir l'église tout entière sur un plan plus large. Le 20 février 1646 Anne d'Autriche, régente du royaume, posa la première pierre du nouvel édifice, et les bâtiments commencèrent à s'élever sur les dessins de Christophe Gaumart, remplacé depuis par Louis Levau. La mort de ce dernier, arrivée en 1670, fit confier la conduite des travaux à Daniel Gittard. Cet architecte acheva la chapelle de la Vierge, et construisit le chœur, les bas-côtés, les croisées et le portail de gauche. En 1678 les travaux furent suspendus, faute d'argent.

« Le curé et les marguilliers, dit Félibien, présentèrent en 1683 une requête au roi et à son conseil pour demander des secours et la permission d'assembler les paroissiens pour aviser aux moyens de payer les dettes contractées et d'achever le bâtiment de leur église. Par arrêt du 12 février il fut ordonné qu'en présence du S^r Le Camus, lieutenant civil, les paroissiens seroient convoqués pour arriver aux moyens les plus expédients, tant pour acquitter les dettes que pour continuer le bâtiment commencé, pour, sur le procès-verbal qui en seroit dressé, être statué par le conseil, ainsi qu'il appartiendroit. »

L'assemblée eut lieu, mais les dettes s'élevaient à près de sept cent mille livres, et l'affaire traîna en longueur. Après de longues vicissitudes, dans le détail desquelles on nous dispensera d'entrer, les travaux furent repris, vers l'an 1718, par M. Languet de Gergy, curé de la paroisse.

Cet homme respectable ne possédait que trois cents

francs : il les employa à acheter quelques pierres ; à son exemple des personnes pieuses firent des offrandes, et le roi, en 1721, leur permit d'ouvrir une loterie pour se procurer les ressources nécessaires. Le bâtiment fut continué sur les dessins de l'architecte Appenord, directeur général des bâtiments du duc d'Orléans. C'était un homme de peu de goût, qui se plaisait aux ornements mesquins ou capricieux. Le portail de la croisée de droite fut élevé en 1719 ; la nef, commencée en 1722, ne fut entièrement achevée qu'en 1736. Il ne restait plus à faire que le grand portail, dont on avait jeté les fondements, en 1733, sur les dessins de Servandoni. Ce portail devait être surmonté d'un fronton et flanqué de deux tours ; son ordonnance sévère contrastait avec le style maniéré, si fort à la mode durant le dix-huitième siècle. Servandoni étant mort, son plan fut dénaturé, et la tour qui fut élevée à la droite du portail ne justifia point les espérances du public. Plus tard, sous le règne de Louis XVI (tant la construction de cette église avait exigé de mois et d'années), un habile architecte, Chalgrin, commença les travaux de la tour septentrionale. La Révolution les interrompit. Quoique inachevé, et en dépit de contradictions blâmées par les archéologues, le portail de Saint-Sulpice n'en est pas moins l'un des plus majestueux édifices de Paris.

L'impression que produit Saint-Sulpice ne ressemble pas à celle qu'on éprouve en entrant dans les vieilles basiliques du moyen âge ; on ne peut néanmoins nier l'effet qui résulte de la noblesse des proportions, de la grandeur des lignes, de la majesté de l'ensemble. Si aucune école artistique n'a droit de revendiquer pour sienne cette vaste église, s'il n'en est aucune qui ne la critique avec plus ou moins de sévérité, elle n'en n'est pas moins un magnifique monument, un temple qui porte le caractère de la foi et du génie, et dont l'aspect ne laisse pas que d'étonner, que d'éveiller l'admiration plus ou moins réfléchie. L'art classique n'y a pas d'ailleurs complétement répudié les traditions chrétiennes; autour du sanctuaire on retrouve les ambulatoires de nos anciennes basiliques. La chapelle de la Sainte-Vierge, splendidement décorée, peut rivaliser avec les plus remarquables de celles qu'élevèrent jadis, d'après d'autres inspirations, l'art byzantin et, plus récemment, l'architecture ogivale. La statue de Marie y est placée dans une niche qu'éclaire un jour venant d'en haut et nous apparaît comme illuminée par une lumière mystérieuse. Cette statue est l'œuvre de Pigalle; un peu trop admirée par nos pères, elle est trop durement critiquée, de nos jours, par des juges nécessairement exclusifs en matière de goût, et qu'il nous est bien permis de récuser.

L'église de Saint-Sulpice renferme des peintures dues au talent d'artistes célèbres. Dans la première chapelle, à côté de la grande sacristie, une *Nativité* et un concert d'anges, par Lafosse; dans la troisième, une *Sainte-Geneviève*, par Hallé; dans la chapelle des mariages, deux anges peints sur le plafond, par le même; une *Nativité*, par Carle Vanloo; une *Présentation au temple*, par Pierre; une *Fuite en Égypte*, par le même; Jésus-Christ au milieu des docteurs, par Frontier; dans la sacristie des messes, une *Apparition*, par Hallé; une Vierge à genoux, par Monier; dans la chapelle de la Vierge, des peintures entre les pilastres, par Carle Vanloo; dans la coupôle une *Assomption* par François Lemoine. La sculpture, non moins que la peinture, a contribué à décorer l'église de Saint-Sulpice; on remarque les statues de saint Jean, de saint Joseph, de saint Pierre et de saint Paul, par Dumont; deux anges de bronze doré, par Bouchardon; les statues en pierre de Notre-Seigneur, de sa Mère et des douze Apôtres, par le même; dans la chapelle du Sacré-Cœur, une Vierge en marbre, attribuée à Michel-Ange.

Depuis quelques années la ville de Paris a voulu faire orner par des peintures murales la plupart des chapelles de cette vaste église; nous citerons au nombre des plus remarquables la chapelle de Saint-Maurice, la chapelle de Saint-Roch, la chapelle de Saint-Jean l'évangéliste, la chapelle de Saint-Vincent de Paul, la chapelle de Saint-François de Sales, la chapelle de Saint-François-Xavier; cette dernière a été peinte par M. Émile Lafont, l'un des peintres modernes qui ont mis au service de la foi et de la religion le plus d'intelligence et de talent. Tout récemment on a découvert dans la chapelle des Saints-Anges les peintures dont l'a ornée M. Eugène Delacroix; les qualités éminentes et les défauts de ce grand artiste s'y font reconnaître, et l'opinion des connaisseurs est partagée. Le buffet d'orgues, exécuté par Chiquot et renfermé dans une menuiserie dont les dessins ont été donnés par Chalgrin, passe pour le plus complet de l'Europe. Les sculptures dont il est orné sont de Duret. La chaire à prêcher, très-riche, mais d'une forme bizarre, a été élevée sur les dessins de Vailly.

L'histoire de cette église a été mêlée d'événements très-dignes d'intérêt. « L'an 1648, pendant la nuit du 27 au 28 juillet, deux voleurs, entrés par une fenêtre de

Saint-Sulpice, forcèrent le tabernacle de la chapelle de la Vierge, enlevèrent le saint ciboire et jetèrent les hosties sacrées dans le coin d'un confessionnal. Le bruit de ce sacrilége s'étant répandu dans Paris alarma toutes les personnes de piété; on crut qu'il fallait réparer par quelque action d'éclat une si grande injure faite au Saint-Sacrement. Henri de Bourbon ou de Verneuil, abbé de Saint-Germain des Prés, ordonna une suite d'œuvres de piété, des messes, des prédications et des processions, dont la dernière se fit le jeudi 6 août avec la plus grande solennité. »

Les profanations accomplies vers la fin du dix-huitième siècle eurent plus de durée. Lorsque la Révolution eut aboli l'exercice du culte catholique, l'église de Saint-Sulpice fut le théâtre de plusieurs attentats sacriléges qui rappelèrent les infamies accomplies par l'athéisme dans le sanctuaire de Notre-Dame. Elle fut ensuite transformée en un vaste atelier où l'on fabriquait du salpêtre. Chaque *décadi*, à dater de l'an V, les sectaires qu'on appelait théophilanthropes s'y réunirent pour la célébration de leur culte dérisoire. Le 2 pluviôse an VI on y célébra une fête nationale destinée à glorifier l'abominable régicide du 21 janvier, et le Directoire, présent à la cérémonie, vanta comme un acte glorieux ce qu'il osa appeler *la juste punition* du dernier tyran. Ce jour-là à la place de l'autel du Dieu vivant et du livre des Évangiles on apercevait un autel dédié à la Patrie et les assistants firent entendre un *hymne à la Liberté*. Le président prit ensuite la parole et prononça des phrases impies et anarchiques. Deux ans après, l'église de Saint-Sulpice ayant été transformée en *temple de la Victoire*, on y offrit solennellement un banquet au général Bonaparte; le nombre des convives était d'environ sept cent cinquante.

Lorsque le grand capitaine, que ces manifestations mécontentaient, eut enfin relevé les autels, l'église de Saint-Sulpice vit s'ouvrir pour elle une ère nouvelle. Autour de son ancien curé, M. de Pancemont, se réunissaient toutes les gloires et toutes les espérances du sanctuaire. Dans cette chaire où avait paru Brydaine, l'abbé de Frayssinous continua le cours de ses admirables conférences, et l'élite de la société du premier empire se pressa pour recueillir les paroles de l'éloquent prédicateur. Bientôt la vaste étendue de l'édifice ne put suffire à contenir l'auditoire; le monde moral parut subjugué et entraîné, et le mouvement religieux dont nous sommes témoins partit de Saint-Sulpice pour s'étendre sur Paris et sur la France.

Durant le règne de Louis XIV les fondations religieuses prirent à Paris un développement digne d'un siècle qui, à tous égards, fut si grand. Aux établissements de cet ordre que nous avons déjà mentionnés nous pourrions en ajouter d'autres dont l'énumération fatiguerait peut-être nos lecteurs; bornons-nous donc à citer les *Hospitalières de la miséricorde de Jésus*, dont la maison existait dans la rue Mouffetard; les *Filles de Sainte-Geneviève*, établies rue Clovis; les *Filles de Notre-Dame de la Miséricorde* et de *Notre-Dame de Bon Secours*, de *Notre-Dame des Vertus*, de *Sainte-Pélagie*, de *Sainte-Marguerite*, de la *Madeleine de Trainel*, du *Saint-Sacrement*, de *Saint-Thomas de Villeneuve*, de *Sainte-Valère*, et les religieuses de *Sainte-Agathe* ou *du Silence*.

CHAPITRE V.

Paris sous Louis XIV. — État moral. — Progrès de la civilisation parisienne.

Ce fut vers cette époque, si riche en souvenirs, que par les soins de la police de Paris la ville fut enfin éclairée par des lanternes fixes. Une autre innovation qui ajouta à la sécurité des habitants fut l'établissement d'un service de pompes à incendie.

La police s'attacha ensuite, par des règlements sévères, à faire disparaître les réceptacles de mendiants et de vagabonds qui existaient à Paris et dont le principal était la *Cour des Miracles*, dans laquelle on entrait par la rue Saint-Sauveur. Voici dans quels termes l'annaliste Sauval décrit cette cour, dont les romanciers nous ont, d'ailleurs, transmis le souvenir :

« Elle consiste en une place d'une grandeur très-considérable et en un très-grand cul-de-sac puant, boueux, irrégulier et non pavé, situé dans l'un des quartiers des plus mal bâtis et des plus sales de la ville. Pour y venir il se faut souvent égarer dans de petites rues vilaines, puantes, détournées; pour y entrer il faut descendre une assez longue pente de terre tortue, raboteuse, inégale. J'y ai vu une maison de boue à demi enterrée, toute chancelante de vieillesse et de pourriture, qui n'a que quatre toises en carré, et où logent néanmoins plus de cinquante ménages chargés d'une infinité de petits enfants légitimes, naturels et dérobés. Cette cour, beaucoup plus grande autrefois qu'à présent, étoit environnée de toutes parts de logis bas, enfoncés, obscurs, difformes, faits de terre et de boue, et tous pleins de mauvais pauvres. Quand, en 1630, on porta les fossés et les remparts de la ville au lieu où fut élevée la porte Saint-Denis, les commissaires résolurent de traverser la Cour des Miracles d'une rue qui devoit monter de la rue Saint-Sauveur à la rue Neuve-Saint-Sauveur; mais, quoi qu'ils pussent faire, il leur fut impossible d'en venir à bout; les maçons qui commençoient la rue furent battus par les gueux, et ces fripons menacèrent de pis les entrepreneurs et les conducteurs de l'ouvrage. On ne savoit en ce lieu ce que c'étoit que de payer taxes et impositions civiles. Lorsque les sergents y venoient faire leur charge ils en sortoient sans rien faire que de recevoir des injures et des coups. On s'y nourrissoit de brigandages, on s'y engraissoit dans l'oisiveté, dans la gourmandise et dans toutes sortes de vices et de crimes. Chacun mangeoit le soir avec plaisir ce qu'avec bien de la peine, et souvent avec bien des coups, il avoit gagné tout le jour; car on y appeloit gagner ce qu'ailleurs on appelle dérober, et c'étoit une des lois fondamentales de la Cour des Miracles de ne rien garder pour le lendemain. Chacun y vivoit dans une grande licence; personne n'y avoit ni foi ni loi; on n'y connoissoit ni baptême, ni mariage, ni sacrements. Il est vrai qu'en apparence ils sembloient reconnoître Dieu; pour cet effet au bout de leur cour ils avoient dressé dans une grande niche une image de Dieu le Père, qu'ils avoient volée dans quelque église, et où tous les jours ils venoient adresser quelques prières. » D'autres repaires de ce genre appelaient, eux aussi, les mesures de répression de la police (1), et le gouvernement de Louis XIV se fit un devoir d'en purger la capitale. Il n'atteignit que très-imparfaitement ce but.

Les mœurs publiques dans les hautes classes étaient loin de servir d'enseignement au peuple; l'exemple du vice est contagieux, surtout quand il vient de haut; de la cour ces mœurs corrompues ne manquèrent pas de passer à la bourgeoisie, et de s'infiltrer même, jusqu'à un certain point, dans les masses.

La passion du jeu s'était introduite dans la plupart des salons; à la cour même, dans les hôtels des princes et des seigneurs, le jeu tenait une grande place; on y voyait la noblesse se faire une espèce de point d'honneur de jouer toute sa fortune sur une carte, comme elle le faisait jadis de jouer sa vie sur un champ de bataille. Dans quelques grandes maisons l'on jouait, au trente et quarante, des bijoux et des points de Venise du plus grand prix, ou bien des sommes énormes. Rarement l'argent paraissait sur la table. A la fin du jeu chacun écrivait sur une carte ce qu'il devait à l'autre, et le lendemain on payait ce qu'on avait perdu au porteur de cette carte. Peu à peu le goût des jeux de hasard gagna les salons; ceux de la bassette, du quinquenove, du hoca, du lansquenet étaient les plus

---

(1) C'étaient : *la cour du roi François*, rue Saint-Denis, n° 328; *la cour Sainte-Catherine*, rue Saint-Denis, n° 313; *la cour Brisset*, rue de la Mortellerie, entre les rues Pernelle et de Longpont; *la cour Gentien*, rue des Coquilles; *la cour Jussienne*, rue de la Jussienne, n° 23; *les cours et passage du marché Saint-Honoré*, entre les rues Saint-Nicaise-Saint-Honoré et de l'Échelle; *la cour des Miracles*, rue du Bac, n° 63; *la cour des Miracles*, rue de Reuilly, n° 81; *les passage et cour des Miracles*, rue des Tournelles, n° 26. Il y en avait encore une au faubourg Saint-Marcel, et une autre à la butte Saint-Roch.

à la mode; on en vint à les jouer avec fureur, même à la cour. Le roi tenait quelquefois le hoca chez la Dauphine; quand il perdait, il payait autant de louis d'or que les courtisans avaient mis au jeu de pièces d'argent. La passion du jeu, ainsi qu'il arrive toujours, ne tarda pas à amener la fraude; quelques joueurs à la mode ne rougirent pas de l'introduire dans les cercles les plus distingués de la capitale, et elle parvint à se glisser jusque dans les appartements du roi.

C'était dans la chambre à coucher que se tenaient alors les réunions du soir, les cercles et ce que nous entendons aujourd'hui par le terme de *salon*, dans sa signification abstraite. Là se trouvait, pour les hommes comme pour les femmes du grand monde, le centre de la société et du commerce habituel qu'on entretenait avec ses amis. Le lit y était séparé du mur par un espace plus ou moins considérable, appelé *ruelle*, et garni de siéges où s'asseyaient les dames et les hommes en visite. Ordinairement les maîtresses de maison recevaient couchées ou assises sur leur lit. Plus tard cette partie de la chambre fut connue sous le nom d'*alcôve* ou de *réduit*. C'est là qu'on voyait les femmes donner un libre cours à la conversation légère, aux commentaires sur la nouvelle du jour, à la médisance, et, au milieu d'elles, les hommes s'étudier à se faire remarquer par la politesse, la finesse de l'esprit et la grâce des manières. Les galants à prétentions se vantaient d'être gens de *ruelle* et de faire de belles visites. Les poëtes se montraient flattés d'y être admis et d'y lire leurs productions. Dès le matin les beaux conteurs et les écrivains renommés dans le monde voyaient leurs ruelles envahies par des coureurs de nouvelles ou des oisifs amateurs de commérages. La ruelle était le lieu de la causerie intime par excellence, et il ne fallait pas peu de mérite, sous ce rapport, pour parvenir à se faire goûter dans des cercles aussi redoutables par leur malice que par l'esprit et le goût. Mais l'on ne s'y bornait pas à la causerie, on y jouait aussi et on y mangeait.

A cette époque l'usage du souper se trouvait généralement établi. L'on dînait au milieu du jour et l'on soupait à une heure fort avancée dans la nuit. C'étaient là les deux principaux repas; le matin on prenait quelque nourriture, au déjeuner, pour attendre le moment du dîner. La table des grands seigneurs de la cour était splendide; les repas de Louis XIV, par le luxe et la magnificence, laissèrent bien loin tout ce qu'on vit jamais de plus brillant, avant et après lui, dans les cours des divers souverains de l'Europe.

Les gentilshommes, la noblesse, la haute bourgeoisie commençaient à avoir honte des distractions offertes par les cabarets. On songea à embellir ces établissements et à les mettre en harmonie avec les habitudes élégantes de la classe riche ou aisée. En 1676 un Florentin, nommé Procope, ouvrit dans la rue des Fossés-Saint-Germain-des-Prés, en face de la Comédie-Française, plusieurs salons richement décorés, auxquels il donna le nom de *café Procope*. On y trouvait du café, du chocolat, des glaces, des liqueurs spiritueuses et toutes sortes de boissons chaudes et froides. Son exemple fut imité sur divers autres points de la ville; les cafés s'y multiplièrent et apportèrent de grandes modifications aux habitudes de la population parisienne. L'on vit naître peu à peu le dégoût du cabaret, qu'avaient fréquenté jusqu'alors les artistes, les littérateurs, de même que les gens du peuple, et où venaient souvent s'enivrer les hommes les plus considérables de la société par leur naissance et leur fortune. Après quelques années le cabaret fut entièrement déserté de la classe aisée, qu'attirait dans les cafés l'attrait des conversations, des nouvelles, de la mode et des esprits choisis qu'on y rencontrait. Les femmes elles-mêmes ne répugnaient pas à y aller. Le café Procope fut longtemps le plus en renom, à cause des savants, des artistes et des hommes de lettres qu'y réunissait le voisinage de la Comédie-Française.

Le luxe qui régnait alors partout s'introduisait aussi dans les appartements. L'usage d'orner les meubles de sculptures remontait au temps de François Ier; il était encore suivi sous Louis XIV. Pour la confection des meubles de prix l'on employait généralement l'ébène, qu'on relevait par des incrustations en cuivre doré. A mesure que l'aisance se répandit dans la classe bourgeoise le goût suivit partout les progrès de la civilisation ; dès lors les meubles se multiplièrent et se perfectionnèrent de plus en plus, sous le rapport de l'élégance et de la commodité.

Voici quelques détails sur le costume de l'époque. Les hommes portaient de vastes perruques ou laissaient tomber leur chevelure sur leurs épaules; sur leur tête était un chapeau rond à forme basse et à bords très-amples, ornés d'une ou de plusieurs plumes fort longues; ils avaient une veste ou justaucorps descendant jusqu'à la ceinture, et auquel, avec des rubans, se rattachait le haut-de-chausses, qui était très-bouffant et descendait à mi-cuisses chez les uns, et chez les autres allait jusqu'aux genoux. La chaussure se composait de demi-bottes à ouverture très-évasée, ou de souliers à nœuds longs et tendus horizontalement. Un large baudrier en sautoir soutenait à leur côté une longue épée. Enfin un grand manteau, nommé *balandran*, couvrait souvent l'ensemble du costume.

Les femmes avaient les cheveux tressés et fixés derrière la tête ; la plupart portaient un escoffion dont les pointes se nouaient sous le menton ou étaient dénouées et flottaient sur les épaules ; une robe à longues manches, retroussée des deux côtés, laissait voir un jupon orné de broderies. A la fin du règne de Louis XIV ces robes étaient devenues fort longues, et les manches, n'allant qu'un peu au-dessous du coude, laissaient voir le reste du bras.

Un auteur de ce temps, après avoir parlé du bruit affreux des rues de Paris et de l'état des maisons, grossières en dehors et bien ornées en dedans, ajoute des détails curieux que nous allons transcrire :

« Ce n'est point exagérer de dire que tout Paris est une grande hôtellerie; on voit partout des cabarets et des hôtes, des tavernes et des taverniers. Les cuisines fument à toute heure, parce qu'on mange à toute heure. Les tables sont abondantes ; les Parisiens ne mangent jamais seuls ; ils aiment à boire de petits coups, mais souvent, et ils ne boivent jamais qu'ils n'invitent leurs convives à faire de même. Le menu peuple ne s'enivre que les jours de fête, qu'il ne fait rien ; mais il travaille les jours ouvriers avec assiduité. Il n'y a pas un peuple au monde plus industriel et qui gagne moins, parce qu'il donne tout à son ventre et à ses habits, et cependant il est toujours content.

« Le luxe est ici dans un tel excès que, qui voudroit enrichir trois cents villes désertes, il lui suffiroit de détruire Paris. On y voit briller une infinité de boutiques où l'on ne vend que des choses dont on n'a pas besoin ; jugez du nombre des autres où l'on achète celles qui sont nécessaires.

« Quoiqu'il ne pleuve pas on ne laisse pas de marcher souvent dans la boue ; comme l'on jette toutes les immondices dans les rues, la vigilance des magistrats ne suffit pas pour les faire nettoyer. Cependant les dames ne vont plus qu'en mules ; autrefois les hommes ne pouvoient marcher à Paris sans bottines. Un Espagnol les voyant en cet équipage, le jour de son arrivée, demanda si toute la ville partoit en poste.

« Les femmes aiment ici les petits chiens avec une passion extrême, et elles les caressent avec autant de tendresse que s'ils étoient de la race du chien qui suivit Tobie... On ne caresse que ceux qui ont le museau de loup et les oreilles coupées ; plus ils sont difformes, plus ils sont honorés de baisers et d'embrassements..... La mode est le véritable démon de cette nation.

« Pendant le carême le peuple court le matin au sermon avec une grande dévotion, et l'après-dîner à la comédie avec le même empressement.... Les solliciteurs, les charlatans, les joueurs et les laquais font un des plus beaux ornements de Paris.... Le plus adroit exercice est celui des filous ; ils volent avec tant d'adresse que, s'il n'étoit pas honteux de se laisser voler, ce seroit un plaisir de l'être par des gens si fins, si rusés.... Les filous sont toujours punis par les juges, mais c'est quand on les attrape et qu'ils ne font pas leur métier adroitement.

« Voulez-vous être un homme de bien à Paris pendant un mois seulement et après vivre en scélérat : changez de quartier et personne ne vous reconnoîtra... personne n'y prendra garde, et vous pouvez marcher par la ville vêtu en prince ou en faquin... Ce qu'on trouve ordinairement à Paris sont quantité de paroles données qu'on ne tient point, de grâces reçues qu'on se fait un plaisir d'oublier; plusieurs fous dans les rues et quelques-uns renfermés; mais ce qu'on voit rarement, c'est la modestie, c'est la sagesse, ce sont des gens oisifs, des personnes sobres et des hommes qui aient vieilli. Il est très-rare de trouver des timides et des scrupuleux; mais ce qu'on n'y voit jamais et ce qu'on souhaiteroit avec plus d'ardeur, c'est le repos, le secret et un ami véritable. »

Le même chroniqueur ajoute :

« La civilité est plus étudiée à Paris que dans le royaume de la Chine; on la pratique avec beaucoup d'agrément parmi les personnes de qualité; les bourgeois y mêlent de l'affectation, et le peuple s'en acquitte grossièrement; chacun en fait un art à sa mode. *On trouve des maîtres qui montrent les cérémonies....* Une femme assez bien faite s'offrit de me *vendre des compliments* et de me les donner à bon marché. Cette femme va dans les maisons, déploie sa marchandise et gagne de quoi vivre.

« Le luxe et la bonne chère seroient ici deux biens plutôt que deux maux, s'il n'y avoit que les riches qui vécussent splendidement; mais la jalousie les a fait passer aux autres, à qui ils deviennent ruineux. Ainsi il semble que Paris approche continellement de sa fin, s'il est vrai ce qu'a dit un ancien, que *la dépense excessive est le signe évident d'une cité mourante.* Mais présentement que les laquais et les cochers commencent à porter l'écarlate et les plumes, et que l'or et l'argent sont devenus communs jusque sur les habits, il y a apparence que l'on verra finir le luxe excessif, n'y ayant rien qui fasse tant mépriser les habits dorés aux personnes nobles que de les voir sur le corps des derniers hommes du monde.

« Tout le monde s'habille avec beaucoup de propreté ; les rubans, les miroirs et les dentelles sont trois choses sans lesquelles les François ne peuvent vivre... Le luxe démesuré a confondu le maître avec le valet, et les gens de la lie du peuple avec les personnes les plus élevées. Tout le monde porte l'épée...

« Les hommes ne portent point de barbe ni leurs propres cheveux, et ils couvrent avec beaucoup de soin les défauts des années, ce qui leur donne une jeunesse perpétuelle. Depuis que la perruque a été reçue, les chevelures des morts et celles des femmes se vendent cher. »

Ce singulier observateur, qui écrivait en 1692, donne d'autres détails sur l'existence et les conditions de la société parisienne, à cette époque.

« On vit chèrement ici ; le pain est bon, blanc et bien fait.

« Quoiqu'on soit dans une ville si abondante, qui n'a rien n'a rien, c'est-à-dire que l'eau et le feu sont interdits à ceux qui n'ont point d'argent, comme ils l'étoient aux criminels du temps des Romains. Je ne pense pas qu'il y ait au monde un enfer plus terrible que d'être pauvre à Paris, et de se voir continuellement au milieu de tous les plaisirs sans pouvoir en goûter aucun. Parmi cette grande abondance on trouve une infinité de misérables qui demandent l'aumône d'un ton qui feroit croire qu'ils chantent.....

« Les jeunes gens se divertissent à tous les exercices du corps, surtout à la paume, dans un lieu fermé et couvert. Les hommes âgés passent le temps aux dés, aux cartes et à dire des nouvelles, et les dames jouent plus ordinairement que les hommes; elles font aussi quantité de visites et sont assidues à toutes les comédies... Le peuple dépense un million chaque année pour se divertir au théâtre de musique (l'Opéra) et aux deux théâtres de comédie (1). »

Sous le gouvernement de Louis XIV, jusque dans le sein de la cour la plus illustre et la plus civilisée, on eut à se défendre contre l'atroce manie des empoisonnements. Marie-Marguerite Dreux-d'Aubrai, marquise de Brinvilliers, acquit dans ce genre une effroyable célébrité. Cette femme, dont l'histoire est trop connue pour que nous lui donnions place dans ce récit, fut condamnée à la peine capitale; le jour où elle fut exécutée et où son corps fut livré aux flammes, beaucoup de gens cherchèrent ses os, affirmant que c'était une sainte.

Après son supplice les empoisonnements se multiplièrent, et le gouvernement, pour mettre un frein à cet horrible fléau, établit à l'Arsenal une chambre de justice dont la mission dut consister à rechercher les crimes commis par le poison.

(1) *Traduction d'une lettre italienne*, datée de Paris, le 20 août 1692, écrite par un Sicilien. *Saint-Evremoniana*, p. 374.

LIVRE XVI.

DE L'AVÉNEMENT DE LOUIS XV JUSQU'A LA RÉVOLUTION FRANÇAISE.

CHAPITRE PREMIER.

Paris sous Louis XV. — Événements généraux (1715-1774).

La réaction violente qui se préparait contre le système et le souvenir de Louis XIV n'attendit pas, pour éclater, que les restes du grand roi fussent déposés à Saint-Denis; il fallut soustraire le cercueil à l'exaspération publique, et cette même foule qui avait battu des mains à la mort de Colbert insulta lâchement aux cendres de Louis XIV. Le Parlement avait, de son côté, soixante ans d'humiliations à réparer; il s'en vengea en cassant le testament de Louis XIV et en investissant de tous les pouvoirs de la régence Philippe, duc d'Orléans, dont le roi mourant avait voulu limiter l'autorité et les priviléges au profit des princes illégitimes.

Le régent était le chef de cette opposition qui, à la cour ou à la ville, avait protesté contre la monotone sévérité de la vieillesse de Louis XIV en se livrant aux excès les plus délirants de la débauche et du vice. Digne chef d'une noblesse dissolue, il l'encourageait par ses exemples à fouler aux pieds le double et salutaire frein de la morale et de la religion. Ces déplorables enseignements ne trouvèrent dans toutes les classes de la société qu'une docilité trop grande; la corruption s'afficha dans les palais et sur les places publiques.

Philippe d'Orléans n'était pas sans posséder des qualités brillantes; il était peu laborieux, mais actif; brave, quoique livré à la mollesse et aux plaisirs; généreux par tempérament, et doué d'une pénétration dont il abusa plusieurs fois. Le temps qu'il ne perdait pas en débauche il le consacrait sérieusement aux affaires publiques. Il était affable, bienveillant, spirituel, mais livré à ses favoris à ce point qu'il en était l'esclave.

La société parisienne tout entière prenait alors la part la plus vive aux divers démêlés qui s'élevaient incessamment sur les questions religieuses. La fermentation qu'ils produisaient dans les esprits augmenta tout à coup et descendit même dans les masses du peuple, à l'occasion d'un édit qui ordonnait la refonte générale des monnaies. Chacun vit dans cet acte royal ce qu'il contenait réellement, c'est-à-dire un moyen détourné et un expédient pour créer, aux dépens de tous, des ressources en faveur du trésor, qui se trouvait entièrement vide. L'opposition fut générale et se montra vive. De toutes parts l'on fit entendre des réclamations énergiques. Le Parlement, qui, depuis la mort de Louis XIV, s'efforçait de rentrer dans les affaires du gouvernement et de reprendre son ancienne influence politique, saisit avec empressement cette occasion pour se rendre populaire et faire en même temps acte d'autorité. Il commença par présenter au régent des remontrances qui demeurèrent inutiles. Se jetant alors résolûment dans l'opposition, il défendit par un arrêt l'exécution de l'édit royal. Le conseil de régence cassa cet acte comme illégal et révolutionnaire; mais le Parlement, loin de se rendre, sembla vouloir revenir aux mauvais jours de la Fronde. Sous prétexte de prendre en main les intérêts de la population parisienne il appela dans son sein le prévôt des marchands, les échevins et les délégués des six corps des marchands et des diverses corporations des métiers, afin d'aviser avec eux aux moyens de combattre l'autorité royale.

La cour réussit, pour quelques années encore, à paralyser ces tendances ambitieuses du parlement de Paris et à imposer le frein à la magistrature.

Le caractère historique de Paris durant la minorité de Louis XV se présente sous un aspect particulier. Le peuple de cette grande cité ne sort pas de l'état de soumission politique auquel le gouvernement du grand roi l'a façonné; mais il est matériellement moins tranquille, et la misère ainsi que les tyrannies de la police soulèvent dans ses rangs de passagères séditions. D'ailleurs il modifie ses mœurs, son esprit. Ainsi il commence à prendre un goût désordonné pour l'argent, à se livrer avidement, follement au jeu des opérations financières, à se laisser dominer par la caste égoïste de ces *traitants* que madame de Maintenon appelait la *balayure de la nation* et que Lesage, à cette époque, flagella dans *Turcaret*. Paris avait pourtant applaudi dans les premiers jours de ce règne aux poursuites du régent contre « les sangsues de l'État, » poursuites par lesquelles plus de quatre mille familles furent taxées arbitrairement à une restitution de cent cinquante-six millions. Mais le système de Law « fit des Parisiens, dit un poëte du temps, autant de Danaés. » On sait quelle frénésie s'empara alors de la capitale, quelle foule assiégeait chaque jour les rues Richelieu et Vivienne, où était situé l'hôtel Mazarin, demeure du grand financier, quelles scènes étranges se passèrent dans la rue Quincampoix, sur la place Vendôme, dans l'hôtel de Soissons, où se négociaient les actions ; comment enfin la chute du système amena des émeutes durant lesquelles le Palais-Royal fut envahi et seize victimes périrent étouffées dans la foule. Paris fut bouleversé par cette désastreuse expérience qui fit hausser d'une manière exorbitante tous les objets fabriqués (1), mais il lui en advint plus de bien que de mal ; cent mille provinciaux ou étrangers accoururent dans ses murs ; les joueurs jetèrent l'or à pleines mains ; la recette de l'Opéra s'éleva en un an de 120,000 à 740,000 livres. D'ailleurs la richesse, qui était auparavant dans le sol et dans un petit nombre de maisons nobles, se trouva déplacée, mobilisée ; elle s'en alla dans des mains roturières et plus nombreuses, et commença à suivre les variations du commerce. On créa de nouveaux établissements industriels ; le salaire et l'aisance des ouvriers furent augmentés (2), et la bourgeoisie se plaça sur

---

(1) « Une paire de bas de soie vaut 40 livr. ; le beau drap gris vaut 70 à 80 livr. l'aune ; un train de carrosse, qui valait 100 écus, vaut 1,000 livr. ; l'ouvrier qui gagnoit 4 livr. 10 s. par jour veut gagner 6 livr., et il est quatre jours sans travailler, à manger son argent. » (*Journal historique* de Barbier, avocat au parlement de Paris, t. I, p. 42.) L'industrie de luxe à cette époque consistait principalement en étoffes d'or, d'argent et de soie, ferrandines, moires, taffetas, rubans, galons d'or et d'argent, etc.

(2) Cette augmentation de salaire amena quelques troubles pendant les années suivantes, les ouvriers n'ayant pas voulu subir de diminution. Ainsi Barbier raconte que les ouvriers en bas, qui étaient quatre mille à Paris, « ont menacé de coups de bâtons ceux d'entre eux qui consentiroient à la diminution, et ils ont promis un écu par jour à ceux qui ne pourroient pas vivre sans cela. Pour cet effet ils ont choisi un secrétaire qui

un pied d'égalité avec la noblesse par son goût du luxe et des jouissances matérielles. « Aujourd'hui, dit un contemporain, que l'argent fait tout, tout est confondu à Paris. Les artisans aisés et les marchands riches sont sortis de leur état; ils ne comptent plus au nombre du peuple (1). »

Louis XV, sacré à Reims le 21 octobre 1722, avait été déclaré majeur dans un lit de justice tenu solennellement le 22 février 1723; mais ce prince, qui d'ailleurs fut toujours d'un caractère faible et d'un esprit peu élevé, était trop jeune encore pour prendre en main les rênes de l'État. Aussi, dès que le duc d'Orléans eut fermé les yeux, le prince de Condé, duc de Bourbon, se présenta au roi et obtint la place vacante.

L'administration du duc de Bourbon et de sa maîtresse, madame de Prie, femme ambitieuse et dissolue qui le gouvernait, ne fut pas de longue durée. Elle fut signalée seulement par le renouvellement des rigueurs contre les protestants, et par le mariage du roi avec Marie-Charlotte Leczinska, fille de Stanislas Leczinski, ancien électeur de Posen, qui, porté par Charles XII sur le trône de Pologne, en avait été renversé après la chute de ce prince et vivait pauvrement, à Wissembourg, d'une faible pension que lui payait la France. Cette union fut célébrée le 4 septembre 1725; le roi avait seize ans et Marie en

---

avoit la liste des ouvriers sans travail et un trésorier qui distribuoit la pension. Ces ouvriers demeurent dans le Temple. On s'est plaint au contrôleur général, et on en a fait mettre une douzaine en prison au pain et à l'eau. Cela montre qu'il ne faut pas laisser le peuple se déranger et la peine qu'on a à le réduire (t. I, p. 207). »

(1) *Journal* de Barbier, t. II, p. 411.

avait vingt-trois. Peu de temps après l'adresse de l'ancien évêque de Fréjus parvint à supplanter le duc de Bourbon; celui-ci fut exilé, et le roi déclara qu'il entendait gouverner par lui-même; mais il confia la direction de toutes les affaires à son précepteur et le fit nommer cardinal.

Sous l'administration de ce vieillard, et grâce à l'affermissement de l'ordre intérieur, Paris vit peu à peu renaître sa prospérité. On y voyait accourir de toutes parts des familles qui y étaient appelées par l'espoir du bien-être et de la richesse, mais les questions religieuses et les révoltes jansénistes continuaient de susciter les plus sérieux embarras au gouvernement. En 1731 l'opinion fut diversement agitée au sujet de prétendus miracles attribués à l'intercession du diacre Pâris. C'était un disciple ardent de Quesnel et un janséniste célèbre par ses austérités, qui était mort depuis 1727, après être resté diacre toute sa vie dans la paroisse de Saint-Médard; les personnes de son opinion le considéraient comme un saint pour la rigidité de ses mœurs, et surtout pour avoir passé plusieurs années sans communier. Afin de se faire un appui dans les masses populaires contre leurs ennemis et de fortifier ainsi leur parti, les jansénistes eurent recours à la voie des miracles supposés. Ils commencèrent par répandre partout une vie de leur saint, écrite pour le peuple. L'effet de ce livre sur l'esprit faible et superstitieux de la multitude fut immense. Une foule de gens, convaincus de la sainteté du diacre Pâris, se portait incessamment sur sa tombe et s'y tenait dans l'attente de quelque prodige. Des mendiants, supposés infirmes et poussés par des fauteurs secrets, se plaçaient sur le tombeau, simulant des convulsions qu'on avait soin d'attribuer à l'approche du saint. La crise passée, ils se disaient complétement guéris et se montraient aussitôt à la foule délivrés de leurs infirmités feintes. Ces miracles mensongers trouvaient, dans l'aveugle esprit de parti, dans la complaisance ou la superstition, de nombreux témoins pour les certifier.

L'archevêque de Paris, M. de Vintimille, ayant voulu faire constater publiquement la fausseté de ces prétendues guérisons, et les rapports des médecins les ayant également démenties, les jansénistes résolurent de frapper un coup d'éclat par quelque miracle fameux et incontestable. Un boiteux, nommé Bescherand, se présenta au tombeau du diacre, ne doutant pas que son infirmité ne disparût à la fin de la neuvaine; le temps se passa, et il ne fut point guéri. Alors les convulsions le prirent, et la multitude, convoquée près de lui, put contempler à l'aise les mouvements violents, les sauts, les agitations furieuses dont il offrait le spectacle. Les jansénistes décidèrent que ces symptômes étaient infaillibles et attestaient que le miracle venait de s'opérer. Ils se hâtèrent d'écrire dans les provinces et d'y répandre l'étonnante nouvelle de ces convulsions, dont ils donnèrent jour par jour la description minutieuse. Bescherand continua de servir d'instrument à leurs espérances crédules. Il se rendait sur le tombeau du diacre, escorté de la foule, et là on le voyait recommencer de ridicules gambades. On ne sait d'ailleurs s'il était vraiment dupe de son imagination en délire ou s'il se prêtait à une audacieuse jonglerie. Quoi qu'il en soit, l'enthousiasme qu'il excitait fit naître dans quelques imitateurs le désir d'avoir des convulsions. Ils en eurent;

la folie gagna de proche en proche, et le cimetière de Saint-Médard devint un théâtre où accouraient les malades et les gens pleins de santé qui briguaient le bonheur d'être convulsionnaires. On y voyait des hommes, à moitié nus, s'agitant comme des furieux ; des femmes livrées à des secousses violentes et s'abandonnant à des attitudes sans pudeur; on n'osait les laisser à elles-mêmes ; il fallait les tenir ; elles se seraient tuées, disait-on, tant elles étaient troublées par l'esprit de Dieu. D'autres se couchaient sur la tombe et épouvantaient ensuite les spectateurs par des contorsions frénétiques. Le plus grand nombre des convulsionnaires criaient, couraient, hurlaient et se livraient à toutes sortes d'extravagances.

Le scandale s'aggravant ainsi chaque jour, l'autorité civile se détermina enfin à intervenir; le cimetière de Saint-Médard fut fermé, et le lieutenant de police Hérault, ayant fait arrêter un certain nombre de convulsionnaires, parvint à obtenir de plusieurs l'aveu de leur imposture et de leurs mensonges. Les jansénistes toutefois, loin de se rendre à l'évidence des faits, se mirent à protester hautement contre les actes de l'autorité, qu'ils appelaient tyranniques; partout ils s'écriaient *qu'un roi de la terre voulait imposer silence au Dieu du ciel.* En même temps les représentations indécentes du cimetière de Saint-Médard se continuaient dans les maisons particulières; ces spectacles hideux ne cessèrent entièrement qu'après plusieurs années.

En 1732, à l'occasion d'un nouveau mandement de l'archevêque de Paris, l'on vit se ranimer avec une force nouvelle et même devenir violentes les querelles de rivalité entre le Parlement et le pouvoir royal.

La guerre s'était rallumée au dehors, tantôt pour replacer Stanislas sur le trône de Pologne, tantôt pour disputer à Marie-Thérèse et à son époux la couronne impériale d'Allemagne. Les armées autrichiennes pénétrèrent en Alsace; elles étaient commandées par le prince Charles de Lorraine. Louis XV marcha rapidement au-devant de l'ennemi. Comme il était à Metz, il fut attaqué d'une maladie dangereuse qui le mit aux portes du tombeau. Ce fut à cette occasion que les Français lui donnèrent des témoignages mémorables de leur affection. La consternation fut générale; à Paris les églises, ouvertes nuit et jour, ne désemplissaient pas. Le courrier qui apporta les nouvelles de sa convalescence fut embrassé et presque étouffé par le peuple. Toutes les rues retentissaient d'un cri de joie : *Le roi est guéri !* Ce fut l'époque où il reçut le surnom de *Bien-Aimé*... Il fallait mourir ou demeurer digne de ce glorieux titre. Or Louis XV, à peine revenu à la santé, continua de démoraliser sa cour et d'indigner le peuple par le scandale de ses débauches et de ses adultères.

Les conflits religieux s'envenimaient grâce à l'intervention usurpatrice du Parlement, et les vrais chrétiens, de jour en jour plus rares, cherchaient en vain à imposer des digues aux débordements de l'impiété. L'archevêque de Paris, Christophe de Beaumont, luttait courageusement contre les ennemis de l'autel et du sacerdoce; s'il manquait de génie, il avait du cœur et ne fléchissait devant aucune considération humaine. C'était d'ailleurs un homme de mœurs pures, d'une charité ardente, que les philosophes pouvaient bien haïr, mais qu'ils se trouvaient hors d'état de calomnier avec apparence de raison. Il avait pris pour devise : *Impavidum ferient ruinæ*, paroles qu'il se plaisait à appliquer, non à sa personne, mais aux saints enseignements de l'Évangile et à l'Église catholique.

Le jansénisme, la philosophie, l'impiété concertaient leurs attaques; la magistrature servait de porte-enseigne. On avait vu, dès le 4 juin 1738, le parlement de Paris supprimer la bulle de canonisation de saint Vincent de Paul; par un autre arrêt il osa défendre de citer comme œcuméniques le concile de Florence et le cinquième concile de Latran. Il fit d'autres pas dans la voie des usurpations et du scandale. Informé que le clergé de Paris, agissant dans la limite de son droit et de son devoir, ne voulait accorder le Viatique aux malades qu'après avoir exigé d'eux la déclaration qu'ils ne professaient point l'hérésie janséniste, il ne craignit pas de s'immiscer dans une question de conscience exclusivement réservée au prêtre et que le juge temporel n'avait point à résoudre. Il décréta de prise de corps le curé de Saint-Étienne du Mont, qui n'avait fait qu'obéir à ses supérieurs; puis il invita l'archevêque à prescrire à ses curés une conduite plus modérée. Le prélat répondit que, ayant trouvé l'usage des billets de confession établi dans son diocèse, il ne pouvait s'en départir. Le 31 décembre 1750 le Parlement rendit un arrêt par lequel il s'élevait contre cet usage et déclarait chose scandaleuse le refus des sacrements fait aux malades qui ne justifiaient pas de leur attachement au dogme catholique. Le clergé se montra justement indigné de cette intervention de la justice séculière dans le domaine des choses exclusivement spirituelles. L'archevêque de Paris, fort de son droit, persista à dire que, dans les contrées où sévissait l'hérésie, au milieu des luttes et des résistances qu'elle engendrait, l'autorité ecclésiastique avait toujours eu coutume de réclamer des malades, avant de leur accorder les secours spirituels, la confession authentique de leur orthodoxie, la preuve certaine qu'ils ne professaient aucune doctrine condamnée par l'Église.

Ces billets de confession, si odieux aux jansénistes, n'étaient pas, en effet, une pratique nouvelle; elle était comme indispensable, à Paris, surtout au milieu d'une immense population et parmi tant de gens suspects ou totalement inconnus à leurs pasteurs.

Louis XV ne cessait de s'avilir aux yeux de son peuple par ses honteuses faiblesses. Des favorites insolemment élevées au pouvoir disposaient du gouvernement et dilapidaient le trésor public. Un incident arrivé en mai 1750 attesta quelle opinion le peuple parisien avait de son roi. A défaut de dispositions légales et régulières sur la répression du vagabondage et de la mendicité, la police, quand Paris semblait trop encombré de gens sans aveu, expulsait ou même enlevait pour les colonies les individus dépourvus de profession et de ressources, opération qui s'exécutait avec l'arbitraire le plus brutal et souvent avec l'iniquité la plus odieuse. Quelques exempts profitèrent d'une de ces mesures générales pour arracher des enfants à leurs mères, sans doute afin d'extorquer de celles-ci une rançon; aux cris des mères désolées le peuple s'attroupa, et le bruit courut dans les groupes que les médecins avaient prescrit à Louis XV des bains de sang humain pour ranimer son corps épuisé par la débauche, et que les enfants enlevés étaient destinés à lui rendre cet horrible service.

Toutes les mères tremblèrent pour leur progéniture et passèrent bientôt de la crainte à la fureur; la population du faubourg Saint-Antoine, théâtre de cette scène étrange, se souleva, courut sus aux exempts, descendit dans Paris, et, grossie par des flots de peuple de tous les quartiers, assaillit l'hôtel du lieutenant de police. Paris était encore neuf à la révolte; les Gardes françaises et suisses et la maison du roi dissipèrent aisément une multitude désarmée, et plusieurs des mutins furent pendus. Cet événement était néanmoins, sous tous les rapports, d'un menaçant augure.

Durant cette agitation populaire le lieutenant de police Berryer s'était montré lâche et cruel; il fut maintenu dans ses fonctions, grâce à la protection de madame de Pompadour, dont il était la créature. On redoubla d'ailleurs de précautions et de vigilance. Jusque-là Paris n'avait été préservé que par le guet, qui était moins un corps militaire qu'une compagnie de bourgeois ou de gens de métiers sans uniforme. Un règlement du conseil organisa sur-le-champ dix compagnies soldées et habillées par la ville, avec deux compagnies à cheval chargées de maintenir la tranquillité de la capitale et l'obéissance au roi. Cette organisation fut suivie de quelques mesures stratégiques. M. d'Argenson fit dresser par M. de Lowendal un plan de casernement autour de Paris. A l'entrée de la capitale, en face du faubourg Saint-Antoine, était la Bastille; les feux de Vincennes et de la Bastille se croisaient sur le faubourg Saint-Antoine, et le faubourg Saint-Marcel devait être tenu en respect par quelques ouvrages avancés du côté de Bicêtre (l'ancienne forteresse de Winchester, élevée du temps des Anglais). On dessina trois casernes : la première, vaste bâtiment, placée derrière l'École militaire et destinée aux Gardes françaises, sur la route de Sèvres et de Vaugirard ; une autre caserne royale fut bâtie à Rueil, entre le chemin de Versailles et celui de Saint-Germain, pour y abriter les Gardes suisses ; enfin un troisième bâtiment fut élevé à Courbevoie pour le troisième régiment des Gardes françaises, afin de dominer de cette hauteur la Seine, le bac de Neuilly, et d'arrêter ainsi tout mouvement qui se porterait sur Versailles. Ces mesures ne rassuraient pas suffisamment Louis XV. Ce prince, voulant se soustraire aux injures et à l'irritation des Parisiens, prit la résolution de ne plus traverser les rues de cette grande capitale. Aussi, lorsque la cour se rendait de Versailles à Compiègne, elle évitait de passer par Paris, et tournait la ville en prenant cette route qui, de Saint-Cloud, conduit à Saint-Denis, par le bois de Boulogne, la porte Maillot et les Ternes. C'était par là, si l'on s'en souvient, qu'avait passé l'armée du prince de Condé et de la Fronde, la veille du combat Saint-Antoine, alors que Paris avait refusé d'ouvrir ses portes aux rebelles. A raison de cette circonstance, dont on conservait bonne mémoire, on désignait cette route sous le nom de *chemin de la Révolte,* qu'elle porte encore (1).

Cependant le gouvernement était loin de bouder Paris d'une manière systématique ; il multipliait les soins et

---

(1) C'est sur cette route, vers l'emplacement où s'élève la chapelle de Saint-Ferdinand, que mourut, le 13 juillet 1842, le prince royal duc d'Orléans, fils de Louis-Philippe 1er, roi des Français. Les ennemis de la dynastie de Juillet ne manquèrent pas de faire remarquer qu'il avait péri sur le *chemin de la Révolte,* et ils virent dans ce rapprochement un fait providentiel.

les dépenses pour embellir et assainir la superbe capitale. De vastes quartiers, peuplés d'hôtels magnifiques, s'élevaient au faubourg Saint-Germain; on bâtissait des églises, on construisait des fontaines, on plantait, en face des Invalides, la vaste promenade des *Champs-Élysées*. En peu de temps on borda la Seine de plusieurs quais splendides, on acheva Saint-Sulpice et Saint-Roch, on vit s'élever Sainte-Geneviève, et l'on dota la rive gauche de la fontaine de Grenelle. En 1764 on établit à Alfort, près de Charenton, une école vétérinaire à l'instar de celle que venait d'instituer à Lyon Bourgelat, commissaire général des haras royaux. La même année le gouvernement porta une attention particulière sur la situation financière des communes, et en particulier sur celle de la ville de Paris. Des lettres patentes du 6 avril ordonnèrent au corps municipal d'envoyer au contrôleur général des Mémoires détaillés contenant la dénomination et la nature de tous les droits d'octroi, et autres, concédés par le roi, les produits de chacun d'eux, justifiés par les trois derniers baux ou par le relevé des dix dernières années, le montant des frais de perception, le nombre et les divers emplois de tous les préposés au mouvement, leurs appointements ainsi que la forme de la perception, les dépenses annuelles faites sur ces revenus, et le motif de chaque dépense; enfin, le montant des sommes qui avaient pu être empruntées sur le produit de ces droits, le denier auquel elles étaient constituées, la somme employée annuellement au remboursement des capitaux et ce qui en restait encore dû. Le même compte devait être rendu, et avec les mêmes détails, sur les biens patrimoniaux de la ville; on devait y faire connaître les frais de régie, le revenu net, les dépenses qui s'y trouvaient affectées, et produire en même temps tous les titres d'après lesquels la possession de ces biens s'était établie.

Le roi rendit, en 1764, un édit remarquable contenant les principes généraux d'une bonne administration municipale. A Paris ces mesures produisirent des résultats précieux. Dans le déclin de l'autorité royale, qui, depuis la majorité de Louis XV surtout, semblait vivre d'une vie à part et séparée de la nation, la bourgeoisie de cette ville prenait chaque jour une force nouvelle et marchait fièrement à la tête du tiers-état de la France ; elle sentit combien les nouvelles dispositions de l'édit royal devaient augmenter son pouvoir, en lui confiant le soin de mettre l'ordre dans le budget municipal, et elle saisit avec empressement cette occasion d'accroître encore son importance personnelle par l'application qu'elle se hâta d'en faire à l'administration des finances de la ville.

Dans le cours de la même année (1764) le gouvernement s'occupa aussi des hôpitaux et hospices de Paris ; il se fit rendre un compte exact de leurs revenus et de leurs dépenses de toute nature, comme il l'avait fait à l'égard des communes. On trouva qu'un grand nombre de ces établissements étaient endettés, et l'on prit les mesures nécessaires pour les remettre peu à peu, au moyen d'une bonne administration, dans une meilleure situation financière. L'année suivante (1765) le Parlement fit cesser un usage contre lequel la salubrité publique réclamait depuis longtemps; il défendit, par arrêt, d'inhumer à l'avenir dans les cimetières enfermés dans l'enceinte des villes. Ce fut en 1766 qu'on établit à Paris l'école gratuite de dessin, d'où sortirent depuis une foule d'excellents artistes. L'on venait de découvrir en France des terres propres à fabriquer la porcelaine comme en Chine. Cette année, Lauragais et d'Arcet trouvèrent la composition de la porcelaine dure; avant eux l'on ne faisait que la porcelaine tendre à la manufacture de Sèvres. Un arrêt du conseil, en date du 1er janvier 1767, vint établir une Caisse d'escompte à Paris pour y faciliter les opérations du commerce.

Vers le même temps on adjoignit à la ville le bourg du Roule, on planta les boulevards du Midi, on commença à bâtir dans la Chaussée-d'Antin. Quelques améliorations furent faites principalement par les soins de Turgot, prévôt des marchands, et de Sartines, lieutenant de police. Ainsi en 1728 on commença à mettre les noms des rues sur des écriteaux; avant cette époque la tradition seule désignait chaque rue. On commença aussi à numéroter les maisons; mais les portes cochères ne voulurent pas être soumises à cette inscription qui leur semblait dégradante, et il ne fallut pas moins que 1789 et la prise de la Bastille pour effectuer dans Paris cette utile opération. On fit encore une importante réforme dans les enseignes; jusqu'à cette époque elles pendaient à de longues potences de fer, criant au moindre vent, se heurtant entre elles, étant formées de figures gigantesques; on força les marchands à enlever ces potences et à appliquer leurs enseignes sur les murailles. On substitua à l'éclairage par des chandelles l'éclairage par des réverbères, à l'huile; mais, sur huit mille lanternes, il n'y en avait encore que douze cents à réverbère en 1774. On réforma le guet en le mettant sur un pied militaire et en lui donnant un uniforme, et « l'on convertit ainsi les amas d'artisans et d'ouvriers, habillés auparavant de toutes couleurs, en un corps réglé, instruit, respectable; » il comprenait 170 cavaliers et 730 fantassins. Comme on ne cessait d'avoir peur du peuple et de se préoccuper de la nécessité où l'on pourrait être de comprimer les soulèvements de la multitude, on continua de construire de grandes casernes dans les faubourgs de Paris, « afin que ces bâtiments, dit l'ordonnance, soient autant de citadelles qui flanquent la ville et puissent en contenir les habitants. »

Les monuments de cette époque sont peu nombreux ; mais les maisons particulières, les maisons des grands seigneurs, des financiers, des riches, deviennent d'une somptuosité, d'une recherche qui n'ont pas été surpassées. « La magnificence de la nation, dit Mercier, est toute dans l'intérieur des maisons. On a bâti six cents hôtels dont le dedans semble l'ouvrage des fées. Aurait-on imaginé, il y a deux cents ans, les cheminées tournantes qui échauffent deux chambres séparées, les escaliers dérobés et invisibles, les petits cabinets qu'on ne soupçonne pas, les fausses entrées qui masquent les sorties vraies, les planchers qui montent et qui descendent, et ces labyrinthes où l'on se cache pour se livrer à ses goûts? »

On ne trouve presque plus de fondations religieuses, la vie monastique étant devenue un objet vulgaire de railleries, et un édit royal de 1748 ayant interdit au clergé l'acquisition de nouveaux biens.

La Société de Jésus succomba dans sa lutte engagée contre les parlements et les philosophes ; elle fut successivement dissoute et chassée de France. Louis XV avait soif de repos. Quoique étranger, en quelque sorte, aux actes de son gouvernement et aux opérations de ses généraux, le retentissement de nos désastres troublait ses honteux plaisirs. Enfin il put se courber à l'aise sous le joug. Vainement la fièvre philosophique, la licence des mœurs et la lutte des idées annonçaient une révolution pour l'avenir; il s'en mettait peu en peine. *Tout cela durera bien autant que moi*, disait-il en parlant de la royauté; et il s'inquiétait peu de l'héritage qu'il léguerait à son successeur. Cependant quelques deuils de famille venaient le contrister. La pieuse Marie Leczinska mourut résignée, après avoir été témoin de la dégradation de son mari. Louis XV perdit ensuite le Dauphin son fils, jeune prince qui promettait à la France un roi capable de la consoler de ses misères. Il n'avait pas été seul à protester, par la pureté de ses mœurs, contre les désordres de la cour; la Dauphine, sa digne compagne, donnait l'exemple de toutes les vertus chrétiennes.

Le nouveau Dauphin (celui qui devait un jour être Louis XVI) épousa en 1770 Marie-Antoinette, fille de l'impératrice Marie-Thérèse. Le 14 mai la nouvelle Dauphine, à peine entrée dans sa quinzième année, arriva à Compiègne et y fut reçue par le roi. En traversant la France, de Strasbourg à Paris, elle put considérer de ses propres yeux la misère du pays et la désolation des campagnes. Les Parisiens, en la voyant passer dans leurs murs, la saluèrent avec une joie bienveillante; ils aimaient sa jeunesse, sa bonne grâce, l'air de douceur et de distinction répandu sur sa personne, et saluaient en elle l'espérance de jours meilleurs. Pour elle, de ses avides regards elle contemplait les monuments de la capitale du royaume, et ses sourires semblaient remercier le peuple. Il n'y avait là aucun prophète de malheur assez hardi pour lui dire que, vingt-trois ans plus tard, les mains liées derrière le dos, assise sur un tombereau ignoble, les cheveux blanchis avant l'âge, elle suivrait à peu près le même chemin pour aller recevoir la mort sur un échafaud.

A l'occasion de son mariage, et le 30 mai, la ville de Paris donna de brillantes fêtes, également troublées par le deuil. L'administration municipale, confiée au prévôt des marchands, avait voulu se passer du concours de la police, et le feu d'artifice qu'elle avait disposé devait être tiré sur la place Louis XV, entre la statue du roi et le garde-meuble, en face de la rue Royale. C'était là que plus tard on devait installer l'échafaud révolutionnaire. Les mesures étaient si mal prises qu'à l'entrée de la rue Royale il s'établit un double courant de peuple, composé des curieux qui voulaient voir le feu d'artifice et de ceux qui se portaient aux illuminations. Le péril était d'autant plus grave qu'à cette époque la rue Royale n'était point encore entièrement bâtie; d'un autre côté, tout à l'entour de la place Louis XV s'étendaient de larges fossés, qui depuis ont été comblés, mais qui alors étaient encombrés de charpentes. Un commencement d'incendie s'étant manifesté dans les constructions improvisées pour le feu d'artifice, on fit arriver les pompes, et la multitude, refoulée dans tous les sens par les chevaux et les voitures, s'épouvanta et essaya de se disperser. Toutes les issues paraissant fermées, de terribles accidents étaient inévitables. Soudain, soit épouvante naturelle, soit calcul de la part de filous qui cherchaient à accroître le désordre, on entendit des cris de détresse qui, au milieu de la confusion générale, aggravèrent les malheurs et multiplièrent les accidents. La population, terrifiée, se précipitait au hasard, et fut entassée, foulée au pieds, précipitée dans les fossés. Il y eut douze cents victimes.

Le Parlement, vainqueur des Jésuites, tendait sans cesse à entraver l'autorité royale. Les parlements, dissous en 1771, furent remplacés par des cours de justice improvisées à la hâte et que le peuple appela *Parlements Maupeou*. A Paris cet étrange parlement fonctionna; le barreau reprit le cours de ses plaidoiries, et le mépris public, stimulé par les hautes classes contre le ministère et les dispensateurs de la justice, se traduisit moins par des actes de révolte que par des chansons, des satires et des railleries. Maupeou se croyait un second Mazarin et ne s'inquiétait pas de ces mécontentements qui gagnaient en surface ce qu'ils perdaient en profondeur. En attendant, ceux qui, sans se rendre un compte bien exact de leur pensée, aspiraient à des secousses politiques et à la destruction de l'ordre social, composaient ou colportaient des nouvelles à la main et des libelles clandestinement imprimés, où l'on révélait les turpitudes du pouvoir, où l'on trouvait moyen de calomnier Louis XV. La police cherchait à arrêter le cours de ces productions dangereuses; mais, pour un pamphlétaire qu'elle achetait, pour une brochure qu'elle saisissait, on en voyait apparaître vingt autres d'autant plus à craindre que tout le monde était complice de l'attaque. On commençait à braver les sentences des tribunaux et les arrestations arbitraires au moyen desquelles le ministère cherchait à décourager ses ennemis. On se faisait un honneur de la prison; l'exil rendait populaire; il était de mode d'être décrété par le Parlement, et de châtier par le scandale ceux qui avaient encore à leur service le guet, le lieutenant de police, le grand et le petit Châtelet, et, au besoin, la Bastille.

Tandis que Maupeou cherchait ainsi à en finir avec l'indépendance de la magistrature, son digne émule, l'abbé Terray, contrôleur des finances, désolait toutes les fortunes par des mesures fiscales qui compromettaient également la dignité de la couronne et la probité de ses agents. Les évêques de toute la France, effrayés des dangers imminents qui menaçaient de toutes parts la religion et l'autorité suprême, se réunirent de nouveau en assemblée générale à Paris. Ils adressèrent aux fidèles du royaume un avertissement solennel sur les malheurs que l'incrédulité allait faire fondre sur l'État; mais presque partout, même à la cour, on traita de chimères leurs prévisions et leurs alarmes. Durant les trois années qui suivirent, et jusqu'à la mort de Louis XV, il n'y eut aucun événement bien remarquable à Paris, si l'on en excepte la destruction des anciens parlements. Au dehors tout y paraissait tranquille et calme; mais aux yeux de l'observateur éclairé la dissolution générale de l'ancienne société ne cessait pas un instant d'y faire des progrès effrayants : pouvoir royal, grands corps de l'État, corporations religieuses et autres, écrivains, fonctionnaires, magistrats, simples particuliers, tout le monde avait la main à l'œuvre pour l'amener plus promptement.

Louis XV régnait depuis cinquante-neuf ans, et il en avait soixante-quatre lorsque la mort vint le frapper, le 10 mai 1774, à Versailles, au milieu des débauches A peine refroidi, son cadavre, qui déjà infectait l'air, fut transporté précipitamment de Versailles à Saint-Denis, et inhumé au milieu des imprécations, des injures et des cris de joie de la population.

CHAPITRE II.

Paris durant la première période du règne de Louis XVI (1774 — 1789).

Le prince que la naissance appelait à supporter le fardeau de la couronne était âgé de vingt ans; il avait toutes les vertus de saint Louis, moins la fermeté, la prévoyance et la force.

Rien de plus touchant que le tableau des premières années du règne de Louis XVI. Au milieu d'une cour livrée à la plus affreuse licence, et d'un peuple travaillé par toutes les idées subversives de l'ordre social, s'élevait un roi humble, confiant, généreux, et dévoré du désir de faire le bonheur de ses sujets. A ses côtés, une jeune reine, parée de tout l'éclat de la beauté et de la grâce, rappelait, par la grandeur de son âme, le souvenir de sa mère, Marie-Thérèse.

De vagues pressentiments faisaient craindre l'avenir; on prévoyait des orages qu'allait amener une longue série d'erreurs et de fautes : le mépris du peuple, manifesté par l'usurpation successive, opérée au profit du trône, des franchises, des garanties, des priviléges dont la nation française avait été investie dans l'origine; l'avilissement de la royauté par l'éclat des adultères ; la turpitude des mœurs, la lâcheté politique; le cynisme des hautes classes et l'oubli de leurs devoirs envers le pauvre; l'immoralité croissante de la bourgeoisie; les misères des classes inférieures; l'impiété et l'athéisme se produisant sous toutes leurs faces et séduisant la multitude ; l'abdication d'une partie du clergé, qui s'endormait dans le relâchement ; les scandales publics ou cachés de l'autre, qui foulait aux pieds ses devoirs, et, au milieu de toutes ces causes réunies, l'esprit de révolte et la négation de l'autorité.

Louis XVI avait appelé dans ses conseils l'économiste Turgot. Ce ministre proposa au roi l'abolition des restes du régime féodal, l'égale répartition de l'impôt, la liberté de conscience et de culte, la liberté de la presse, la liberté illimitée du commerce, la réorganisation de l'instruction publique, la réforme des lois criminelles de Louis XIV, la création d'un code civil national, la suppression de la plupart des monastères, l'uniformité des poids et mesures, l'établissement d'une constitution libre, et le partage du pouvoir entre la royauté et la nation au moyen d'une assemblée élective des députés de toutes les provinces. Mais dès qu'il voulut se mettre à l'œuvre, Turgot fut arrêté par de violentes oppositions, par les parlements surtout, qui tenaient à conserver leurs priviléges, et, après une lutte qu'il soutint avec courage, il fut vaincu et forcé de quitter le gouvernement.

Le passage de Turgot au pouvoir n'était pas demeuré tout à fait stérile ; d'après ses inspirations, Louis XVI avait fait des changements précieux et pris quelques bonnes mesures : tous les serfs qui se trouvaient encore dans le domaine de la couronne demeuraient affranchis, la liberté du commerce des grains et farines dans l'intérieur du royaume était établie, les tailles et les impôts étaient réduits ; la question judiciaire avait été abolie ; on avait rasé à Paris deux prisons détestées du peuple, le Petit-Châtelet et le For-l'Évêque ; les corvées, les maîtrises et jurandes restaient supprimées, et les anciens droits seigneuriaux diminués. L'on s'occupait activement du soulagement du peuple, en détruisant une foule de priviléges et d'abus, et surtout en répartissant l'impôt d'une manière égale entre tous les Français sans exception, en le faisant peser sur les ordres du clergé et de la noblesse aussi bien que sur les roturiers.

Après Turgot, et jusqu'à l'ouverture de la première assemblée des notables, en 1787, l'on vit passer successivement au pouvoir le banquier genevois Necker, homme probe, mais plus habile administrateur qu'homme d'État; Calonne, personnage brillant, disert, hardi, mais esprit faux et sophiste, et enfin l'archevêque de Sens, Loménie de Brienne, homme de talents médiocres et incapable d'opérer le moindre bien dans la situation redoutable où il avait l'audace de prendre la direction des affaires publiques.

Pendant cette période de temps tout semblait se préparer sourdement à Paris pour l'ère formidable qui allait s'ouvrir. Il y eut peu d'événements apparents et peu de faits extérieurs dignes d'être mentionnés dans l'histoire de cette ville. L'empereur Joseph II, frère de Marie-Antoinette, était venu en France et avait résidé à Paris sous le nom de comte de Falkenstein. Peu de temps après son départ, en 1777, au grand scandale de la ville et de la cour, deux princes du sang, le comte d'Artois et le duc de Bourbon, s'étaient battus en duel à la suite d'une querelle de famille.

En cette même année l'homme qui avait tourné contre Dieu l'intelligence puissante dont le dépôt lui avait été confié, l'écrivain audacieux qui s'était déclaré le persécuteur de l'Église, Voltaire, s'affranchissant de son exil et bravant la menace des lettres de cachet, était venu à Paris jouir des craintes de la monarchie et des idolâtries du peuple. La cour, terrifiée de sa présence, n'avait point osé invoquer le pouvoir absolu pour lui interdire le retour et le triomphe. D'ailleurs, courtisan de cette royauté qu'il travaillait à détruire, le sacrilége vieillard faisait connaître au roi « l'impatience qu'éprouvait le plus fidèle de ses sujets de voir, avant de mourir, le Titus donné par le Ciel à la France. » Louis XVI s'était borné à n'accorder aucune audience au contempteur de Dieu et de son Christ ; c'est tout ce que le roi avait pu faire au spectacle d'une population en délire qui désertait tout entière la justice et la vérité pour aller au-devant de Voltaire, pour imiter les fanatiques des bords du Gange, volontairement prosternés sous les pieds de l'idole, volontairement écrasés par les roues de son char. La religion se taisait, et l'immoralité parlait à voix haute. Et l'on s'étonnait que l'avénement de l'impiété fût proche lorsque le pontife des impies recevait à Paris les honneurs du triomphe !

Voltaire avait pris domicile chez le marquis de Villette, au coin de la rue de Beaune et du quai des Théatins, qui depuis lors a reçu la dénomination de quai Voltaire. Il y vivait entouré d'un cercle d'adorateurs et de disciples, recevant les hommages de tout ce qui avait un nom, de tout ce qui avait au cœur l'espérance en l'avenir. On oubliait les hontes et les opprobres qui avaient flétri son génie littéraire et sa vie privée, et l'on ne songeait qu'à encenser une gloire désavouée par la religion et le patriotisme. Pour lui, il posait en patriarche de la philosophie et de la sagesse. Au milieu de ces enivrements de l'orgueil la maladie vint surprendre Voltaire, et une mort fatale termina la longue carrière de cet homme.

En 1775 un édit avait créé six offices de receveurs d'impositions pour Paris. Une ordonnance du roi vint fonder une chaire d'hydrodynamique, et dès lors cette science commença à être enseignée dans la capitale. Une autre ordonnance y rétablit les milices suivant leur ancienne dénomination. Ce fut en cette même année qu'eut lieu, à Paris et aux environs, l'émeute au sujet du prix des grains, qu'on appela *guerre de la farine*, et qui occasionna un pillage chez les boulangers de la ville et de la banlieue. Aux mois de janvier et de février de l'année suivante le froid fut excessif; plusieurs cloches se cassèrent en sonnant, des arbres se fendirent et des personnes moururent gelées. La consommation du bois, qui, l'année précédente, n'avait été que de 63,707 voies, s'éleva à 612,805. Le 10 janvier un grand incendie consuma une partie considérable du Palais de Justice; l'on se mit aussitôt à la reconstruire sur les plans de l'architecte Desmaisons. Le premier numéro du *Journal de Paris* parut le 1er janvier de l'année 1777; les abonnés lui arrivèrent aussitôt en grand nombre, et son succès se trouva assuré dès son apparition. Le 27 janvier 1778 Piccini donna son opéra de *Roland*, qui fit une vive sensation dans le monde musical de la capitale. Gluck avait déjà opéré, vers la fin de 1774, une révolution dans la musique française par la composition et la mise en scène d'*Iphigénie*. Les amateurs des salons se divisèrent alors en partisans de Gluck, de Piccini et de Rameau; des querelles passionnées s'y élevèrent; toutefois les troubles qu'elles causèrent ne s'étendirent pas au delà du parterre de l'Opéra et de quelques cercles de la capitale. Dans la même année (1778) le roi signa à Paris la reconnaissance de l'indépendance des États-Unis d'Amérique, et, à cette occasion, la France se trouva en guerre avec l'Angleterre.

Le clergé de France, réuni en assemblée générale à Paris, en 1775, avait réitéré ses avertissements aux fidèles sur les avantages de la religion et les effets pernicieux de l'incrédulité; il leur avait exposé les bienfaits que la foi procure et que l'impiété ravit, mais ces avertissements n'avaient point été entendus.

Ce peuple parisien, qui se détournait de la foi, n'avait pas honte d'être dupe de quelques jongleurs; il écoutait avec ferveur les téméraires qui méditaient de s'emparer des forces cachées de la nature, de surprendre le secret de la vie, de vaincre la mort. Une terreur mystérieuse s'attacha au nom de Cagliostro, ce prétendu prophète, qui, à entendre ses disciples, avait appris la sagesse dans les pyramides d'Égypte, avait le pouvoir d'évoquer les ombres et possédait les sciences occultes de l'Orient. Le charlatan Cagliostro, qui se faisait appeler comte, et n'était qu'un aventurier de Palerme, appelé Joseph Balsamo, avait débuté par l'escroquerie en matière de pierre philosophale; bientôt après on l'avait vu paraître en France, précédé de la réputation de thaumaturge, et dupant le public par des actes de bienfaisance tellement fastueux que, pour se les permettre sans folie, un homme doit avoir contraint la nature à lui liver des richesses inepuisables. C'était un homme étrange, qui cachait son âge et faisait croire à l'immortalité de sa jeunesse. On le disait en commerce avec les esprits célestes, et ceux des soi-disants philosophes qui faisaient profession d'athéisme donnaient un démenti à leur propre doctrine en entourant de leur enthousiasme le jongleur dont ils acceptaient les inexplicables rapports avec le monde invisible. Quand il vint à Paris il trouva la société à demi séduite par un autre prophète dont les disciples sont demeurés nombreux et fidèles. Nous voulons parler de Mesmer, le premier apôtre de ce qu'on appelle le magnétisme animal. Mesmer se plaisait à généraliser des faits isolés, dont la cause première échappe aux investigations de l'homme; il affirmait l'existence d'un fluide universel qui régit les astres et les trois règnes de la nature, et que les êtres, une fois mis en rapport dans certaines conditions, peuvent se communiquer même à leur insu; à ce fluide il rattachait la sagesse et la science, et, comme il rendait possible la déversion du superflu là où il y avait lacune, il concluait qu'au moyen de ce procédé il appartenait à l'homme de rétablir dans l'univers l'équilibre et l'harmonie, de faire disparaître le mal physique, de supprimer le mal moral, de vaincre la maladie, et, peut-être, de triompher de la mort. On allait à lui, et on voyait se renouveler, sans cause connue, des phénomènes qui rappelaient les anciennes convulsions des jansénistes au cimetière de Saint-Médard.

Une découverte plus remarquable, et bien autrement honorable pour l'intelligence, signala cette période. En méditant sur l'ascension des vapeurs dans l'atmosphère et sur la formation des nuages, les frères Montgolfier avaient compris que, pour enlever jusqu'aux nues une machine colossale, il suffisait de renfermer dans un vaisseau léger un fluide moins lourd que l'air atmosphérique, c'est-à-dire un nuage factice. Ils s'étaient procuré dans la combustion un gaz plus léger que l'air, et le problème avait été résolu. L'expérience d'Annonay fut renouvelée à Paris, au Champ de Mars (27 août 1783), et bientôt après un mécanicien aventureux, nommé Blanchard, franchit le détroit de Calais en ballon et vint descendre à Douvres.

En 1784, et à Paris, l'élite de la France, princes et seigneurs, chefs du tiers-état et nobles dames, artistes et ouvriers, se rassemblèrent dans une salle de théâtre pour assister à une représentation sollicitée longtemps par leur impatience, mais retardée durant plusieurs mois par le pouvoir. Ce jour-là les comédiens ordinaires de Sa Majesté jouaient *le Mariage de Figaro*, œuvre échappée au génie chagrin de Beaumarchais, et dans laquelle se trouvaient résumés, mis en action, tous les griefs du peuple contre la monarchie, tous les abus, toutes les fautes, tous les vices nés de l'inégalité. L'auteur de ce drame avait poussé plus loins l'audace; il avait confondu dans une même attaque le mensonge et la vérité, l'hypocrisie et la religion, les priviléges saints et les injustes priviléges; la magistrature, la morale étaient en butte aux coups les plus directs, aux agressions les plus sanglantes. On voit si la révolution était proche. Pour conjurer les difficultés du présent et de l'avenir, on se décida, au grand effroi des amis du parti conservateur, à convoquer une assemblée des notables du royaume, qui s'ouvrit à Versailles le 22 février 1787.

Le gouvernement se résigna à proposer la suppression des priviléges financiers de la noblesse et l'adoption d'une rigoureuse économie. Ce système déplut, et Calonne fut à son tour disgracié. L'assemblée des notables, dont les membres appartenaient eux-mêmes aux classes que les réformes allaient atteindre, refusèrent d'y concourir et se bornèrent à de vagues accusations. Plusieurs d'entre eux cependant émirent quelques-unes de ces opinions hardies qui déjà fermentaient dans les esprits (1787). Le cardinal Loménie de Brienne, successeur de Calonne, eut recours à de nouveaux impôts, et il est juste de dire que ceux qu'il proposa avaient également pour but de remédier aux priviléges abusifs dont la noblesse était investie. Les parlements refusèrent d'enregistrer les édit, et demandèrent la convocation des états généraux. Louis XVI leur enjoignit de mettre fin à cette résistance inattendue; ils désobéirent. Cette opposition des magistrats fut punie par l'exil; mais l'irritation du peuple se manifesta d'une manière fort vive, et la cause des parlements devint un moment celle du pays. On les rappela, et ils ne revinrent que mieux déterminés à conquérir, par une attitude énergique, cette prépondérance politique qui n'avait cessé d'être leur rêve, et que pourtant ils n'avaient reçu ni de la royauté ni de la France le droit d'exercer. Le cardinal de Brienne ne prit que de fausses mesures et finit par se démettre lui-même de ses fonctions, en conseillant au roi de rappeler Necker. Le dernier acte de ce ministre fut de décider Louis XVI à revenir sur les ordonnances de Louis XIV et à rendre aux protestants les priviléges dont ils étaient privés depuis un siècle.

Le parlement de Paris ne demeurait point étranger à ce mouvement des esprits; sans en entrevoir la portée, il s'y associait dans l'espérance de fortifier son influence. De son côté le peuple, sans comprendre les questions débattues entre le roi et la magistrature, continuait à se ranger par instinct à la suite des tribunaux rebelles, non peut-être qu'il espérât beaucoup de leur intervention, mais parce que la crise dans laquelle on entrait pouvait amener des incidents et des conflits imprévus. Alors le ministre prit la résolution d'intimider le parlement de Paris et de faire arrêter, dans la salle même des séances, les conseillers Goislard de Montsalbert et d'Espréménil, dont les appels fougueux entraînaient la majorité de leurs collègues.

Les événements se précipitaient. Loménie de Brienne fut disgracié et le peuple brûla son effigie sur le Pont-Neuf. Une seconde assemblée des notables fut convoquée à Paris, et M. Necker fut rappelé aux affaires. D'accord avec l'Assemblée, le roi se détermina à faire appel à la nation, et sur tous les points du royaume les trois ordres se réunirent pour procéder à l'élection des députés qui devaient les représenter aux états généraux.

L'hiver de 1788 avait réduit au désespoir une portion considérable des classes pauvres; jamais, depuis l'année 1709, de sinistre souvenir, le froid n'avait été plus long et plus rigoureux; pour comble de malheur, les récoltes avaient manqué dans plusieurs provinces, le pain était cher et rare, et beaucoup de propriétaires de grains, soit pénurie réelle, soit calcul, maintenaient à un chiffre fort élevé le prix des céréales. Cette douloureuse calamité émut la charité publique, et les classes riches, dociles aux exemples du clergé, de la reine et du roi, multiplièrent les secours. Mais que pouvaient ces allégements partiels contre un fléau dont il était impossible de conjurer la fureur? La faim et la misère chassèrent vers Paris, des autres villes du royaume, des hordes de gens sans aveu et sans ressources; les mêmes causes disposèrent le peuple des faubourgs à la révolte et au pillage. En ces extrémités l'immense fortune du duc d'Orléans lui permit de faire de nombreux sacrifices et de répandre de grandes libéralités; mais ses dons et ses largesses furent diversement appréciés dans l'opinion : le peuple de Paris n'eut point assez de paroles pour exprimer sa gratitude; la cour reprocha au prince de spéculer sur le deuil public.

Les élections venaient de se terminer à Paris, et les esprits étaient profondément agités par la lutte soutenue entre les principes et les institutions contraires. Les assemblées préparatoires avaient même donné lieu à une assez vive irritation, et déjà de part et d'autre on se renvoyait les reproches d'aristocratie et d'anarchie. La classe bourgeoise, à peine émancipée, se montrait jalouse de ses attributions et peu disposée à élargir ses rangs au profit des prétentions du menu peuple et des prolétaires; ceux-ci n'attendaient qu'un prétexte pour faire éclater leur colère.

Parmi les bourgeois enrichis dont les allures avaient davantage indisposé les ouvriers et les petites gens, pour parler le langage d'alors, figurait un fabricant de papiers peints, nommé Réveillon, l'un des plus puissants manufacturiers du faubourg Saint-Antoine. Cet homme, d'ailleurs probe et laborieux, avait commencé par être un simple ouvrier, et, bien qu'il se fît remarquer par une charité ingénieuse à nourrir le pauvre, on ne craignait pas de l'accuser de perdre de vue l'humble commencement de sa carrière pour affecter à l'égard des artisans des airs insupportables de morgue et de hauteur. Ses ennemis (et sans doute il n'en manquait pas) cherchaient à ce sujet à le rendre odieux au peuple; ils allaient colportant dans les ateliers des paroles imprudentes, vraies ou fausses, qu'on attribuait à Réveillon, et qui, soulevant contre lui la plus ardente exaspération, le rendaient en quelque sorte responsable, aux yeux d'une multitude ignorante, de la baisse des salaires et du renchérissement du pain. D'abord on se borna à quelques démonstrations menaçantes, à ces bruyantes promenades de l'émeute, spectacle alors nouveau et depuis si connu des habitants de Paris. Un mannequin, représentant Réveillon, fut traîné par la populace, condamné par cette justice des carrefours, au nom du tiers-état, et pendu en effigie sur la place de Grève. Ces événements se passaient le 27 avril 1789. Le lendemain, l'agitation ayant pris un caractère plus sérieux, les attroupements se portèrent sur la maison de Réveillon, la pillèrent et la dévastèrent, ainsi que deux maisons voisines. Rien ne fut épargné; les meubles, brisés et jetés par les fenêtres, furent amoncelés en débris et livrés aux flammes; l'argent et les objets précieux devinrent la proie de la multitude, et Réveillon, pour se soustraire à la mort, se vit réduit à se réfugier à la Bastille.

Le jour même de cette scène odieuse une grande affluence s'était rendue à Charenton pour y assister à une course de chevaux; le peuple, attroupé dans la rue Saint-Antoine, prodiguait l'insulte à toutes les personnes qu'il supposait favorables à la noblesse; il forçait les dames nobles de descendre de leurs équipages et de crier : « Vive le tiers-état! » Le duc d'Orléans, étant venu à passer, fut l'objet de manifestations tout opposées; on le salua de mille acclamations, comme l'ami et le défenseur des pauvres ouvriers; mais, en ce moment d'émeute, le prince se montra peu flatté d'être l'idole du faubourg Saint-Antoine; il se débarrassa donc de son mieux des étreintes du peuple, et continua sa route en affectant de recommander le respect de l'ordre et l'obéissance aux lois. Ses exhortations devaient être peu écoutées, mais la peur le fut davantage. En effet la force militaire, qui, pendant plusieurs heures, avait assisté froidement aux dévastations de la foule, finit par y mettre un terme en dirigeant sur les attroupements séditieux une fusillade bien nourrie; il y eut plusieurs centaines de misérables tués ou blessés, et la tranquillité publique ne tarda pas à être rétablie.

Chaque parti, chaque opinion renvoya à ses ennemis la responsabilité de cette émeute.

CHAPITRE III.

Paris durant le dix-huitième siècle. — **État politique.** — **Conditions administratives.**

Depuis la mort de Louis XIV, et en dépit des difficultés politiques et religieuses qui tourmentaient le gouvernement royal, Paris avait joui d'une grande prospérité matérielle à la faveur de laquelle cette ville s'était notablement agrandie et embellie. Nous avons déjà mentionné l'annexion du Roule à cette vaste capitale; d'autres espaces y furent également adjoints. Entre le nouveau quartier du Roule, la Madeleine et le faubourg Montmartre, s'étendaient des champs en culture, des marais, des jardins et des maisons de campagne. On y trouvait le village des Porcherons, sur l'emplacement duquel existe aujourd'hui la rue Saint-Lazare; le château du *Coq* ou des *Porcherons* (presque en face de la rue de Clichy, autrefois nommée rue du *Coq*); les chapelles de Sainte-Anne et de Notre-Dame-de-Lorette, le cimetière de Saint-Eustache, une ferme nommée *Grange-Batelière* (elle existait au douzième siècle, au milieu de terres en culture; la partie de la rue de ce nom qui aboutit au boulevard fut ouverte en 1704; l'autre partie, qui est en retour, était construite auparavant). « L'ensemble, dit Dulaure, était traversé par un chemin qui partait de la porte Gaillon, s'avançait en formant des sinuosités, coupait la rue Saint-Lazare et allait aboutir au village des Porcherons et à celui de Clichy. Cet espace était aussi traversé, dans un sens contraire, c'est-à-dire de l'est à l'ouest, par la rue Saint-Lazare et par le grand égout de la ville, égout qui était l'ancien lit du ruisseau de Ménilmontant; à découvert, encombré dans plusieurs parties, il contenait des eaux croupissantes qui infectaient l'air du voisinage. Le chemin qui de la porte Gaillon conduisait aux Porcherons, traversait cet égout, et au point d'intersection se trouvait un pont nommé, dans un ancien plan, *Pont-Arcans*. »

En 1720 le roi autorisa les magistrats de Paris à faire construire un nouveau quartier, entre ceux de la Ville-l'Évêque et de la Grange-Batelière, à ouvrir sur cet emplacement une rue qui, à partir du boulevard, s'étendrait jusqu'à la rue Saint-Lazare, à creuser un nouveau canal au grand égout et à le couvrir d'une voûte, enfin à acheter les propriétés situées depuis le boulevard jusqu'à la rue Saint-Lazare et depuis la Grange-Batelière jusqu'à la continuation projetée de la rue d'Anjou et de la Ville-l'Évêque, qui devait atteindre la rue Montmartre. Ce plan fut promptement mis à exécution; on ouvrit des rues nouvelles, entre autres celle de la *Chaussée-Gaillon*, nommée ensuite *de l'Hôtel-Dieu*, à cause de la ferme de l'hôpital de ce nom, située rue Saint-Lazare, et enfin *de la Chaussée d'Antin*, parce qu'elle s'ouvrait sur le boulevard, en face de l'*hôtel d'Antin*, depuis lors appelé *hôtel de Richelieu*. Cette rue n'offrait encore que des constructions éloignées les unes des autres et bordées de jardins ou de champs; elle ne fut que beaucoup plus tard couverte d'habitations contiguës. Vers le même temps on éleva de nouvelles maisons dans le quartier, mais elles ne furent bâties que fort lentement. En 1734 on ouvrit la rue

Chantereine et la rue du Rocher. Ce quartier, l'un des plus réguliers de Paris, et qui de nos jours est couvert d'hôtels splendides, fut d'abord appelé *quartier Gaillon* ; plus tard on lui donna le nom de *Chaussée d'Antin*, qu'il porte encore.

On était loin des premières années du règne de Louis XV, alors que le gouvernement, très-inquiet des rapides accroissements de Paris, avait cherché à y mettre obstacle en imposant à la ville des limites qu'elle ne devait pas franchir. Une déclaration royale du 18 juillet 1724 portait : « Nous estimons qu'au point de vue de grandeur où la ville est parvenue on ne saurait souffrir un nouvel accroissement sans l'exposer à la ruine.... Après avoir fait examiner soigneusement les moyens les plus sûrs pour prévenir un si grand mal, il ne nous en a pas paru de plus convenable que de distinguer l'enceinte de la ville de celle des faubourgs, et, en resserrant la ville dans de justes bornes, quoique fort étendues, d'y laisser la liberté entière aux particuliers sur la forme et la grandeur des édifices qu'ils voudraient faire construire, sans pouvoir cependant y percer de nouvelles rues; de borner les faubourgs à la longueur des rues ouvertes jusqu'à présent et à la dernière maison bâtie dans chaque rue, sans qu'il soit permis d'y percer de nouvelles rues et d'y bâtir sur d'autre terrain que sur celui qui a face sur une rue nouvelle et qui est enclavé dans des maisons déjà bâties, et en défendant d'y construire de grandes maisons, à l'exception de celles qui sont maintenant commencées. »

L'art qui préside à l'arrangement des phrases de ce préambule annonce le respect que le pouvoir avait déjà pour l'opinion publique, même en prenant des mesures vexatoires. Il était suivi d'un édit interdisant les constructions nouvelles sur certains points déterminés et fixant les limites de la ville proprement dite. Ces limites demeuraient placées aux grands boulevards, du côté du nord, et l'on voyait encore, il y a quelques années, sur les magasins d'un bonnetier, situés au coin de la rue Poissonnière, une inscription de cette époque portant défense de bâtir au delà. Le gouvernement et la cour, établis à Versailles ou à Marly et plongés dans toute la mollesse d'une vie luxueuse, redoutaient Paris. Dès lors, au lieu de s'occuper de l'hygiène publique et de la commodité des habitations dans la capitale, au lieu de prendre des dispositions pour assainir et embellir ses vieux quartiers, ils ne pensaient qu'à faire naître du dégoût pour cette ville, et ils parquaient ses habitants dans une enceinte au delà de laquelle ils s'établirent de gré ou de force, et sans qu'il fût au pouvoir d'aucun édit ni d'aucune police de les retenir.

La place de la Concorde et le Champ de Mars datent du règne de Louis XV. La place de la Concorde, qui porta d'abord le nom du roi, fut commencée en 1763 et terminée en 1772, d'après les dessins de Gabriel. Elle a été considérablement embellie de nos jours et constitue une de sparties les plus remarquables de cet ensemble, admirable et unique dans le monde entier, qui comprend le vaste périmètre des Tuileries, cour, château et jardin, la rue de Rivoli, l'hôtel de la Marine avec le Garde-Meuble, la rue Royale, l'église de la Madeleine, la Seine et ses quais, le palais du Corps législatif avec les monuments qui le suivent sur la même ligne, et enfin l'avenue spacieuse des Champs-Élysées, avec ses nombreuses allées d'arbres à droite et à gauche, et l'arc de triomphe de l'Étoile à l'horizon.

L'on construisit sous Louis XV un certain nombre de fontaines publiques dans les divers quartiers de la ville; mais elles formaient en grande partie de simples monuments pour l'œil et semblaient taries, faute, par l'administration, d'avoir pourvu en même temps au soin d'augmenter le volume général des eaux qui arrivaient à Paris. L'on voyait d'ailleurs se renouveler très-fréquemment l'ancien abus des concessions d'eau faites à des seigneurs bien en cour ou à de riches particuliers pour leurs hôtels. Afin d'alimenter toutes ces fontaines et de fournir à la ville la quantité d'eau qu'il lui fallait, Deparcieux présenta, en 1762, un vaste projet pour conduire à Paris les eaux de la petite rivière d'Yvette, qui prend sa source entre Versailles et Rambouillet et vient se jeter dans la rivière de l'Orge, un peu au-dessus de Juvisy. A cet effet il proposait de construire un aqueduc de dix-sept à dix-huit mille toises de longueur; son exécution aurait fourni douze cents pouces fontainiers d'eau. Ce projet fut sérieusement examiné à l'hôtel de ville; mais, faute de fonds, l'administration municipale finit par le repousser; reproduit plusieurs fois dans la suite, il fut toujours rejeté pour le même motif.

Dans les dernières années du règne de Louis XV on avait achevé les plantations de l'*allée de Marigny* et de l'*allée des Veuves;* en 1765 on ouvrit le passage de Lesdiguières, qui ne tarda pas à être converti en rue. En 1767 on agrandit la rue de Ménars, qui fut bientôt prolongée jusqu'à la rue de Grammont. Sous ce même règne on grava des inscriptions aux angles des rues pour diriger les passants.

Les boulevards du Nord avaient été plantés sous Louis XIV; ceux du Midi, et les avenues qui se trouvent entre le boulevard et l'École militaire, entre l'hôtel des Invalides et Vaugirard, ainsi que celles qui entourent le Champ de Mars, furent plantés sous Louis XV; ils se sont depuis bordés de maisons.

En 1784 Louis XVI autorisa les fermiers généraux à faire construire un mur d'octroi destiné à clore la ville; cette enceinte, qui subsistait encore il y a peu d'années, avait pour but d'arrêter les progrès de la contrebande et d'assujettir aux droits d'entrée un plus grand nombre de consommateurs. Les travaux commencèrent du côté de la Salpêtrière. En 1786 l'enceinte méridionale était terminée; on entreprit celle du nord et on y engloba les villages de Chaillot, du Roule, de Mousseau, de Clichy, etc. Les Parisiens firent éclater leur mécontentement par des jeux de mots, tels que celui-ci :

Le mur murant Paris rend Paris murmurant,

et par des épigrammes dont nous citerons la suivante :

> Pour augmenter son numéraire
> Et raccourir notre horizon,
> La Ferme a jugé nécessaire
> De mettre Paris en prison.

Les portes ou barrières d'entrée furent élevées sur les dessins de Ledoux, avec une grande magnificence. Après la retraite de Calonne, en 1787, M. de Brienne fit suspendre les travaux, à cause de la pénurie des finances. Les dépenses s'élevaient déjà à plus de 25 millions.

Voici les noms et la description succincte de ces barrières, qui pour la plupart ont disparu depuis l'annexion de la banlieue.

Amandiers-Popincourt (barrière des). — Elle prenait son nom de la rue des Amandiers. Un bâtiment rectangulaire, surmonté d'un couronnement.

Arcueil (barrière d'). — Ainsi appelée du village de ce nom, si renommé par son aqueduc, construit en 1613, et qui amène à Paris les eaux de la Bièvre. Un bâtiment à huit arcades et deux frontons.

Aunay (barrière d'). — Avait pris son nom de la ferme d'Aunay, située à une très-petite distance de Paris. Un bâtiment avec deux péristyles et quatre colonnes.

Belleville (barrière de). — Prenait son nom du village de Belleville. Deux bâtiments avec colonnes et arcades.

Berci (barrière de). — Deux bâtiments ayant chacun deux péristyles et douze colonnes.

Blanche (barrière). — Un bâtiment avec trois arcades.

Boyauderie (barrière de la). — Un bâtiment surmonté d'un dôme et une guérite.

Charenton (barrière de). — Deux bâtiments ayant chacun deux péristyles et six colonnes.

Chopinette (barrière de la). — Un bâtiment avec deux arcades, ornées chacune de six colonnes.

Clichy (barrière de). — Prend son nom du village de Clichy, à une petite distance de Paris. Un bâtiment avec deux péristyles de six colonnes chacun.

Combat (barrière du). — Elle avait pris son nom du cirque voisin, connu par ses hideux combats d'animaux.

Courcelles (barrière de). — Ainsi nommée parce qu'elle était sur la route de Courcelles. Le pourtour du bâtiment était orné de vingt-quatre colonnes.

Cunette (barrière de la). — Prenait son nom d'une sorte de fortification appelée cunette. Un bâtiment à deux façades, avec arcades, colonnes et fronton.

Denis (barrière *Saint-*). — Située à l'extrémité du faubourg Saint-Denis. Un bâtiment à quatre faces, un attique et un couronnement.

École militaire (barrière de l'). — Prenait son nom de l'établissement qui fut fondé, sous Louis XV, en faveur de la jeune noblesse française. Deux bâtiments ayant chacun un pavillon.

Enfer (barrière d'). — Deux grands bâtiments, dont l'un, celui de droite, donne entrée dans les Catacombes.

Fontarabie (barrière de). — Prenait son nom d'une victoire remportée par les troupes françaises sur les Espagnols. Un bâtiment à trois arcades.

Fourneaux (barrière des). — Avait pris son nom des fabriques de fourneaux qui étaient près de là. Deux bâtiments avec colonnes, surmontés d'un tambour.

Franklin (barrière de). — Lorsque le célèbre Franklin vint à Paris, en 1780, en qualité d'ambassadeur des États-Unis d'Amérique, il fixa sa résidence à Passy; en l'honneur de cet hôte illustre la barrière qui conduisait à ce village reçut son nom.

Longchamp (barrière de). — Un bâtiment à quatre frontons et quatre arcades.

Maine (barrière du). — Conduisant à la chaussée du Maine. Deux bâtiments avec colonnes et sculptures.

Mandé (barrière de *Saint-*). — Conduisant au village de Saint-Mandé. Un bâtiment avec deux façades.

Marie (barrière de *Sainte-*). — Elle prenait son nom de l'enclos des dames de Sainte-Marie. Deux bâtiments avec façades, couronnés d'un cintre.

Martin (barrière *Saint-*). — Prenait son nom du faubourg Saint-Martin, à l'extrémité duquel elle est située. — Cette barrière était un véritable monument d'architecture; ses quatre faces présentent chacune un péristyle en saillie, ornés de huit pilastres carrés et isolés, de l'ordre toscan. L'étage circulaire placé au-dessus du soubassement se composait d'une galerie percée de vingt arcades, supportée par quarante colonnes accouplées, dont les proportions n'appartenaient à aucun ordre ancien. Ce bâtiment était d'un effet très-pittoresque.

Martyrs (barrière des). — Avait pris ce nom en mémoire du supplice de saint Denis et de ses compagnons, décapités à Montmartre. Un bâtiment carré présentant à la face occidentale un grand cintre soutenu par des pilastres.

Ménilmontant (barrière de). — Elle était remarquable par deux bâtiments à base rectangulaire et symétriques entre eux; les bâtiments étaient en outre ornés chacun de trente-deux colonnes avec arcades.

Monceau (barrière de). — Prenait son nom du hameau de Monceau. Un bâtiment à deux péristyles, avec colonnes en bossage.

Montmartre (barrière). — Cette barrière présentait un bâtiment rectangulaire, avec colonnes massives vermiculées, dont l'architecture pouvait être citée avec éloge.

Mont-Parnasse (barrière du). — Prenait son nom

d'une butte sur laquelle les écoliers de plusieurs colléges de Paris s'assemblaient les jours de congé. Deux bâtiments ayant chacun deux péristyles avec colonnes.

Mouffetard (barrière). — Avait pris son nom d'un terrain voisin appelé, comme on l'a vu ailleurs, Mont-Cétard, et par corruption Mouffetard. On l'appelait souvent aussi barrière d'Italie et de Fontainebleau. Deux corps distincts de bâtiments, d'une forme élégante, placés en regard et ornés de cinq arcades de face avec colonnes.

Moulins (barrière des *Deux*-). — Tirait son nom de deux moulins à vent qui étaient très-rapprochés des murs d'enceinte. Deux bâtiments symétriques, mais d'une architecture très-simple.

Neuilly (barrière de). — Construite en 1786, elle porta d'abord le nom de barrière de l'Étoile, parce qu'elle était située à l'entrée de la grande place circulaire où plusieurs routes viennent aboutir; depuis elle a été appelée barrière de Neuilly, parce qu'elle conduisait au village de ce nom.

Passy (barrière de). — Cette barrière était décorée de douze colonnes, deux arcs, quatre frontons, et deux statues colossales représentant la Bretagne et la Normandie.

Picpus (barrière de). — Avait pris son nom du hameau de Picpus qui se trouvait près de là. Un bâtiment avec quatre péristyles et attique.

Reuilly (barrière de). — Cette barrière avait emprunté son nom du village de Reuilly. L'architecture de cette barrière la signalait avec avantage parmi tous les monuments de ce genre.

Roule (barrière du). — Prenait son nom de l'ancien

village du Roule, qui avait été, en 1766, enclos dans la capitale. Un bâtiment orné de quatre avant-corps, un couronnement et un dôme. C'était un des monuments remarquables de l'enceinte de Paris.

Vaugirard (barrière de). — Ainsi appelée du village de Vaugirard. Deux bâtiments carrés.

Vertus (barrière des). — Tirait son nom du village d'Aubervilliers, ou Notre-Dame-des-Vertus. Un bâtiment avec deux péristyles et un fronton.

Villette (barrière de la). — Conduisant au village de la Villette, près du bassin du canal de l'Ourcq. Deux bâtiments avec arcades.

Vincennes (barrière de). — S'appela d'abord barrière du Trône, à cause du trône magnifique qui y fut dressé pour Louis XIV et Marie-Thérèse d'Autriche lorsqu'ils firent leur entrée dans la capitale, le 26 août 1660. Elle porta depuis le nom de Vincennes, parce qu'elle conduisait au village de ce nom.

L'étendue totale de cette enceinte était de vingt-quatre kilomètres. La superficie de Paris était, en 1788, de 3,438 hectares 43 centiares; de nos jours elle a doublé.

Les *boulevards extérieurs* furent établis par suite de la construction du nouveau mur d'enceinte de Paris; quatre rangées d'arbres, plantée au delà du mur, formaient ces boulevards qui, à l'heure où nous écrivons ces lignes, subissent une nouvelle transformation.

Sous Louis XVI, et avant les mauvais jours de la Révolution, une impulsion très-vive fut donnée aux travaux d'embellissement et d'agrandissement. Les revenus de la ville, qui s'élevaient alors à trente-six millions de livres, permettaient d'entreprendre à la fois et de réaliser en peu de temps les améliorations les plus utiles, et, quelque fiers que nous puissions être, de nos jours, des splendeurs de la capitale, nous n'en devons pas moins reconnaître que le mouvement auquel nous assistons, et qui se manifeste chaque année par tant de merveilles, avait commencé sous le règne de Louis XVI.

En 1789 Paris comptait vingt-quatre quartiers ou cantons, plus de mille rues, près de trente mille maisons, cinq cents hôtels, soixante églises paroissiales, vingt chapitres et églises collégiales, quatre-vingts églises ou chapelles qui n'avaient pas attribution de paroisses, trois abbayes d'hommes, huit abbayes de filles, cinquante-trois couvents et communautés d'hommes, soixante-dix couvents et communautés de femmes, trois juridictions ecclésiastiques et treize séculières. Outre ses monuments publics, ses édifices, ses établissements religieux, scientifiques ou charitables, que ce n'est point ici le moment d'énumérer, Paris renfermait cinquante-deux fontaines publiques, vingt quais, douze marchés, vingt ponts, douze ports, un vaste égoût, huit jardins et grandes promenades. L'éclairage (on s'enorgueillissait alors de ce luxe prodigieux) se bornait à quatre mille réverbères. Le nombre des voitures privées et des voitures de louage s'élevait à quatorze mille. La sûreté de la ville avait pour garanties douze corps-de-garde et des troupes de police comprenant environ quinze cents hommes à pied ou à cheval; il y avait une compagnie de gardes-pompes répartis en seize postes différents.

D'après des données statistiques dont l'exactitude rigoureuse est loin d'être incontestable, mais qu'à cette époque tout le monde acceptait, les six cent mille habitants de

Paris consommaient, année commune, neuf cents muids de sel, douze mille huit cents muids de blé, soixante-dix-sept mille bœufs, douze mille veaux, cinq cent quarante mille moutons, trente-deux mille porcs, du poisson frais ou salé en quantité proportionnelle, et, en outre, pour les usages ordinaires de la vie, quarante-quatre mille muids de charbon, quatre cent mille voies de bois, trois mille cinq cents muids d'avoine, etc. Si l'on compare ces chiffres à ceux que fournissent les statistiques récentes, on pourra juger du développement inouï que la consommation de la capitale a dû prendre à mesure que se sont accrus les besoins et le nombre de ses habitants.

Le gouvernement de Paris était à la fois ecclésiastique, civil et militaire.

L'archevêque de Paris était alors le vénérable Le Clerc de Juigné, sacré évêque de Châlons-sur-Marne en 1664 et appelé en 1781 à l'administration du diocèse de Paris. Les revenus de l'archevêché s'élevaient à deux cent mille livres, et neuf fiefs, dans la seule ville de Paris, dépendaient de l'archevêque, savoir : le fief de la Trémouille, situé rue des Bourdonnais ; le Roule ; la Grange-Batelière, située à l'extrémité de la rue de Richelieu ; le fief ou l'arrière-fief des Rosiers ; le fief Outre-Petit-Pont ; le fief de Tirechape ; le fief Pepin ou Thibaud-aux-Dés ; le fief des Tombes et le fief de Poissy. Dans tous ces fiefs l'archevêque avait droit de justice et de voirie. La juridiction religieuse du prélat s'étendait sur les paroisses de la ville et de la banlieue ; mais plusieurs établissements importants, entre autres le Temple, la Sainte-Chapelle, les Quinze-Vingts et Saint-Symphorien (dans l'enclos de Saint-Germain-des-Prés), étaient exceptés de l'ordinaire.

Les officialités métropolitaine et diocésaine connaissaient en première instance ou en appel des causes d'administration ecclésiastique qui leur étaient nécessairement soumises; le bailliage de la duché-pairie de l'archevêché de Paris tenait ses audiences chaque lundi. Le bailliage de la barre du chapitre de Paris connaissait « de toutes les causes civiles, criminelles et de police, dans toute l'étendue du cloître et terrain, même dans l'intérieur de l'église, et aussi des droits seigneuriaux *dépendants de la censive de Messieurs*. » La juridiction du chantre comprenait les questions relatives aux écoles ecclésiastiques de la ville, de la cité. Un gouverneur et lieutenant général commandait à la ville, à la prévôté et à la vicomté de Paris; un autre seigneur du même rang était chargé des faubourgs et de la banlieue. Un bureau ecclésiastique percevait les revenus et taxes de mainmorte dépendants de l'archevêché. Il y avait une chambre souveraine du clergé de France, dans laquelle siégeaient trois ecclésiastiques « conseillers au parlement » et environ vingt conseillers-commissaires députés des diocèses. On voit que cette organisation s'écartait beaucoup de celle qui fonctionne aujourd'hui et dont les attributions sont si clairement définies.

Les princes, les seigneurs et les pairs de France exerçaient dans l'État une influence considérable, mais qu'aucune loi écrite n'avait limitée ni déterminée, et dont on ne saurait bien se rendre compte qu'en étudiant dans toutes ses phases l'histoire de la monarchie française. Il y avait six pairs princes du sang et six pairs ecclésiastiques, trente-huit pairs laïques, seize ducs non pairs, vérifiés au Parlement, et un nombre plus considérable encore de ducs à brevets d'honneur. Le duc de Brissac était gouverneur de l'Ile-de-France ; l'hôtel des Invalides, l'École militaire et la Bastille avaient leurs gouverneurs particuliers. Les conseils du roi comprenaient le conseil d'État, le conseil des Dépêches, le conseil des Finances et le conseil du Commerce. Il y avait, en outre, le conseil des Prises, présidé par le duc de Penthièvre, et je ne sais combien de bureaux chargés d'examiner et d'élucider les affaires contentieuses qui concernaient le commerce, les postes, le domaine, les différentes régies, les droits de péages, la reddition des comptes, les vivres des armées de terre et de mer, les actions de la Compagnie des Indes, le soulagement des aides, des gabelles, des grosses fermes, la législation des hypothèques, et enfin les affaires de chancellerie et de librairie.

Les ministères étaient moins embarrassés d'hommes et d'affaires qu'ils ne le sont de nos jours ; mais les inconvénients d'une centralisation excessive, qui se manifestent dans les temps modernes, étaient alors compensés et au delà par une longue série de retards, de conflits de pouvoirs, de confusion perpétuelle en matière de juridiction, et nous ne croyons pas que le pays ait beaucoup perdu à se délivrer de tant de rouages mal engrenés et mal définis pour adopter le mécanisme simple et rapide de l'administration actuelle. M. d'Aligre présidait le parlement de Paris ; M. de Nicolay, la chambre des Comptes ; M. de Barentin, la cour des Aides ; M. de Tanlay, la cour des Monnaies. Le siége général de la Table de Marbre comprenait trois juridictions, savoir : la Connétablie et Maréchaussée, l'Amirauté et les Eaux et Forêts. L'administration de la police était confiée à un conseiller d'État, lieutenant général; la juridiction de l'hôtel de ville était composée du prévôt des marchands, nommé par le roi, de quatre échevins et d'un procureur du roi assisté de ses substituts. Le commerce était protégé par une juridiction consulaire élective; la Bourse était tenue dans la cour de la Compagnie des Indes, rue Vivienne. Quant à l'Université de Paris, elle se composait des facultés de théologie, de droit, de médecine et des arts, et elle avait pour chef un recteur.

CHAPITRE IV.

Églises, chapelles, édifices religieux, fondations pieuses et charitables.

En dépit des progrès incessants de l'irréligion et de l'immoralité le gouvernement et le clergé ne s'étaient point entièrement abstenus de doter Paris (le Paris de Louis XV et de Louis XVI) d'églises nouvelles et de fondations pieuses. Nous allons mentionner les plus remarquables.

Lorsque le quartier de Paris qu'on appelle le Gros-Caillou fut devenu un bourg assez considérable, on sentit la nécessité d'y bâtir une succursale de Saint-Sulpice, qui était la paroisse de ce bourg. On s'occupa de ce projet dès 1652, mais des obstacles sans nombre vinrent successivement arrêter les travaux. Enfin, le 19 mars 1738, on posa la première pierre de cette église, qui fut bénite sous le titre de l'*Assomption de la sainte Vierge*, et nommée par les habitants *Notre-Dame-de-Bonne-Délivrance;* elle est cependant désignée dans les registres de l'archevêché sous le nom de *Saint-Pierre-du-Gros-Caillou, succursale de Saint-Sulpice.* Elle devint bientôt église paroissiale. En 1775 on la reconstruisit sur un plan plus vaste et sur les dessins de l'architecte Chalgrin; mais elle n'était pas entièrement terminée lorsque éclata la Révolution. Elle fut alors démolie. En 1822 on éleva sur le même emplacement et sous le même nom une nouvelle église qui est d'une belle simplicité. Ce monument est dû au talent de M. Godde, architecte.

Le village du Roule, avant d'être annexé à Paris, dont il forma un faubourg (1722), avait une église paroissiale construite sous Louis XIV. Cet édifice, étant devenu depuis trop petit, fut reconstruit, de 1769 à 1784, sur les dessins de Chalgrin, dans la forme des anciennes basiliques. Il est situé rue du Faubourg-du-Roule. Sa façade est élevée sur un perron de sept marches. Quatre colonnes doriques portent un entablement et un fronton orné d'un bas-relief de Duret, *la Religion et ses attributs*. A l'intérieur deux péristyles ioniques, chacun de six colonnes, séparent la nef des bas-côtés. L'on trouve à l'extrémité deux chapelles qui n'ont pas une profondeur suffisante ; l'une est dédiée à la Vierge et l'autre à saint Philippe. La voûte est en charpente et en maçonnerie peinte ou imitant la pierre. Saint-Philippe vient d'être embelli d'une manière remarquable ; on l'a aussi agrandi considérablement par l'adjonction d'un rond-point du côté de la rue de Courcelles et d'une chapelle des catéchismes, à gauche ; il est encore cependant beaucoup trop petit pour la population toujours croissante du quartier, et l'administration s'est préoccupée de cette situation en faisant élever aux abords du boulevard Malesherbes l'église monumentale de Saint-Augustin, dont la construction n'est point encore terminée.

En 1757, alors que Louis XV gouvernait encore la France, on entreprit d'élever une immense basilique sur l'emplacement de l'église Sainte-Geneviève devenue trop étroite pour les besoins religieux des plus anciens quartiers de la rive gauche. Cet édifice fut commencé d'après les plans de Soufflot ; mais les travaux, longtemps interrompus par la guerre, ne furent repris et entièrement terminés que peu d'années avant la Révolution. Le plan général de *l'église Sainte-Geneviève* est une croix grecque que forment quatre nefs aboutissant à un dôme central. L'ensemble a cent treize mètres de longueur sur quatre-vingt-quatre mètres cinquante centimètres de largeur, hors œuvre. La façade principale, remarquable par la richesse de ses détails, offre un perron élevé sur onze marches, avec un porche en péristyle imité du Panthéon de Rome. Ce porche est composé de vingt-deux colonnes corinthiennes cannelées, mesurant vingt-huit mètres de hauteur environ. Dix-huit se trouvent isolées; les autres sont engagées. Elles supportent un fronton dont le tympan est orné d'un bas-relief dû au ciseau de David d'Angers. On y voit la Patrie décernant ses récompenses, et, à ses pieds, l'Histoire burinant les noms célèbres, tandis que la Liberté leur tresse des couronnes. A droite sont les illustrations de l'ordre civil; à gauche les gloires militaires. Dans les angles figurent de jeunes aspirants qui se livrent à l'étude, avec l'espoir d'obtenir à leur tour la palme nationale.

A l'extérieur et au-dessus des combles des quatre nefs le dôme présente un soubassement carré appuyé sur quatre arcs-boutants dans lesquels sont pratiqués des escaliers découverts conduisant au dôme. Vient ensuite un second soubassement circulaire dont le pourtour est garni de trente-deux colonnes corinthiennes avec un entablement couronné d'une galerie découverte. Derrière ce péristyle le mur de la tour du dôme se trouve percé de douze grandes croisées; au-dessus est un attique éclairé par seize autres croisées en arcades. Sur un socle placé au-dessus de la corniche repose la grande voûte, formant la troisième coupole. Une lanterne circulaire décorée de huit colonnes et percée de six fenêtres à plein cintre forme l'amortissement du dôme. La hauteur totale du monument est de quatre-vingt-un mètres. Sa construction a coûté plus de vingt-six millions et soixante années au moins de travail. Depuis que cet édifice colossal est terminé, la surcharge du triple dôme a rendu nécessaires, à l'intérieur, de grands travaux de consolidation qui ont isolé et rendu presque indépendantes les unes des autres les branches de la croix grecque, ce qui a fait évanouir en partie l'aspect grandiose de l'ensemble.

Ce monument a eu jusqu'à nos jours de nombreuses vicissitudes. A peine l'avait-on terminé, en 1791, qu'un décret de l'Assemblée constituante le destina, sous le nom de *Panthéon,* à la sépulture des grands hommes. L'on grava sur sa frise l'inscription : *Aux grands hommes la patrie reconnaissante;* les ornements et bas-reliefs de l'intérieur et de l'extérieur furent enlevés et remplacés par des sujets relatifs aux vertus patriotiques. On y plaça les restes de Mirabeau, de Voltaire, de J.-J. Rousseau, etc. En 1793 le corps de Mirabeau en fut retiré pour faire place au cadavre de Marat; mais, après le 9 thermidor, la population de Paris, dans son indignation, courut l'enlever à son tour et le jeta dans l'égout de la rue Montmartre. En 1806 Napoléon ordonna que le Panthéon serait rendu au culte et reprendrait le nom de *Sainte-Geneviève.* Il lui conserva néanmoins la destination que lui avait donnée l'Assemblée constituante, et l'on y déposa les restes de plusieurs personnages remarquables de l'Empire. La Restauration fit exécuter des travaux importants de réparation à cet édifice. De magnifiques peintures de Gros, représentant l'apothéose de sainte Geneviève, ornèrent sa triple coupole. L'ancienne inscription fut remplacée par une nouvelle portant que le monument était consacré à la patronne de Paris. Les bas-reliefs du fronton, ceux du porche et des nefs firent place à d'autres ornements, et les restes de Soufflot reçurent la sépulture dans la chapelle basse.

La révolution de 1830, à son tour, fit disparaître le nom de sainte Geneviève, ainsi que le culte catholique, et rendit au monument son nom païen de Panthéon avec sa destination révolutionnaire. A l'extérieur elle l'entoura d'une grille entremêlee de piédestaux en pierre de Château-Landon, avec candélabres et pots à feu d'un style monumental; l'ancien fronton fut remplacé par celui qu'on y voit encore aujourd'hui. A l'intérieur on scella des tables de marbre noir portant en lettres d'or les noms des personnes tuées en juillet. L'un des premiers actes de l'empereur Napoléon III a été de restituer de nouveau à cette église son nom de Sainte-Geneviève et de l'affecter, une fois encore, à la célébration du culte. Le peuple de Paris, fort routinier, persiste à donner à cet édifice la dénomination de Panthéon.

Le *couvent des Capucins de la Chaussée d'Antin,* rue Sainte-Croix, fut établi en 1779 et achevé en 1782, ainsi que l'église, qui est extrêmement simple. Ce couvent, supprimé en 1790, fut converti en hospice, et en 1802 en *lycée*, auquel on donna le nom de *Bonaparte;* en 1814 il devint le *collége royal de Bourbon,* et de nos jours on lui a restitué sa dénomination impériale. L'église est consacrée à *saint Louis;* suivant la coutume de l'ordre séraphique, elle n'a qu'un bas-côté, et seulement une corniche d'ordre dorique avec des traits d'appareils sur les arcades. On y admire un tableau de Gassier, représentant saint Louis visitant des soldats malades de la peste. Un cippe de marbre noir, surmonté d'un vase cinéraire, y conserve le cœur du comte de Choiseul-Gouffier.

La *chapelle Beaujon*, située rue du Faubourg-du-Roule, fut construite vers 1780, sur les dessins de Girardin et aux frais de Nicolas Beaujon, receveur général des finances. Le portail est très-simple. Dans l'intérieur deux rangs de colonnes séparent la nef de deux galeries latérales. La voûte est décorée de caissons. A l'extrémité de la nef est une rotonde entourée de colonnes corinthiennes isolées.

L'autel, à la romaine, est placé au centre du sanctuaire, sur trois marches circulaires. Cet autel, en marbre blanc, a la forme d'un sarcophage porté par des consoles que soutiennent des griffes de lion en bronze. Une coupole décorée de caissons octogones, avec rosaces, couronne la rotonde, qui ne reçoit le jour que par l'ouverture formant lanterne au centre.

Cette chapelle est dédiée sous le vocable de Saint-Nicolas.

La période dont nous parlons vit s'établir quelques nouvelles communautés religieuses.

Les *Filles de Sainte-Marthe* furent instituées en 1717 et établies deux ans après rue de la Muette, quartier Popincourt, pour enseigner à lire, à écrire et à travailler aux jeunes filles du faubourg. Cette communauté, supprimée en 1790, a été remplacée dans la suite par des Sœurs de Saint-François et de Sainte-Claire, qui desservent divers hôpitaux de Paris.

Les *Filles de Saint-Michel* ou *de Notre-Dame de la Charité*, furent fondées, en 1724, par le cardinal de Noailles, archevêque de Paris, et établies rue des Postes. Dans cette communauté logeaient les filles pénitentes qui s'y présentaient de gré ou qu'on y introduisait par ordre supérieur. Cette maison fut supprimée en 1790 et a été vendue. Les religieuses qui restent de cette institution se sont logées rue Saint-Jacques.

Les *Filles de l'Enfant Jésus*, instituées en 1732 rue de Sèvres, au delà du boulevard, recevaient de pauvres filles ou femmes malades. En 1751 on changea la destination de cette maison, et on y plaça trente jeunes filles nobles et pauvres qui y recevaient une éducation semblable à celle de Saint-Cyr. On construisit alors cependant des bâtiments qui furent destinés aux filles et aux femmes pauvres auxquelles on procura du travail. En 1800 cette maison fut réservée pour *l'hôpital des Enfants*.

L'hospice Beaujon, situé rue du Faubourg-du-Roule, fut construit par le financier Beaujon, en 1784, sur les dessins de Girardin. Le fondateur l'avait destiné à l'entretien de vingt-quatre orphelins des deux sexes, et l'avait doté, en conséquence, de 20,000 livres de rente ; six places y étaient réservées à des enfants dans lesquels on remarquait des dispositions pour le dessin. En 1795 la Convention l'affecta au traitement des malades et l'appela *hôpital du Roule*. Il a conservé depuis cette destination; mais le conseil général des hospices, par respect pour la mémoire du fondateur, lui a rendu le nom d'*hôpital Beaujon*. Depuis 1813 il est desservi par les Sœurs de Sainte-Marthe. Il contient cent cinquante lits, dont trente pour les blessés des deux sexes et le reste pour les autres malades. Cet hôpital est remarquable par sa belle situation et par la propreté qui y règne.

L'*école des Sourds-Muets*, située rue du Faubourg-Saint-Jacques, fut fondée par l'abbé de l'Épée. Sans appui et sans autres ressources qu'un patrimoine borné, cet homme remarquable parvint à créer, à force de constance et de soins, une des institutions qui honorent le plus la France et même l'humanité. En 1778 le gouvernement commença à s'occuper de l'école des Sourds-Muets; il la dota d'une gratification annuelle de 3,400 francs en 1785. L'abbé de l'Épée mourut en 1790 et fut remplacé par son élève, l'abbé Sicard. L'année suivante l'Assemblée constituante assura une rente de 12,700 francs à cette institution, et la fit transférer du couvent des Célestins, où elle se trouvait placée, au séminaire de Saint-Magloire, dans le faubourg Saint-Jacques. L'abbé Sicard est mort en 1822. Ses successeurs ont fait prospérer de plus en plus ce bel établissement; il compte aujourd'hui cent quatre-vingts élèves, dont cent dix garçons et soixante-dix filles. On y enseigne la lecture, l'écriture, le calcul, et l'on donne des connaissances plus élevées aux enfants dont l'intelligence se prête à une instruction supérieure. Chaque élève y apprend un des métiers suivants : tailleur, cordonnier, menuisier, tourneur et relieur. Les bâtiments de l'école, élevés en 1823 sur les dessins de M. Peyre, sont spacieux et bien distribués.

Il n'existait point, en France ni à l'étranger, d'établissement pour les jeunes aveugles, lorsque l'abbé Valentin Haüy, frère du minéralogiste de ce nom, voulut tenter pour les aveugles de naissance ce que l'abbé de l'Épée avait fait pour les sourds-muets. Il s'offrit à la *Société philanthropique* pour enseigner gratuitement les aveugles-nés dont cette société prenait soin. Son procédé n'était pas nouveau, mais il l'avait perfectionné. La société lui confia, en 1784, douze enfants privés de la vue, qui furent placés à ses frais dans une maison de la rue Notre-Dame-des-Victoires. Cette expérience réussit, et en 1785 l'école des Jeunes Aveugles fut distraite de la Société philanthropique. Les élèves apprenaient la lecture, l'écriture, le calcul, la musique, la géographie, l'art de composer à la casse et d'imprimer; ils enseignaient aussi à lire à des enfants non privés de la vue.

Malgré ses succès évidents l'institution de l'abbé Haüy ne fut encouragée que par l'Assemblée constituante, qui la réunit d'abord à celle des sourds-muets aux Célestins, et la transféra ensuite au couvent de Sainte-Catherine, rue des Lombards, puis la réunit à l'hôpital des Quinze-Vingts. Quoique entretenu aux frais de l'État, cet établissement n'était point en grande prospérité, lorsque, par ordonnance du 8 février 1815, il fut séparé de l'hôpital et installé dans les bâtiments de l'ancien collége des Bons-Enfants ou séminaire Saint-Firmin. De nos jours l'*école des Jeunes Aveugles* a été transférée dans un vaste édifice construit depuis 1830 et situé à l'entrée du boulevard des Invalides. C'est l'un des établissements de Paris qui honore davantage la charité administrative.

L'*hospice Necker*, situé rue de Sèvres, non loin de l'école des Jeunes Aveugles, fut fondé par madame Necker, femme du contrôleur général des finances, en 1778, sur l'emplacement de l'ancien couvent des Bénédictines de Notre-Dame-de-Liesse, instituées en 1626. Cet établissement contient cent trente-six lits. Le portrait de la fondatrice se voit dans la salle de réception.

L'hôpital Necker est desservi par les Sœurs de la Charité. Pendant la Révolution il porta le nom d'*hospice de l'Ouest;* avant cette époque il avait celui d'*hospice de Saint-Sulpice et du Gros-Caillou.*

Mentionnons encore quelques établissements du même genre dont la fondation remonte au règne de Louis XVI.

L'*hospice Cochin*, rue du Faubourg-Saint-Jacques. Cet établissement, qui porta d'abord le nom d'*hospice de Saint-Jacques-du-Haut-Pas*, fut fondé en 1780 par le vénérable M. Cochin, curé de l'église Saint-Jacques-du-Haut-Pas, né à Paris en 1726, mort en 1783. Les bâtiments furent élevés sur les plans de l'architecte Oieil. Le conseil des hospices a donné à cet établissement le nom de son fondateur, dont il a fait placer le buste en marbre dans la salle principale. Les malades et les blessés sont reçus comme à l'Hôtel-Dieu dans cet hôpital, qui compte aujourd'hui cent trente lits. Il est desservi par les Sœurs de Sainte-Marthe.

L'*hôpital des Vénériens*, situé rue des Capucins. Les Capucins du faubourg Saint-Jacques ayant été transférés rue Neuve-Sainte-Croix, en 1782, leur couvent fut destiné à servir d'hospice aux vénériens. Les bâtiments, qui ont été réparés, furent bien disposés pour leur nouvelle destination. Cet hôpital, qui renferme six cent cinquante lits, reçoit près de trois mille malades par an, hommes et femmes.

La *maison de Retraite ou de Santé*, aujourd'hui *hospice*

de La Rochefoucauld, est située près de l'ancienne barrière d'Enfer. Cette maison fut fondée en 1781 par les religieux de la Charité pour six militaires et six prêtres indigents et malades. Les bâtiments furent élevés sur les dessins de l'architecte Antoine. Cet hospice, d'abord nommé *maison royale de Santé*, fut destiné pendant la Révolution aux malades de Bourg-la-Reine et des villages voisins, et reçut le nom d'*Hospice national*. En 1796 il fut affecté aux indigents de l'un et de l'autre sexe attaqués d'infirmités incurables. Cette maison, qui porte aujourd'hui le nom d'*hospice de La Rochefoucauld*, a été convertie, en 1802, en un asile pour les employés des hospices et des personnes infirmes âgés de plus de soixante ans, payant une pension ou traitant à forfait de leur admission au moyen d'une somme calculée sur la durée moyenne de la vie.

Hospice de Saint-Merri, situé près du cloître Saint-Merri. Il fut fondé en 1783 par M. Viennet, curé de cette paroisse. Il n'y eut d'abord que quatre lits; maintenant il en existe douze, six pour les hommes et six pour les femmes. Les malades y sont soignés par les Sœurs de la Charité.

Le *Mont-de-Piété*, situé rue des Blancs-Manteaux et rue de Paradis, fut fondé, en faveur de l'Hôpital général, en 1777, à l'instar des monts-de-piété d'Italie, dans le but de prêter sur gage à un intérêt modéré. Une loi du 16 vendémiaire an V avait donné aux hospices de Paris la propriété du Mont-de-Piété; un décret impérial de 1804 décida qu'il serait confié, sous l'autorité du ministre de l'intérieur et celle du préfet de la Seine, à un conseil d'administration. Depuis 1830 le droit prélevé sur les sommes prêtées est de 9 p. 100. Ce taux ne pourrait être abaissé ; car l'administration du Mont-de-Piété, ne possédant rien en propre et ne recevant aucune subvention, est obligée d'emprunter elle-même l'argent nécessaire à son service. Les bénéfices annuels ne s'élèvent environ qu'à 100,000 fr. Cette somme est attribuée aux hospices et aux bureaux de bienfaisance. Les vastes magasins de cet établissement reçoivent chaque année plus d'un million de nantissements, lesquels absorbent une somme de plus de 18 millions de prêts, et ils sont tellement divisés que les trois quarts ne s'élèvent point, par article, au delà de 3 à 12 fr. Le nombre des engagements est d'environ quatre mille par jour. Les dégagements sont plus nombreux les veilles de fêtes. L'emprunteur conserve pendant treize mois la faculté de dégager les objets qu'il a déposés ; après ce temps ces objets sont vendus aux enchères publiques, et le *boni*, s'il y en a, est mis en réserve pour être compté à l'ancien propriétaire.

Le bureau des Nourrices, situé de nos jours rue Sainte-Apolline, existait déjà au treizième siècle sous le nom de *Recommanderesses*. C'est là que se rendent les nourrices, qui n'y sont reçues que sur les attestations des autorités locales.

En 1785 le lieutenant de polic Le Noir se rendit à cet établissement et y décerna un prix à la meilleure nourrice. Ce prix consistait en une médaille d'or portant d'un côté l'effigie de la reine et de l'autre cette inscription : *A la bonne nourrice*, et en un gobelet d'argent sur lequel était gravé l'historique de ce prix.

Cet établissement est sous la surveillance de l'administration générale des hospices, qui entretient une correspondance très-active avec les gens de l'art. Ceux-ci, moyennant de très-modiques honoraires, visitent les nourrices et les enfants qui leur ont été confiés et en rendent compte à l'administration.

La *Société philanthropique* fut fondée, en 1780, par quelques personnes charitables, concourant au soulagement des indigents par une contribution annuelle de 30 francs. Elle tenait ses séances dans une des salles du couvent des Grands-Augustins et ne se composait d'abord que de sept personnes. Jusqu'en 1783 elle ne put soulager que douze ouvriers octogénaires; mais bientôt ses membres s'augmentèrent de telle sorte que, dès 1787, elle parvint à soulager par ses secours plus de mille pauvres. Elle portait principalement sa sollicitude sur les ouvriers vieux ou infirmes, les mères de famille, les veufs et les veuves chargés de six enfants, et même sur les enfants aveugles pour lesquels Haüy avait fondé un établissement. Les orages de la Révolution n'ont porté aucune atteinte à cette utile institution, dont l'administration est toujours en pleine activité et dont les séances se tiennent à l'hôtel de ville.

L'*Hôpital militaire*, établi dans le quartier du Gros-Caillou, fut fondé en 1765 par le duc de Biron, pour les Gardes françaises. C'est un vaste hôpital, commode, bien aéré, et qui renferme une fort jolie chapelle. Il est affecté aux besoins de la garnison de Paris.

CHAPITRE V.

Palais. — Édifices publics. — Monuments civils. — Institutions spéciales. — Théâtres. — Lieux de plaisir. — Améliorations topographiques. — Rues et Ponts.

L'un des principaux établissements qui datent du règne de Louis XV est l'*École militaire*, située à l'extrémité méridionale du Champ de Mars, entre les avenues de Lowendal, de la Bourdonnais et de Suffren. Ce vaste édifice fut fondé, en 1751, pour recevoir cinq cents jeunes gentilshommes sans fortune, avec un certain nombre de pensionnaires nobles, professant la religion catholique; on devait leur donner l'instruction nécessaire à des officiers. La construction de ce vaste bâtiment, commencée en 1752 sur les dessins de Gabriel, ne fut terminée qu'en 1770. L'emplacement qu'il occupe forme un parallélogramme de 440 mètres de long sur 260 mètres de large. Le caractère principal de son architecture est une ordonnance dorique surmontée d'une ordonnance ionique, avec un avant-corps formé de colonnes corinthiennes sur lesquelles s'appuient un fronton et un attique. Son ensemble offre un aspect grandiose; disons, toutefois, que les lignes architecturales qui le dessinent ont été admirablement servies par l'arène olympique du Champ de Mars et les vastes espaces qui l'entourent de toutes parts. La façade principale est du côté de la ville; elle laisse voir deux cours entourées de bâtiments et fermées par une grille. Au milieu de la cour royale était la statue de Louis XV, sculptée par Lemoine ; elle a disparu. L'intérieur de l'édifice ne compte pas moins de quinze cours ou jardins. La chapelle renfermait autrefois onze tableaux représentant la vie de saint Louis.

L'École militaire fut supprimée en 1788, et l'on destina l'édifice à devenir un hôpital ; pendant la Révolution on le transforma en caserne de cavalerie. Napoléon y établit son quartier général, et fit inscrire sur la frise de la façade du Champ de Mars les mots *Quartier Napoléon*, dont on voit encore les traces. Depuis 1815 jusqu'à 1830 l'École militaire fut occupée par la garde royale. Elle sert aujourd'hui de caserne à différents corps de la garnison de Paris et peut contenir sept mille hommes avec un parc d'artillerie.

L'esplanade des Invalides a été construite sous Louis XV. En 1804 on y éleva une fontaine, qui était surmontée du lion de Saint-Marc enlevé à Venise. Cette fontaine, dépouillée depuis 1815 de ce trophée de nos victoires, a été détruite en 1840.

Les rues de l'Université, Saint-Dominique et de Grenelle, au delà de l'esplanade des Invalides, traversent un quartier pauvre et populeux qui ne présente rien de remarquable ; c'est le *Gros-Caillou*. Au delà de ce quartier est le *Champ de Mars*.

Ce champ n'était, en 1770, qu'un terrain cultivé, dans lequel on traça un parallélogramme de mille mètres de long sur cinq cents de large pour les exercices de l'École militaire.

Le Champ de Mars fut d'abord destiné aux exercices des élèves de l'École militaire et aux revues des Gardes françaises et suisses. Lors de la fédération du 14 juillet

1790 on y éleva de vastes loges pour la famille royale et les membres de l'Assemblée nationale. Un autel était placé au milieu du champ, afin que tous les Parisiens fussent témoins du serment qui devait s'y prêter; on conçut, huit jours avant la solennité, le projet d'entourer cette plaine de gradins ou de tertres, pour y placer les spectateurs. On vit plus de soixante mille citoyens de toutes les classes de la société, des ducs et pairs, des évêques, des abbés, des gentilshommes, des bourgeois, les membres des sections, des femmes de la plus haute distinction, se disputer l'honneur de travailler et de traîner les brouettes. Le Champ de Mars fut prêt au jour fixé (1).

L'*hôtel des Monnaies*, situé quai Conti. Sous la deuxième race, et sans doute sous la première, on battait monnaie à Paris, probablement dans le palais de la Cité. Au treizième siècle cette fabrication avait lieu dans la rue de la Vieille-Monnaie; mais vers la fin de ce siècle on la transporta rue de la Monnaie. Sur l'emplacement de ce dernier hôtel ont été ouvertes, en 1778, les rues *Étienne* et *Boucher*, noms de deux échevins alors en fonctions.

Sous Louis XV on conçut le projet de bâtir un nouvel hôtel des Monnaies, sur la place qui portait le nom de ce roi; mais on préféra l'emplacement de l'hôtel de Conti, dont, en 1768, on commença la démolition. En 1771 l'abbé Terrai en posa la première pierre au nom du roi. Ce bâtiment, élevé sur les dessins de J.-D. Antoine, pré-

---

(1) Dans ces dernières années les talus et les fossés du Champ de Mars ont cessé d'exister, et ce vaste espace n'est séparé des quartiers voisins que par des avenues plantées.

sente, du côté de la rivière, une façade principale longue de trente mètres, percée de trois rangs de croisées. Au centre est un avant-corps dont l'étage inférieur, percé de cinq arcades, sert d'entrée, et devient le soubassement d'une ordonnance ionique composée de six colonnes. Cette ordonnance supporte un entablement à console et un attique orné de festons et des statues de la Paix, du Commerce, de la Prudence, de la Loi, de la Force et de l'Abondance.

Dans le vestibule sont vingt-quatre colonnes doriques cannelées; à droite est un bel escalier orné de seize colonnes doriques.

Cet édifice se compose de huit cours entourées de bâtiments. Les salles sont fort nombreuses. On y trouve un *cabinet de minéralogie* qui occupe, au premier étage, le pavillon du milieu de la façade. Ce cabinet, formé par Balthazar Sage, est décoré de vingt colonnes de stuc imitant le marbre jaune antique. Des armoires vitrées renferment les minéraux les plus précieux. Au milieu de ce cabinet est un amphithéâtre où se fait tous les ans un cours de chimie. Le *cabinet des Médailles*, qui était au Louvre, a été transporté, en 1809, dans un bâtiment de la Monnaie donnant sur la rue Guénégaud.

Le dépôt des meubles et bijoux de la couronne était anciennement placé près du Louvre, à l'hôtel du *Petit Bourbon*. Lorsque cet édifice fut démoli, en 1758, le garde-meuble fut successivement transféré à l'hôtel Conti, à l'hôtel d'Évreux, qui avait appartenu au marquis de Marigni, frère de la marquise de Pompadour, et enfin, vers 1770, dans un des beaux édifices qui décorent la partie septentrionale de la place de la Concorde et qui étaient connus sous le nom de *Colonnade des Tuileries*. Ces belles constructions, séparées par la rue Royale, datent de la même époque que la place; elles ont été élevées sur les plans de l'architecte Gabriel. On entrait dans le Garde-Meuble par l'arcade du milieu de la façade; un escalier orné de bustes, de termes et de statues antiques, conduisait dans plusieurs salles où le public était admis le premier mardi de chaque mois, depuis la *Quasimodo* jusqu'à la *Saint-Martin*. Le Garde-Meuble était divisé en plusieurs parties. La première salle était consacrée aux armes tant étrangères que françaises, au milieu desquelles se trouvaient deux petits canons d'argent damasquinés, offerts en 1684 à Louis XIV par les ambassadeurs du roi de Siam. La salle suivante contenait une immense quantité de tapisseries curieuses, exécutées par les plus habiles ouvriers de l'Europe, et principalement par ceux de Flandre, des Gobelins et de la Savonnerie. Dans les armoires de la troisième salle on voyait une immense quantité d'objets précieux, tels que vases, coupes, hanaps, etc., et de présents envoyés aux rois de France par des princes étrangers. L'une des armoires renfermait la *chapelle d'or du cardinal de Richelieu*, dont toutes les pièces étaient d'or massif, garnies de diamants. Enfin une grande commode contenait les diamants de la couronne, dont le nombre s'élevait à près de huit mille, suivant un inventaire fait en 1774.

La veille du 14 juillet 1789 le Garde-Meuble fut envahi par le peuple; on y enleva les vieilles armures et les deux canons d'argent du roi de Siam, qui servirent à la prise de la Bastille. Un vol considérable y fut commis le

17 septembre 1792. Presque tous les diamants, au nombre desquels se trouvaient *le Régent* et *le Sanci*, furent volés nuitamment par une bande de malfaiteurs, dont deux furent découverts au moment où ils s'échappaient.

Sous l'Empire les bijoux et les meubles de la couronne furent transportés du Garde-Meuble de la place de la Concorde dans l'ancien hôtel du duc d'Abrantès, rue des Champs-Élysées. Le bâtiment que ce mobilier avait occupé jusqu'alors fut dès lors affecté au ministère de la marine et des colonies, qui s'y trouve encore installé. L'édifice qui fait le pendant du précédent, et qui appartient à M. de Crillon, lui est entièrement conforme. En 1794 on avait formé le projet de réunir les deux colonnades par un arc de triomphe, mais ce dessin ne reçut jamais d'exécution.

Le *palais de l'Elysée*, dont la construction date de ce règne, porta dans l'origine le nom d'hôtel d'Évreux. Madame de Pompadour l'acheta, l'agrandit et l'habita à peine pendant quelques jours. Louis XV en fit le garde-meuble de la couronne jusqu'en 1773, où il fut vendu au financier Beaujon, qui y prodigua les ameublements, les tableaux, les bronzes, les marbres. En 1786 il fut acheté par la duchesse de Bourbon, dont il prit le nom. Devenu propriété nationale, il fut loué à des entrepreneurs de fêtes publiques, qui lui donnèrent le nom d'Élysée; ses appartements furent alors transformés en salles de bal et de jeu. En 1803 il fut vendu à Murat, qui le céda à Napoléon en 1808. L'empereur aimait cette habitation, dont l'architecture est aussi simple qu'élégante et dont les jardins sont magnifiques; il s'y retira après le désastre de Waterloo; c'est là qu'il signa sa deuxième abdication, c'est de là qu'il partit pour Sainte-Hélène. A la deuxième Restauration l'empereur de Russie en fit sa résidence; puis il fut donné au duc de Berry. En 1830 il fut compris dans les domaines de la liste civile. La Constitution de 1848 l'assigna pour résidence au président de la République, et c'est là en effet qu'habita le prince Louis-Napoléon Bonaparte jusqu'à son élection au trône; depuis cette époque on l'a restauré et agrandi.

Le *Palais-Bourbon*, situé rue de l'Université, fut construit en 1722 par Louise-Françoise, duchesse douairière de Bourbon. L'architecte italien Giardini le commença et Jacques Gabriel le termina. Le prince de Condé, ayant hérité de ce palais, y fit exécuter, de 1765 à 1777, des travaux immenses qui absorbèrent la somme énorme de 16,361,246 livres. L'architecte du roi, Claude Billiard, dit Bélisart, les dirigea. En 1790 le Palais-Bourbon fut déclaré propriété nationale. On y plaça d'abord l'administration des charrois militaires. Plus tard, un décret ayant ordonné que le conseil des Cinq-Cents y tiendrait ses séances, les architectes de Gisors et Lecomte l'approprièrent à cette destination, et, depuis cette époque, il n'a pas cessé d'être un monument politique. En 1807 Napoléon y plaça le Corps législatif. Ce fut alors que Boyet éleva sur le quai la colonnade qu'on y voit. Sur le fronton Chaudet sculpta la figure de l'empereur présentant à la députation du Corps législatif les drapeaux enlevés à Austerlitz. Ce fronton disparut sous la Restauration et fit place à la figure allégorique de la Charte, ayant à ses côtés la France et la Justice, et protégeant les Arts, les Sciences et l'Industrie.

En 1814 une loi rendit le Palais-Bourbon au prince de Condé; mais le payement annuel d'un loyer de 124,000 fr. permit à la chambre des Députés, qui s'y était établie, d'y maintenir le siége de ses séances. Enfin, le 23 juillet 1827, l'État fit l'acquisition de ce palais, moyennant la somme de 5,500,000 francs. L'ancienne salle des Cinq-Cents menaçant ruine, une salle provisoire fut bâtie dans le jardin, en 1828, par M. Jules de Joly; l'on travailla à la reconstruction de l'ancienne, mais les députés ne purent l'occuper qu'en 1832.

Le palais du Corps législatif présente extérieurement, du côté de la place, un portique monumental soutenu par des colonnes d'ordre corinthien qui forment la galerie par laquelle on arrive à la cour principale. Aux extrémités de ces portiques sont des pavillons composés de deux étages sur rez-de-chaussée, et d'un troisième étage en attique commandant l'ensemble des bâtiments. Le frontispice de la place a fourni le modèle du portique qui se trouve du côté du quai. Ce portique se compose de douze colonnes corinthiennes, au bas desquelles s'échelonne un perron de vingt-cinq marches. Le motif se dessine en avant-corps sur la façade. D'un aspect assez élevé quand on est placé au pied des degrés, il paraît bas et écrasé lorsqu'on le voit du côté de la place de la Concorde. Les statues de *Minerve*, par Roland, et de *Thémis*, par Houdon, surmontent les piédestaux du perron. Ceux qui se trouvent en avant supportent les statues assises de *Sully*, par Beauvallet; de *d'Aguesseau*, par Foucou; de *Colbert*, par Dumond, et de *L'Hôpital*, par Descène. Le fronton est de Cortot; il représente *la France*, debout sur les marches d'un trône, *conviant toutes les illustrations à lui fournir leur concours pour la confection des lois.* Les bas-reliefs des arrière-corps retracent *les Arts*, par Rudde, et *l'Instruction publique*, par Pradier. La nouvelle façade de la grande entrée s'élève au fond de la cour d'honneur, et se compose d'un péristyle de quatre colonnes d'ordre corinthien imité du temple de Jupiter Stator. Ce péristyle sert d'entrée principale à la salle d'honneur, dont il embrasse toute la largeur. Des galeries en arcades et à jour le relient de chaque côté aux anciens bâtiments. La salle des séances, de forme demi-circulaire, a 32 m. 50 c. de diamètre sur 14 m. 62 c. de hauteur. Cinq cents places, échelonnées sur deux rangs, y sont destinées aux députés; le même nombre se trouve dans les deux rangs des tribunes, soit réservées, soit publiques. Le centre de la voûte est percé d'une lanterne semi-circulaire qui projette une lumière égale et tranquille sur tous les points de l'enceinte. Vingt colonnes de marbre blanc de Carrare, d'ordre ionique, avec chapiteaux et bases en bronze doré, décorent l'hémicycle. Elles sont posées sur des piédestaux en marbre sérancolin formant saillie, sur un soubassement de 3 mètres de hauteur. La partie rectangulaire, au centre de laquelle sont placés les bureaux du président et des secrétaires, présente trois grandes divisions séparées par deux ajustements composés l'un et l'autre de deux colonnes d'ordre ionique. Au-dessus de ces colonnes se font remarquer les figures allégoriques de *la Force*, de *la Justice*, de *la Sagesse* et de *l'Éloquence*. Les statues de *la Liberté* et de *l'Ordre public*, exécutées en marbre par Pradier, sont placées dans des niches. L'on voit la même richesse et la même magnificence dans toutes les autres parties qui composent ce beau palais, soit à l'intérieur, soit à l'extérieur.

Après la révolution de février 1848, la salle des séances se trouvant trop petite pour contenir les neuf cents représentants qui formaient l'Assemblée constituante, on en construisit une provisoire dans la cour d'honneur ; elle a été démolie en 1853. Le président du Corps législatif habite la partie du palais occupée autrefois par le prince de Condé (1).

Nos lecteurs nous sauront gré d'énumérer quelques fondations utiles qui datent du dix-huitième siècle.

L'*académie de Chirurgie* fut établie en 1631 et confirmée en 1748. Elle se composait de soixante académiciens et d'un certain nombre d'associés. Quatorze professeurs y enseignaient la science chirurgicale. Elle tint d'abord ses séances rue de l'École-de-Médecine et fut ensuite transférée dans le nouveau bâtiment des écoles de chirurgie, où elle se maintint jusqu'à la Révolution.

L'*école gratuite de Dessin*, fondée en 1766 par le peintre Bachelier et placée rue de l'École-de-Médecine, dans l'emplacement qu'avait occupé l'Académie de Chirurgie; on y enseigne gratuitement l'architecture et l'ornement. Il existe une autre école impériale et gratuite de dessin pour les jeunes personnes ; elle est actuellement située rue Dupuytren.

L'*école de Droit* se trouvait située, durant le moyen âge, rue Saint-Jean-de-Beauvais; elle fut établie, dit-on, en 1384, par Gilbert et Philippe Ponce, dans la maison de cette rue où depuis a logé l'imprimeur Robert Etienne. On n'y enseignait que le droit ecclésiastique; le droit

---

(1) M. A.-J. Meindre.

civil était prohibé à Paris. En 1679 Louis XIV ordonna l'établissement de la chaire de droit romain.

Le bâtiment de la rue Saint-Jean-de-Beauvais étant devenu insuffisant, on construisit, de 1771 à 1783, sur les dessins de Soufflot, l'édifice qui sert encore aujourd'hui à l'étude du droit et qui est situé sur la place du Panthéon ; on avait alors le dessein d'élever, en face de cet édifice, un autre bâtiment semblable qu'on aurait destiné aux écoles de médecine. On a repris le projet de ce bâtiment, qui, terminé de nos jours, a été affecté à la mairie du cinquième arrondissement.

Avant la Révolution la faculté de droit se composait de six professeurs en droit civil et canon, d'un professeur en droit français et de douze agrégés. Après 1792 les cours furent suspendus. Deux écoles particulières s'établirent rue Vendôme et rue de la Harpe, la première sous le nom d'*académie de Législation*, la deuxième sous le titre d'*université de Jurisprudence*.

Un décret de 1804 réorganisa l'école de Droit.

En 1747 le gouvernement institua l'*école des Ponts et Chaussées*, dont l'existence fut longtemps précaire, et qui, de nos jours, est devenue l'un des établissements les plus utiles dont s'honore la France. En 1783 on établit, rue de l'Université, l'*école des Mines*, dont le cardinal de Fleury avait projeté la fondation. A une époque plus récente ce remarquable établissement a été transféré rue d'Enfer, où il existe encore, et nous aurons de nouveau à le mentionner.

Le 14 décembre 1774 Louis XVI posa la première pierre d'un vaste édifice destiné à l'enseignement de la médecine et de la chirurgie. L'*école de Médecine* fut élevée sur les dessins de l'architecte Gondouin, sur l'emplacement de l'ancien collége de Bourgogne. La façade a soixante-six mètres de longueur; elle est décorée d'un péristyle d'ordre ionique à quatre rangs de colonnes, surmonté d'un étage. Au-dessus de la porte d'entrée est un bas-relief par Berruer; il représente le roi, accompagné de la Sagesse et de la Bienfaisance, accordant des grâces et des priviléges à la Chirurgie. Le Génie des arts présente au prince le plan des écoles; le reste du bas-relief est rempli de malades au lit, au-dessous. La décoration de la cour est répétée aux extrémités de la façade, mais les arcades sont retranchées dans la largeur de la cour, pour en laisser voir le fond à travers quatre rangs de colonnes. Cette disposition, qui met le péristyle à couvert, sert aussi à étendre le coup d'œil de la cour, à laquelle la petitesse de l'emplacement empêchait de donner une plus grande profondeur. Le même ordre ionique règne au pourtour de la cour et sert d'imposte à un ordre corinthien qui forme le frontispice de l'amphithéâtre. Le fronton de ce frontispice, dont le sujet est l'union de la Théorie et de la Pratique, est également sculpté par Berruer; on a placé au-dessous, dans les entre-colonnements, les portraits en médaillons de cinq chirurgiens célèbres (Jean Pitard, Ambroise Paré, George Maréchal, François de la Peyronnie et Jean-Louis Petit).

L'amphithéâtre, qui peut contenir environ douze cents auditeurs, est parfaitement construit. On y remarque trois belles fresques de Gibelin. L'aile droite du bâtiment est occupée par le doyen de la Faculté et par les bureaux de l'administration; elle contient aussi plusieurs salles, entre autres celle du conseil, ornée des portraits et des bustes de plusieurs professeurs de l'ancienne et de la nouvelle Faculté; on y remarque ceux de Fourcroy, de Cabanis, de Sabatier, de Pinel, de Corvisart, etc., ainsi qu'un beau tableau de Girodet qui représente *Hippocrate refusant les présents d'Artaxerce*. L'aile gauche est affectée au laboratoire et à l'amphithéâtre de chimie, ainsi qu'à la bibliothèque. Cette bibliothèque est fort belle, on y trouve plus de trente mille volumes. Parmi les manuscrits on remarque les archives de la Société impériale de Médecine, de l'académie et de l'école de Chirurgie, et la collection des commentaires écrits par les doyens de l'ancienne Faculté; commencés en 1324, ils finissent en 1786. La façade de l'école et une partie de l'aile droite sont occupées par le Muséum et par le cabinet de physique. Ce muséum anatomique, divisé en cinq galeries, est l'un des plus beaux de l'Europe.

L'*école de Chant et de Déclamation*, rue Bergère, fut établie, en 1784, par le baron de Breteuil; Gossec en fut le premier directeur. On enseigne dans cet établissement la musique instrumentale, l'harmonie, la composition et la déclamation. Napoléon lui donna le titre de *Conservatoire de Musique*, qu'il possède encore. On peut citer parmi les professeurs Méhul, Chérubini, Rode, Kreutzer, Baillot, Pradher, Lesueur, Garat, Berton, Halévy, Reichal, etc. Le Conservatoire a formé, surtout pour la partie instrumentale, un grand nombre de sujets distingués.

L'*école de Natation* fut établie à la pointe de l'île Saint-Louis, en 1785, par Turquin, fondateur des bains chinois. Dans la suite une autre école de ce genre fut placée au bas du quai d'Orsay. On en compte aujourd'hui quatre ou cinq nouvelles, dont les principales sont celles du Pont-Neuf et du Pont-Royal.

La *Société d'Émulation* fut établie en 1776 pour l'encouragement des inventions utiles ; elle tint ses séances dans divers lieux, et en définitive dans l'hôtel de Soubise. Cette société, qui distribuait des prix, ne put se soutenir longtemps, à cause de la pénurie de ses finances ; elle est remplacée aujourd'hui par la *Société d'Encouragement pour l'industrie nationale*.

Le *Musée de Paris* était une association de savants et de littérateurs, instituée en 1780. Il s'établit, en 1786, dans le couvent des Cordeliers, mais ne tarda pas à se fermer.

Le *Musée de Pilâtre des Rosiers*, rue de Valois, tint sa première séance en 1781. L'objet de cette société était le perfectionnement des sciences et arts relatifs au commerce. On y faisait des cours sur diverses parties des sciences ; il s'y trouvait un cabinet de physique. A la mort de l'aéronaute Pilâtre des Rosiers (1785), les sociétaires réorganisèrent le musée, lui donnèrent le nom de *Lycée*, et, en 1803, celui d'*Athénée*, qu'il porte encore. Les savants les plus distingués, Cuvier, La Harpe, Fourcroy, Ginguené, y ont professé tout à tour. Cette société existe toujours. Une autre association de ce genre se forma en 1820 dans la rue Neuve-Saint-Augustin et a pris le nom de *Société royale des bonnes Lettres*.

La *Société royale de Médecine* fut instituée, en 1776, sous le nom de *Société pour l'Épizootie*, et tint ses premières séances dans la grand'salle du Collége royal, puis dans une des salles du Louvre,

La *Société royale d'Agriculture* tenait ses séances à l'hôtel de ville. Autorisée par arrêt du conseil d'État du roi, en 1761, elle se divisait en quatre bureaux pour la généralité de Paris : les bureaux de Meaux, de Beauvais, de Sens et de Paris. Ce dernier se composait de dix-sept membres, d'un secrétaire perpétuel et de nombreux associés ou correspondants. Quelques années après sa fondation la Société d'Agriculture cessa d'exister de fait. Un arrêt du conseil, en date du 30 mai 1788, la reconstitua sur de nouvelles bases. Au commencement du dix-neuvième siècle un décret impérial est venu la confirmer, en modifiant sur quelques points son organisation. Aujourd'hui le nombre des membres résidants est fixé à soixante, et celui des associés en France ou à l'étranger à quarante. Le nombre de correspondants est illimité. La société est chargée, sous l'autorité du ministre de l'intérieur, de tout ce qui est relatif à l'amélioration des produits agricoles ; elle remplit les fonctions de commission consultative auprès de l'autorité supérieure. Elle s'assemble le mercredi de chaque semaine. Les préfets des divers départements qui se trouvent à Paris peuvent assister aux séances.

Durant le règne de Louis XV les fontaines de Paris s'accrurent en nombre considérable ; nous mentionnons ci-après les plus importantes.

La *fontaine de l'Abbaye de Saint-Germain-des-Prés*, au coin de la rue Childebert, fut construite en 1716 par les religieux de ce monastère ; elle existe encore. La *fontaine des Blancs-Manteaux* fut élevée en 1719 par les religieux de cet ordre. Elle est alimentée par la pompe de Chaillot, ainsi que la *fontaine du Bas-Froi*, au coin de la rue de ce nom et de celle de Charonne ; la *fontaine Trogneux*, rue de Charonne ; celle de la *Petite-Halle*, en face de l'hôpital Saint-Antoine, construites toutes les trois en 1724, et celle du *Marché Le Noir*, élevée en 1719.

La *fontaine de Grenelle*, située rue de Grenelle-Saint-Germain, entres les n°ˢ 57 et 59, fut construite par les ordres du corps municipal de Paris et achevée en 1739. Elle passe pour une des plus belles fontaines de Paris ; sa façade s'élève sur un plan demi-circulaire ; elle a trente mètres d'étendue et douze mètres de hauteur. Elle se compose d'un soubassement à refend, qui, au centre, forme un avant-corps sur lequel est une figure en marbre, assise et couverte d'une draperie : c'est la représentation de la ville de Paris ; à ses côtés sont deux figures à demi couchées, représentant la Seine et la Marne. Derrière ce groupe l'avant-corps est décoré de quatre colonnes ioniques couronnées par un fronton. Au centre de ces colonnes est une table de marbre chargée d'une inscription. Aux deux côtés de l'avant-corps se présente une ordonnance de pilastres ioniques, et quatre niches où sont placées les statues des Saisons, au-dessous desquelles sont des bas-reliefs. Ce chef-d'œuvre est d'Edme Bouchardon.

La *fontaine du Regard-Saint-Jean* ou du *Regard-des-Enfants-Trouvés*, située au coin de la rue Neuve-Notre-Dame, sur le Parvis et en face de l'église de ce nom, fut construite, en 1748, vers l'hospice des Enfants-Trouvés. C'est une double fontaine dont les deux parties sont séparées par une porte du bâtiment auquel elles sont adossées. Chacune d'elles offre une niche où est placé un vase orné de bas-reliefs.

Sous le règne de Louis XVI on construisit d'autres

fontaines, parmi lesquelles nous citerons la *fontaine de la Croix du Trahoir*, située à l'angle de la rue de l'Arbre-Sec et de la rue Saint-Honoré, et construite sur les dessins de Soufflot.

On commença en 1774 à construire des *fontaines marchandes,* dont l'objet était de procurer aux Parisiens une eau limpide et salubre, et de préserver les porteurs d'eau des dangers qu'ils couraient en allant chercher de l'eau à la Seine. Les concessions, toujours renouvelées, faisaient tarir les fontaines, et, d'un autre côté, les machines hydrauliques tombaient de vétusté ou ne donnaient que de faibles produits. Cette pénurie attira l'attention des magistrats; ils se décidèrent à permettre l'établissement de *pompes à feu.* La première fut construite au bas de Chaillot, sur le quai de Billy. Deux pompes aspirantes et foulantes élèvent l'eau, que conduit un canal d'un mètre de largeur, et sont mises en mouvement par la vapeur. Cette machine, qui fut mise en activité en 1781, amène les eaux de la Seine dans la plupart des rues de Paris. En 1805 elle a été considérablement perfectionnée.

La *pompe à feu du Gros-Caillou*, située sur la rive gauche de la Seine et sur le quai des Invalides, fut établie en 1786. Comme le sol ne présentait point d'éminence pour placer les réservoirs, on fut obligé de construire une tour carrée, haute de 23 mètres, où sont élevées les eaux, qui, de là, se répandent dans les canaux. Cette pompe produit en vingt-quatre heures 4,300 kilolitres d'eau. Elle alimente les fontaines de la partie méridionale de Paris.

On construisit un troisième bâtiment sur la rive gauche

de la Seine, près de la barrière de la Gare. Ce bâtiment, qui présente une tour carrée assez élevée, n'a jamais eu de pompe en activité; il est occupé maintenant par une fabrique.

La *halle aux Cuirs* était située rue de la Lingerie; en 1784 elle fut transférée sur l'emplacement de l'ancien hôtel de Bourgogne et du théâtre des Italiens, rue Mauconseil et rue Française. La *halle aux Draps et aux Toiles*, située entre les rues de la Poterie et de la Petite-Friperie, fut construite en 1786, sur les dessins de MM. Legrand et Molinos et sur l'emplacement d'une ancienne halle aux draps. Cet établissement a 132 mètres de longueur; il est éclairé par cinquante croisées.

Le *marché des Innocents*, situé sur l'ancien cimetière de ce nom, près de la rue Saint-Denis. Nous avons déjà parlé de ce cimetière et de l'église qui était placée à l'angle des rues aux Fers et Saint-Denis; ce vaste emplacement était borné, des quatre côtés, par une galerie couverte, sombre et humide, appelée les *Charniers*, peuplée d'écrivains et de marchands, et garnie de tombeaux, de monuments et d'épitaphes. Dans l'origine le cimetière des Innocents était placé hors des murs de Paris; il se trouva plus tard au centre de sa partie septentrionale. Depuis plus de mille ans on y enterrait des morts, et, dans les derniers temps, on y plaçait les cadavres des habitants de vingt-deux paroisses. Les exhalaisons pestilentielles qui s'élevaient de ce cimetière donnèrent lieu à de nombreuses réclamations. Enfin, après bien des délais, on résolut de démolir les charniers et l'église des Innocents, et de construire un nouveau marché sur leur emplacement. Les travaux furent commencés en 1786. On enleva assez profondément les ossements et la terre, qui furent transportés hors de la barrière Saint-Jacques, dans un lieu nommé la *Tombe-Issoire.* Ce transport dura plusieurs mois. On fit disparaître les constructions hideuses et les monuments anciens qui se trouvaient dans le cimetière; le sol fut renouvelé, exhaussé et pavé, et bientôt après on transféra dans cet emplacement la belle *fontaine des Innocents,* œuvre de la Renaissance, que nous avons décrite ailleurs, et qui est l'un des monuments les plus gracieux et les plus populaires de Paris.

Le *marché de l'abbaye Saint-Martin* n'existe plus; il avait été construit en 1765, sur une partie du territoire de l'abbaye de Saint-Martin-des-Champs.

La halle aux Veaux, construite sur les dessins de l'architecte Lenoir, entre les rues de Poissy et de Pontoise, fut ouverte le 28 mars 1774.

La *halle au Blé et aux Farines,* située sur l'emplacement de l'ancien hôtel de Soissons, se trouve placée au centre d'un cercle formé par la rue circulaire de Viarmes. L'ancienne halle au Blé était autrefois entre les rues de la Tonnellerie et de la Fromagerie, sur la place des Halles. Cet ancien marché étant devenu trop petit, la ville se détermina, en 1762, à transporter le marché de la place des Halles dans l'hôtel de Soissons, qu'elle avait acheté quelques années auparavant. L'édifice fut commencé en 1763 et terminé en 1772, sur les dessins et sous la direction de M. Le Camus de Mézières. C'est un bâtiment de forme ronde, de soixante-huit mètres de diamètre hors œuvre, percé de vingt-cinq arcades fermées par des grilles en fer, et au-dessus desquelles on monte, par deux escaliers d'une construction admirable, à une galerie supérieure où sont déposés les menus grains, dans des corridors voûtés et revêtus en briques. On sentit bientôt la nécessité de couvrir cette construction d'une coupole pour mettre à l'abri les marchandises déposées dans la cour qu'on avait ménagée à l'intérieur. Le 10 septembre 1782 les architectes Legrand et Molinos furent chargés de ce travail et s'en acquittèrent avec une grande habileté. Cette coupole, dans laquelle étaient pratiquées vingt-cinq grandes fenêtres, a cent vingt-deux mètres quarante-cinq centimètres de circonférence et trente-deux mètres quarante-huit centimètres de hauteur depuis le pavé jusqu'à son sommet; elle fut achevée au commencement de l'an 1783. En 1802 toute la toiture de la Halle au Blé fut consumée par le feu. Ce ne fut que plusieurs années après qu'on répara le désastre et que, sous la direction de M. Brunet, on rétablit la coupole avec des fermes de fer coulé couvertes de lames en cuivre. Cet ouvrage, commencé en juillet 1811, dura jusqu'au même mois de l'année suivante. Les vingt-cinq fenêtres de l'ancienne coupole furent remplacées par une lanterne de dix mètres de diamètre qui laisse descendre le jour sous la rotonde.

On a laissé subsister, adossé à la Halle au Blé, un débris curieux de l'ancien hôtel de Soissons : c'est la *colonne de Catherine de Médicis*, espèce d'observatoire où la mère de Charles IX venait se livrer à ses études astrologiques.

Bornons-nous à énumérer quelques autres halles ouvertes sous le règne de Louis XVI et dont plusieurs ont disparu pour faire place aux Halles centrales ou à de nouvelles constructions. Nous les mentionnons ci-après.

Marché Boulainvilliers. Ce marché, situé entre les rues du Bac, de Beaune, de Lille et de Verneuil, fut établi en 1780 par M. de Boulainvilliers, sur l'emplacement de l'hôtel des Mousquetaires gris, et dans un lieu où se trouvait au moyen âge la *halle du Pré-aux-Clercs* ou *halle Barbier*. Ce marché a été supprimé en 1841 et remplacé par des maisons particulières.

Marché Beauveau. Ce marché, situé entre les rues du Faubourg Saint-Antoine et de Charenton, fut construit, en 1779, par madame de Beauveau-Craon, abbesse de l'abbaye de Saint-Antoine, et reçut le nom de sa fondatrice.

Halle aux Draps et Toiles. Cette halle, située entre les rues de la Poterie et de la Petite-Friperie, fut construite en 1786, d'après les dessins de Legrand et de Molinos, sur l'emplacement de l'ancienne halle aux Draps. Son escalier, à double rampe, était regardé comme un chef-d'œuvre.

Halle aux Cuirs. Cette halle était d'abord située rue de la Lingerie; en 1784 on la transféra rue Mauconseil, sur l'emplacement de l'ancien hôtel de Bourgogne, dont le théâtre fut le berceau de la comédie française, de l'opéra italien et de l'opéra-comique. De nos jours elle sera démolie pour faire place à la rue de Turbigo.

Halle à la Marée. Cette halle, où se vendaient en gros les poissons de mer, tous les jours, entre trois et quatre heures du matin, fut construite, en 1785, rue du Marché-aux-Poirées et de la Tonnellerie.

Halle aux Poissons en détail. Cette halle avait été construite, en 1786, sur le carreau de la Halle. En 1835 on la reconstruisit sur un nouveau plan.

Le nombre des théâtres s'était accru sous Louis XV; outre les salles de spectacle déjà établies durant le règne de Louis XIV, on comptait à Paris, en 1774, la Comédie italienne, le théâtre royal de l'Opéra-Comique, le théâtre des Associés, depuis théâtre de madame Saqui, le théâtre de Gaudon, les divers théâtres bourgeois ou de société, les joutes sur l'eau, le Concert spirituel, le Colysée.

Sous le nom étranger de *Wauxhall*, Torré, fameux artificier italien, ouvrit un établissement de danse et de fêtes pyrotechniques sur le boulevard Saint-Martin, le 29 août 1764. Le local était vaste; le parterre contenait douze cents personnes. On exécutait sur le théâtre des pantomimes accompagnées de feux d'artifice. *Les Forges de Vulcain*, représentées en 1766, attirèrent tout Paris. Deux ans après, Torré réunit à son spectacle les bouffons italiens et donna le divertissement du *mat de cocagne*, exercice introduit à Paris par les Anglais en 1425, et qui depuis cette époque n'avait pas été renouvelé. Aujourd'hui, ce jeu fait partie de toutes les fêtes publiques. En 1769 Torré fit presque entièrement reconstruire son théâtre et en fit l'ouverture par *les Fêtes de Tempé*. Cet établissement, habilement dirigé, prospéra pendant longtemps. Son fondateur mourut au commencement de mai 1780. Le Wauxhall, appelé *Wauxhall d'été*, fut démoli, et la rue de Lancry fut ouverte sur son emplacement. Deux artificiers célèbres, les frères Ruggieri, donnèrent au public, en 1765, des spectacles d'artifice et d'illumination; leur établissement était situé aux Porcherons. En 1769 ils s'établirent aux boulevards avec la permission de l'Opéra.

Durant le règne de Louis XVI on établit à Paris le *théâtre de l'Odéon*, construit sur l'emplacement de l'ancien hôtel de Condé. Destiné aux comédiens français, qui avaient leur salle aux Tuileries, il porta d'abord le nom de *Théâtre-Français*. C'était le plus beau de Paris; on y avait ménagé dix-neuf cent treize place. En 1790 son nom fut remplacé par celui de *théâtre de la Nation*. Le 15 mars 1799 un incendie le consuma et ne laissa debout que les parties latérales, le foyer et les grands escaliers. Bonaparte le fit reconstruire en 1803 pour la troupe des comédiens dirigée par Picard. Sous l'Empire il prit les noms d'*Odéon* et de *théâtre de l'Impératrice*, qu'il conserva jusqu'en 1814, époque à laquelle il reçut celui de *Second Théâtre-Français*. Chalgrin avait opéré la reconstruction ordonnée par l'empereur Napoléon 1er. Cet architecte, modifiant les plans de Peyre et de Wailly, surmonta d'un attique la colonnade en avant-corps, et acheva d'entourer le monument d'un portique continu, en reliant les galeries latérales par une troisième galerie parallèle à la rue de Vaugirard. En 1818 un violent incendie vint encore détruire l'intérieur de ce théâtre et ne laissa subsister que les parties extérieures. Baraguey et Provost le reconstruisirent entièrement, dans l'espace d'un an, tel qu'il est aujourd'hui.

En 1782, et sur l'emplacement du *Parterre d'Énée*, on construisit le *Théâtre-Français*, qui a subi, depuis lors, des transformations importantes dont nous aurons à rendre compte. Le théâtre Feydeau, qu'on appela d'abord *théâtre de Monsieur*, était situé rue Feydeau. Il fut construit, pendant les années 1789 et 1790, par les architectes Legrand et Molinos. On le donna à une troupe de bouffons italiens qui, depuis quelques années, jouait aux Tuileries sur le *théâtre des Machines*. Un peu plus tard cette troupe s'associa à des comédiens et à des chanteurs français; ils finirent par se réunir tous aux artistes du théâtre Favart et formèrent ensemble la troupe de l'Opéra-Comique. Aujourd'hui cette salle n'existe plus; des maisons particulières occupent son ancien emplacement.

Vers 1780 les comédiens italiens obtinrent qu'on leur construisît un nouveau théâtre sur l'emplacement de l'hôtel de Choiseul, au boulevard des Italiens. Il fut élevé, de 1781 à 1783, par l'architecte Heurtier; on lui donna le nom du célèbre auteur dramatique *Favart*. Sa façade est opposée au boulevard et donne sur une place. Cette position fut une exigence des comédiens, qui craignaient de voir assimiler leur salle aux petits théâtres des boulevards. La salle Favart, abandonnée en 1797, fut occupée successivement par des troupes nomades, et enfin par les chanteurs italiens, qui y jouaient encore au mois de janvier 1838, lorsqu'un effroyable incendie vint la détruire. Le Théâtre-Italien fut alors transporté à l'Odéon, d'où il passa plus tard à la salle Ventadour. La salle Favart, rebâtie avec magnificence, est occupée de nouveau par les artistes de l'Opéra-Comique. Il n'est pas entré de bois dans sa reconstruction; la charpente est en fer; les ornements mêmes sont en cuivre doré.

L'*Opéra* (Académie impériale de Musique), d'abord établi au Palais-Royal, fut détruit, en 1781, par un incendie; l'architecte Lenoir fut chargé d'en construire un nouveau près de la porte Saint-Martin. Il le termina dans l'espace de soixante-quinze jours. La façade est d'un aspect agréable; un soubassement à refends, orné de huit cariatides, y supporte une ordonnance de huit colonnes doriques, entre lesquelles sont placés les bustes de Quinault, de Lulli, de Rameau et de Gluck; l'on voit au-dessus un vaste relief exécuté par Boquet. Les artistes de l'Opéra jouèrent sur ce théâtre jusqu'en 1793, époque à laquelle ils allèrent s'établir dans une nouvelle salle située rue Richelieu, vis-à-vis de la Bibliothèque impériale. L'ancienne salle est aujourd'hui le *théâtre de la Porte-Saint-Martin*.

Le *théâtre des Grands-Danseurs* ou de *Nicolet* était situé sur le boulevard du Temple et, depuis lors, s'y est longtemps maintenu. C'était l'ancien théâtre de *la Gaîté*, qui vient de disparaître, et qu'on a reconstruit aux abords du Conservatoire des Arts et Métiers. Vers le même temps le public du boulevard fréquentait l'*Ambigu comique* ou *théâtre d'Audinot*.

Le *théâtre de Beaujolais*, situé au Palais-Royal, fut ouvert en 1784. Les acteurs étaient d'abord de grandes marionnettes de bois, qui agissaient au moyen de fils invisibles; des personnes cachées dans les coulisses récitaient leurs rôles. Ces marionnettes furent bientôt remplacées par des enfants, et ensuite par des acteurs qui jouaient des comédies et des opéras-comiques; mais ils se bornaient à la pantomime, tandis que de la coulisse d'autres acteurs parlaient et chantaient pour eux. L'Opéra obtint la répression de cette licence et porta un coup fatal au théâtre de Beaujolais. La salle fut cédée, en 1790, à mademoiselle Montansier, et les directeurs de Beaujolais vinrent se fixer sur le boulevard de Ménilmontant.

Le *théâtre de Mademoiselle Montansier*, situé au

Palais-Royal, à l'extrémité septentrionale de la galerie qui avoisine la rue de Montpensier, succéda à celui de Beaujolais en 1790; on y jouait l'opéra-comique et la comédie. Il a fait place au café Montansier, et en 1831 au *théâtre du Palais-Royal*, où l'on joue le vaudeville.

Les *Élèves pour la danse de l'Opéra*, sur le boulevard du Temple, fut ouvert en 1778. Les élèves du Conservatoire de Musique y jouaient des pantomimes. Ce théâtre prit le titre de *Variétés amusantes* lorsque celui qui portait ce nom devint le *Théâtre-Français*. Il fut incendié en 1778.

Le *théâtre des Menus-Plaisirs*, dans les bâtiments du Conservatoire de Musique, fut construit pour les exercices des élèves de cet établissement. En 1781 il fut momentanément destiné à l'Opéra. C'est dans cette salle que se tiennent, chaque hiver, les séances musicales de la *société des Concerts du Conservatoire*. En 1778 un sieur de l'Écluse, célèbre directeur de spectacles forains, fit bâtir un petit théâtre à côté du Wauxhall de Torré. Ce spectacle ouvrit le 12 avril 1779, sous le nom de *Variétés amusantes*, et obtint un grand succès, grâce à la vogue du fameux Volange dans *les Battus payent l'amende* et autres farces de ce genre. En 1786 cette troupe quitta les boulevards et vint s'établir au Palais-Royal, dans le théâtre occupé depuis par la Comédie-Française. On installa alors une manufacture de papier dans la salle de la rue de Lancry; mais en 1790 elle fut restaurée, et se rouvrit sous le titre de *Théâtre-Français comique et lyrique;* on y jouait l'opéra et la comédie. Enfin, quelques années après, ce théâtre prit le nom des

Jeunes Artistes et devint une pépinière de bons comédiens. Il fut fermé en 1807, lors du décret qui supprimait les petits spectacles.

Sous le règne de Louis XVI on ouvrit à Paris un grand nombre de rues nouvelles : en 1775, la rue Neuve-Saint-Nicolas et celle de Bourgogne, en face du Palais-Bourbon ; en 1776, les rues Chauchat et de Provence ; on élargit alors la cour du Commerce, rue Saint-André-des-Arcs, réparée et agrandie en 1823 ; en 1777, les rues de Chabannais et de Laval ; en 1778, celles d'Angoulême-du-Temple, Étienne, Neuve-de-Berry et Boucher ; en 1779, celles de Caumartin et de Lenoir ; en 1780, celles de Miroménil, Neuve-Saint-Jean, de Malte, Martel, Amelot, de la Tour, Trudon, de Beaujolais, d'Astorg et d'Angoulême-Saint-Honoré ; en 1781, les rues Sainte-Croix, de la Chaussée-d'Antin ; en 1782, celles des Petites-Écuries, Grétry, Montpensier, de la Pépinière, Pinon, Biron, Neuve-des-Capucins ; en 1783, la rue Madame ; en 1784, celles de la Comète, des Trois-Bornes, Papillon, de Ponthieu, des Quinze-Vingts, Roquépine, Rousselet, de Valois, Verte et Jarente ; en 1785, celles de l'Échiquier, d'Enghien et du Faubourg-du-Roule ; en 1786, celles du Contrat-Social, Le Peletier et de Tracy ; en 1787, la rue Lenoir-Saint-Honoré ; en 1788, les rues Caron, Neuve-du-Colombier, Saint-Jean-Baptiste, Saint-Michel, d'Ormesson, Richer et Necker ; en 1790, celle du Port-Mahon ; en 1792, celle de Lesdiguières.

La construction de l'Odéon, en 1781, avait amené le percement des rues Corneille, Racine, Voltaire, Molière, Crébillon et Regnard ; celle du théâtre des Italiens fut l'occasion de la création d'un quartier nouveau et de la formation des rues Favart, Grétry, Marivaux, d'Amboise, et de la place située devant ce théâtre (1784). La rue de la Barillerie, située devant le Palais de Justice, fut élargie, et, en 1787, une belle place remplaça les hideuses masures situées vis-à-vis la principale façade du palais. La porte Saint-Antoine fut démolie en 1778. On combla les fossés des anciens remparts. En 1786 on commença à enlever les maisons qui bordaient les ponts. Celui de Notre-Dame, le pont Marie et le Pont-au-Change, furent les premiers qui furent débarrassés des maisons qui obstruaient leur route; ce ne fut qu'en 1808 qu'on fit disparaître celles du pont Saint-Michel. On démolit alors les rues de Hurepoix et de Saint-Louis, situées sur les quais aboutissant à ce pont.

Parmi les autres améliorations dont Paris fut doté sous le règne de Louis XVI nous mentionnerons le transfert des cimetières hors de la ville (1779), l'éclairage continu des rues de Paris, qui n'étaient auparavant éclairées que pendant les absences de la lumière de la lune, et celui de la route de Versailles. Les rues furent assainies; on commença à entreprendre la consolidation de la voûte du ciel des carrières qui se trouvent sous la partie méridionale de Paris.

Un édit du mois de septembre 1786 ordonna la construction d'un pont destiné à mettre en communication la place Louis XV et les quais de la rive gauche. Commencé en 1787, ce magnifique pont, qui porta d'abord le nom de Louis XVI et qu'on appelle aujourd'hui *pont de la Concorde*, fut achevé en 1790. Il fut construit sur les dessins de l'ingénieur en chef Perronnet. Ses fondations reposent sur pilotis et grillage. Il se compose de cinq arches surbaissées, qui offrent une portion du cercle : celle du milieu a 31 mètres d'ouverture; les arches collatérales ont 27 mètres, et chacune de celles qui sont attenantes aux culées, 26 mètres. La largeur totale du pont, entre les culées, est de 150 mètres. Chaque pile a 3 mètres d'épaisseur. Ses avant-becs et arrière-becs présentent des colonnes engagées, soutenant une corniche avec une balustrade qui sert de parapet aux trottoirs. Les huit piles supportent autant de lourds piédestaux sur lesquels Napoléon avait fait placer, en 1810, les statues de huit maréchaux de l'Empire; la Restauration les fit enlever et les remplaça, en 1828, par les statues colossales, en marbre, de Sully, Suger, du Guesclin, Bayard, Colbert, Turenne, Duguay-Trouin, Suffren, Condé, Duquesne, Tourville et Richelieu. Mais la hauteur de ces statues n'était pas en harmonie avec la largeur du pont; elles écrasaient d'ailleurs, de cette hauteur, la façade du Palais-Législatif, qui se trouve déjà placée malheureusement en contre-bas du pont. On les fit disparaître en 1836 et on les plaça à Versailles, dans la cour d'honneur du palais. En 1842 on a établi sur le pont de la Concorde une double rangée de candélabres en fer, destinés à l'éclairage au gaz; ils sont d'un effet médiocre.

LIVRE XVII.

PARIS SOUS LA RÉVOLUTION ET L'EMPIRE.

CHAPITRE PREMIER.

Première période de la révolution française à Paris.

La session des états généraux avait été ouverte à Versailles, et Paris s'était ému à la nouvelle du serment du jeu de Paume et du renvoi de Necker. Le dimanche 12 juillet 1789 éclata une insurrection dans le jardin du Palais-Royal, et la foule, substituant la cocarde verte (des feuilles d'arbres) à la cocarde blanche, promena pendant deux jours dans les rues les images de ses idoles, c'est-à-dire deux bustes de cire représentant le duc d'Orléans et Necker. Un moment dispersés par le prince de Lambesc, vers le Pont-Tournant, les insurgés reparurent en forces, s'armèrent de fusils et de piques, instituèrent la garde nationale, et adoptèrent définitivement pour couleurs nationales le rouge et le bleu, couleurs de Paris, auxquelles on adjoignit le blanc, couleur du roi et de l'armée. Dans la nuit du 13 au 14 tout fut disposé en vue d'une tentative contre la Bastille.

Cette forteresse, construite sous les Valois, se composait d'un énorme faisceau de huit tours, reliées entre elles par de hautes et larges murailles; commencée sous Charles V, continuée sous Charles VI, elle avait été transformée en véritable citadelle au moyen de travaux entrepris par ordre de Henri II et qui étaient à peine terminés à la mort de ce prince. Ses ouvrages de défense consistaient en une courtine flanquée de bastions et bordée de fossés à fond de cuve. Elle servait de prison aux criminels d'État et elle était pour Paris une menace permanente. Or, en 1789, une longue paix avait dégarni ses remparts, et sa garnison se composait à peine de cent quatorze soldats, tant Suisses qu'invalides. A la suite de quelques pourparlers on échangea des coups de fusil, et trois compagnies des Gardes Françaises, accourant avec du canon, vinrent seconder les insurgés. Le combat dura cinq heures et ne fut pas très-sanglant. A la fin la garnison consentit à capituler, stipulant qu'elle aurait la vie sauve; on abaissa le pont-levis, et la multitude, se ruant par cette ouverture, inonda en un instant les cours, les corridors et les toits de la forteresse. La capitulation fut méconnue par les vainqueurs. Plusieurs officiers, qui s'étaient rendus, furent pendus et mis en pièces, et le gouverneur, M. de Launay, fut du nombre des victimes. La prise de la Bastille fut le point de départ de l'ère nouvelle.

A dater de cette heure décisive les scènes de mort se succédèrent; le peuple, devenu maître de la situation, se vengea à sa manière de plusieurs siècles d'inégalité et de souffrances. Un levain de ressentiments implacables fermentait dans les dernières couches de la société, et la multitude, ignorante et passionnée, prenait, la torche à la main, possession du pouvoir. Les horreurs de la disette surexcitaient d'ailleurs la frénésie de meurtre et de pillage qui s'était emparée des esprits. Parmi les premières victimes on vit figurer MM. Foulon et Berthier de Sauvigny, qui naguère avait honorablement rempli de hautes fonctions. Une panique bien naturelle avait saisi les agriculteurs et les marchands de grains; les convois de blé étant parfois interceptés et pillés, les expéditions devenaient de plus en plus rares, et le peuple de Paris, furieux contre les prétendus aristocrates auxquels il attribuait ses souffrances, se pressait à la porte des boulangers, attendant, au bruit des imprécations et des menaces, la vente d'un morceau de pain de mauvaise qualité.

Dans les jours sinistres d'octobre 1789, après avoir épouvanté Versailles par des assassinats et mis en danger les jours de l'héroïque Marie-Antoinette, le peuple de Paris ramena dans cette ville le roi et sa famille, non plus comme des chefs auxquels on s'honore d'obéir, mais comme des otages dont on a besoin pour commettre le crime avec plus de sécurité. Le roi, mis sous la surveillance de la Révolution, ne pouvait rien pour résister aux multitudes déchaînées; la bourgeoisie, à peine installée au pouvoir, se sentait menacée de la guerre des esclaves, et autour d'elle frémissait un immense troupeau de prolétaires adonnés sans frein à tous les excès de la force. On pendit quelques malheureux à la lanterne de la Grève; mais la Révolution ne se contentait pas de ces obscures victimes, et la lâcheté des juges lui abandonna le marquis de Favras. Bientôt se formèrent un Club breton, le club des Patriotes, le club des Feuillants, le club des Cordeliers, et surtout le club des Amis de la Constitution, devenu célèbre sous le titre de club des *Jacobins*.

Après avoir subi une longue série d'humiliations, le roi et sa famille, dont la sécurité était menacée, prirent la fuite et ne tardèrent pas à être arrêtés à Varennes. Ils furent ramenés à Paris au milieu des outrages et des imprécations de la multitude. Il y eut une journée de saturnales révolutionnaires. La foule se porta aux Tuileries et envahit les appartements réservés ; une fruitière prit possession du lit de la reine et y vendit des cerises, en disant : « C'est le tour de la nation de se mettre à l'aise. » On effaça de toutes les enseignes les mots de roi et de reine et tous ceux qui rappelaient le pouvoir royal. La monarchie survivait encore cependant, mais avilie et dégradée. Au retour du roi, dans les rues de Paris, le peuple, obéissant aux ordres des meneurs, garda une attitude insolente et froide. On avait fait afficher ce peu de mots : « Quiconque applaudira le roi sera battu, quiconque l'insultera sera pendu. » Sur la place Louis XV la famille royale courut un grand danger ; des bandes de forcenés se ruèrent autour de la voiture en proférant d'horribles menaces ; sur le seuil des Tuileries la multitude se jeta sur les gardes du corps qui avaient généreusement escorté le roi, et elle faillit les massacrer. Quelques jours après, le 17 juillet 1791, des masses de séditieux républicains s'attroupèrent au Champ-de-Mars pour faire appel à la destruction de la royauté. Leur démonstration devint si menaçante que, pour y mettre fin, il fallut déployer le drapeau rouge, signe de la loi martiale, et faire feu sur les insurgés, dont quelques-uns périrent. Le maire Bailly et le général Lafayette avaient présidé à cette juste répression, qui les dévoua plus tard aux vengeances révolutionnaires. Vers le même temps les cendres de Voltaire furent en grande pompe portées au Panthéon auprès de celles de Mirabeau, et, le 28 août, un décret de l'Assemblée ordonna que le même honneur serait rendu à Jean-Jacques Rousseau.

Cette assemblée, ayant terminé sa mission constituante, fut remplacée par une assemblée législative qui gouverna Paris et la France pendant dix mois. Durant cette triste période les factions démagogiques développèrent leur influence et se signalèrent chaque jour par de nouveaux excès. Au mois de mars 1792 elles prirent pour signe de ralliement le hideux bonnet rouge; le 15 avril elles décernèrent une ovation triomphale à des soldats suisses, du régiment de Châteauroux, condamnés aux galères à la suite des troubles de Nancy, et qui étalèrent avec un infâme orgueil, dans les rues de Paris, le vêtement des forçats.

La mort et le deuil planaient sur Paris; les temples étaient profanés par la spoliation et le sacrilége; tous les gens honnêtes étaient placés sous le couteau et d'un jour à l'autre on attendait qu'une insurrection victorieuse fît disparaître les derniers simulacres de la monarchie.

Le 20 juin 1792 le tambour battit aux champs dans les rues de Paris, et tout ce que les faubourgs recélaient d'hommes sans aveu et de vile populace se réunit pour marcher sur les Tuileries. Cette foule immense d'hommes à demi nus, qui se glorifiaient du surnom ignoble de *sans-culottes*, et de femmes ivres de débauche ou de vin, était armée de piques, de bâtons, de scies, de fourches, et portait des bannières sur lesquelles on avait écrit : *A bas le veto !* Ces hordes, commandées par Santerre, envahirent la place du Carrousel, la rue Saint-Honoré, et défilèrent dans la salle des séances de l'Assemblée nationale, sous les yeux des députés, consternés de leur audace ; elles envahirent ensuite le palais du roi, traînant à force de bras une pièce de canon et brisant les portes à coups de hache. En ce moment Louis XVI se vit exposé aux plus indignes outrages ; mais la multitude épargna sa vie ; elle se contenta de placer sur la tête du roi le sinistre bonnet rouge et força ce prince à boire le vin qui lui fut versé par un homme des faubourgs. C'est ainsi que le peuple donne la ciguë aux rois. Louis XVI se résigna à cette épreuve avec le calme d'un sage et la patience d'un chrétien. La reine et le jeune Dauphin coururent les plus grands dangers ; mais Santerre parvint à contenir la foule, qui criait : *A bas le veto! A bas les prêtres!* Pendant cette trop longue scène madame Élisabeth, sœur du roi, fit preuve d'un noble dévouement et d'un pieux courage.

La royauté était avilie et le calice d'outrages épuisé. La Gironde, qui avait organisé ce mouvement pour rentrer au ministère, se trouva satisfaite ; elle ne voulait pas la chute du trône, mais sa dégradation ; aussi, à l'aide de Pétion, et grâce à l'intervention des députés de l'Assemblée nationale, le peuple consentit enfin à se retirer. Il ne devait pas tarder à revenir plus menaçant et plus terrible.

Pendant la nuit qui précéda le 10 août, toutes les mesures étant prises, le tocsin sonna dans Paris, et la population des faubourgs se rassembla à ce bruit lugubre. Les fédérés bretons, dirigés par Westermann ; les fédérés marseillais, commandés par Danton ; les ouvriers des quartiers Saint-Antoine, Saint-Victor et Saint-Marceau, et une foule d'insurgés convoqués de tous les points à la voix de Santerre, marchèrent par diverses avenues sur le château des Tuileries ; ils étaient armés de fusils, de piques ou de haches, et traînaient des pièces de canon. Déjà Mandat, commandant en chef de la garde nationale, avait été massacré et ses fonctions décernées à Santerre. Les magistrats constitutionnels étaient chassés par le peuple, et une nouvelle municipalité, installée par les jacobins, siégeait à l'hôtel de ville et dirigeait l'insurrection. Le roi n'avait pour tout appui que la garde suisse et quelques corps demeurés fidèles de la garde nationale de Paris. Pour la première fois depuis cinq ans il se détermina à se défendre ; mais la nécessité de verser du sang pour sa cause répugnait à son cœur généreux.

Les deux armées, celle de la multitude et celle du roi, cette dernière réduite à une poignée d'hommes, se trouvaient donc en présence, ayant pour champ de bataille la cour des Tuileries et le Carrousel. L'Assemblée nationale attendait, dans une anxiété profonde, l'issue d'un combat auquel elle demeurait étrangère.

A dix heures du matin le peuple, ayant les Marseillais en tête, força la porte de la grande cour des Tuileries et somma les Suisses de mettre bas les armes ; ils demeuraient immobiles, et quelques sentinelles de cette garde, entraînées par la multitude, furent massacrées. Soudain éclata une fusillade bien nourrie, et les canons de Westermann répondirent aux Suisses. Le peuple prit la fuite, les Marseillais lâchèrent pied, les cours du château et le Carrousel furent balayés, et tant fut grande la terreur des insurgés que, se précipitant de toutes parts en désordre dans les rues, au fond des allées, dans des retraites obscures, plusieurs se jetèrent dans la Seine et s'y noyèrent. Un acte de vigueur ordonné à propos, un mouvement offensif des troupes auraient évidemment complété la victoire ; mais Louis XVI, captif de l'Assemblée nationale, eut l'insigne faiblesse, disons mieux, eut l'inopportune bonté de donner des ordres pour faire cesser le feu et pour enjoindre aux Suisses de Courbevoie et de Rueil, alors en marche sur Paris, de rétrograder dans leurs cantonnements. C'était leur défendre de vaincre ; ils obéirent, et beaucoup d'entre eux furent tués pendant ce mouvement de retraite.

Cependant les insurgés avaient repris l'offensive ; les Marseillais et les Bretons, les républicains des faubourgs se précipitèrent de nouveau à l'attaque des Tuileries. Le poste du Pont-Tournant, mal défendu, fut forcé par le peuple, et le château se trouva battu en brèche sur ses deux façades. Les gentilshommes qui s'étaient retranchés dans l'enceinte du palais pour combattre, voyant que le roi leur prescrivait de mettre bas les armes, s'ouvrirent un passage à travers la multitude ; les Suisses et les gens de service restèrent seuls, et plusieurs d'entre eux, hors d'état de refouler les masses qui les accablaient, ne songèrent qu'à vendre chèrement leur vie. Quatre cents insurgés périrent sous leurs coups ; à la fin la victoire se rangea du côté du peuple, et les Tuileries furent abandonnées à l'incendie et à la mort. Les vainqueurs sans pitié égorgeaient partout leurs ennemis ; on n'épargna que les femmes. Les blessés et les prisonniers étaient précipités par les fenêtres, et le peuple qui remplissait les cours se chargeait de compléter l'exécution.

Trois jours après, Louis XVI, la reine, Madame Élisabeth, sœur du roi, Madame Royale, âgée de treize ans, et le jeune Dauphin, qui en avait à peine sept, furent renfermés dans la prison du Temple.

Pendant qu'ils languissaient prisonniers, attendant qu'on décidât de leur sort, le pouvoir était passé aux mains des vainqueurs du 10 août. Le redoutable Danton dirigeait la Commune de Paris, cette commune insurrectionnelle qui, de l'hôtel de ville, avait organisé le plan de bataille. Pétion, idole ridicule du peuple, et que le peuple devait bientôt briser, était encore maire; Manuel remplissait les fonctions de procureur général de la Commune; les autres membres étaient dignes de ces chefs et les surpassaient même en violence. Ce fut pendant leur règne désastreux que la révolution française fut ensanglantée par un des crimes les plus abominables dont l'histoire ait gardé le souvenir; nous voulons parler des abominables massacres de septembre, qui eurent lieu dans toutes les prisons de Paris, et qui, durant plusieurs jours, épouvantèrent Paris et l'Europe. On nous dispensera de retracer ici le souvenir de ces lugubres événements, qui souillèrent d'une tache de sang ineffaçable la cause de la révolution française.

Le 21 septembre 1792 l'Assemblée législative fit place à un nouveau sénat révolutionnaire qui vint siéger aux Tuileries et proclama le gouvernement républicain. Trois mois après, cette sanguinaire assemblée procéda au jugement de Louis XVI, qui fut condamné à mort et subit son supplice le 21 janvier 1793, jour à jamais déplorable. Après cet attentat, une longue série de malheurs et de crimes fut ouverte pour Paris et la France.

L'Europe avait répondu par un long cri d'horreur au bruit de la chute de Louis XVI et aux clameurs triomphantes des régicides; l'Angleterre, l'Espagne, les puissances d'Allemagne et d'Italie armèrent de nouveau, et les frontières de la république furent entamées. D'abord victorieuse à Jemmapes, la France fut vaincue et livrée aux invasions par la trahison de Dumouriez. A l'intérieur la Vendée arbora son drapeau, Lyon se souleva contre la Convention, Toulon se rendit aux ennemis du dehors, des insurrections fédéralistes éclatèrent dans la Normandie et dans le Sud-Ouest. L'histoire de ces prodigieux événements concerne le monde entier et n'a rien qui puisse rentrer dans un récit réservé exclusivement aux annale de la grande cité parisienne; qu'il nous suffise donc de les indiquer en quelques mots. A Paris, à la suite d'un mouvement populaire (mars 1793), la Convention, dominée par la Commune, institua l'abominable juridiction qui reçut le nom de « tribunal révolutionnaire, » et qui ne fut aux mains des partis qu'un instrument de sang et de mort. Jusque-là l'influence avait appartenu aux Girondins; à dater de cette heure leur pouvoir fut menacé, contesté, ébranlé sans cesse par les violences de la multitude et des clubs. Un moment ils ressaisirent l'autorité, firent juger Marat, arrêtèrent Hébert et instituèrent une commission de justice dévouée à leurs principes. Durant les mois d'avril et de mai ils se virent sans relâche battus en brèche, et le 31 mai, à la suite d'une formidable insurrection populaire, la Convention, assiégée dans les Tuileries et exposée au feu du canon, décréta avec douleur la suppression de la commission établie par la Gironde et qui cherchait à enchaîner la révolution française. Dans les journées des 1er et 2 juin, à la suite de luttes de tribune dont le dramatique souvenir ne s'effacera jamais, elle consentit à mettre en accusation l'élite de ses chefs, c'est-à-dire le parti girondin tout entier. Bientôt, de cette faction naguère si puissante, il ne resta que des prisonniers et des fugitifs, tous réservés au rôle de victimes. Le sang versé par ces hommes retombait sur leur tête, la révolte glorifiée par leur fortune passée se retournait contre eux et réglait ses comptes. A travers les passions des hommes marchait la justice de Dieu.

La Montagne, victorieuse au 31 mai, reconnut pour nouveaux chefs Danton, Robespierre, Marat, Collot d'Herbois, Couthon, Saint-Just et les promoteurs les plus ardents de la Commune et des clubs. Le tribunal révolutionnaire abaissa sous sa justice féroce toutes les têtes les plus innocentes et les plus respectées; la vertu, la richesse, la civilisation, les regrets monarchiques devinrent autant de crimes chaque jour punis de mort, et l'échafaud, constamment dressé sur la place sinistre où avait péri Louis XVI, fut le seul et le véritable roi de la situation. Vers le même temps la guerre de la Vendée prit des proportions immenses, la résistance de Lyon se développa, et les armées étrangères devinrent plus redoutables encore. Ce fut une époque de convulsions sans égales, durant lesquelles la Convention, qui, au surplus, représentait l'indépendance du pays et la nationalité elle-même, se défendit avec les armes de la fureur et du désespoir, et noya dans des flots de sang l'insurrection royaliste et l'invasion étrangère. Dans ces jours d'épouvantable mémoire tombèrent sous le couteau de la guillotine Marie-Antoinette, madame Roland, les Girondins, Charlotte Corday, et une longue série de victimes nobles et illustres, dont ces pages ne pourraient contenir les noms.

En face de ces scènes lugubres la Révolution avait ses fêtes et ses jours de joie; elle cherchait à donner les *jeux du cirque* à ce peuple qui manquait de pain. Il y eut sur la place publique et dans l'enceinte de la Convention plusieurs de ces manifestations que notre siècle ne peut comprendre, qui sont ridicules de loin et sérieuses de près, et dont les hommes tourmentés par la fureur des passions politiques ont seuls le secret. L'anniversaire du 10 août fut fêté à la place de la Bastille; là les ordonnateurs des réjouissances publiques avaient élevé une statue colossale de la Nature; deux sources d'eau vive jaillissaient de ses mamelles, et la Convention, présidée par Héraut de Séchelles, vint par trois fois faire des libations autour de cette étrange effigie. « Peuples du monde, s'écriait l'un des orateurs, soyez jaloux de notre bonheur et qu'il vous serve d'exemple! « De la Bastille on se rendit en foule au Champ-de-Mars, et les députés, pour signes distinctifs, portaient des épis, des fruits et des fleurs. On eût dit une fête de Cérès. Venaient ensuite des vieillards, des aveugles traînés sur des chars, des enfants portés dans leurs berceaux, des ouvriers chargés des instruments du travail et une foule de comparses civils et militaires convoqués pour associer le peuple à ces théâtrales démonstrations. Les fêtes du bourreau, les fêtes de l'impiété et du sacrilége étaient bien autrement hideuses, mais nous renonçons à en retracer le souvenir.

Les églises étaient fermées ou profanées; les prêtres, dépouillés de leurs biens, traités en suspects, emprisonnés, menacés de mort, se voyaient réduits, comme les martyrs et les confesseurs des premiers siècles, à offrir le saint Sacrifice dans des chambres obscures et ignorées. La sépulture était donnée aux morts sans appareil religieux; les cimetières, nus et vides, n'avaient pour ornement que la statue du Silence, et sur le char qui transportait les cercueils à travers les rues de Paris on lisait cette inscription matérialiste : *La mort est un sommeil éternel!* Le dimanche était supprimé par la loi ; on célébrait la décade. On avait changé les noms des mois et des jours. A la place des saints illustres et des glorieux martyrs que toutes les nations civilisées révèrent comme l'honneur impérissable du genre humain on proposait aux vénérations du peuple, dans le nouveau calendrier, le chou, le persil, la ciguë, l'oseille, le raisin, le bœuf, le chien, l'âne, la charrue, la herse, etc., et on avait substitué aux Saturnales du paganisme cinq jours complémentaires de l'année, appelés *jours sans-culottides*. On croirait rêver en repassant par le souvenir ces aberrations étranges, ces actes de démence ou d'impiété ; mais Paris en a été le témoin et le théâtre ; mais beaucoup d'hommes vivent encore qui les ont vus s'accomplir et qui pourraient ajouter de nombreux détails à un récit qu'il ne nous est pas permis d'étendre davantage. Bornons-nous à dire, pour ce qui se rattache à l'histoire de Paris, qu'on avait poussé la stupidité révolutionnaire jusqu'à supprimer les noms et les mots qui déplaisaient aux clubs et aux comités démagogiques. On disait la rue Honoré, le faubourg Antoine, le boulevard Denis ; ceux qui s'appelaient Leroi, Leprince, Leduc, avaient renoncé à ces noms *flétris* pour se faire appeler Manlius, Brutus, Scévola, Marat, et, au lieu de dire Saint-Denis, Bourg-la-Reine, Fontenay-le-Comte, on disait Franciade, Bourg-Libre, Fontenay-le-Peuple.

Au milieu de tant d'attentats et de souffrances on multipliait, comme à dessein, les bals publics, les représentations théâtrales. Il y avait des hommes de lettres chargés de composer des pièces pour l'amusement des sans-culottes, des acteurs qui inventaient des lazzis destinés à jeter l'opprobre sur les victimes. Cependant la foule préférait assister aux pièces du répertoire sentimental, aux œuvres scéniques où l'on parlait encore de vertu, de morale, de dévouement. Les jacobins, qui garnissaient le parterre ou le foyer des théâtres, parlaient alors nature, fraternité, sensibilité; ils pleuraient aux endroits touchants, et c'était là encore une étrange comédie. Dans les petits théâtres on donnait des pièces révoltantes de cynisme et d'impiété, et c'est ainsi que la fatale Commune de Paris cherchait à instruire le peuple et à faire de la propagande. Au théâtre des *Sans-Culottes* (autrefois théâtre Molière) on donnait *la Guillotine d'Amour*, pièce de circonstance. Quand le nom de *roi* se rencontrait dans une comédie, l'acteur y substituait le mot de *loi*, et on s'arrangeait tant bien que mal du changement. Au lieu d'emprisonner Tartufe par ordre d'un *prince ennemi de la fraude*, on faisait dire par l'exempt que l'hypocrite était traduit *devant le tribunal révolutionnaire*.

Dans la journée du 9 thermidor l'homme qui, avec le comité de Salut public et le comité de Sûreté générale, gouvernait la Révolution, Robespierre, fut renversé du pouvoir par un décret de la Convention nationale. La Commune de Paris s'insurgea pour défendre l'homme qui représentait, plus que tout autre, les intérêts et les principes de 1793, et le peuple fut convié par ses magistrats municipaux à prendre parti contre la Convention. On sonna le tocsin. Vainement l'assemblée avait-elle fait conduire en prison Robespierre, Couthon, Saint-Just, Lebas et leurs complices; aucun geôlier ne fut assez hardi pour les recevoir, et on les conduisit triomphalement à l'hôtel de ville. D'un côté la Convention et le parti qui était las des échafauds; de l'autre Robespierre, la Commune et les jacobins. La lutte fut courte et décisive. Un décret de mise *hors la loi* épouvanta ceux qui auraient voulu s'armer pour Robespierre, et cet homme sinistre et ses complices périrent le 10 thermidor sur la place de la Révolution. Dans cette journée, qui mit fin au régime de la Terreur, les vainqueurs ne furent dignes ni d'estime ni de reconnaissance; ils obéirent aux instincts de la peur, ils combattirent pour ne pas mourir.

Le gouvernement de la Convention se prolongea durant quatorze mois encore, et Paris fut de nouveau le théâtre de grandes scènes, de mémorables insurrections, à l'aide desquelles les Montagnards et les Royalistes, les uns dans la journée du 1er prairial, les autres dans la lutte sanglante du 13 vendémiaire, essayèrent tour à tour de saisir le pouvoir et de mettre la main sur la France. La Convention prévalut. Dans la journée du 1er prairial l'enceinte de ses séances fut ensanglantée par des attroupements d'hommes et de femmes qui criaient : *Du pain! la constitution de* 1793! La tête du député Féraud, placée au bout d'une pique, fut montrée au président de la Convention, et cet homme illustre, Boissy d'Anglas, salua respectueusement la victime et tint tête aux insurgés. Le 13 vendémiaire, quarante mille sectionnaires armés, la plupart déterminés à rétablir la monarchie, se portèrent sur le palais des Tuileries pour en chasser la Convention. Ils furent vaincus et mitraillés par le jeune Bonaparte, et la république prévalut pour durer quelques années encore.

Peu de jours après, la Convention, après avoir doté la France d'une constitution nouvelle, dite de l'an III, abdiqua ses pouvoirs et fit place au Directoire. Ce fut une période de corruption, d'immoralité et de décadence.

Sous le Directoire Paris se disait revenu de ses utopies; la liberté lui avait apparu si cruelle, l'égalité si grossière, la fraternité si tyrannique, que Paris les redoutait et ne les invoquait plus. On trouvait plus commode de s'enrichir en s'appropriant les dépouilles des moins habiles, en jouant sur les assignats, en réalisant d'énormes bénéfices sur les biens confisqués. L'ancien régime avait reparu avec ses saturnales, son insolence et ses débauches; il n'y avait de changé que les acteurs et les formes. Des laquais dénonciateurs, des intendants agioteurs, beaucoup de coupeurs de bourses trônaient dans les hôtels et dans les châteaux révolutionnairement enlevés à la noblesse, et le cynisme de leurs désordres et de leur luxe faisait regretter la Régence.

A Paris le culte catholique était proscrit; le Christianisme portait ombrage, et la secte des *Théophilanthropes* était seule admise à jouir des faveurs officielles : c'était le déisme érigé en religion. Pendant que Larevellière-Lépeaux s'offrait à découvert aux attaques du ridicule en se faisant le pontife de ce nouveau culte, ses collègues riaient du grand-prêtre, et toutefois lui sacrifiaient bien volontiers les souvenirs et les traditions de la foi. Ajoutons que le mépris populaire faisait bonne justice du pontife et de ses adeptes.

Au reste les contempteurs du Christianisme, poursuivis par le remords ou par le besoin d'ordre public, avaient cherché à remplacer la religion par la philosophie. L'État payait les professeurs de morale, la plupart athées, qui rappelaient aux jeunes citoyens des deux sexes les principes de morale oubliés par leurs pères. On rendait grâces à la *Nature* dans les réunions du décadi, et l'on parlait jusqu'à satiété de bienfaisance, de désintéressement, de vertu; on n'oubliait rien, sinon d'enseigner l'amour et le respect pour Celui de qui seul découle la morale. Dans les écoles primaires on commentait les droits de l'homme et du citoyen; dans les institutions d'un ordre plus élevé on divinisait les doctrines de Voltaire, et partout, dans les livres, dans les salons, dans les journaux, la charité chrétienne était remplacée par une sensiblerie maniérée et fausse que Jean-Jacques Rousseau avait mise à la mode. On affectait servilement d'imiter Athènes et Rome dans leurs institutions morales. Il n'y avait point encore de censeurs; mais la loi réservait des priviléges à la vieillesse, à la maternité, à la fidélité conjugale. Dans les pompes publiques on honorait la chasteté en associant au cortége des époux et des enfants tout le chœur des *vierges* de l'Opéra. Les savants et les sages de la République décernaient, à des jours marqués, des couronnes de roses à la pudeur et des médailles à l'héroïsme. On amusait le peuple par les commémorations anniversaires du 14 juillet, du 10 août, du 9 thermidor, du 1er vendémiaire. Dans ces occasions solennelles les ordonnateurs de la joie officielle cherchaient toujours à imiter les jeux d'Homère, les fêtes décrites par Virgile; le programme mentionnait la course à cheval, la course des chars, et les vainqueurs recevaient des disques, des armes, des coupes ciselées.

Plus que jamais les réminiscences d'Athènes et de Rome occupaient les esprits ; les hommes d'État prenaient pour costume le pallium et la toge ; les femmes se drapaient comme Aspasie ou Faustine ; leur toilette révoltait la décence, et, pour premier châtiment, l'âpreté et l'humidité de nos climats infligeaient à ces statues de chair des maladies aigües ou mortelles. Pour les hommes il était de *suprême bon ton* de porter des habits à grandes basques, d'immenses cravates blanches, de petits carricks chamois et à vingt collets, de petites bottes à revers, des bas de soie chinés, des cheveux à *repentirs* longs ou relevés en tresses sur les côtés et sur le derrière de la tête ; un lorgnon ridicule et une canne grosse et noueuse complétaient cet étrange attirail. Les femmes portaient des robes à queue qu'elles agrafaient d'un côté presque à la hauteur du genou ; conformément aux traditions numismatiques, ces robes avaient la taille courte et laissaient à découvert les bras et les épaules. La coiffure des élégantes républicaines n'était empruntée ni aux Grecs ni aux barbares ; elle consistait en un petit chapeau qui figurait bien moins un casque qu'un colimaçon. Les *merveilleux* des deux sexes se pavanaient sous les ombrages du Jardin national ; ils faisaient sonner leurs breloques, reluire leurs bagues et leurs chaînes d'or, et ils parlaient un langage affecté, un de ces idiomes qui ne doivent appartenir qu'à des individus efféminés et lâches. Le soir cette société déchue ou dégradée se portait à Tivoli ou à Frascati ; elle allait danser aux bals de Suresne, de l'hôtel Richelieu, de Wentzel, de Travers, de la rue de Paradis. Les femmes se rendaient là sans bas et sans souliers ; elles n'étaient chaussées que du cothurne grec ou d'une simple sandale attachée par des rubans. Elles portaient des anneaux aux jambes, des bagues aux orteils, et affichaient des mœurs dignes de leur costume. Enfin, pour compléter le tableau, les maisons de jeu demeuraient ouvertes jour et nuit.

Voilà où en étaient Paris et son peuple, lorsque Napoléon Bonaparte, après avoir accompli les campagnes homériques d'Égypte et de Syrie, reparut en France, et, fort de la mission que lui imposait le vœu unanime de la France, termina, par le coup d'État du 18 brumaire, les hideuses saturnales de l'anarchie et l'impuissance politique du Directoire.

CHAPITRE II.

Paris sous le Consulat et l'Empire.

Un nouveau gouvernement fut installé au faîte de la France; le général Bonaparte le dirigea sous le titre de premier consul. L'un de ses premiers soins fut de supprimer l'horrible fête du 21 janvier, instituée par la Convention pour célébrer l'anniversaire de la mort de Louis XVI. Bonaparte se rendit ensuite dans les prisons de Paris, et, en entrant dans celle du Temple, il mit en liberté les otages, sortes de victimes politiques que le Directoire y avait enfermées. Pour consoler les républicains de ces innovations il fit, en grande pompe, installer aux Tuileries le buste de Junius Brutus. Il ordonna ensuite que, pendant dix jours, tous les drapeaux de la République resteraient voilés de crêpes noirs en mémoire du célèbre Washington, dont on venait d'apprendre la mort. Peu de jours après, suivi d'un grand cortége et aux acclamations de la multitude, il alla habiter l'ancien palais des rois. Sur la façade des Tuileries on lisait ces mots : « Le 10 août 1792 la royauté en France est abolie; — elle ne se relèvera jamais! » Elle était déjà relevée.

Le pays était las des théories démocratiques et courait au-devant des volontés du pouvoir. Douze ans de convulsions violentes lui avaient fait regarder l'ordre comme le premier des besoins. Cependant le premier consul se préoccupa de la nécessité d'assurer la soumission de la capitale, d'enchaîner son esprit de révolte, d'empêcher à jamais ses insurrections, en lui donnant une administration plus régulière et plus dépendante, en divisant ou en amoindrissant de telle sorte l'autorité municipale que les dernières traces de l'unité et de la puissance de la terrible Commune de 93 disparurent. Pour cela on rétablit sous d'autres noms les magistratures de l'ancien régime, c'est-à-dire le prévôt des marchands, sous le nom de *préfet de la Seine*, et le lieutenant de police, sous le nom de *préfet de police*. Le premier, homme de la cité et véritable maire, mais nommé par le gouvernement et sans initiative, était chargé des recettes, des dépenses, des monuments, de la voirie, etc., et il avait sous lui douze maires distribués dans chaque arrondissement et ayant principalement dans leurs attributions les registres de l'état civil. Le second était chargé de la sécurité et de la salubrité publiques, des approvisionnements des halles, de l'éclairage, etc. Le premier préfet de la Seine fut Frochot, ancien membre de l'Assemblée constituante, et le premier préfet de police Dubois, ancien avocat au parlement de Paris.

Bonaparte regardait comme l'un des plus précieux droits de sa puissance celui de rendre à la France son culte aboli et ses autels trop longtemps profanés. Un concordat intervint entre le souverain pontife et la France. Ce fut une fête bien solennelle que celle qui, pour la première fois, fut célébrée à Notre-Dame en l'honneur de ce grand événement. Bonaparte y assista lui-même, entouré de ses capitaines et de ses soldats de la République, et le peuple de Paris entendit avec bonheur le bourdon de la vieille métropole convoquer les fidèles au pied des autels, lui qui, depuis dix ans, n'avait guère obéi qu'au tocsin de l'émeute.

Quand, à la fête du 14 juillet, on vit figurer au Champ-de-Mars la garde consulaire qui arrivait de Marengo, chargée des drapeaux autrichiens, et qui portait, sur ses figures basanées, sur ses habits poudreux et délabrés, le témoignage de sa victoire, des applaudissements unanimes éclatèrent.

Six mois après, l'attentat du 3 nivôse (24 décembre 1800), par lequel trente-deux personnes furent tuées ou blessées et quarante-six maisons de la rue Saint-Nicaise détruites ou ébranlées, augmenta la popularité de Bonaparte en excitant contre les fureurs des partis une indignation universelle.

La société avait d'ailleurs hâte de se purifier des souillures du Directoire; l'atticisme reprenait ses droits, et les étrangers, exclus de Paris depuis dix ans par les fureurs révolutionnaires, accouraient enfin à Paris pleins de curiosité et saisis d'admiration; surtout ils se montraient avides de connaître quelques détails de la vie et des habitudes du premier consul; ils passaient sur ces places publiques à peine déblayées de ruines, et que l'imagination leur représentait comme rouges de sang; puis ils encombraient nos salles de théâtre, nos athénées, |nos musées enrichis par les dépouilles opimes de l'Italie. Paris s'étalait à leurs yeux comme une femme fière de sa beauté; son peuple affichait le faste, se plaisait au luxe, aux pompes militaires, aux œuvres de théâtre, non plus comme sous le Directoire, alors que le luxe des enrichis ne se composait que de confiscations et d'agiotage, mais parce que la confiance reparaissait avec ses joies et ses fêtes, parce que la fortune semblait être devenue la récompense des services rendus, des talents utiles. Parmi les salons qui s'ouvraient à la foule on citait ceux de l'envoyé de Russie, de M. de Talleyrand, des banquiers Perregaux, Séguin, Hainguerlot, et avant tous les autres celui de madame Récamier, femme illustre, belle et généreuse, qu'il suffit de nommer et que notre grande capitale n'a point oubliée.

Le Consulat fut une période de transition entre la Révolution et l'Empire. Le gouvernement du premier consul n'exerça point le despotisme, mais la dictature, qui était une nécessité de ce temps et qui fut évidemment légitime, parce qu'elle sauva le pays. Ce fut une époque vraiment civilisatrice, vraiment forte, durant laquelle le pouvoir remplit laborieusement sa mission. Réorganisation religieuse et morale, restauration du culte, retour du crédit, extinction du brigandage, défaite de l'anarchie, soumission de l'Europe, abolition successive des institutions vicieuses que la Révolution nous avait léguées, résurrection inattendue d'un pouvoir craint, obéi et respecté, telle fut l'histoire de la ville de Paris et de la France, livrées l'une et l'autre, pendant quatre ans, à un travail de reconstitution générale et dont l'étude appelle au plus haut degré les préoccupations des hommes réfléchis et des publicistes intelligents.

Tout était préparé pour le renversement de la république; le dernier pas fut accompli. Au mois de floréal an XII (18 mai 1804), le sénat, sur la proposition d'un de ses membres, déclara que Napoléon Bonaparte était appelé au trône par le vœu du peuple et le proclama EMPEREUR DES FRANÇAIS.

A peine empereur Napoléon songea à se faire couronner, et il obtint que le pape Pie VII se rendrait à Paris pour lui donner l'onction sainte. Cependant les meneurs de la démocratie vaincue agitaient le peuple et soulevaient dans les salons et dans les lieux publics une irritation factieuse. L'empereur lui-même s'en émut; il entra un jour au conseil d'État, plein de colère, et il exhala en ces termes le ressentiment qu'il couvait depuis longtemps contre la capitale : « Ne serait-il pas possible de choisir une autre ville pour le couronnement? Cette ville a toujours fait le malheur de la France. Ses habitants sont ingrats et légers; ils ont tenu des propos atroces contre moi. Ils se seraient réjouis du triomphe de Georges et de ma perte!... Je ne me croirais pas en sûreté à Paris sans une nombreuse garnison ; mais j'ai deux cent mille hommes à mes ordres, et quinze cents suffiraient pour mettre les Parisiens à la raison.... Les banquiers et les agents de change regrettent sans doute que l'intérêt de l'argent ne soit plus à cinq pour cent par mois; plusieurs mériteraient d'être exilés à cent lieues de Paris. Je sais qu'ils ont répandu de l'argent parmi le peuple pour le porter à l'insurrection. J'ai fait semblant de sommeiller pendant un mois; j'ai voulu voir jusqu'où irait la malveillance; mais qu'on y prenne garde, mon réveil sera celui du lion... »

Le souverain Pontife ne s'était rendu à Paris qu'avec une résignation de martyr; il fut étonné de voir la foule, cette foule si renommée, si calomniée dans l'Europe pour ses impiétés et ses fureurs, qui se pressait sur ses pas et se découvrait humblement devant lui ; il la trouva remplissant les églises; enfin, quand il parut au balcon des Tuileries, il fut couvert d'acclamations et tout s'agenouilla pour recevoir sa bénédiction.

Le sacre fut la cérémonie la plus pompeuse dont Paris eût jamais été le théâtre. La vieille basilique avait été maladroitement restaurée, reblanchie et embarrassée sur sa façade d'un vaste portique ; on y réunit les députés des villes, les représentants de la magistrature et de l'armée, tous les évêques, le sénat, le Corps législatif, le tribunat, le conseil d'État, etc. L'intérieur était décoré de tentures de velours, et, adossé à la grande porte, se trouvait un trône élevé de vingt-quatre marches, placé entre des colonnes qui supportaient un fronton. L'empereur partit des Tuileries dans une voiture dont la magnificence est restée longtemps proverbiale, escorté des maréchaux à cheval et accompagné d'une multitude de chambellans, hérauts, pages, officiers, fonctionnaires. Il suivit les rues Saint-Honoré et Saint-Denis, le Pont-au-Change, la rue de la Barillerie, le quai et le parvis Notre-Dame, et, au retour, le pont Notre-Dame, la rue Saint-Martin, les boulevards, la place de la Concorde et le jardin des Tuileries. Les fêtes durèrent trois jours; le quatrième, le Champ-de-Mars fut le théâtre d'une solennité toute militaire qui vint compléter la cérémonie du sacre : l'empereur donna des aigles aux divers corps de l'armée. Ce fut une grande et sérieuse fête, qui fit éclater les acclamations les plus ardentes, et dont le souvenir, perpétué par le pinceau de David, est encore aujourd'hui populaire.

Il n'entre pas dans le cadre qui nous est tracé de raconter les glorieuses campagnes de cette époque. A Paris les salons de la noblesse et de la bourgeoisie se montraient ouvertement hostiles à l'empereur, mais la masse saluait de sincères acclamations l'homme de génie qui représentait à ses yeux l'honneur du nom français, et, sans porter ses regards au delà de la satisfaction de la fierté vaniteuse qui lui faisait battre le cœur et lever la tête, elle vouait dès lors à son empereur, à cause de ses victoires, cette admiration enthousiaste, cette espèce de culte superstitieux que n'ont jamais pu altérer ni ses fautes, ni ses revers, ni même sa mort.

A ses amis et à ses ennemis, intérieurs et extérieurs, Napoléon répondit par la victoire d'Austerlitz. Alors un cri général d'admiration vint remplacer en France les murmures, les rires et les sarcasmes. Dans la foule ce fut de l'enivrement quand on vit porter en triomphe à Notre-Dame, au sénat, au tribunat, à l'hôtel de ville, cent vingt drapeaux autrichiens et russes, que l'empereur envoya, le 1er janvier 1806, à la capitale, pour *ses étrennes*.

Napoléon voulut perpétuer le souvenir de nos victoires par la création de nouveaux monuments à Paris. Après Austerlitz il décréta la construction de l'arc de triomphe du Carrousel, l'érection de la colonne de la place Vendôme, et la formation d'une grande rue, dite *Impériale*, qui devait aller jusqu'à la barrière du Trône, en enfermant dans son parcours les Tuileries et le Louvre. Un monument était depuis longtemps décrété sur la place de l'ancienne Bastille; Napoléon voulait que ce fût un arc triomphal assez vaste pour donner passage, à travers le portail du milieu, à la grande rue projetée, et placé à l'intersection de cette rue et du canal Saint-Martin. Les architectes ayant déclaré l'impossibilité d'une telle construction sur une base pareille, Napoléon résolut de transporter cet arc à la place de l'Étoile, pour qu'il fît face aux Tuileries et devînt l'une des extrémités de la ligne immense qu'il voulait tracer au sein de sa capitale. Si de nos jours la rue de Rivoli a réalisé la première de ces deux combinaisons, si un autre gouvernement a élevé l'arc de triomphe, nous n'en devons pas moins renvoyer l'idée de ces merveilleuses entreprises à Napoléon Ier. Ce prince, préoccupé de projets utiles, trouva indigne de la prospérité de l'empire que la capitale manquât d'eau tandis que dans son sein coulait une belle et limpide rivière. Les fontaines n'étaient ouvertes que le jour ; il voulut que des travaux fussent exécutés sur-le-champ aux pompes de Notre-Dame, du Pont-Neuf, de Chaillot, du Gros-Caillou, pour faire couler l'eau jour et nuit. En même temps, et par des décrets impériaux, il ordonna l'érection de quinze fontaines nouvelles. Celle du Château-d'Eau était comprise dans cette création ; en deux mois une partie de ces ordres fut exécutée, et l'eau jaillissait jour et nuit des soixante-cinq fontaines anciennes. Sur l'emplacement de celles qui venaient d'être décrétées, des bornes provisoires répandaient l'eau, en attendant que les fontaines elles-mêmes fussent élevées. Le trésor public avait fourni les fonds nécessaires à cette dépense, et l'empereur jugeait avec raison que, Paris étant le cœur de la France, la France devait lui venir en aide. Vers le même temps Napoléon prescrivit la continuation des quais de la Seine, et décida que le pont du Jardin des Plantes, alors en construction, porterait le glorieux nom d'*Austerlitz*. S'étant aperçu, en visitant le Champ-de-Mars pour arrêter le plan des fêtes qui se préparaient, qu'une communication était indispensable sur ce point entre les deux rives de la Seine, il ordonna l'établissement d'un pont en pierre, qui devait être le plus beau de la capitale et qui reçut le nom de *pont d'Iéna*.

Après chaque campagne, après chaque traité, la capitale recueillait les dépouilles opimes de la victoire; c'était elle qui se trouvait chargée de consacrer le souvenir de tant d'événements prodigieux par quelque monument ou bien par quelque fête. Quand le traité de Tilsitt eut été signé la garde impériale revint à Paris et on lui fit une réception triomphale (25 novembre 1807). Elle entra par la barrière de la Villette; le préfet de la Seine et les autorités municipales allèrent au-devant d'elle et posèrent des couronnes d'or sur ses aigles avec cette inscription : *La ville de Paris à la Grande Armée!* Douze mille vieux soldats, commandés par le maréchal Bessières, défilèrent au milieu de la foule enthousiaste, qui leur jetait des branches de laurier, aux cris unanimes de « Vive l'empereur! Vive la Grande Armée! » Jamais plus glorieuse troupe n'avait traversé les rues et les boulevards de la capitale! jamais plus sincères acclamations n'avaient accueilli de plus belles victoires! Paris était fier de représenter la France pour saluer en son nom les vainqueurs d'Iéna et de Friedland! La fête fut terminée par un immense banquet où s'assirent douze mille *grognards*, et qui avait été dressé dans la double allée des Champs-Élysées, depuis la barrière de l'Étoile jusqu'à la place de la Concorde.

Mais insensiblement, et à mesure que la guerre imposait de nouveaux sacrifices, l'opposition se ranimait à Paris et se formulait en attaques contre l'empereur. La victoire de Wagram (1809), achetée par des fleuves de sang, imposa silence aux récriminations de la bourgeoisie parisienne, mais elle ne mit pas fin aux sourdes inquiétudes qui déjà gagnaient beaucoup de terrain. Vers la fin de la même année Paris fut douloureusement attristé par le divorce de Napoléon. Le peuple aimait Joséphine; il voyait en elle le bon génie de l'empereur, et il la plaignit dans sa disgrâce imméritée.

En 1810 Paris fut le théâtre des fêtes officielles qui durent être données pour célébrer le mariage de Napoléon et de l'archiduchesse Marie-Louise. L'empereur et la nouvelle impératrice firent leur entrée solennelle dans la capitale de l'empire; leur splendide carrosse était traîné par huit chevaux isabelle, et la foule battait des mains. Arrivés sous le péristyle du château, les princes traversèrent les salons et les galeries, au milieu d'une affluence innombrable de spectateurs invités, parmi lesquels figuraient, en grande toilette, plusieurs milliers de jeunes femmes. La galerie du Musée offrait un merveilleux coup d'œil, et la messe de mariage fut dite dans le Salon carré, qu'on avait pour un moment transformé en chapelle. Quelques jours après (juin 1810) il y eut à Paris des réjouissances municipales, et la ville offrit à l'impératrice de fort riches cadeaux. L'une des fêtes officielles qui furent données à cette occasion, le bal de l'ambassade d'Autriche, fut attristée par une catastrophe des plus douloureuses. Toute l'élite de la noblesse de France et du continent avait été conviée à cette fête, et, pour suppléer à l'insuffisance des appartements, le prince de Schwartzemberg avait fait construire dans le jardin de son hôtel une vaste salle de bois, somptueusement décorée. Les frêles murs de cette galerie avaient été parés de tentures et de draperies, le plafond était chargé de lustres; les bougies étincelaient par milliers, et la foule était si nombreuse qu'on pouvait à peine circuler. Soudain le cri *Au feu!* se fit entendre; la flamme dévora en quelques instants les murs et les lambris de bois, enduits d'une peinture résineuse. Ce moment fut effroyable; toutes les femmes se précipitaient à la fois par les issues, et beaucoup d'entre elles furent foulées aux pieds et étouffées; Marie-Louise, conservant un calme remarquable, vint s'asseoir sur son trône; l'empereur s'élança, la prit dans ses bras, et la transporta hors de l'enceinte à demi embrasée. Il revint ensuite pour diriger les secours, mais bientôt il ne resta plus qu'un amas de décombres ensanglantés et fumants. Cet événement produisit à Paris une vive stupéfaction; les hommes les moins superstitieux se rappelèrent les désastres occasionnés à Paris par les pompes du mariage de Marie-Antoinette, et ils se dirent que la nouvelle alliance contractée avec l'Autriche ne serait ni longue ni heureuse. L'année suivante (1811) un événement dont on espéra beaucoup parut démentir ces appréhensions populaires. Dans la nuit du 20 mars naquit un héritier, et l'empereur décerna à l'enfant impérial le titre de roi de Rome, que nul homme n'avait porté depuis Tarquin le Superbe.

Jamais, depuis l'époque de Charlemagne, une monarchie aussi colossale n'avait été offerte en spectacle au monde.

Le palais des Tuileries était comme l'hôtellerie des rois vassaux de la France. Napoléon avait créé une nouvelle noblesse, et la victoire avait veilli, même avant leur baptême, ces illustrations de la cour impériale; d'anciens montagnards, des terroristes exaltés, des régicides s'étaient empressés de cacher leurs antécédents républicains sous les titres fastueux de barons et de comtes dont les affublait l'empereur; les nobles du plus haut lignage, dont les ancêtres avaient pris part aux croisades et décerné la couronne à Hugues Capet, venaient à leur tour solliciter les grâces de l'empereur et recevoir de sa main la clef de chambellan.

Vinrent pour Paris les souffrances et le contre-coup des revers militaires. En 1811, par suite des blocus réciproques et de l'interruption du commerce maritime, un grand nombre de métiers chômaient; les denrées coloniales étaient montées, à cause du blocus continental, à un prix exorbitant; une mauvaise récolte vint aggraver les maux de la population parisienne. L'empereur essaya d'y porter remède en faisant acheter des grains qu'on revendit à bas prix, en ouvrant des ateliers de charité, en donnant des sommes considérables aux bureaux de bienfaisance; mais il ne put entièrement apaiser les murmures. Durant la fatale guerre de Russie les bulletins de la campagne furent lus, même dans les faubourgs, avec une grande anxiété; on s'émerveillait de cette marche audacieuse à travers les pays inconnus du Nord; on applaudissait aux exploits accoutumés de nos troupes; on s'enorgueillissait de ces deux cents voltigeurs, enfants de Paris, qui résistèrent, à Witepsk, à deux régiments de la garde russe; mais au milieu de ces joies on éprouvait un serrement de cœur. La bataille de la Moskowa n'excita qu'une allégresse officielle, et le canon des Invalides dérida à peine les physionomies; l'entrée à Moscou rassura peu les esprits, et, quand on apprit l'incendie de cette ville, il n'y eut dans toutes les classes de la population qu'un sentiment de terreur. Paris présentait alors un singulier spectacle : il vivait de sa vie ordinaire, occupé en apparence d'affaires et de plaisirs, calme, docile, surveillé à peine par trois ou quatre mille hommes de garnison; mais, au fond, il était sourdement travaillé par les partis et disposé, non à faire, mais à accepter quelque révolution nouvelle, tout le monde étant persuadé que l'épopée napoléonienne finirait par quelque grande catastrophe.

Un homme audacieux mit à profit cette disposition des esprits, l'appréhension universelle, le manque de nouvelles, pour tenter seul le renversement du gouvernement impérial. Tout son plan reposait sur ce mot magique : L'empereur est mort! Mallet, général du parti de Moreau, déjà compromis dans une conspiration et détenu dans une maison de santé du faubourg Saint-Antoine, s'échappe, pendant la nuit, de cette maison (22 octobre 1812), fait sortir de la prison de la Force, au moyen d'un faux ordre, les généraux Lahorie et Guidal, anciens aides de camp de Moreau, qui étaient ses complices; puis, avec un faux sénatus-consulte, de fausses lettres de service, il se fait suivre par deux bataillons de la garde de Paris, s'empare de l'hôtel de ville, arrête et met en prison le ministre de la police Savary, le préfet de police Pasquier, et les remplace par Lahorie et Guidal. Le jour commençait à paraître, et avec lui la fatale nouvelle se répandait dans Paris consterné et néanmoins tranquille; mais à l'état-major de la place Mallet rencontra un incrédule qui l'arrêta, et la conspiration se trouva ainsi avortée. Les généraux Mallet, Lahorie et Guidal furent fusillés dans la plaine de Grenelle, avec dix autres individus dont tout le crime était d'avoir trop facilement obéi à ces hardis conspirateurs. Le préfet de la Seine fut destitué et remplacé par M. de Chabrol, qui exerça ces fonctions de 1812 à 1830.

Après les désastres de la guerre de Russie et les douloureuses épreuves de 1813, la France fut envahie de toutes parts et les armées étrangères occupèrent successivement nos provinces du nord, du sud et de l'est. L'empereur, durant l'immortelle campagne de 1814, essaya de disputer à l'ennemi le territoire national, mais les débris de nos légions furent accablés par le nombre, et les innombrables troupes de la coalition environnèrent la capitale. L'empereur avait prescrit de défendre Paris jusqu'à l'extrémité, mais ses ordres avaient été méconnus.

Le 30 mars, au moment où le jour commençait à poindre, le canon ennemi annonça la bataille, et nos tambours battirent dans tous les quartiers, appelant la population aux armes. Le maréchal Marmont déploya quelques régiments de Montreuil aux prés Saint-Gervais; le maréchal Mortier, qui n'avait sous lui qu'un faible corps d'armée, s'étendit jusqu'à la Chapelle. Quelques détachements furent laissés à Saint-Maur, à Charenton, à Saint-Denis, à Neuilly, à Vincennes. Six mille gardes nationaux, ayant à leur tête le vieux Moncey, se portèrent en dehors de l'enceinte; l'artillerie était servie par les invalides et par les élèves de l'École polytechnique. C'était avec ces faibles ressources qu'il fallait contenir deux cent mille hommes.

Le dévouement de la population et de l'armée égalèrent la grandeur des circonstances. Les villages de Romainville et de Pantin furent plusieurs fois pris et repris;

l'ennemi gagnait lentement du terrain, mais il n'avançait qu'en perdant l'élite de ses troupes. A onze heures l'armée prussienne vint soutenir les efforts de l'armée russe ; mais les Français tenaient encore avec énergie. Pendant huit heures les étrangers reçurent la mort, et ne durent qu'à la force numérique si supérieure de leurs masses de pouvoir sans cesse reformer leurs lignes ; toujours repoussés, toujours ils revinrent à la charge. Et pourtant le nombre des défenseurs de Paris ne s'élevait qu'à trente mille hommes : cinquante mille gardes nationaux et trente mille ouvriers demandaient en vain des armes; l'administration, livrée aux conseils de la trahison ou de la peur, laissait leur courage stérile. Vers quatre heures les efforts de Marmont cessèrent enfin d'arrêter l'ennemi, et les Russes se rendirent maîtres de Ménilmontant, puis de Charonne, et lancèrent des obus dans les faubourgs. De son côté le prince royal de Wurtemberg menaça les barrières de Bercy ; bientôt après l'armée de Silésie, triomphant de l'héroïque résistance de Mortier, emporta coup sur coup Aubervillers, la Villette, la Chapelle, Montmartre et la barrière de Neuilly. Quelques heures de plus cependant, et l'empereur, qui arrivait de Troyes à marches forcées, allait atteindre l'arrière-garde de l'ennemi ; à la tête de son armée de Champagne il pouvait encore jeter l'ennemi entre deux feux et sauver d'un seul coup de tonnerre sa dynastie et sa capitale. Mais il était trop tard.... Marmont, ignorant les approches de l'empereur, avait craint d'exposer Paris aux horreurs d'un grand pillage ; n'espérant aucun secours humain, accablé par la fortune contraire, il signa la fatale convention qui livrait aux étrangers la métropole de la France.

Alors se leva pour Paris la fatale journée du 31 mars ; l'empereur Alexandre et le roi Frédéric-Guillaume, à la tête de leurs soldats, franchirent les barrières de la capitale et traversèrent nos rues silencieuses. Le peuple, dans les entrailles duquel fermente le noble amour de la patrie, voyait avec stupeur la victoire de l'étranger ; il contemplait avec une curiosité mêlée de répugnance les Tartares aux figures hideuses, les Kalmouks couverts de cottes de mailles, les Cosaques des diverses tribus, tous les Barbares qui arrivaient jusqu'à nous, du pied de la grande muraille, pour tirer vengeance de notre gloire et de nos grandes journées, pour humilier nos aigles et faire descendre, au bruit des acclamations du parti royaliste, la statue de Napoléon le Grand qui dominait la Colonne.

Les événements s'accomplirent. L'étranger étant maître de la situation, le sénat proclama la déchéance de Napoléon et rappela en France la dynastie capétienne. Louis XVIII était en Angleterre. Durant l'intervalle qui précéda son retour, son frère, le comte d'Artois, exerça le pouvoir royal sous le titre de lieutenant général du royaume. Bientôt après Louis XVIII débarqua à Calais et fit, le 3 mai 1814, son entrée solennelle à Paris. Il était accompagné des princes de sa maison. Partout la foule se pressait sur leur passage ; on commençait à se résigner aux dures conditions qui avaient été imposées à la France, en pensant que la gloire restait du moins et qu'au prix d'une grandeur exagérée on avait obtenu le bonheur et les avantages de la paix.

Louis XVIII donna à la France une charte imitée de la constitution anglaise.

Cette charte fut octroyée à la France en vertu du pouvoir constituant que les rois avaient exercé à diverses époques de notre histoire. Le Corps législatif, que Napoléon avait dissous, forma la première chambre des Députés; on fit entrer dans la chambre des Pairs une grande partie du sénat, et tout ce que l'ancienne noblesse et l'émigration comptaient de personnages éminents par les traditions ou les services.

L'histoire spéciale de Paris durant cette période de transition n'offrit rien de bien remarquable. Épuisée par les sacrifices d'hommes et d'argent nécessités par l'invasion, la capitale du royaume ressemblait à un malade qui se repose, à un blessé convalescent, à qui l'on ordonne de s'abstenir d'agitation et de mouvement. Les transactions commerciales avaient repris leur cours régulier; les fêtes publiques et les spectacles continuaient d'attirer la foule; les pompes religieuses, depuis vingt-cinq ans mises en oubli, reprenaient possession de la voie publique aux jours des grandes solennités; il y avait des banquets de gardes du corps, des bals municipaux, des parades de la garde royale. Quant aux monuments, aux projets d'embellissement de Paris, aux créations nouvelles et utiles, l'argent manquait pour les réaliser et on attendait des jours meilleurs. Les événements politiques ayant fait descendre la statue de Napoléon Ier du faîte de la colonne, cette glorieuse effigie fut remplacée par une fleur de lis à quatre faces, haute d'un mètre, et portée par une flèche de six mètres d'élévation, à laquelle fut adapté le drapeau blanc. Le roi ayant prescrit la construction de la chapelle expiatoire qui existe aujourd'hui, rue d'Anjou-Saint-Honoré, des fouilles eurent lieu dans l'ancien cimetière de la Madeleine, et l'on exhuma les ossements à demi calcinés de Louis XVI et de Marie-Antoinette. Ces restes mortels furent pieusement transférés dans la nouvelle tombe qui était destinée à les recevoir, et, le 21 janvier, jour anniversaire du régicide, une cérémonie funèbre eut lieu dans les églises de Paris. Les jacobins (il s'en trouvait encore) se trouvèrent froissés de ces solennelles manifestations de repentir ou de deuil, mais ils n'osèrent laisser éclater au dehors leur déplaisir, et ils se bornèrent à de sourdes et silencieuses attaques.

Les bienfaits des princes étaient représentés comme des actes de corruption, et, comme on supposait qu'ils avaient beaucoup à se plaindre du peuple, le peuple ne leur pardonnait pas le mal qu'il leur avait fait lui-même.

Du lieu d'exil où l'Europe l'avait relégué, l'empereur suivait avec une constante sollicitude ces mouvements de l'opinion publique. Les nombreux émissaires qu'il envoyait sur le continent lui rendaient compte des fautes imaginaires ou réelles du gouvernement royal, du mécontentement de l'armée et des rancunes du peuple.

Ainsi le gouvernement, les partis, les souvenirs, tout conspirait le renversement de la Restauration et le rétablissement du régime impérial.

Le 26 février 1815 l'empereur quitta l'île d'Elbe; le 1er mars il débarqua sur les côtes de Provence; vingt jours après il se présenta aux abords de Paris. Dans la nuit du 19 au 20 mars Louis XVIII se résigna à fuir devant l'homme populaire qui venait lui enlever la couronne, et, dans la soirée du 20 mars, Napoléon, installé aux Tuileries, reprit l'exexcice du gouvernement. Pour contre-balancer l'effet de ces événements, les puissances étrangères, représentées au congrès de Vienne, décrétèrent que Napoléon Bonaparte était mis au ban des nations et qu'on ne traiterait point avec lui.

L'empereur se mit en devoir de braver l'effet de ces menaces. Nos magasins étaient vides, nos arsenaux dépourvus de canons et de fusils, grâce aux prudentes précautions des alliés, qui avaient occupé le territoire. Sur tous les points de la France on établit des ateliers; une impulsion immense fut donnée aux travaux qui avaient pour but de fortifier nos places et de mettre nos soldats en état d'entrer en campagne. Des levées en masse furent faites; la garde nationale fut mobilisée, la cavalerie remontée. Napoléon songea en outre à se concilier le parti révolutionnaire en promulguant une nouvelle constitution qui ressemblait beaucoup, pour la forme, à la charte de 1814, et qui fut appelée *Acte additionnel*. En vertu de cette loi une chambre des Pairs et une chambre des Représentants furent convoquées à Paris. Napoléon voulut faire assister ces grands corps à une cérémonie imposante, qui rappelait les usages des Carlovingiens. De tous les départements de la France on envoya à Paris des électeurs ou des fédérés, qui avaient pour mission de rendre plus solennelle l'acceptation de l'Acte additionnel et de sanctionner de leurs suffrages la révolution militaire qui s'était accomplie. Cette cérémonie reçut le nom de *champ-de-mai*. Napoléon y assista, et avec lui les Chambres, les fédérés de l'empire, une partie de l'armée du Nord, des députations tirées de chaque régiment, de la garde nationale, et enfin un peuple immense qui couvrait les talus élevés autour du Champ-de-Mars. Au milieu de cette grande plaine on avait dressé un autel, où l'on célébra la messe. Au moment solennel de l'élévation une salve d'artillerie et un roulement de tambours se firent entendre; le peuple, l'armée et l'empereur s'agenouillèrent, et l'on remarqua le profond recueillement de Napoléon. Lorsqu'on eut chanté le *Te Deum* l'empereur monta sur une estrade, et, après avoir prononcé un discours empreint d'une vigoureuse éloquence, il distribua les aigles à ses soldats et reçut les serments de l'immense assemblée. Quelques jours après il prit avec la Grande Armée la route du Nord. Le 15 il passa la Sambre, et il ouvrit par quelques victoires cette campagne de courte durée que termina le désastre de Waterloo.

Napoléon, abandonné par la fortune, revint à Paris; il n'y trouva que défections et trahisons et se vit dans la nécessité d'abdiquer. On proclama, pour la forme, l'avénement de Napoléon II, et l'on installa un gouvernement provisoire. Cependant les armées coalisées, victorieuses à Waterloo, ne tardèrent pas à se présenter en vue de Paris. Les troupes françaises et les citoyens de la milice nationale voulaient se défendre; il y eut quelques escarmouches et un petit nombre d'engagements. Les ennemis, au lieu d'attaquer Paris du côté du Nord, se déployèrent en masse sur la rive droite du fleuve; on se battit à Velisy, à Rocquencourt, à Sèvres; les Prussiens et les Anglais perdirent du monde et n'en réussirent pas moins à couronner toutes les hauteurs qui entourent Paris. Enfin, à la suite d'un conseil de guerre qui fut tenu dans la nuit du 2 au 3 juillet au quartier général de Davoust, un armistice intervint entre les armées étrangères et l'armée qui combattait pour le trône de Napoléon II. En vertu de cet acte, qui fut nommé *Convention de Saint-*

Cloud, la capitale devait se rendre aux ennemis et les troupes françaises se replier derrière la Loire.

A l'heure où fut signée cette suspension d'armes, en y comprenant les fédérés, qui servaient en guise de tirailleurs, le gouvernement provisoire, s'il avait voulu prolonger la lutte, aurait pu diposer encore, sous les murs de Paris, de cent six mille hommes, de onze cents canons et de vingt-cinq mille chevaux; mais les gouvernants et les chefs militaires voulaient en finir par une prompte paix; les uns avaient déjà pris des engagements avec le roi; les autres redoutaient d'appeler sur Paris les désastres d'une guerre sanglante et les efforts de six cent mille soldats étrangers. L'armée, qui aurait voulu combattre pour Napoléon II, héritier de son père, se résigna lentement à obéir, et jusque dans sa défaite elle se consola par cette pensée qu'elle avait été moins vaincue que trahie.

Paris était en proie à la consternation et à la stupeur; les places, les rues, les faubourgs étaient encombrés de cultivateurs et de paysans chassés de leurs villages par l'approche des armées étrangères; ces malheureux, avec leurs femmes, leurs vieillards, leurs enfants, leurs chars remplis d'ustensiles et de meubles de campagne, campaient en plein air et inspiraient une commisération profonde. Fouché, qui dominait le gouvernement et les Chambres, faisait tous ses efforts pour accroître les alarmes et les inquiétudes des Parisiens afin de leur enlever d'avance toute pensée de résistance. Malgré les tentatives de sa police, des rassemblements se formaient et appelaient le peuple à prendre les armes. La garde nationale, commandée par Masséna, comprima ces manifestations. L'armée s'indignait d'être éloignée de Paris et réclamait sa solde. Les banquiers et les riches bourgeois se cotisèrent et avancèrent les millions à l'aide desquels on enleva aux soldats de Napoléon ce dernier moyen de résistance. Le 6 juillet les troupes de Blücher et de Wellington entrèrent dans Paris. Parmi les équipages et les fourgons des Prussiens, la population des faubourgs remarqua avec une sombre colère la calèche élégante qui portait le prince de Talleyrand. Le lendemain, 7 juillet, le gouvernement provisoire se démit de ses fonctions; les rues, les quais, les places publiques, les mairies et les palais nationaux étaient occupés par des détachements de l'armée prussienne; les ennemis bivouaquaient dans le jardin et sur les terrasses du Luxembourg. En ce même moment les deux Chambres, qui avaient manqué à leur devoir envers Napoléon et envers la France, s'éteignirent obscurément et sans bruit. La chambre des Représentants, singeant mal à propos le sénat de Rome, occupa ses dernières heures à discuter et à voter une nouvelle constitution et une déclaration de principes, et il suffit de donner une consigne au sergent du poste pour en finir avec cette déplorable assemblée.

CHAPITRE III.

Monuments civils et religieux fondés à Paris durant la Révolution et le premier Empire. — Agrandissements. — Nouveaux quartiers. — Quais et ports.

La période historique dont nous venons d'esquisser les souvenirs a vu les divers gouvernements qui se sont succédé doter Paris de monuments presque toujours utiles et souvent fort remarquables. Nous allons les mentionner.

Les Archives, placées aujourd'hui à l'hôtel Soubise, rue du Chaume, furent fondées en 1790 sous le nom d'*Archives nationales*. Leur destination fut d'abord de conserver les pièces originales qu'on remettrait à l'Assemblée nationale, ainsi que l'une des deux minutes du procès-verbal de ses séances. Bientôt cet établissement devint l'objet de la sollicitude de la Constituante, et, par son ordre, on y déposa les pièces les plus importantes des temps présents et passés, tout ce qui ayant de la valeur devait être conservé. A l'époque de leur création on installa les Archives générales au couvent des Capucins de la rue Saint-Honoré. En 1793 la Convention rendit plusieurs décrets pour leur organisation définitive et les fit transférer dans le bâtiment des Tuileries. Un peu plus tard on leur joignit les archives domaniales, placées au Louvre. Le gouvernement impérial les transporta au Palais-Bourbon, où elles demeurèrent jusqu'en 1810. Ce fut à cette époque qu'elles vinrent à l'hôtel Soubise, et elles y sont encore.

Les fonctions du lieutenant général de police furent supprimées après la prise de la Bastille et confiées à la municipalité. Après plusieurs changements on forma un ministère de la *police générale de la république*, en vertu de la loi du 12 nivôse an IV (2 janvier 1796); un arrêté des consuls (17 février 1800) nomma en outre un préfet de police spécial à Paris et au département de la Seine. Le ministère de la police, supprimé en 1802, rétabli en 1804, fut réuni par Louis XVIII au ministère de l'intérieur, sous le nom de *direction de la police générale du royaume*. Cette division subsiste encore, après avoir subi des modifications et des transformations dont le récit ne présenterait vraisemblablement aucun intérêt historique. Le préfet de police, dont les attributions sont immenses, pourvoit à la sûreté, à la propreté, à la salubrité, à la suffisance des approvisionnements dans Paris, par l'exécution des lois et des règlements de police. Sous ses ordres immédiats sont les commissaires de police centrale, les inspecteurs, les officiers de paix, le corps de la garde municipale de la ville de Paris, celui des sapeurs-pompiers, et une multitude d'agents, parmi lesquels on distingue les *sergents de ville*, vêtus d'un habit bleu, avec boutons aux armes de la ville, portant une épée à leur côté, ayant la tête coiffée d'un chapeau militaire.

L'hôtel de la Préfecture de Police était autrefois la résidence du premier président du parlement de Paris. Pétion, second maire de Paris, s'y installa le 7 mai 1792, et depuis cette époque la police y est constamment restée (1).

(1) Sous Bailly, premier maire, cette administration était établie dans l'ancien *Hôtel des lieutenants généraux*, rue Neuve-des-Capucins. Bailly l'occupa après la retraite de Lenoir, pendant les années 1789 et 1790;

La prison municipale y a été en même temps établie, d'abord sous le nom de *prison de la mairie* et ensuite sous celui de *prison de dépôt de la Préfecture de Police*. Jusqu'en 1825 elle était située dans un corps de logis qui avait reçu le nom populaire de *salle Saint-Martin*. Ce bâtiment a été reconstruit, mais la prison du dépôt a conservé parmi le peuple son ancienne dénomination. Les bureaux de cette administration sont fort nombreux. Au moment où nous écrivons ces lignes, l'hôtel de la Préfecture, en majeure partie démoli, est en voie de reconstruction, et des travaux considérables se poursuivent pour en faire un monument (nous allions dire une forteresse) digne de sa destination.

Lors de la suppression des couvents et des établissements religieux, la commission des monuments arrêta, en 1791, que le couvent des Petits-Augustins servirait de dépôt aux différents objets d'art que la barbarie révolutionnaire en avait enlevés. Le gouvernement, ayant fait placer ces monuments d'une manière convenable, érigea ensuite ce dépôt en *Musée des Monuments français*, qui fut ouvert le 1ᵉʳ septembre 1795 et confié à la direction de M. Alex. Lenoir.

Ce musée était divisé de la manière suivante. La nef de l'ancienne église des Augustins renfermait des monuments de toutes les époques, celtiques, grecs, romains, français; on la nommait la salle d'introduction. On y remarquait surtout les tombeaux de Diane de Poitiers, de François Iᵉʳ, de Henri II, de Charles IX, de

arpès lui Pétion, jusqu'au 7 mai 1792. Après Pétion, Pache et Fleuriot demeurèrent à l'hôtel de la présidence, qui fut également le siége du *Bureau central*.

Henri III, de Catherine de Médicis, de Richelieu, etc.

Cinq autres salles séparées contenaient les productions des arts de cinq siècles. Cette division commençait au dix-huitième. Le chœur de l'église, appelé la salle du treizième siècle, était occupé par les statues couchées de Clovis II, de Charles-Martel, de Pepin et de son épouse, de Hugues Capet, le tout tiré presque exclusivement de Saint-Denis.

La première salle latérale, comprise dans les bâtiments du couvent, était consacrée aux productions du quatorzième siècle; on y voyait les monuments de Philippe le Bel, de Louis X, de Charles IV, de Philippe de Valois, de Duguesclin, etc.; dans la salle du quinzième siècle, ceux de Comines, de Charles VII, de la Pucelle d'Orléans, de Louis XI, de Charles VIII. La salle du seizième siècle s'enrichissait des produits des arts de la Renaissance, et celle du dix-septième des ouvrages précieux des règnes de Henri III, de Henri IV et de Louis XIV. Enfin la salle du dix-huitième siècle n'était pas moins abondamment pourvue; Coustou, Bouchardon, Lemoine, Pigalle, etc., s'y trouvaient représentés par leurs œuvres.

La cour du musée était ornée des portiques de Gaillon et d'Anet, conservés dans la nouvelle disposition de l'École des Beaux-Arts; nous avons donné ailleurs (voir au précédent volume) le spécimen du portique de Gaillon.

Le jardin du couvent avait été converti en un *élysée*, dénomination mythologique dans le goût du temps. « Un élysée, dit M. Lenoir, m'a paru convenable au caractère de mon établissement, et le jardin m'a offert tous les moyens d'exécuter mon projet. Dans ce jardin calme et paisible on voit plus de quarante statues; des tombeaux, posés çà et là sur une pelouse verte, s'élèvent avec dignité au milieu du silence et de la tranquillité. Des pins, des cyprès les accompagnent; des larves et des urnes cinéraires, posées sur les murs, concourent à donner à ce lieu de bonheur la douce mélancolie qui parle à l'âme sensible. Enfin on y retrouve le tombeau d'Héloïse et d'Abeilard, sur lequel j'ai fait graver le nom de ces infortunés époux, et les illustres restes de Descartes, Molière, La Fontaine, Turenne, Boileau, Mabillon, Montfaucon. »

Ce jardin devint, pendant quelque temps, le rendez-vous obligé, d'abord des *victimes*, puis des *muscadins*, des *incroyables* et du *beau monde*.

Le musée des Petits-Augustins, qui s'accroissait chaque jour par de nouvelles acquisitions, se vit nécessairement enlever beaucoup d'objets au moment du rétablissement du culte, après le concordat de 1802. Les églises réclamèrent ce qu'elles avaient possédé autrefois. En 1815 la suppression du musée fut entièrement opérée. On transféra les tombeaux, statues, bas-reliefs des princes et des princesses des familles royales dans l'église et dans les caveaux de Saint-Denis. Diverses églises ou maisons religieuses et plusieurs familles se firent distribuer chacune quelques parties de cette précieuse collection, qui dès lors cessa d'exister.

Le projet du *canal de l'Ourcq*, dû à MM. Solage et Bossu, remonte à l'année 1799; toutefois les travaux ne commencèrent qu'en 1802. La prise d'eau se fait dans la rivière de l'Ourcq, à Mareuil, point situé à 96 kilomètres de la barrière de Pantin. Le fossé du canal a été creusé en terre, sans revêtement de construction, sans sas ni écluses. On ne l'a terminé qu'en 1818, et il coûte 25 millions à la ville. Il reçoit dans son cours les ruisseaux de la Grisette, de May, de la Beuvronne et de Terrouane. Ses différentes branches ou ramifications portent les noms de canal de l'Ourcq, bassin de la Villette, aqueduc de Ceinture, canal Saint-Martin, gare de l'Arsenal et canal Saint-Denis. En vingt-quatre heures il amène dans le bassin de la Villette une masse de 1,800,000 hectolitres d'eau ; il entretient, en outre, de grands réservoirs établis sur différents points de Paris. Ce canal offre aussi une communication navigable entre Paris et la rivière de l'Oise.

L'arc de triomphe du Carrousel fut élevé en 1806, sur les dessins de Fontaine et Percier, devant la principale entrée de la cour des Tuileries. Il a 15 mètres de haut, 20 mètres de large et 7 mètres de profondeur. On l'a construit sur le modèle de l'arc de triomphe de Septime-Sévère, à Rome. Il présente trois arcades sur sa face principale ; celle du milieu est plus grande que les deux autres. Ces trois arcades sont coupées par une quatrième, qu'on a ouverte dans l'épaisseur du monument. L'entablement est supporté par quatre colonnes corinthiennes en marbre rouge de Languedoc, avec des bases et des chapiteaux en bronze. Sur le front de l'attique, et au-dessus de chaque colonne, est la statue en marbre d'un soldat de l'armée de Napoléon 1er, avec l'uniforme de son corps. L'arc est surmonté d'un char triomphal traîné par quatre chevaux de bronze, dus à Bosio. Ces chevaux ont remplacé, en 1828, ceux de Saint-Marc de Venise, dits de *Corinthe,* que les alliés reprirent en 1815. Sur le char paraît debout une statue de femme représentant la Restauration. L'ensemble du monument paraît écrasé à la place qu'il occupe ; ce qui l'entoure lui donne une apparence exiguë et le rend presque mesquin.

La *Colonne de la place Vendôme* fut élevée, en 1806, à la gloire de la Grande Armée. Au lieu où elle fut construite on avait jadis érigé une statue équestre à Louis XIV. Elle avait été faite pour orner la première place et avait des proportions d'autant plus colossales. C'est sur le modèle de Girardon qu'elle avait été fondue d'un seul jet par Keller, dès le mois de décembre 1692. Le dernier débris du monument du grand roi était encore debout, mais très-mutilé, lorsque Napoléon eut la pensée de la gigantesque colonne, où le bronze éternise le souvenir d'une de ses plus glorieuses campagnes, celle de 1805. La colonne Trajane fut prise pour modèle, mais malheureusement elle ne fut imitée que pour les proportions de force et de hauteur, et non pour le mérite des sculptures. Les bas-reliefs, fondus d'après les dessins de Bergeret, et qui ne couvrent pas moins de deux cent soixante-seize plaques de bronze déroulées en spirale autour du noyau en pierre de taille, ne peuvent entrer en comparaison avec les sculptures qui ornent le grand trophée romain. Ils représentent les principales scènes de la campagne d'Austerlitz. Douze cents canons pris à l'ennemi suffirent à peine pour cet immense revêtement de bronze, qui, en comprenant le piédestal, s'étend sur une hauteur de soixante et onze mètres. Il fallut quatre années pour mener à fin cette colossale entreprise. La colonne, commencée le 15 août 1806, fut inaugurée le 25 août 1810. La statue de Napoléon vêtu en empereur romain la couronnait; Chaudet l'avait sculptée, Lemot l'avait fondue. En 1814, les alliés, ne pouvant renverser la colonne, voulurent au moins s'en prendre à l'impériale effigie; sur un ordre d'un aide de camp de l'empereur Alexandre, elle fut descendue de son haut sommet par les soins de Launay, le fondeur, puis brisée et employée plus tard pour la fonte du Henri IV du Pont-Neuf. La colonne resta découronnée de son héros pendant dix-neuf ans. Enfin, le 20 juillet 1833, on inaugura une nouvelle statue, œuvre de M. Seurre, qui représentait l'empereur vêtu de la capote grise, coiffé du chapeau traditionnel, et dans l'attitude qu'on lui attribue sur tous ses portaits. Il y avait là une concession faite aux souvenirs populaires et non une œuvre conforme aux idées de l'art. En 1863, par les soins de Napoléon III, une autre effigie a été replacée sur la colonne ; elle représente de nouveau le chef de la dynastie dans le costume des empereurs romains. Les artistes ont approuvé ce changement ; la multitude, peu faite aux traditions de l'école, regrette la statue de M. Seurre.

Mentionnons ici la création du palais qui est à la fois le foyer des transactions les plus utiles et le temple de l'agio. Nous voulons parler de la *Bourse*.

Le Pont-au-Change, la cour du Palais de Justice et l'hôtel de Soissons étaient, à l'origine, les premiers lieux de réunion des marchands de Paris, mais ils ne furent pas les seuls, puisque nous les trouverons, en 1719, rue Quincampoix ; le 22 mars 1720, à la place Vendôme ; le 24 septembre 1724, rue Vivienne, à l'hôtel de Nevers, aujourd'hui Bibliothèque impériale ; le 27 juin 1793, dans l'église des Petits-Pères ; le 9 mars 1809, au Palais-Royal ; le 23 mars 1818, sous le hangar d'un charpentier, dans l'ancien enclos des Filles-Saint-Thomas. Malgré l'ordonnance de 1563 et l'arrêt du conseil du 24 septembre 1724, Paris n'avait point encore, d'une manière définitive, sa Bourse, sa *loge de la Marchandise*.

C'est à l'empereur Napoléon Ier que l'on doit la création de la Bourse. Les négociants attendaient depuis deux cent quarante-deux ans une localité affectée à leurs assemblées commerciales. En exécution du décret du 16 mars 1808, Brongniart, architecte distingué, archéologue et esprit cultivé, posa la première pierre de l'édifice, le 24 mars 1808, dans un âge très-avancé. Entièrement élevé sur ses dessins, ce monument ne fut achevé qu'au bout de vingt et un ans; mais Brongniart ne put voir que les grosses constructions de son œuvre ; il mourut le 8 juin 1813, à quatre-vingt-quatre ans. Par un juste hommage rendu à sa mémoire, ses restes mortels traversèrent le futur palais dont il était l'auteur. M. Labarre, architecte, continuateur habile et fidèle, termina cette architecture splendide, qui rappelle les plus beaux monuments d'Athènes et de Rome. Le 24 novembre 1825 la Bourse fut achevée.

Dans la construction de la Bourse Brongniart n'a voulu adopter ni le style gothique, ni le style mauresque, saxon ou Renaissance des Bourses étrangères ; il jugea avec raison que ces styles s'accorderaient mal, à Paris, avec la destination de l'édifice; prenant ses inspirations dans les pays classiques de l'architecture ancienne, il choisit le style grec avec des détails empruntés au style roman.

Sur le vaste enclos de l'ancien couvent des Filles-Saint-Thomas, sur une superficie de 3,546 mètres, il forma un vaste rectangle de 71 mètres de long sur 49 mètres de large, et établit de solides fondations qui devaient porter, sur le soubassement, les belles façades d'une hauteur de 19 mètres. Le monument est entouré de soixante-six colonnes d'ordre corinthien, dont chacune mesure 10 mètres de haut sur 1 mètre de diamètre; à l'entour règnent un attique, des galeries et une terrasse, et sur les façades deux péristyles sont ornés de quatre statues allégoriques. Au rez-de-chaussée le palais se compose d'un vestibule et d'une grande salle, longue de 38 mètres et large de 25 mètres. Cette salle, terminée par une coupole et recevant le jour d'en haut, se divise en parquet, corbeille, grille et bas-côtés. Ensuite viennent les appropriations nécessaires au service, telles que les salles des agents de change, des courtiers, des greffes, des syndicats, de l'imprimerie et du crieur, et un grand escalier aux deux côtés duquel on remarque de belles statues de la Justice et de la Force. Au premier étage une vaste galerie règne autour de la grande salle. Dans le premier plan Brongniart avait adopté, pour l'ordonnance de ce somptueux palais des marchands, l'ordre ionique; mais il fut obligé d'y renoncer : des nécessités administratives lui firent modifier ses dessins.

La richesse du monument est plutôt le résultat des lignes de l'architecture générale que de l'abondance des détails, car on n'a point sculpté sur la frise les monnaies des peuples commerçants, ni sous le péristyle les cinq bas-reliefs dont le statuaire Chaudet avait donné l'idée, et qui auraient représenté des allégories relatives aux opérations du commerce : les échanges, la bonne foi, la punition de la fraude et le tribunal. Dans l'intérieur les voussures de la grande salle sont ornées de grisailles très-remarquables, produisant l'effet de bas-reliefs, peintes à fresque par Abel de Pujol.

La *Banque de France*, instituée en 1803, s'était d'abord installée dans l'hôtel qui forme l'encoignure de la rue des Fossés-Montmartre et de la place des Victoires. En 1811 on la transféra rue de la Vrillière, dans le bel hôtel de ce nom, construit par Mansart en 1620 pour le duc de la Vrillière. Depuis 1793 jusqu'à cette époque il avait été occupé par l'imprimerie du gouvernement. Malgré de nombreux changements et plusieurs constructions qu'a nécessitées sa destination nouvelle, on y retrouve encore le caractère que lui avait donné primitivement son habile architecte.

Napoléon avait eu l'idée de bâtir pour son fils un palais qui égalât en magnificence celui de Versailles. Pour son emplacement il choisit le plateau situé sur les hauteurs de Passy, près de la barrière des Bons-Hommes, vis-à-vis le Champ-de-Mars. D'après le projet, toute la plaine qui s'étend entre Passy et le bois de Boulogne devait être transformée en un vaste jardin. Les maisons qui bordaient le quai jusqu'à la barrière furent achetées, démolies, et les fondations du palais commencées ; mais la Restauration vint arrêter ce projet. Depuis 1814 l'on a planté en cet endroit une promenade qui a reçu le nom de *Trocadéro*.

C'est sous l'empire que le grand Châtelet fut démoli. Cette démolition (1802) amena la disparition de rues étroites et malsaines, telles que celles de *Saint-Leufroi*, de *la Triperie*, de *Trop-va-qui-dure*, de *la Vallée-de-Misère*. Au lieu de ces rues est une vaste place, au centre de laquelle s'élève une fontaine monumentale dont nous avons parlé.

Les *boulevards* furent prolongés, dans la partie septentrionale, depuis la rue Saint-Antoine jusqu'à la Seine. De grands travaux furent exécutés sur toute la longueur de ceux qui existaient déjà. Depuis 1830 on a baissé ou exhaussé ce terrain en divers endroits; de larges trottoirs ont été construits de chaque côté ; animés par une foule de promeneurs, par un grand nombre de théâtres et de magnifiques cafés et magasins, les boulevards forment aujourd'hui la plus belle promenade de Paris. Le boulevard du nord se subdivise en douze parties, portant les noms de boulevards Bourdon, Beaumarchais, des Filles-du-Calvaire, du Temple, Saint-Martin, Saint-Denis, Bonne-Nouvelle, Poissonnière, Montmartre, des Italiens, des Capucines et de la Madeleine. Le boulevard du midi a été divisé en sept parties : les boulevards de l'Hôpital, des Gobelins, de la Glacière, Saint-Jacques, d'Enfer, du Mont-Parnasse et des Invalides. Au delà des anciennes barrières de Paris, et à l'extérieur de l'ancien mur d'octroi, bâti sous Louis XVI, il existe aujourd'hui une longue ceinture de nouveaux boulevards qui font partie de Paris depuis l'annexion de la banlieue; plus loin encore, le long des fortifications de la ville, on rencontre une rue militaire dont le parcours est de plus de dix lieues, et qui se compose d'une autre série de boulevards enfermant Paris. Nous en rendrons compte en parlant des agrandissements de la ville sous le règne de Napoléon III.

Nous ne pouvons omettre de mentionner les *Catacombes*. Dès le quatorzième siècle on exploitait sur une grande échelle les bancs calcaires des carrières situées sous le faubourg Saint-Jacques et aux environs de Gentilly. L'autorité laissa constamment poursuivre ces travaux en toute liberté et sans même les contrôler ; aussi les fouilles incessantes des entrepreneurs produisirent-elles, à la longue, ces immenses excavations qui s'étendent, du sud au nord, dans la partie méridionale de Paris, depuis Gentilly, Montsouris et Montrouge, jusqu'aux rues du Vieux-Colombier et de l'École-de-Médecine, et, de l'est à l'ouest, depuis le Muséum d'histoire naturelle jusqu'à la barrière de Vaugirard. Ainsi certaines parties considérables des quartiers de l'Observatoire, de l'Odéon, de Saint-Sulpice, des rues Saint-Jacques, Vaugirard, de La Harpe, Tournon, se trouvent suspendues sur des abîmes. Des maisons qui s'effondrèrent de temps en temps, une entre autres qu'on vit s'engloutir tout à coup, rue d'Enfer, à 24 mètres en contre-bas, en 1777, appelèrent la sollicitude de l'autorité sur ce point. Des visites attentives que l'on fit dans les excavations démontrèrent les dangers imminents de cet état de choses pour la partie sud de la ville. L'on créa une compagnie d'ingénieurs spécialement chargés de consolider ces galeries souterraines en les régularisant, et d'assurer ainsi ces grands quartiers contre la destruction qui les menaçait. Les travaux furent entrepris aussitôt, et ils n'ont pas cessé jusqu'ici. Une chose remarquable dans leur disposition, c'est que chaque galerie souterraine correspond à une rue de la surface du sol. Le numéro que porte chaque maison sur le sol est répété au-dessous, de sorte que, s'il survient un éboulement, l'on sait aussitôt à quel endroit doit se faire la réparation.

Des parties considérables de ces souterrains sont devenues de vastes ossuaires, composés des ossements des cimetières intérieurs de la ville qu'on a supprimés. Leur quantité est immense et l'on estime que la population des catacombes est dix fois plus nombreuse que celle qui respire à la surface du sol de Paris; les ossements sont superposés avec régularité et symétrie; ils forment des pans alignés au cordeau. Entre les piliers qui soutiennent les voûtes des galeries, trois cordons de têtes contiguës semblent décorer ces singulières murailles. L'on fit de notables améliorations dans ces vastes nécropoles pendant les années 1810 et 1811. Des inscriptions y disent de quel cimetière et de quelle église ont été enlevés les divers ossements. D'espace en espace on lit des sentences tirées des livres sacrés et des écrivains anciens ou modernes. Les catacombes ont trois entrées principales : la première, qui était la plus fréquentée, se trouve au pavillon occidental de l'ancienne barrière d'Enfer ; la seconde, à la Tombe-Issoire, sur l'ancienne route d'Orléans, et la troisième dans la plaine de Mont-Souris.

En 1809 Napoléon ordonna la construction de cinq *abattoirs* publics aux frais de la ville de Paris et aux extrémités de la capitale, en même temps que la suppression des abattoirs établis dans l'intérieur. Ils coûtèrent 16,518,000 fr. Le produit de l'abattage dépasse annuellement un million.

Voici la description de ces cinq abattoirs.

L'*abattoir du Roule*, rue Miroménil, fut construit, en 1810, sur les dessins de M. Petit-Radel. Il occupait un espace de 202 mètres de longueur sur 118 de largeur. Il se composait de 14 corps de bâtiments, d'autant de bouveries et de 64 échaudoirs.

L'*abattoir de Montmartre* fut établi barrière Rochechouart, à l'extrémité de la rue de ce nom et de celle des Martyrs. Il fut construit, en 1811, sous la direction de

M. Poitevin; il occupait un espace de 350 mètres de long sur 127 de large.

L'*abattoir Popincourt* ou *de Ménilmontant* fut bâti, en 1810, par Happe et Vautier; il consistait en 23 corps de bâtiments et occupait un espace de 220 mètres sur 190.

L'*abattoir de Grenelle*, ou *de Vaugirard*, place Breteuil, fut construit, en 1811, par M. Gisors. C'est dans la cour d'entrée qu'a été foré le puits artésien.

L'*abattoir de Villejuif* ou *d'Ivry*, situé près de la barrière d'Italie, fut construit, en 1810, sur les dessins de Leloir. Ses bâtiments étaient peu étendus, bien que l'enceinte de ses murs occupât un espace considérable.

Le *pont d'Austerlitz* ou *du Jardin des Plantes* est situé en face du Jardin des Plantes et du boulevard Bourdon. Il a été commencé en 1801 et achevé en 1807 par MM. Beaupré et Lamandé. Les culées et les piles de ce pont sont construites en pierres de taille; 5 arches en fer fondu présentent chacune une portion de cercle. La longueur du pont est de 130 mètres. Il supporte les plus lourdes voitures. Il est sans ornement, mais la beauté de ses proportions en fait un des ponts les plus remarquables de la capitale. Il a reçu le nom d'Austerlitz en mémoire de la victoire que remportèrent les Français, en 1805, sur les Russes et les Autrichiens.

Le *pont de la Cité* fut bâti, de 1801 à 1804, pour servir de communication entre la Cité et l'île Saint-Louis. Il a remplacé l'ancien *pont Rouge*. Ce pont, qui était en bois, avait 64 mètres de long; il se composait de deux arches doublées en cuivre et goudronnées. Les arches ont été reconstruites en 1819; les piétons seuls y pouvaient passer moyennant un péage. En 1842 des travaux furent entrepris pour remplacer ce pont par un pont suspendu.

Le *pont des Arts*, qui communique du Louvre au palais de l'Institut, fut construit de 1802 à 1804. Les arches sont en fer posé sur des piles en pierre; le plancher est en bois; de chaque côté règne une balustrade en fer. Ce pont est le premier de ce genre qu'on ait fait en France; il doit son nom au Louvre, qui portait alors le titre de *palais des Arts*. Trop faible pour le passage des voitures, il n'est destiné qu'aux piétons. Sa longueur est de 166 mètres 59 centimètres.

Le *pont d'Iéna*, situé vis-à-vis du Champ-de-Mars et en face de Chaillot, fut commencé en 1809, sur les dessins de M. Dillon et sous la direction de M. Lamandé, et fut entièrement achevé en 1813. Il consiste en six arches de forme elliptique; entre ces arches étaient sculptés des aigles entrelacés de couronnes. On y voit maintenant des corniches imitées du temple de Mars à Rome, ornées de guirlandes de lauriers et de la couronne impériale. Aux extrémités des parapets, à chaque côté de l'entrée du pont, sont deux piédestaux sur lesquels s'élèvent des statues militaires.

Le *quai d'Orsai*, situé entre le pont Royal et celui de la Concorde, portait anciennement le nom *de la Grenouillère*. Il prit son nom actuel de Boucher d'Orsai, prévôt des marchands, qui le fit commencer en 1708. Napoléon le fit entièrement reconstruire en 1809. Il porta d'abord le nom de *quai Bonaparte*.

Le *quai des Invalides* fait suite au quai d'Orsai; il commence au-delà du pont de la Concorde et se termine au pont d'Iéna. Ce quai fut entrepris en 1802 ; il ne fut achevé qu'après 1814.

Le *quai Debilly*, situé au bas de Chaillot, sur la rive droite de la Seine, fut construit sous l'Empire. On porta son mur de terrasse au milieu du cours de la Seine, dont on déploya le lit aux dépens de la rive opposée. Ces travaux élargirent la route de Versailles. Ce quai, qui portait indistinctement les noms *de Chaillot* et *des Bons-Hommes*, reçut, en 1807, celui du général Debilly, tué à la bataille d'Iéna.

Le *quai de la Conférence* longe les Champs-Élysées et le Cours-la-Reine. Il fut commencé sous le Directoire, continué sous le règne de Napoléon et achevé ensuite.

Le *quai du Louvre*, qui s'étend depuis le pont Royal jusqu'au pont des Arts, fut considérablement réparé sous ce même règne ; les murs, les parapets furent construits en 1803. On éleva la route de ce quai à la hauteur de celle du pont des Arts, et sur le bord de la Seine, au bas de ce quai, on construisit un bas-port très-solide et très-commode (port Saint-Nicolas).

Le *quai Desaix* ou *aux Fleurs*, situé entre le pont Notre-Dame et le pont au Change, sur la rive gauche de la Seine, fut construit, en 1802, sur l'emplacement de la rue de la Pelleterie.

Le *quai de la Cité* commençait au pont de la Cité et à la rue Bossuet, et se terminait au pont Notre-Dame et à la rue de la Lanterne. Il fut construit de 1803 à 1813. Sur son emplacement étaient autrefois des maisons hideuses et des rues étroites, dites Basse-des-Ursins et d'Enfer, qui menaient à la rivière. Ce quai porte, depuis 1830, le nom de Napoléon.

Le *quai Catinat* commençait au pont de la Cité et à la rue Bossuet (cette rue a été ouverte entre le jardin de l'archevêché et des maisons particulières), et se termine au pont au Double et à la rue de l'Évêché. Ce quai, construit de 1809 à 1813, contournait l'ancien jardin de l'archevêché et occupait une partie de ce jardin et du lieu appelé le *Terrain*, ou *la motte aux Papelards*. Il portait, avant 1830, le nom de quai de l'Archevêché.

Le *quai Montébello*, nommé, sous la Restauration, *quai Saint-Michel* (1), commence au pont Saint-Michel et finit au Petit-Pont ; il fut commencé en 1811 et achevé en 1813.

Le *quai Morland* s'étendait le long de la Seine depuis le quai des Célestins jusqu'à celui de la Râpée, vis-à-vis l'île Louviers. Il occupait l'emplacement d'un ancien *mail*, auquel succéda un chemin bordé de cabarets. Il fut construit en 1806 et reçut son nom d'un colonel tué à Austerlitz. Depuis la réunion de l'île Louviers à la terre ferme on a fait un quai nouveau qui suit les contours de cette île.

Le *quai de la Tournelle* s'étend depuis le pont au Double jusqu'au quai Saint-Bernard; il fut terminé en 1819.

Les cimetières de Paris subsistent en contradiction avec les lois qui ordonnent de placer les établissements de cette nature à une distance assez considérable des maisons habitées et des murs extérieurs de chaque ville.

Dès 1765 le Parlement avait rendu un arrêt à l'effet

(1) On lui donne indistinctement ces noms aujourd'hui, mais plus ordinairement celui de Montébello.

de s'opposer aux inhumations dans l'intérieur de la ville ; c'est seulement quinze années après que cette réforme salutaire fut accomplie. Les cimetières établis à Paris avant 1780 étaient ceux de la *Charité*, rue des Saints-Pères ; de l'*Hôtel-Dieu*, rue Croix-Clamart, faubourg Saint-Marcel ; de la *Pitié*, rue Saint-Victor ; de *Saint-André-des-Arcs*, rue du même nom ; *Saint-Étienne-du-Mont*, vis-à-vis l'église ; *Saint-Eustache* : il y en avait deux de ce nom ; il en était de même pour la paroisse de *Saint-Benoît* ; *Saint-Jean*, au bout de la rue de la Verrerie, converti en marché en 1791 ; *Saint-Joseph*, rue Montmartre, près de la rue du Croissant ; *Saint-Nicolas-des-Champs*, rue Chapon ; *Saint-Nicolas-du-Chardonnet*, entre les rues des Bernardins et Traversine ; *Saint-Roch* ; *Saint-Séverin* ; *Saint-Sulpice* : il y en avait aussi deux de ce nom ; enfin le cimetière des *Saints-Innocents*.

Paris, avant l'annexion des villes et des villages de la banlieue, comptait cinq cimetières, savoir :

Le *cimetière de Vaugirard*, situé près du boulevard extérieur. C'est le moins grand des cimetières de Paris ; il renfermait le tombeau de La Harpe.

Le *cimetière du Mont-Parnasse*, entre le boulevard extérieur, le Petit-Mont-Rouge et la Chaussée-du-Maine. Ce cimetière a été ouvert il y a une vingtaine d'années ; on n'y enterrait que les suppliciés et les cadavres sortis de la Morgue ou des hôpitaux voisins. Ses grandes dimensions sont en rapport avec la population de la rive gauche de la Seine, ce qui n'a pas lieu pour les deux autres de ce quartier.

Le *cimetière Sainte-Catherine*, rue des Gobelins. Il a été fermé en 1815. Ce qui s'y trouvait de plus remarquable, c'est le tombeau de Pichegru et du poëte Luce de Lancival.

Le *cimetière de Mont-Louis* ou *du Père Lachaise*, situé à l'extrémité des boulevards extérieurs du nord, non loin de l'ancienne barrière d'Aunay. On évalue à trente hectares la superficie de ce magnifique cimetière, le plus vaste de Paris. C'était autrefois la retraite du confesseur de Louis XIV, le Jésuite Lachaise. Une chapelle occupe la place où était la maison. Le parc est divisé en deux parts : l'une est assignée aux enterrements du quartier nord-est ; l'autre, beaucoup plus considérable, se subdivise en autant de petits terrains quelle contient de tombeaux et appartient à tous les quartiers de Paris sans exception ; mais le droit d'y être enterré s'achète. La concession des terrains est temporaire ou à perpétuité.

Le *cimetière de Montmartre*, situé au pied de la butte de ce nom. On y remarque les tombeaux des familles Voyer d'Argenson, d'Aguesseau et de Ségur, ceux de Legouvé et de Saint-Lambert, et enfin les lieux de sépulture de plusieurs Polonais célèbres dans leur patrie et morts en exil.

Le *cimetière de Picpus*, rue de Reuilly, n'est pas public. Il contient les restes des familles de Noailles, de Grammont, de Lamoignon et du général La Fayette.

C'est ici le lieu de mentionner les améliorations que reçut à Paris, sous l'Empire, le système de la distribution des eaux.

Aux deux angles de l'extrémité sud du bassin de la Villette les eaux s'écoulent par deux issues ; la première, partant de l'angle occidental, sert aux besoins et aux embellissements d'une partie de la ville de Paris ; elle vient alimenter l'*aqueduc de Ceinture*, qui va jusqu'à Monceau, en parcourant une étendue de 4,350 mètres. De cet aqueduc partent deux galeries souterraines : l'une, dite *de Saint-Laurent*, a 900 mètres de longueur; l'autre, dite *des Martyrs*, a 800 mètres d'étendue. Elles se terminent toutes deux au grand égout, mais elles ont elles-mêmes des ramifications qui parcourent environ 10,000 mètres et alimentent les bornes-fontaines de la rue et du quartier Saint-Denis, celles des Innocents, du Ponceau et du Château-d'Eau.

La *fontaine de Desaix*, située sur la place Dauphine, fut érigée, en 1803, sur les dessins de Percier et Fontaine, à la mémoire du général Desaix, tué à la bataille de Marengo. Elle se compose d'un cippe qui porte le buste de ce général, couronné par la France militaire; le Pô et le Nil y sont représentés avec leurs attributs. Sur le bas-relief circulaire deux Renommées gravent sur des écussons l'une *Thèbes* et les *Pyramides*, l'autre *Kehl* et *Marengo*. Plusieurs autres inscriptions rappellent les actions de Desaix. Quatre têtes de lions en bronze jettent de l'eau dans un bassin circulaire. Ce monument, d'ailleurs fort médiocre, a été réparé en 1830.

La *fontaine du lion de Saint-Marc*, située au milieu de l'esplanade des Invalides, était composée d'un piédestal de forte dimension, surmonté d'un socle sur lequel était un lion ailé, en bronze, qui décorait la petite place de Saint-Marc, à Venise, et que nos soldats avaient enlevé pendant les guerres d'Italie. En 1814 ce lion fut rendu aux étrangers. La fontaine a été rebâtie, dans ces dernières années, sur un dessin très simple.

La *fontaine de l'école de Médecine*, située sur la

place de ce nom, fut construite en 1805. Elle présentait quatre colonnes doriques cannelées, supportant un vaste entablement. Derrière ces colonnes était un enfoncement où l'on voyait un large bassin ; là tombait l'eau qui sortait d'une ouverture placée à la partie supérieure du monument. Sur son emplacement s'élève aujourd'hui un portique donnant entrée aux *cliniques de l'école de Médecine*, établies dans l'ancien cloître des Cordeliers. De chaque côté de ce portique on a construit une borne-fontaine pour remplacer l'ancienne fontaine, laquelle a été supprimée.

La *fontaine de l'École*, située au centre de la place de ce nom, se compose d'un piédestal carré entouré d'un bassin circulaire et surmonté d'un vase en pierre. L'eau jaillit de la gueule de quatre lions.

La *fontaine du Palmier*, située au centre de la place du Châtelet, fut construite, en 1808, sur les dessins de M. Brolle. Un piédestal carré, dont les faces du nord et du midi sont ornées de deux aigles sculptés au milieu d'une couronne de lauriers, porte à chacun de ses angles une corne d'abondance chargée de fruits et terminée à son extrémité par une tête de monstre marin. Au-dessus du piédestal s'élève une colonne de 18 mètres de haut, dont quatre statues allégoriques, la Loi, la Force, la Prudence et la Vigilance, sculptées par M. Boisot et plus grandes que nature, entourent la base en se donnant la main. Le fût de la colonne a la forme d'un palmier dont les rameaux ornent le chapiteau. Des anneaux de bronze doré, bordés de lauriers tressés et placés de distance en distance, divisent la colonne et portent les noms de plusieurs victoires. Au-dessus du chapiteau et sur une demi-sphère se dresse une statue de la Victoire, à demi nue, et tenant une couronne dans chaque main. L'eau jaillit par les narines des monstres marins qui terminent les cornes d'abondance, et vient tomber dans un bassin circulaire qui a 7 mètres de diamètre.

Lorsqu'on a ouvert, sous Napoléon III, le boulevard de Sébastopol il a fallu déplacer cette fontaine et la transporter à peu de distance. Cette difficile opération a pleinement réussi.

La *fontaine de Popincourt*, située dans la rue de ce nom, vis-à-vis la caserne, représente la Charité donnant à boire à plusieurs enfants.

La *fontaine de l'hospice militaire du Gros-Caillou*, située rue Saint-Dominique, fut érigée en 1809. Décorée de pilastres doriques et d'un entablement, elle présente un monument carré, sur le fronton duquel est un bas-relief représentant la déesse Hygie secourant des soldats épuisés ; sur les côtés sont des vases couronnés par un serpent. L'eau s'échappe de gueules de dauphins.

Les *fontaines du palais des Arts* ou *de l'Institut*, quai Conti. Aux côtés du perron de la façade de l'Institut on voit deux bassins, chacun desquels est rempli par deux jets d'eau sortis des gueules de deux beaux lions en fer fondu.

La *fontaine Égyptienne*, rue de Sèvres, représentait la porte d'un temple égyptien. On y voyait une statue tenant dans chaque main un vase d'où l'eau tombait dans un bassin semi-circulaire. Sur l'entablement était un aigle égyptien.

La *fontaine de Léda* ou *de Vaugirard*, au coin de la rue du Regard, fut érigée par Brale, en 1806. Elle était ornée d'un bas-relief de Valois, représentant Léda et Jupiter sous la forme d'un cygne. À côté était une figure de l'Amour. Ce monument a été transporté ailleurs.

La *fontaine du Marché-Saint-Germain*, située au centre de ce marché, était d'abord au milieu de la place Saint-Sulpice. On la transporta, en 1814, au lieu qu'elle occupe aujourd'hui. Sa forme est celle d'un tombeau antique; elle est surmontée d'un fronton et ornée de bas-reliefs consacrés aux arts et au commerce. Vers le bas sont deux coquilles ou demi-vasques dans lesquelles l'eau tombe pour s'échapper par des mascarons dans un bassin quadrangulaire formant le soubassement de ce monument.

La *fontaine du Lycée Bonaparte* n'offre rien de remarquable.

La *fontaine de la rue Censier* est située au coin de cette rue et de la rue Mouffetard. On y remarque la figure, à mi-corps, d'un Satyre qui tient sous son bras et presse une outre, d'où sort un filet d'eau.

La *fontaine* située au carrefour qui termine la rue du Jardin-des-Plantes présentait un massif de maçonnerie dont la partie supérieure se terminait en forme cintrée; le jet sortait d'un masque en bronze. Cette fontaine a été remplacée par une autre, consacrée au célèbre Cuvier.

La *fontaine de Tantale*, adossée aux maisons qui forment la Pointe-Saint-Eustache. Dans une niche est un vase qui reçoit l'eau sortie d'une coquille, au-dessus de laquelle est une tête couronnée de fruits, qui, la bouche ouverte, semble s'efforcer, mais en vain, de se désaltérer avec l'eau dont cette coquille est pleine; c'est la cause du nom donné à cette fontaine.

La *fontaine de la place Royale*, était située au centre

de cette place. Du milieu d'un bassin s'élevait une gerbe d'eau du plus bel effet. Elle a été détruite en 1819 et remplacée par la statue équestre de Louis XIII.

La *fontaine de la rue du Ponceau* se composait d'un jet d'eau situé à l'angle rentrant que formait la rue du Ponceau, et qui s'élançait à la hauteur de quatre mètres du milieu d'un bassin.

La *fontaine du Château-d'Eau*, située sur le boulevard Saint-Martin, vers l'entrée de celui du Temple. Elle se compose de trois socles circulaires et concentriques, formant trois bassins en pierre, surmontés d'une double coupe en fonte. Du centre de la coupe supérieure les eaux s'échappent en un jet abondant et descendent en nappes les espèces de degrés qui composent la fontaine. Huit lions accouplés sur quatre socles carrés, lançant de l'eau par leurs gueules entr'ouvertes, ajoutent à l'ornement de cette fontaine.

La *fontaine de l'Éléphant*. Un décret de 1810 ordonna l'érection d'une fontaine, sous la forme d'un éléphant en bronze, placée sur le lieu qu'occupait jadis la Bastille. L'éléphant, de forme colossale, devait être chargé d'une tour, et l'eau devait jaillir de la trompe. On aurait atteint la tour par un escalier à vis pratiqué dans l'intérieur d'une des jambes, lesquelles auraient eu 2 mètres de largeur. Cette fontaine monumentale devait être décorée de vingt-quatre bas-reliefs en marbre, représentant les sciences et les arts. Les fondations furent posées en 1810; mais on n'a achevé que le modèle en plâtre de l'éléphant, lequel subsista longtemps sur la place de la Bastille. A ce même lieu s'élève, depuis 1840, la colonne monumentale de Juillet.

Après cette longue énumération de travaux et de créations utiles, on doit reconnaître que, malgré ses graves préoccupations de tout genre, Napoléon ne cessa pas, durant tout son règne, de travailler à la grandeur de Paris et au bien-être de ses habitants. Sans charger le trésor public, il sut trouver plus de cent millions qu'il consacra à l'embellissement de sa capitale. Aussi la prospérité matérielle de cette ville, si on excepte les années 1813 et 1814, marqua-t-elle des progrès constants pendant la période de l'Empire. L'administration municipale, appuyée sur les deux préfectures, menait toutes les parties du service public avec fermeté, intelligence et économie.

Nonobstant les besoins incessants de la guerre, l'accroissement de la population, à Paris, avait suivi, jusqu'à un certain point, cette progression du revenu municipal. D'après un recensement officiel fait en l'an VIII (1800), le total de cette population était de 547,756 âmes. Un an et demi après la deuxième chute de Napoléon et le retour définitif des Bourbons, c'est-à-dire au commencement de 1817, il s'élevait à 713,966.

CHAPITRE IV.

Établissements scientifiques et littéraires. — Institutions d'art et de bienfaisance. — Fondations utiles.

L'École polytechnique, aujourd'hui établie rue de la Montagne-Sainte-Geneviève, dans les bâtiments de l'ancien collége de Navarre, fut fondée par la Convention et porta dans ses débuts le nom d'*École centrale*. Elle eut pour objet de former des élèves pour remplir les places d'officiers du génie, d'ingénieurs des ponts et chaussées, d'ingénieurs géographes, d'ingénieurs des mines et d'ingénieurs constructeurs pour les vaisseaux. On fixa à trois cent soixante le nombre des élèves de cet établissement et à trois ans le cours complet des études. Sous l'Empire le nombre des élèves fut réduit à deux cent quatre-vingt-dix et la durée des épreuves fixée à deux ans. En 1816 l'école reçut une nouvelle organisation. Les candidats ne purent être admis qu'après un concours et durent payer une pension.

L'école est placée sous la surveillance d'un conseil de perfectionnement et d'un conseil d'inspection. On y a établi en outre deux autres conseils, l'un d'instruction et l'autre d'administration.

Depuis 1830 l'école a été retirée des attributions du ministère de l'intérieur et placée dans celles du ministère de la guerre.

Il y a quelques années l'établissement a été agrandi d'un nouveau bâtiment, qui se compose de deux pavillons avec une façade en arrière-corps. Quoique sévère l'architecture ne manque pas de grâce et d'élégance. Le bâtiment s'élève entre cour et jardin ; la cour est spacieuse ; il y a dans le milieu un tapis de verdure ; on y entre par une grille. Cet établissement possède une bibliothèque considérable.

Une autre école militaire spéciale à Paris est l'*École d'État-Major*, située rue de Grenelle-Saint-Germain, dans les bâtiments de l'ancien hôtel de Sens. Les élèves sont choisis parmi les anciens élèves des Écoles polytechnique et de Saint-Cyr et parmi les lieutenants de l'armée. Le cours est de deux ans ; il embrasse le haut enseignement scientifique, appliqué au génie et à l'artillerie. Son principal objet est de fournir des aides de camp aux offices généraux.

L'*École normale*, aujourd'hui située rue d'Ulm et des Ursulines, fut fondée en 1794 dans le but de former des professeurs pour les lettres et les sciences. Les hommes les plus distingués de l'époque furent chargés des divers cours de l'établissement. Après une durée fort courte on supprima cette école, qui ne fut réorganisée qu'en 1808. Elle devint alors un pensionnat avec un nombre déterminé d'élèves que l'on forma dans l'art de l'enseignement. Les nouveaux bâtiments, disposés en croix, avec une cour au centre, ont une apparence fort simple ; leur luxe consiste dans le vaste emplacement qu'ils occupent.

Une institution d'un rang moins élevé peut-être, mais justement appréciée par les classes laborieuses, est l'*École centrale des Arts et Métiers*. Les cours sont dirigés par des professeurs d'un mérite supérieur, et les élèves qui les ont suivis sortent de là pour devenir ingénieurs civils, contre-maîtres dans les manufactures, ou bien des hommes spéciaux, destinés à laisser leur trace dans les hautes régions de l'industrie.

Toutes ces institutions scientifiques et professionnelles, si utiles à la pratique de l'industrie, se complètent par le *Conservatoire des Arts et Métiers*, établi rue Saint-Martin, dans les bâtiments de l'ancienne abbaye Saint-Martin-des-Champs. Ce musée permanent de l'industrie française a été fondé en 1794 et organisé en 1798. Là sont réunis, dans un ordre parfait, toutes les machines, tous les instruments qui ont été remarqués pour des services rendus à l'industrie. Tout ce que la vapeur et plus tard l'électricité ont produit de merveilles trouve ses modèles dans les salles du Conservatoire. En 1810 une école libre et gratuite y a été annexée. Là, sous les maîtres les plus habiles, les jeunes ouvriers viennent réparer l'insuffisance de leurs études et se former, soit à ces connaissances générales utiles dans toutes les conditions de la vie, soit à des études d'application aux divers métiers qu'ils exercent. Ce n'est pas une école d'arts et métiers comme il en existe dans divers départements ; c'est un asile ouvert à la jeunesse ouvrière de Paris, où le soir elle échappe aux périls de l'oisiveté en acquérant d'utiles connaissances. On y enseigne en particulier le dessin de la figure, de l'ornement, de l'architecture, des machines, et l'application des divers branches des mathématiques au tracé de la charpente, à la coupe des pierres et à la construction des machines. La maison a reçu de grandes améliorations. L'ancien réfectoire des moines de Saint-Martin, morceau très-précieux d'architecture gothique du treizième siècle, a été restauré et forme aujourd'hui une bibliothèque ouverte particulièrement le dimanche. En même temps l'ancienne chapelle de l'abbaye, également intéressante et restaurée avec art et intelligence, est devenue un musée où fonctionnent, avec toute l'énergie et la rapidité qu'imprime la vapeur, de nombreuses machines modèles, dont l'étude complète les connaissances théoriques acquises dans les cours de l'établissement. L'édifice a profité de la transformation qui s'opère dans Paris; un admirable dégagement a été donné à sa façade; il a maintenant pour perspective le boulevard de Sébastopol, dont il n'est séparé que par un des plus beaux *squares* de la ville de Paris.

La Convention fonda également le *Musée du Louvre*. Depuis cette époque cette magnifique collection a reçu des agrandissements et des transformations d'une telle importance qu'on peut la considérer comme une création toute récente.

La télégraphie aérienne fut inventée en 1793 par M. Chappe, et la Convention s'empressa aussitôt de l'établir en France. L'administration des télégraphes date de cette époque; elle est placée au ministère de l'intérieur, rue de Grenelle-Saint-Germain, dans un corps de bâtiment construit tout récemment. Depuis quelques années l'invention admirable de la télégraphie électrique a opéré, sur ce point, une révolution complète. C'est une des plus belles et des plus fécondes découvertes du dix-neuvième siècle. Paris est aujourd'hui le centre où viennent aboutir les lignes télégraphiques non-seulement de la France, mais même de l'Europe.

L'*Institut de France*, situé dans les bâtiments du collége Mazarin, dont l'église devint le lieu de ses séances, fut fondé en 1795. Les académies étaient dissoutes ou désertes ; la Convention les réorganisa, et créa un Institut national « chargé de recueillir les découvertes, de perfectionner les arts et les sciences. » Ce corps fut divisé en trois classes : celle des sciences physiques et mathétiques, celle des sciences morales et politiques, et celle de la littérature et des beaux-arts. Napoléon fit une nouvelle division en quatre classes : celle des sciences physiques et mathématiques, celle de la langue et de la littérature françaises, celle de l'histoire et de la littérature anciennes, et celle des beaux-arts. En 1815 on conserva à ce corps son nom d'*Institut*, mais les classes reprirent leurs vieilles dénominations. La première fut nommée *Académie des Sciences* ; la deuxième, *Académie française* ; la troisième, *Académie des Inscriptions et Belles-lettres* ; la quatrième, *Académie de Peinture et autres arts*. Depuis 1831 on a rétabli l'*Académie des Sciences morales et politiques*. L'Institut se compose ainsi de cinq classes ou académies.

Le *Bureau des Longitudes*, établi à l'Observatoire, fut créé en 1795. Ce bureau eut dans ses attributions l'Observatoire de Paris et celui de l'École militaire, et la rédaction de la *Connaissance des temps*. Il fut en outre chargé de faire chaque année un cours d'astronomie, de perfectionner les tables de cette science, les méthodes des longitudes, et de publier des observations astronomiques et météorologiques.

Le *Musée d'Artillerie*, situé dans l'ancien bâtiment des Jacobins de la rue Saint-Dominique, dont l'entrée est sur la place de l'église Saint-Thomas-d'Aquin. Ce musée renferme une immense quantité d'armes de toute espèce, de tous les temps et de tous les pays ; on y voit plusieurs armures des rois de France et de personnages célèbres. En 1815 les alliés pillèrent cette précieuse collection ; elle a éprouvé de nouvelles pertes en 1830 : les armes qu'elle contenait ont servi aux combattants de Juillet. Depuis lors on a cherché à réparer ces pertes.

La précieuse collection de tableaux commencée par Marie de Médicis avait été transférée au Louvre en 1780 ; Napoléon la fit replacer au Luxembourg en 1805 et l'augmenta d'un grand nombre de belles toiles. Plus tard Louis XVIII transporta au Louvre les productions des anciens maîtres et les remplaça par les œuvres remarquables de certains artistes vivants; le *Musée du Luxembourg* conserve encore cette destination. Il occupe une partie des deux ailes septentrionales du palais et forme deux divisions reliées ensemble par la terrasse qui longe la rue de Vaugirard. Les grandes salles, connues sous le nom de *galerie de Lesueur* et *galerie de Rubens,* sont éclairées par le haut; les autres reçoivent le jour par des fenêtres latérales. L'on voit au musée du Luxembourg les morceaux capitaux des artistes vivants achetés par le gouvernement; l'on y trouve aussi plusieurs statues remarquables des premiers sculpteurs modernes.

En 1802, le premier consul ayant institué la *Légion d'honneur*, le centre de cette administration fut installé à l'hôtel de Salm, et le chef de ce service reçut le titre de grand-chancelier. Le palais de la Légion d'honneur avait été construit, en 1786, pour le prince de Salm, sur les dessins de l'architecte Rousseau.

La république durait encore lorsque furent fondées à Paris la *bibliothèque de l'Arsenal* et la *bibliothèque*

Sainte-Geneviève, deux établissements scientifiques du plus haut ordre et que l'Europe nous envie.

Les hôpitaux et les hospices qui datent de cette même période sont assez nombreux et nous les mentionnons ci-après.

L'*hôpital Saint-Antoine*, situé rue du Faubourg-Saint-Antoine. Un décret de la Convention, du 17 janvier 1793, convertit en hôpital l'abbaye de Saint-Antoine-des-Champs, supprimée au commencement de la Révolution. Cet hospice contient deux cent soixante-deux lits. Cet établissement, vaste et commode, bien aéré, est desservi par les sœurs de Sainte-Marthe.

L'*hôpital des Enfants malades*, situé rue de Sèvres. Les bâtiments de cet hôpital, fondé en 1602, étaient occupés, comme je l'ai dit ailleurs, par la *communauté des Filles de l'Enfant-Jésus* ou des *Filles du curé de Saint-Sulpice*. Cet établissement, qui a pris successivement une immense extension, contient cinq cent cinquante-six lits; on y reçoit, de l'âge de deux à seize ans, les enfants des deux sexes pour les maladies aiguës, chroniques et chirurgicales.

Hospice ou maison d'accouchement, établi rue de Port-Royal et rue d'Enfer. L'hospice des Enfants-Trouvés, situé auparavant au parvis Notre-Dame, fut transféré, après la suppression de l'abbaye de Port-Royal, dans les bâtiments de cette abbaye, rue de la Bourbe. On y compte trois cent cinquante lits, où chaque année près de trois mille femmes viennent faire leurs couches. On y reçoit les enfants trouvés au-dessous de l'âge de deux ans; les plus jeunes sont envoyés en nourrice en province, avant de passer à l'hospice des Orphelins. On y a établi aussi une école d'accouchement, où, depuis 1802, les préfets envoient chaque année une ou plusieurs élèves sages-femmes avec une pension de 600 francs. L'ancienne église de Port-Royal est consacrée aux religieuses et aux élèves de l'hospice. On y remarque une fort belle statue de saint Vincent de Paul. Depuis 1814 la maison de la rue d'Enfer et celle de la rue de Port-Royal sont régies par deux administrations distinctes : la première est consacrée aux enfants abandonnés, la seconde aux femmes enceintes.

La *Maison municipale de Santé*, située rue du Faubourg-Saint-Denis. En 1802 le célèbre chirurgien Dubois a fondé cette maison, qui contient cent vingt-cinq lits. Les malades y sont traités soit dans des chambres, selon les prix établis, soit dans les salles communes.

La *Clinique interne* (école de), à l'hôpital de la Charité, fut établie en l'an X (1801); les élèves y suivent le développement et le terme des maladies sous les yeux du médecin, qui leur fait ensuite une histoire de la maladie.

L'*hospice des Incurables hommes*, situé rue du Faubourg-Saint-Martin. Cet établissement, destiné aux hommes indigents attaqués de maladies graves ou incurables, occupe l'église et le couvent des Récollets, supprimés en 1790, et sert d'asile à quatre ou cinq cents vieillards. Il y fut transporté, en 1802, de l'hospice des Incurables de la rue de Sèvres, qu'auparavant occupaient en commun les hommes et les femmes, et qui dès lors resta exclusivement affecté à ces dernières.

La *Clinique de l'École de Médecine*, dans l'ancien couvent des Cordeliers, place de l'École-de-Médecine. Cet établissement, formé à l'instar de celui de la Charité, a été fondé au commencement de ce siècle. On a détruit, il y a plus de trente ans, la grande et belle fontaine de l'École de Médecine pour ouvrir à la Clinique une entrée sur la place.

En 1809 on institua l'*hospice des Orphelins*, qui fut établi dans la rue du Faubourg-Saint-Antoine et destiné à recevoir sept cent cinquante-quatre orphelins des deux sexes. En la même année fut fondée, rue du Faubourg-Saint-Jacques, une maison destinée au traitement des maladies syphilitiques.

Les halles et les marchés construits à Paris durant la Révolution et l'Empire présentèrent un caractère d'utilité plus encore que de grandeur. La plupart de ces établissements ayant subi depuis lors des transformations très-importantes, nous ne les mentionnerons en quelque sorte que pour ordre, savoir :

Le *marché aux Fleurs et aux Arbustes*, autrefois situé sur le quai de la Mégisserie et qui fut transféré sur le quai aux Fleurs.

Le *marché des Jacobins* ou de *Saint-Honoré*, construit sur l'emplacement de l'ancien couvent des Jacobins. En 1809 on le trouvait vaste et commode ; de nos jours on le restaure et on l'agrandit sur un plan nouveau.

Le *marché aux Vieux-Linge* fut érigé, en 1809, sur une partie des bâtiments de l'ancien Temple, d'après les dessins de M. Molinet. Il consistait en un grand nombre de galeries contenant dix-huit cent quatre-vingt-huit boutiques. On y vendait du vieux linge et des marchandises de toute espèce.

Le *marché des Augustins* ou *à la Volaille*, appelé aussi *la Vallée*, quai des Augustins, fut construit, en 1810, à la place qu'occupait l'église du couvent des religieux de ce nom. Sa longueur est de 64 mètres et sa largeur de 48. C'est là que doivent être apportés, avant d'être vendus dans Paris, la volaille et le gibier.

Le *marché Saint-Martin* fut érigé, en 1807, dans l'enclos de l'abbaye Saint-Martin-des-Champs. Il se composait de deux halles parallèles, soutenues par des arcades couvertes de toits en tuiles. C'était un vaste parallélogramme de 100 mètres sur 60, qui renfermait quatre cents stalles ou boutiques. Dans le milieu du marché était une fontaine élevée sur les dessins de Gois, et qui consistait en un bassin supporté par trois figures allégoriques. Le marché fut élevé sur les dessins de Petit-Radel.

Le *marché des Blancs-Manteaux*, rue Vieille-du-Temple, situé sur l'emplacement du couvent des Filles hospitalières de Saint-Gervais, fut commencé en 1811 et terminé en 1819. Il comprend un espace d'environ 80 mètres carrés. On y voit une halle bien construite, qui présente six arcades de face, et une autre halle destinée à la boucherie, qui est séparée de la première par un espace d'environ 30 mètres de largeur. Aux côtés de la porte d'entrée on a établi deux fontaines, dont chacune offre une tête de taureau en bronze.

Le *marché Saint-Germain*, un des plus commodes de Paris, fut bâti, en 1811, par Blondel, sur l'emplacement de l'ancienne foire Saint-Germain, entre les nouvelles rues de Félibien, Mabillon, Lobineau et Clémence. Le plan de cette halle est un parallélogramme de 92 mètres de long sur 75 de large. Il se compose de quatre corps de bâtiments symétriques, percés de grandes arcades. Au milieu de la cour formée par ces bâtiments est une jolie fontaine qui était auparavant sur la place Saint-Sulpice.

Le *marché des Carmes* ou de *la place Maubert* fut commencé en 1813 et établi, en 1818, sur l'emplacement du couvent des Carmes, dans la rue des Noyers et sur les rues des Carmes et de la Montagne-Sainte-Geneviève. Cet édifice, construit par Vaudoyer, ressemble au marché Saint-Germain.

Le *marché à la Viande*, situé entre les rues des Deux-Écus, du Four et des Prouvaires, fut construit de 1813 à 1818. Il existait une ancienne halle à la viande, située entre les rues de la Fromagerie, de la Cordonnerie et de la Tonnellerie.

Pour construire la nouvelle halle on démolit plusieurs maisons et hôtels entre les rues du Four et des Prouvaires. Cette démolition laissa un vaste espace de 112 mètres sur 53, lequel fut occupé par le marché. Napoléon voulait le faire construire en maçonnerie; mais les événements de 1814 ne permirent pas l'exécution de ce projet. On se borna à bâtir des hangars en bois. Ils ont disparu lors de la construction des grandes Halles.

Le *Grenier de Réserve*, situé sur le boulevard Bourdon et sur une partie de l'ancien jardin de l'Arsenal, fut bâti, de 1807 à 1817, sur les dessins de Delannoy. L'*Entrepôt des Vins et Eaux-de-Vie* fut établi le long du quai Saint-Bernard. Les travaux commencèrent sous la direction et sur les dessins de M. Gaucher, architecte. La première pierre fut posée le 15 août 1811. Le 30 mai 1812 la charpente d'un des marchés fut posée et le 17 décembre suivant le commerce des eaux-de-vie put disposer de deux halles. Le 5 août 1813, quatre autres halles furent livrées au commerce. Les celliers du côté de la Seine furent commencés dans le courant de 1813, et le 8 novembre 1814 cinq celliers du côté du quai furent ouverts aux marchands de vins. Les travaux se ralentirent en 1815, 1816 et 1817. Les masses de constructions commencées ne furent terminées qu'en 1818.

Les bâtiments situés du côté de la rue Saint-Victor se composent de vingt-trois celliers, qui peuvent contenir cent soixante mille hectolitres de vin.

Les vins et eaux-de-vie conduits à l'Entrepôt peuvent être réexportés hors de la ville sans être assujettis aux droits d'octroi. Cette exportation ne peut avoir lieu que par la rivière ou par les barrières de Bercy et de la Gare. Dans ce dernier cas les transports doivent suivre le quai et être effectués en deux heures. Les vins destinés à la consommation de Paris ne sont passibles des droits d'octroi qu'au moment de leur sortie de l'Entrepôt.

Le *Lavoir public des laines* est situé port de l'Hôpital, près du pont d'Austerlitz. Il fut fondé en 1813 et placé sous la surveillance de plusieurs membres du conseil général d'agriculture. On l'établit, le 10 juillet de la même année, dans l'ancienne église de Saint-Julien-le-Pauvre. En 1815 il fut transféré dans le local qu'il occupe actuellement.

Nous avons parlé ailleurs des divers égouts de Paris. Sous Henri IV, François Miron fit voûter l'égout du Ponceau depuis la rue Saint-Denis jusqu'à la rue Saint-Martin.

A la fin du règne de Louis XIII on comptait 1,207 toises d'égouts couverts et 4,121 toises d'égouts découverts. Sous Louis XIV on en fit voûter plusieurs; on construisit celui de l'hôtel des Invalides et on répara celui de la rue Vieille-du-Temple. En 1718 on rebâtit celui de la rue Saint-Louis; en 1737 on revêtit de murs et on voûta le Grand-Égout, entre le Calvaire et Chaillot; en 1754, celui de la rue Montmartre ; la même année on exécuta celui de l'École militaire et ceux de la rue Saint-Florentin et de la place Louis XV. Ceux qui entourent le Palais-Royal datent du temps où fut construit cet édifice ; ils se jettent dans l'égout de la place du Carrousel, reste des fossés de l'enceinte de Charles VI.

Maintenant tous les égouts de l'intérieur de Paris sont revêtus de maçonnerie et voûtés; ces travaux ont été faits en grande partie sous l'Empire. Le *Grand-Égout* commence rue Vieille-du-Temple, entoure une étendue considérable des quartiers septentrionaux de Paris, et se prolonge, en suivant l'extrémité des Champs-Élysées, jusqu'au quai Debilly, au bas de Chaillot, où il se jette dans la Seine. Dans son cours il reçoit plusieurs branches moins importantes, dont nous ne parlerons pas. L'*égout de Rivoli* s'étend depuis le palais des Tuileries jusqu'à la rue Saint-Florentin, en suivant la direction de la rue de Rivoli; les travaux ont été achevés en 1807. L'*égout de la rue Saint-Denis*, dont la voûte sert de base à l'aqueduc dit *galerie de Saint-Laurent*, a été terminé en 1800 ; l'*égout de la rue Montmartre*, qui sert de base à la conduite des eaux du canal de l'Ourcq, a été terminé en 1812; celui de la rue du Cadran, en 1813. La longueur des égouts était, en 1830, de 40,000 mètres. Nous verrons plus tard quels développements cette importante partie du service municipal a reçus par les soins des administrations contemporaines.

LIVRE XVIII.

PARIS SOUS LE GOUVERNEMENT DE LA RESTAURATION.

CHAPITRE PREMIER.

Événements généraux (1815 — 1830).

Les événements dont Paris fut le théâtre sous la Restauration sont encore présents au souvenir des générations contemporaines et n'offrent pas un bien puissant attrait à l'histoire. Les premières années furent affligées par la domination des armées étrangères, qui ne servaient qu'à exaspérer le sentiment national; les autres furent marquées par des agitations et des soulèvements politiques dont aujourd'hui nous ne comprenons ni la portée, ni la violence. Il y avait des conspirations et des duels; le sang coulait sans utilité et sans gloire; les actes du gouvernement étaient systématiquement dénaturés et attaqués; les classes riches étaient en butte aux invectives des classes pauvres; la religion, dont les chefs du pouvoir voulaient maladroitement se faire un moyen de gouvernement, était rendue responsable des fautes d'un parti et de l'impopularité du prince. Situation grave et difficile qui, dès l'origine de la Restauration, faisait pressentir son peu de durée.

Durant cette épreuve on procéda au recensement de Paris, et la population totale fut évaluée à 714,596 habitants; sur ce nombre on constata que le chiffre des indigents secourus par la charité officielle dépassait celui de 105,560 personnes. Vers le même temps on comptait à Paris 692 hôtels garnis, 18 petits spectacles, 28 bals, 6 jardins où se donnaient des fêtes, 9 concerts, 60 séances musicales, 13 cafés à soirées amusantes, 58 curiosités, 304 cafés, 116 restaurants, 152 bureaux de loterie et 9 maisons de jeux. Le nombre des voitures de toutes classes qui circulaient dans les rues de la capitale était de 15,048. Ces chiffres, qu'on pourra rapprocher des chiffres actuels, auront une grande valeur, en ce qu'ils permettront d'apprécier avec exactitude l'immense développement de la prospérité et de la fortune publique à Paris depuis quarante ans.

L'année 1818 s'ouvrit sous de favorables auspices. Le 6 janvier il y eut au Louvre grande exposition des produits des manufactures royales, et dès ce moment on put se féliciter des progrès qu'osait tenter l'industrie, paralysée depuis plusieurs années par les inquiétudes de la guerre et les misères du pays. Vers le même temps les bals de l'Opéra attirèrent comme autrefois une grande affluence, et ce déploiement du luxe fit espérer du travail et des salaires aux classes ouvrières. Le 20 mars 1818 le théâtre de l'Odéon fut consumé par les flammes, et en deux heures, malgré la promptitude et l'abondance des secours, on vit s'écrouler le comble de l'édifice.

Le 25 août de la même année eut lieu l'imposante cérémonie du rétablissement de la statue de Henri IV. Ce jour-là le roi Louis XVIII sortit en calèche du château des Tuileries pour passer en revue la garde nationale, la garde royale et les corps militaires formant la garnison de Paris. Cette revue eut lieu sur les boulevards du Nord. Vers deux heures le roi arriva au Pont-Neuf; un trône avait été préparé sur l'estrade élevée en face de la statue du Béarnais. M. le marquis de Marbois, président des souscripteurs, prit la parole et adressa au roi un discours de circonstance. « Que cette statue, dit-il en terminant, soit au milieu de cette grande cité comme un génie tutélaire, et qu'à sa vue toutes les haines s'éteignent. » Vœu touchant qui ne devait point être réalisé. Le roi répondit d'une manière remarquable. Quand il eut cessé de parler, lord Wellington, qui assistait à la cérémonie, lui demanda une copie de son discours. « Je ne me rappelle jamais mes discours, dit Louis XVIII; je suis comme la sibylle de Cumes : j'écris sur des feuilles, et le vent les emporte. » Le reste de la journée fut consacré à des réjouissances populaires.

L'histoire politique de Paris durant les années qui suivirent se confondit dans l'histoire générale de la France, et nous trouverions difficilement le moyen de l'isoler et de faire entrevoir par où la capitale vivait d'une vie distincte de celle du royaume. Disons toutefois que Paris, alors plus que jamais, depuis 1789, résumait en lui les instincts bons ou mauvais de la France, qu'il était l'âme et le cœur de l'opposition qu'on appelait libérale, et qui, soit qu'elle voulût renverser les Bourbons, soit qu'elle se résignât à les accepter, travaillait sans relâche à réveiller dans les masses les instincts révolutionnaires, à amoindrir le pouvoir, à organiser la liberté comme un instrument de guerre.

Dans la soirée du 13 février 1820 le duc de Berry fut assassiné par un nommé Louvel, fanatique qu'on soupçonna d'avoir été l'instrument du parti libéral ou des bonapartistes, mais qui paraît n'avoir obéi qu'à l'impulsion d'une haine implacable contre tout ce qui portait le nom de Bourbon. Le duc de Berry mourut dans les bras de son épouse, après avoir reçu les derniers sacrements et en demandant grâce pour son meurtrier. Ce dernier, traduit devant la cour des Pairs, fut condamné à mort et exécuté en place de Grève. D'autres conspirations éclatèrent. Plusieurs d'entre ceux qui y prirent part étaient membres d'une association secrète connue sous le nom de *Charbonnerie*. Ils furent successivement déférés aux cours d'assises ou à la justice des Pairs.

Le 29 septembre madame la duchesse de Berry mit au monde un jeune prince qui fut nommé Henri-Dieudonné et reçut le titre de duc de Bordeaux.

Le 1er mai 1821 des fêtes extraordinaires eurent lieu à l'occasion du baptême du jeune duc; il y eut des représentations populaires dans les salles de spectacle. Le lendemain une fête des plus splendides fut donnée à l'hôtel de ville; la grande salle de bal avait été construite dans l'emplacement occupé par la cour de l'hôtel, et jusqu'alors rien n'avait égalé la magnificence déployée, au nom de Paris, par le corps municipal. De nos jours ces pompes ont été tellement surpassées que nos regards s'arrêteraient à peine sur les splendeurs du bal de 1821.

Le 14 mai de la même année eut lieu l'ouverture du canal de Saint-Denis, alimenté par les eaux de l'Ourcq et qui avait été commencé en 1811. Le 21 Paris rendit les derniers devoirs à la dépouille mortelle de Camille Jordan, homme de talent et homme de bien. Le 3 juin des troubles, assez promptement réprimés, éclatèrent à l'occasion d'un service funèbre de bout de l'an célébré à Saint-Eustache pour le repos de l'âme du jeune Lallemand, tué dans les émeutes de 1820. L'année 1822 ne fut marquée, à Paris, par aucun événement considérable.

Les quatre sergents de la Rochelle, qui montèrent sur l'échafaud de la place de Grève, périrent pour la cause républicaine. La pitié que leur sort provoqua dans les rangs du peuple ne fit qu'ajouter aux embarras politiques contre lesquels luttaient les Bourbons. L'année suivante (1823) vit s'envenimer les discordes parlementaires, et la session des deux Chambres fut troublée par l'expulsion du député Manuel, l'une des idoles de l'opposition libérale. A l'agitation produite par cet incident, succéda l'émotion de longue durée que souleva la guerre d'Espagne. Le 2 décembre le duc d'Angoulême, qui avait conduit cette expédition de la Bidassoa à Cadix, revint à Paris, où on lui décerna les honneurs du triomphe. L'arc de triomphe projeté par Napoléon Ier pour la gloire de la Grande Armée fut dédié par le roi Louis XVIII à l'armée qui revenait d'Espagne. Sous ce même édifice, alors figuré par des échafaudages recouverts de toiles peintes, le prince généralissime fit son entrée à cheval, au milieu d'un grand cortège de troupes et de peuple. En cette même année eut lieu, à Paris, l'exposition des produits de l'industrie nationale.

Le 16 septembre 1824 le roi Louis XVIII, tourmenté depuis longtemps par de graves infirmités, mourut aux Tuileries. Le comte d'Artois lui succéda sous le nom de Charles X.

Peu de jours après le nouveau roi fit son entrée à Paris;

le préfet de la Seine, à la tête du corps municipal, lui ayant présenté les clefs de Paris, Charles X répondit d'une voix affable : « Je vous laisse en dépôt ces clefs, parce que je ne puis les remettre en des mains plus fidèles; gardez-les, Messieurs, gardez-les! C'est avec un sentiment profond de douleur et de joie que j'entre dans ces murs, au milieu de mon bon peuple; je veux employer jusqu'au dernier de mes jours pour assurer et consolider son bonheur. » Comme les lanciers qui précédaient le roi écartaient la foule avec leurs lances, Charles X s'en étant aperçu poussa son cheval jusqu'à eux et leur dit : « Mes amis, point de hallebardes! »

Le 29 novembre 1825 eurent lieu les funérailles du général Foy, l'un des chefs les plus éloquents et les plus accrédités du parti constitutionnel. Ce jour-là Paris fut témoin d'une démonstration populaire dont les annales du passé n'avaient point transmis le souvenir, si l'on en excepte les obsèques de Mirabeau. A chaque pas la capitale étalait des emblèmes de deuil ; les boutiques se fermaient sur les boulevards et dans les quartiers que traversait le convoi; le cercueil était porté à bras, et sur la fosse Casimir Périer, après une harangue digne de l'illustre mort, fit décréter par la foule que la France adoptait les enfants du général Foy. Le lendemain recommencèrent avec plus d'âpreté que jamais les luttes politiques. Elles remplirent les annales de 1826 et ne laissèrent place à aucune autre préoccupation. L'année 1827 s'ouvrit sous de semblables auspices. Le différend suscité entre le gouvernement et le pays s'aggravait de plus en plus par suite de la violence des partis et du pouvoir. Chaque question servait de prétexte à une agitation nouvelle;

chaque incident était grossi, d'un côté par la crainte, de l'autre par la haine.

La garde nationale de Paris fut dissoute; la censure fut établie sur les journaux ; en dépit de ces précautions une agitation très-vive se manifesta à l'occasion des funérailles de l'ancien député Manuel. La Chambre élective ayant été dissoute, des troubles fort graves éclatèrent à Paris, le 18 novembre 1827, à la suite des opérations électorales. On éleva de nombreuses barricades et il fallut faire agir la force armée. Deux ans se passèrent en des luttes continuelles entre la royauté et le parti libéral, qui disposait de la presse et des masses. Charles X eut la fatale idée de pousser la résistance jusqu'aux coups d'État, et un ministère présidé par M. de Polignac fut chargé de conduire la lutte.

Le 26 juillet 1830 *le Moniteur* publia quatre ordonnances royales, rendues en vertu des pouvoirs que le roi paraissait tenir (par une interprétation fausse et abusive) de l'article 14 de la Charte constitutionnelle. Ces ordonnances suspendaient ou modifiaient plusieurs droits publics établis par la loi fondamentale; entre autres dispositions elles abrogeaient la liberté de la presse et changeaient le système électoral. C'était, de la part du roi, engager la lutte, et il fallait vaincre; mais il fut vaincu. Le même jour, 26 juillet, la résistance commença dans les imprimeries de quelques journaux libéraux, et l'on fit publiquement entendre à Paris les cris de *Vive la presse! vive la Charte! à bas les ordonnances!* Le 27 juillet des rassemblements se formèrent dans les rues, et la force armée fut envoyée dans les bureaux du *National* pour briser les presses de cet établissement; on résista. Il en fut de même dans les bureaux du *Temps*. Vers midi on fut obligé de déployer un grand appareil de répression aux abords du Palais-Royal, dans la rue Saint-Honoré, sur les boulevards et dans la rue des Capucines. L'infanterie de ligne, qui ne servait qu'à contre-cœur, ne mit aucune énergie dans ses mouvements; et le gouvernement eut recours à la garde royale. Des barricades furent élevées, attaquées, défendues et prises près du Palais-Royal, près de la Banque, près du palais de la Bourse. Partout le peuple était dispersé et refoulé; mais on promenait les blessés sur des civières, on portait les morts à travers les rues, on criait : *Vengeance !* et pour une barricade détruite il s'en formait trois autres. Vers onze heures du soir les troupes, lassées de la lutte, rentrèrent dans les casernes. Le lendemain, 28 juillet, Paris fut déclaré en état de siége, et le gouvernement militaire de la capitale fut confié au maréchal Marmont, duc de Raguse. Ce jour-là la lutte recommença plus opiniâtre et plus sanglante que la veille. L'hôtel-de-ville tomba au pouvoir des insurgés; le tocsin sonna; sur tous les points de nouveaux combats s'engagèrent. Le duc de Raguse avait formé quatre colonnes d'attaque; vers dix heures elles se mirent en mouvement. L'une d'elles reprit l'hôtel-de-ville; mais à peine s'y était-elle installée qu'elle y fut assiégée par des insurgés accourus en armes de tous les faubourgs de l'Est. Une autre colonne, engagée sur les boulevards, entre la rue Montmartre et la Bastille, eut de nombreux combats à livrer et éprouva de nombreuses pertes d'hommes; vers le soir elle fut contrainte de se replier sur les Tuileries. Le reste des troupes engagées dans les quartiers populeux et aux abords des halles n'eut pas moins à souffrir. Le même soir les députés présents à Paris essayèrent d'entrer en pourparlers et d'agir comme médiateurs entre le roi et le peuple; leur intervention fut inefficace. Le lendemain, 29 juillet, la lutte s'engagea plus meurtrière encore que la veille, et ce jour-là elle fut décisive. L'École polytechnique fournit des chefs aux insurgés; la garde nationale, dissoute depuis trois ans, reprit ses armes et se mit du côté du peuple; le 5e et le 53e régiments de ligne, rangés en bataille sur la place Vendôme, refusèrent de continuer le feu, et la garde royale, aussi bien que les troupes suisses, se trouvèrent hors d'état de vaincre. En quelques heures les Tuileries, le Louvre, les postes principaux furent occupés par le peuple; le drapeau tricolore flotta sur les tours de Notre-Dame, et la famille royale, qui, retirée à Saint-Cloud, apprenait de moments en moments la ruine de ses espérances, ne tarda pas à se voir dans la nécessité de chercher son salut en se repliant d'abord sur Versailles, puis sur Rambouillet. A plusieurs reprises le gouvernement royal essaya de conjurer la tempête populaire en promettant de retirer les ordonnances et d'en appeler aux conseils de ministres pris dans les rangs du parti victorieux. A ces ouvertures tentées au nom de Charles X le général Lafayette répondit : *Il est trop tard!* Déjà (31 juillet) le duc d'Orléans avait été proclamé lieutenant général du royaume par la réunion des députés présents à Paris et il avait accepté ces fonctions. Son parti, plus habile que nombreux, le poussa aussitôt vers l'hôtel-de-ville; il y arriva à travers les barricades, sans gardes, sans escorte, et accompagné seulement de deux cents députés. En cet instant suprême Charles X et son fils, M. le Dauphin, tentèrent un dernier effort; ils adressèrent au duc d'Orléans leur abdication en faveur du jeune duc de Bordeaux, enfant de dix ans, héritier de leurs droits. Cette tentative, repoussée avec dédain par les députés et éludée par le duc d'Orléans, fut réputée non avenue, et la candidature de Henri V fut écartée sans discussion. La branche aînée des Bourbons avait cessé de régner; la révolution de Juillet était accomplie; la population de Paris venait de disposer de la France.

CHAPITRE II.

Paris sous la Restauration. — Monuments religieux et civils. — Fondations utiles.

Sous la Restauration on commença la construction de l'église Notre-Dame de Lorette, mais, ce monument n'ayant été terminé et livré au culte qu'en 1836, nous en rendrons compte en parlant de l'histoire de Paris sous le gouvernement de Juillet. Il en sera de même de l'église Saint-Vincent de Paul.

La *Chapelle expiatoire* occupe une partie de l'ancien cimetière de la Madeleine. Les architectes Percier et Fontaine ont donné les dessins de ce monument, dont la physionomie a un caractère qui ne permet de le confondre avec aucun autre. Une inscription gravée au-dessus de la porte principale nous apprend que les rois Louis XVIII et Charles X ont voulu consacrer ainsi le lieu où les restes de leur frère, Louis XVI, et de la reine Marie-Antoinette reposèrent pendant plus de vingt ans. L'autel de la crypte s'élève, on l'assure, à la place même où les corps furent inhumés, celui du roi le 21 janvier 1793 et celui de la reine le 16 octobre suivant. Des statues de marbre représentent ces deux victimes de sainte et douloureuse mémoire. Il faut dire à la louange de la population de Paris que ce pieux édifice a été constamment respecté au milieu des révolutions et de la guerre civile.

La *chapelle du cimetière du Père-Lachaise*, située sur la partie la plus élevée de ce cimetière, occupe un parallélogramme de onze mètres de largeur sur vingt-deux mètres de profondeur. Aux quatre angles extérieurs de ce monument sont des pilastres d'ordre dorique, qui soutiennent un entablement décoré de modillons et de triglyphes. Au levant et au couchant cet entablement est surmonté d'un fronton. On entre, du côté de l'ouest, par une grande porte entourée d'un chambranle qui supporte une corniche. De chaque côté du perron de sept marches qui précède cette entrée sont des trépieds avec des cassolettes de fonte, posés sur des socles de pierre. Le nu des murs extérieurs est décoré de refends.

A l'intérieur règne la plus grande simplicité. L'autel, élevé de deux marches au-dessus du pavé, est en marbre blanc; à droite et à gauche des socles de marbre bleu turquin supportent des candélabres en marbre blanc.

Le jour pénètre par une ouverture pratiquée au milieu de la voûte.

La *Synagogue* des juifs était située rue Sainte-Avoye. En 1819, on en construisit une nouvelle, sur les dessins de M. Sylveira, rue Notre-Dame-de-Nazareth. Cet édifice est peu remarquable.

Le *séminaire de Saint-Sulpice*, situé sur la place et auprès de l'église de ce nom, entre les rues Férou et du Pot-de-Fer, fut commencé en 1820. Sa façade principale se compose d'un corps central et de deux pavillons en saillie de chaque côté. Sa longueur est de 60 mètres. Au milieu de sa façade on a construit un porche élevé de sept degrés au-dessus du sol de la place; il est large de 10 mètres et profond de 4 mètres environ. Il présente trois arcades, au-dessus desquelles règne une terrasse de plain-pied avec le premier étage.

Les bâtiments de ce séminaire forment un parallélogramme au centre duquel se trouve une cour carrée de 36 mètres, entourée d'une galerie couverte et en arcades. Ces bâtiments se composent d'un rez-de-chaussée construit sur des caves, et de trois étages surmontés, à l'exception de la façade, d'un étage de mansardes. Ils renferment 260 chambres, outre les salles d'exercice, réfectoires, parloirs, etc.

Sainte-Élisabeth, rue du Temple, fut érigée en 1628 et dédiée à sainte Élisabeth de Hongrie. Le portail est décoré de pilastres doriques et ioniques; l'intérieur, rebâti en 1829, est d'ordre dorique.

Saint-Denis-du-Saint Sacrement, rue Saint-Louis au Marais, a été bâti de 1826 à 1835, sur l'emplacement du couvent des *Filles du Saint-Sacrement*.

Une ordonnance de Louis XVIII ordonna l'institution de l'École des Beaux-Arts, mais ce magnifique établissement, commencé sous la Restauration, ne fut terminé que sous le règne de Louis-Philippe; disons même qu'il s'est tranformé et agrandi sous le règne de Napoléon III, par suite de travaux importants actuellement en cours d'exécution. Nous en rendrons compte en décrivant les splendeurs de Paris durant la période contemporaine.

Sous la Restauration l'*École des Chartes*, instituée en 1821, fut placée à la Bibliothèque impériale; on l'a transférée depuis aux Archives générales de l'empire, rue du Chaume. Elle a pour but de former les jeunes gens à la lecture et à l'intelligence des anciens monuments, ainsi qu'à l'étude des dialectes français du moyen âge. On y a fait d'importantes améliorations; ses cours sont très-suivis.

L'*institution de Musique classique* fut fondée par Choron, rue de Vaugirard, sous la Restauration; elle a fourni plusieurs artistes remarquables à notre première scène lyrique, entre autres le ténor Duprez.

L'*Académie impériale de Médecine*, établie rue de Poitiers, fut instituée par Louis XVIII, à Paris, pour tout le royaume. On la chargea de répondre aux demandes du gouvernement sur tout ce qui intéresse la santé publique, et particulièrement sur les maladies épidémiques et endémiques, les épizooties, les cas de médecine légale, l'examen des remèdes nouveaux et des remèdes secrets, les eaux minérales, etc. Elle continue, en outre, les travaux de la société de Médecine et de l'académie de Chirurgie. On y compte 75 membres titulaires, 60 honoraires, 30 associés libres et 80 associés ordinaires. Ils se divisent en trois sections : une de médecine, une de chirurgie et une de pharmacie.

Le *collége Bourbon* (aujourd'hui lycée Bonaparte) fut fondé le 24 octobre 1820 ; sa chapelle est jolie et son portail présente une certaine élégance.

Le *collége Stanislas*, situé rue Notre-Dame-des-Champs, n'était d'abord qu'un établissement particulier, dirigé par l'abbé Liautard; il fut érigé en collége en 1822, et on lui donna un des noms de Louis XVIII, qui portait beaucoup d'intérêt à l'établissement.

Le *musée des Antiquités égyptiennes, grecques et romaines*, appelé autrefois *musée Charles X*, fut ouvert en 1827. Il occupe neuf salles de plain-pied dans l'aile méridionale du Louvre. Les vases, médailles et objets antiques et précieux, y sont tenus renfermés dans des armoires magnifiques garnies de glaces. Les plafonds ont été décorés par Horace Vernet, Gros, Abel de Pujol, Picot, Ingres et Heim.

L'*Amphithéâtre d'anatomie* fut construit, en 1821, rue d'Orléans-Saint-Marcel. Sa destination est de présenter les métamorphoses et changements opérés sur les organes de l'homme par les maladies, les accidents, l'âge et le jeu de la nature. Il possède une riche collection de pièces préparées avec le plus grand soin. Plus de cinq cents élèves peuvent y travailler à des opérations anatomiques.

Plusieurs théâtres furent fondés à Paris vers la même époque. Nous ne mentionnerons que pour mémoire la grande salle provisoire de l'Opéra, qui va être remplacée par une salle définitive que nous décrirons ailleurs.

Le *théâtre de Madame* ou *le Gymnase*, boulevard Bonne-Nouvelle, fut érigé en 1820. Son entrée est sur le boulevard. Ce théâtre, qui peut contenir 1,280 spectateurs, est destiné aux vaudevilles et aux comédies.

Le *théâtre des Nouveautés*, place de la Bourse, fut ouvert en 1827. La façade est ornée de colonnes ioniques et corinthiennes, de pilastres et de niches où sont placées des statues. L'intérieur est de forme circulaire et contient 1,300 personnes. Ce théâtre, après avoir servi longtemps à l'*Opéra-Comique*, est, depuis 1840, occupé par le *Vaudeville*.

Le *théâtre Ventadour*, dans la rue Neuve-des-Petits-Champs, porta d'abord le nom de *théâtre Nautique*, puis de *théâtre de la Renaissance*. Après avoir vu périr plusieurs entreprises dramatiques, cette salle est échue aux *Italiens*. La façade principale présente une rangée de neuf arcades couronnées par un attique. Un portique formé par ces arcades conduit à un vestibule. L'intérieur de ce théâtre est semi-circulaire; les panneaux de la salle et les loges sont richement ornés; le plafond est peint par Ferry et représente une coupole; les figures qui le supportent sont de Klagmann. Le foyer est très-riche. Ce théâtre contient 1,200 personnes.

L'*Ambigu-Comique*, boulevard Saint-Martin, a été construit par Stouff et Lecointe et ouvert en 1828. La façade est ornée de colonnes supportant une corniche et son entablement; le péristyle est surmonté par une terrasse. Ce théâtre contient 1,900 places. On y joue des mélodrames et des vaudevilles.

Nous ne mentionnerons que pour ordre le *Cirque olympique*, construit en 1827, et qui vient de disparaître avec les anciens théâtres du boulevard du Temple.

La jolie salle de théâtre du passage Choiseul, alors appelé *théâtre de M. Comte*, fut construite en 1826 et desservie d'abord par une troupe d'enfants appelés les élèves de M. Comte.

Le théâtre du Luxembourg fut établi, sous la Restauration, rue Madame. C'était d'abord un spectacle forain appelé *Bobineau*, nom du paillasse qui faisait la parade à la porte. Depuis 1830 des drames et des vaudevilles y ont remplacé les pantomimes et les arlequinades.

Plusieurs ponts de peu d'importance furent construits à Paris sous la Restauration; ils ont été réédifiés pour la plupart et nous les mentionnerons ailleurs.

La Restauration dota Paris de divers marchés dont voici les principaux.

Le *marché au beurre, aux œufs et au fromage*, bâtiment triangulaire, situé au nord du marché des Innocents, a été construit en 1822.

Le *Marché à la Marée* ou *halle au Poisson* formait autrefois deux halles élevées, en 1785 et 1786, entre les rues de la Tonnellerie et du Pilier-d'Étain, sur l'emplacement de l'ancien pilori et du lieu connu sous le nom de *Carreau de la halle*. Rebâti déjà en 1823, il fut entièrement reconstruit, en 1835, d'après un plan nouveau. Sa forme est un parallélogramme de 49 mètres de longueur sur 28 mètres de largeur; il était orné de vingt-huit colonnes posées sur des socles en pierre. L'on voyait à l'extérieur plusieurs bornes-fontaines, et à l'intérieur de petits bassins où l'eau ne cessait pas de couler; le plus remarquable de ces bassins contenait une borne carrée, décorée de quatre mascarons en bronze qui jetaient de l'eau. C'est à cette halle que tout le poisson arrivait chaque matin; il était aussitôt mis aux enchères et adjugé au plus offrant, par pièces ou par lots. Les nouvelles dispositions des Halles centrales, que l'on reconstruit, ont fait changer celles du marché à la Marée.

Le *marché aux légumes* fut construit en 1818 sur l'emplacement qui servait autrefois de halle pour la viande. Une eau abondante y jaillit de cinq bornes-fontaines.

La *caserne des sapeurs-pompiers* fut bâtie, en 1821, sur l'emplacement d'anciens bâtiments qui faisaient partie du couvent des Capucins. Elle est située rue de la Paix et se compose de trois arcades surmontées de deux étages.

Le *Bureau central de vérification de l'octroi de Paris*, rue Chauchat, fut élevé, de 1821 à 1824, sur une partie de l'ancien hôtel Grange-Batelière, sur les dessins de M. Luçon. Cet établissement, qui a 80 mètres de longueur sur 16 de largeur, contient quatorze magasins servant de lieu de dépôt aux marchandises que les particuliers confient à l'administration; il est destiné à éviter aux particuliers la vérification des malles, colis, caisses, etc., qu'ils veulent introduire dans Paris. La visite se fait sous les yeux des particuliers.

Paris n'avait encore que des passages sales, étroits, incommodes, privés de jour et d'air; le *passage des Panoramas* parut alors une merveille. C'est un des premiers qui aient été construits à Paris. En 1821 on entreprit des galeries qui communiquent du boulevard des Italiens au théâtre de l'Opéra. La *galerie Vivienne* fut construite en 1823, sur l'emplacement du jardin du restaurateur Grignon; elle va, par crochets, de la rue Vivienne aux rues des Petits-Pères et Neuve-des-Petits-Champs. Le *passage Véro-Dodat*, situé en face de la rue Montesquieu et menant de la rue du Bouloy à celle de Grenelle-Saint-Honoré, doit son nom à deux riches charcutiers, MM. Véro et Dodat, qui le firent construire en 1823; c'est un des plus agréables. Le *passage de Henri IV* ou *du Pont-Neuf* qui conduit de la rue Mazarine à la rue de Seine, a été achevé en 1824. Le *passage Violet*, entre les rues d'Hauteville et du faubourg-Poissonnière, fut terminé en 1823; il est découvert. Le *passage d'Artois* ou *Laffitte*, qui va de la rue Laffitte à la rue Le Peletier, fut ouvert en 1828. A la même époque on a construit la *galerie Colbert*, qui va par crochet de la rue Neuve-des-Petits-Champs à la rue Vivienne; la *galerie Choiseul*, qui va de la rue Neuve-des-Petits-Champs à la rue Neuve-Saint-Augustin, etc. Depuis lors le nombre des passages s'est fort augmenté.

Le *quartier François Ier*, que sa position actuelle et son entourage semblent destiner à devenir bientôt un des plus agréables de Paris, était d'abord occupé par des marais. En 1823 une compagnie de spéculateurs voulut le percer de rues, le bâtir et le peupler. Cette entreprise ne réussit pas et n'amena qu'un tracé de deux rues et d'une place, avec quelques rares constructions. La place, de forme circulaire, avec 34 mètres de diamètre, porte le nom de François Ier. Une jolie fontaine s'élève au milieu. L'on remarque à l'extrémité sud de la rue Bayard, qui la traverse, la maison dite *de François Ier*; elle était située autrefois à Moret, près de Fontainebleau, et servait de rendez-vous de chasse. En 1826 le gouvernement la vendit à un amateur; d'après ses ordres l'architecte Biet la fit transporter pierre à pierre à Paris et la reconstruisit sur un nouveau plan. Ce gracieux monument, qui date de 1572, est orné de sculptures attribuées à Jean Goujon.

Sous la Restauration on éleva un monument à Malesherbes dans la salle des Pas-Perdus, au Palais de Justice (1822). La statue de Henri IV ayant été érigée sur le Pont-Neuf (1818), celle de Louis XIII fut rétablie sur la place Royale (1820); celle de Louis XIV, sur la place des Victoires (1823). La place Royale subit quelques changements; en 1824 on y construisit quatre fontaines en pierres, au milieu de quatre pièces de gazon; elles produisent un très bel-effet mais ne remplacent pas la belle gerbe qui s'élevait au centre avant l'érection de la statue de Louis XIII. La cathédrale fut réparée; on plaça sur le trumeau de la porte lattérale (nord) du grand portail (1818), une statue de la Vierge, ouvrage du quatorzième siècle, enlevée à la chapelle de Saint-Aignan, pour remplacer celle qui avait été brisée pendant la Révolution; on éleva dans cette église un monument à la mémoire de du Belloy. Les autres monuments religieux éprouvèrent des restaurations analogues. On répara le Palais de Justice et on démolit les masures extérieures qui l'entouraient. Le marché Saint-Jacques-la-Boucherie fut reconstruit sur un plan régulier. La porte Saint-Martin fut réparée. On enleva les échoppes qui masquaient la colonnade du Louvre et on planta à leur place des pièces de gazon. Des travaux importants amenèrent la création d'allées nouvelles aux Champs-Élysées. L'esplanade des Invalides fut considérablement agrandie et embellie.

Le vaste espace compris entre la rue Caumartin et l'église de la Madeleine, le boulevard de ce nom et la rue Neuve-des-Mathurins, n'était occupé, avant 1820, que par des chantiers de bois. En 1820 on perça la rue Godot-de-Mauroy; dans les années suivantes, celle de Tronchet, Chauveau-Lagarde, Desèze, Neuve-de-la-Ferme-des-Mathurins. Depuis 1830 ce quartier s'est fort agrandi; il est maintenant couvert de rues, et les chantiers en ont presque entièrement disparu.

Cette esquisse de l'histoire de Paris sous la Restauration serait incomplète si nous omettions de constater qu'au milieu des luttes parlementaires et des agitations politiques il s'opérait, dans l'ordre des choses de la littérature et des arts, un mouvement de progrès éminemment remarquable. Le règne de Charles X, malgré sa courte durée, a été une époque de grand développement intellectuel. La poésie se dégageait avec énergie des vieilles formes dont, depuis plus d'un siècle, on persistait à l'envelopper, et des hommes d'un génie fécond autant qu'énergique cherchaient à ouvrir à l'art des voies nouvelles. Sans doute leurs espérances furent en partie déçues; audacieux Colombs de la littérature et du drame, ils n'eurent pas le bonheur de découvrir le monde vers lequel ils cinglaient à pleines voiles, au risque de sombrer dans les abîmes de l'inconnu et du faux; mais, si leur courage ne fut pas récompensé par de vastes conquêtes, du moins est-il certain que la littérature française dut à ces jeunes hommes, à ces aventuriers du génie, une gloire sérieuse, des aperçus nouveaux, de plus nobles et de plus grands horizons.

FIN DU QUATRIÈME VOLUME.

TABLE DES MATIÈRES

CONTENUES DANS LE QUATRIÈME VOLUME.

LIVRE XIV.

PARIS SOUS LE RÈGNE DE LOUIS XIII.

CHAPITRE PREMIER.

Événements généraux (1610-1643).

	Pages.
Mesures d'ordre prises à Paris après la mort de Henri IV	1
Louis XIII enfant tient un lit de justice	2
Marie de Médicis est proclamée régente	id.
Procès et supplice de Ravaillac	3
Incidents. — Démonstration du prince de Condé	5
Fêtes à Paris à l'occasion des fiançailles du roi	6
Les états généraux convoqués à Paris	8
Le feu de la Saint-Jean à l'hôtel de ville	10
Entrée d'Anne d'Autriche à Paris	11
Mort du maréchal d'Ancre	12
Supplice de la maréchale. — Mort du duc de Mayenne	13
Agitations contre les protestants	14
Peste à Paris	15
Paris à l'avénement de Richelieu	16
La paix avec les Anglais est publiée à Paris	17
Guerre de Trente-Ans. — Les ennemis menacent Paris	18
Naissance de Louis XIV	20
Incidents à Paris	21
Mort de Richelieu	22
— de Louis XIII	23

CHAPITRE II.

Fondations religieuses.

L'église des Carmes	24
Colléges et noviciat des Jésuites	29

562   TABLE DES MATIÈRES

                                                                      Pages.

Les Minimes.. 29
Les Capucins de la rue Saint-Jacques........................ id.
Les Pères de la Doctrine chrétienne........................... id.
Les prêtres de la Mission. — Le séminaire Saint-Charles...... id.
Le couvent des Ursulines.. 31
Les Ursulines de Sainte-Avire.................................... 33
Les Oratoriens et la chapelle de l'Oratoire................... 34
Les Bénédictines de la Ville-l'Évêque.......................... 37
La Visitation et Notre-Dame des Anges........................ 38
Les dames de Saint-Michel.. id.
Les Madelonnettes.. id.
Les Bénédictines anglaises....................................... id.
Les Filles du Calvaire.. 39
Les Jacobins de la rue Saint-Honoré........................... id.
   — de la rue du Bac. —Saint-Thomas d'Aquin........... 41
Les Annonciades célestes... 44
   — du Saint-Sacrement... 45
   — des dix Vertus.. 46
   — du Saint-Esprit. — Saint-Ambroise.................... id.
La congrégation de Notre-Dame de l'Annonciade............ 47
Les religieuses du Saint-Sacrement............................. id.
Le prieuré du Cherche-Midi (Notre-Dame de Consolation).. 48
Les Filles du Précieux Sang...................................... 49
   — de Sainte-Élisabeth... 50
Le couvent de Notre-Dame de Sion............................. id.
   — des Filles de la Conception............................... id.
   — des Filles de l'Immaculée Conception................. 51
Les religieuses de la Charité Notre-Dame..................... id.
Les Hospitalières de la Roquette................................ id.
Les Filles de la Providence ou de Saint-Joseph.............. id.
Les nouvelles catholiques.. 52
Les Filles de Saint-Thomas d'Aquin............................ id.
Les Chanoinesses du Saint-Sépulcre........................... 53
Les Petites Cordelières.. id.
Les Filles de la Croix.. 54
Les Chanoinesses augustines de Notre-Dame de la Victoire.. 55
Les Bénédictines de Notre-Dame de Liesse................... 56
Les Capucins du Marais... id.
Les Feuillants... 58

DU QUATRIÈME VOLUME. 563

Pages.

Les nouveaux convertis. — Congrégation de la Propagation de la Foi.. 58
Les religieuses de Notre-Dame des Prés..................... 59
Les Carmélites du Marais................................. id.
Les Feuillantines.. 60
L'église et l'abbaye du Val-de-Grâce....................... 61
Les Pères de Nazareth................................... 63
Les Augustins déchaussés ou les Petits-Pères............... 64
Notre-Dame des Victoires................................ 65
L'abbaye de Port-Royal.................................. 69

CHAPITRE III.

Églises. — Hôpitaux. — Fondations charitables.

Mouvement religieux à Paris sous Louis XIII............... 72
La Sorbonne... 75
Saint-Merry... 77
Saint-Étienne du Mont................................... 78
Saint-Gervais et Saint-Protais............................ 84
Saint-Eustache.. 92
Saint-Roch.. 105
Sainte-Marguerite....................................... 111
Saint-Louis en l'Ile..................................... 113
Saint-Joseph.. 114
Séminaire Saint-Nicolas du Chardonnet.................... 115
— des Trente-Trois............................ id.
Hôpital des Convalescents................................ 116
— de Notre-Dame de Miséricorde.................... id.
— des Incurables................................. 117
— de la Pitié.................................... id.
— de la Salpêtrière.............................. id.
La maison Scipion....................................... 118

CHAPITRE IV.

Palais, monuments publics et établissements civils fondés à Paris sous le règne de Louis XIII.

Le palais et le jardin du Luxembourg..................... 119
Le Petit Luxembourg..................................... 133

36.

	Pages.
Le Palais Cardinal, appelé plus tard Palais-Royal	134
Le jardin du Palais-Royal	143
Le Jardin des Plantes	145
Le *Muséum* d'histoire naturelle	148
L'Académie française	150
L'Imprimerie royale. — Premiers journaux parisiens	152
La manufacture des glaces	154
Théâtres parisiens sous Louis XIII	155
L'hôtel Rambouillet	162
Les Précieuses. — Les salons. — Influence des femmes	163

CHAPITRE V.

Topographie et enceinte de la ville. — Édilité. — Police, salubrité et sécurité.

Agrandissement de la ville sous Louis XIII	165
Nouveaux quartiers	166
Édits du Parlement pour réprimer les assassins, les vagabonds, les voleurs, les duellistes, etc.	172
Ce qu'était alors le Pont-Neuf	177

CHAPITRE VI.

Mœurs et coutumes de la population parisienne sous Louis XIII.

Édits et ordonnances pour réprimer le luxe	179
Modes masculines et féminines	180
Mœurs de la cour	181
Le Mercure français	183

LIVRE XV.

PARIS SOUS LE RÈGNE DE LOUIS XIV.

CHAPITRE PREMIER.

Événements généraux. — Première période (1643-1715).

Avénement de Louis XIV	187
Incidents durant les premières années du règne	188
Impopularité du cardinal Mazarin	189

	Pages.
Premiers troubles. — Le Parlement s'allie aux mécontents. — La Fronde...	191
La révolte s'aggrave. — Journée des Barricades..............	193
Concessions de la cour...................................	203
Départ du roi et de la reine-mère..........................	204
Guerre de la Fronde......................................	206
Traité de Rueil. — Retour du roi..........................	211
La guerre recommence....................................	218
Combat du faubourg Saint-Antoine.........................	220
Massacres de l'hôtel de ville...............................	230
Soumission du Parlement et de Paris.......................	239

CHAPITRE II.

Deuxième période du règne de Louis XIV.

Le gouvernement de Louis XIV s'attache à embellir Paris et à rétablir dans cette ville la sécurité et l'ordre................	243
Organisation de la police.................................	255
D'Argenson est nommé lieutenant général de la police........	257
Suppression des juridictions seigneuriales dans Paris.........	258
Créations de nouveaux offices judiciaires, financiers et municipaux	*id.*
Édits bursaux...	261
Expédients fiscaux.......................................	262
La reine Christine de Suède à Paris........................	264
Le roi accepte un banquet à l'hôtel de ville.................	265
Statue du roi érigée à l'hôtel de ville.......................	266
Mesures prises pour assurer les approvisionnements de Paris...	268
Disettes et maladies contagieuses..........................	270
Répression des malfaiteurs, des mendiants et des vagabonds....	272
Créations utiles..	273
La cour sous Louis XIV...................................	275
Conflits religieux..	277
Misère du peuple parisien.................................	278
Déclin et mort du roi.....................................	279

CHAPITRE III.

Développements et agrandissements de Paris sous Louis XIV. — Monuments publics. — Édifices civils.

Nouveaux quartiers. — Nouveaux quais....................	281
Extension de la ville.....................................	285

	Pages.
Nouvelle division municipale	286
La place Vendôme	id.
— des Victoires et la statue de Louis XIV	287
Le Cours-la-Reine	290
La place du Carrousel	291
La porte Saint-Denis	293
Autres portes monumentales de Paris	294
Pompe du pont Notre-Dame	296
Fontaines de Paris sous Louis XIV	297
L'Observatoire	298
La manufacture des Gobelins	302
Nouveaux Théâtres ouverts sous Louis XIV	304
Nouvelles académies	309
La Bibliothèque royale sous Louis XIV	313
Collége Mazarin	319
Bibliothèque Mazarine	321
L'hôtel des Invalides	322
Nouveaux travaux d'agrandissement du Louvre	325

CHAPITRE IV.

Suite du règne de Louis XIV. — Édifices religieux fondés à Paris. — Institutions de piété et de bienfaisance.

Les Théatins	333
L'institution de l'Oratoire	834
Les Prémontrés réformés	id.
Les Orphelins de la Mère de Dieu	id.
Les Frères des Écoles chrétiennes	id.
Les Missions étrangères	335
Les Cordeliers de la Terre-Sainte	id.
Le séminaire anglais	336
— de Saint-Sulpice	id.
— de Saint-Pierre et Saint-Louis	id.
Les Eudistes	id.
Le séminaire des prêtres irlandais	337
Les prêtres de Saint-François de Sales	id.
Les Filles de Saint-Chaumont	id.
La Visitation de Sainte-Marie	338
Les religieuses anglaises	id.

	Pages.
L'abbaye de Notre-Dame de Pentemont...................	338
Les Filles de l'Union chrétienne........................	id.
Les religieuses de la Présentation Notre-Dame.............	id.
Les Miramiones.....................................	339
Sainte-Pélagie......................................	id.
Les Filles de la Croix................................	id.
Sainte-Perrine......................................	id.
Le Bon Pasteur.....................................	340
L'Abbaye-aux-Bois...................................	id.
Hôpital général. — Bicêtre et la Salpêtrière...............	id.
Les Filles de la Providence............................	346
— de la congrégation Notre-Dame.................	347
L'hospice des Enfants trouvés..........................	id.
Saint-Pierre de Chaillot...............................	349
La chapelle Sainte-Anne..............................	id.
L'église Saint-Sulpice................................	id.
Autres fondations religieuses datant du règne de Louis XIV....	355

CHAPITRE V.

État moral. — Progrès de la civilisation parisienne.

Répression de la mendicité. — La cour des Miracles..........	356
Mœurs publiques. — Le jeu............................	358
Les ruelles...	359
Premiers cafés établis à Paris..........................	360
Luxe des ameublements et des vêtements.................	361
Citation des chroniques contemporaines..................	362

LIVRE XVI.

DE L'AVÉNEMENT DE LOUIS XV JUSQU'A LA RÉVOLUTION FRANÇAISE.

CHAPITRE PREMIER.

Paris sous Louis XV. — Événements généraux.

Réaction. — La Régence..............................	367
Caractère historique de Paris durant la minorité de Louis XV..	369
Paris sous le ministère du cardinal Fleury.................	372
Le jansénisme. — Les convulsionnaires de Saint-Médard......	id.

TABLE DES MATIÈRES

	Pages
Maladie du roi..	375
Conflits religieux.....................................	id.
Avilissement de Louis XV.............................	377
Agitations populaires à Paris.........................	378
Mesures de répression et de compression..............	id.
Améliorations et embellissements.....................	379
Réformes utiles.......................................	381
Mariage du Dauphin. — Désastres.....................	384
Le parlement Maupeou................................	386
Mort de Louis XV.....................................	387

CHAPITRE II.

Paris durant la première période du règne de Louis XVI.

Commencement du nouveau règne.....................	388
Voltaire à Paris.......................................	390
La guerre des farines. — Incidents....................	392
Cagliostro à Paris.....................................	393
Invention des aérostats...............................	394
Nouveaux incidents. — Graves embarras financiers....	395
L'hiver de 1788 à Paris. — Misère du peuple..........	397
Pillage de la maison Réveillon.........................	398

CHAPITRE III.

Paris durant le dix-huitième siècle. — État politique. — Conditions administratives.

Agrandissement de Paris sous Louis XV...............	401
La place Louis XV (de la Concorde)..................	404
Les Champs-Élysées..................................	405
Enceinte murée établie sous Louis XVI. — Les barrières de Paris.	406
Les boulevards extérieurs.............................	411
Paris avant la Révolution.............................	412

CHAPITRE IV.

Églises, chapelles, édifices religieux, fondations pieuses et charitables (de 1715 à 1789).

Saint-Pierre du Gros-Caillou.........................	417
Saint-Philippe du Roule..............................	418

DU QUATRIÈME VOLUME.

	Pages.
Sainte-Geneviève (le Panthéon)	419
Les Capucins de la Chaussée-d'Antin. — Saint-Louis d'Antin	421
La chapelle Beaujon	422
Les Filles de Sainte-Marthe	id.
— de Saint-Michel	423
— de l'Enfant Jésus	id.
L'hospice Beaujon	id.
L'école des Sourds-Muets	424
Les Jeunes Aveugles	id.
L'hospice Necker	425
— Cochin	426
— des Vénériens	id.
— La Rochefoucauld	id.
— de Saint-Merri	427
Le Mont-de-Piété	id.
Le Bureau des nourrices	428
La Société philanthropique	429
L'hôpital militaire	id.

CHAPITRE V.

Palais. — Édifices publics. — Monuments civils. — Institutions spéciales. — Théâtres. — Lieux de plaisir. — Améliorations topographiques. — Rues et ponts (de 1715 à 1789).

L'École militaire	430
Le Champ de Mars	431
L'hôtel des monnaies	432
Le Garde Meuble	433
Le palais de l'Élysée	435
Le palais Bourbon (palais du Corps législatif.)	436
L'Académie de Chirurgie	439
L'école gratuite de Dessin	id.
— de Droit	id.
— des Ponts et chaussées	440
— de médecine	id.
Le Conservatoire de Musique	442
L'école de Natation	id.
Sociétés savantes et sociétés littéraires	444
Fontaines de Paris sous Louis XV	id.

	Pages.
Fontaines établies sous Louis XVI	445
Le marché des Innocents	447
La halle au Blé	448
Différentes halles établies durant le dix-huitième siècle	449
Nouveaux théâtres. — Le Waux-Hall	451
L'Odéon	452
Le Théâtre-Français	id.
La salle Favart	453
L'Opéra	id.
Théâtres secondaires. — Nicolet. — Les Variétés. — Le théâtre Montansier. — Les Menus-Plaisirs, etc.	454
Nouvelles rues ouvertes à Paris sous Louis XVI	456
Améliorations municipales	457
Le pont de la Concorde (pont Louis XVI)	458

LIVRE XVII.

PARIS SOUS LA RÉVOLUTION ET L'EMPIRE.

CHAPITRE PREMIER.

Première période de la révolution française à Paris.

Prise de la Bastille	459
Scènes révolutionnaires. — Progrès de l'anarchie	460
Journée du 20 juin 1792	463
— du 10 août	465
Mort du roi	467
La Convention s'installe aux Tuileries	id.
Grandes luttes révolutionnaires	468
Fêtes républicaines	469
Journée du 9 thermidor	472
— du 1er prairial	473
— du 23 vendémiaire	id.
Paris sous le Directoire	474

CHAPITRE II.

Paris sous le Consulat et l'Empire.

Organisation administrative de Paris. — Les deux préfets	478
Paris sous le général Bonaparte, premier consul	480

DU QUATRIÈME VOLUME. 571

Pages.

Napoléon Ier empereur. — Le pape vient à Paris. — Cérémonie du sacre.. 482
Grands travaux ordonnés à Paris par Napoléon.............. 484
Fête de la Grande-Armée................................... 486
Mariage de l'empereur et de Marie-Louise................... 487
Période des revers... 489
Conspiration Mallet.. 490
Invasion de la France. — Bataille de Paris................. 491
Les alliés et les Bourbons à Paris......................... 493
Première restauration...................................... 494
Retour de l'empereur. — Journée du 20 mars................. 495
Champ de Mai... 496
Deuxième chute de l'Empire. — Capitulation de Paris........ 497

CHAPITRE III.

Monuments civils et religieux fondés à Paris durant la Révolution et le premier Empire. — Agrandissements. — Nouveaux quartiers. — Quais et ports.

Établissement des Archives nationales...................... 500
La préfecture de Police.................................... 501
Musée des Monuments français............................... 502
Canal de l'Ourcq... 504
Arc de triomphe du Carrousel............................... 505
Colonne de la place Vendôme................................ 506
La Bourse.. id.
La Banque. — Démolition du Grand Châtelet.................. 510
Grands travaux exécutés à Paris............................ 511
Les Catacombes... id.
Abattoirs fondés sous l'Empire............................. 513
Pont d'Austerlitz.. 514
  — de la Cité.. id.
  — des Arts.. 515
  — d'Iéna.. id.
Quai d'Orsay... id.
  — des Invalides..................................... id.
  — Debilly... 516
  — de la Conférence.................................. id.
  — Aux Fleurs.. id.

TABLE DES MATIÈRES

	Pages.
Quai de la Cité..	516
— Catinat...	id.
— Montébello..	517
— Morland...	id.
— de la Tournelle...	id.
Cimetières de Paris sous Napoléon 1er.......................	id.
Distribution des eaux dans Paris............................	519
Fontaine de Desaix...	520
— du Lion de Saint-Marc.................................	id.
— de l'École de Médecine................................	id.
— de l'École..	521
— du Palmier...	id.
— Popincourt...	522
— de l'hospice du Gros-Caillou..........................	id.
— du palais de l'Institut.................................	id.
— égyptienne...	id.
— de Léda ou de Vaugirard.............................	id.
— du marché Saint-Germain............................	523
— du lycée Bonaparte....................................	id.
— de la rue Censier......................................	id.
— du Jardin des Plantes.................................	id.
— de Tantale...	id.
— de la Place Royale....................................	id.
— du Ponceau..	524
— du Château d'Eau.....................................	id.
— de l'Éléphant..	id.

CHAPITRE IV.

Établissements scientifiques et littéraires. — Institutions d'art et de bienfaisance. — Fondations utiles.

L'École polytechnique.......................................	526
— d'État Major...	527
— normale..	id.
— des Arts et Métiers..................................	id.
Conservatoire des Arts et Métiers..........................	528
L'Institut de France...	529
Le Bureau des Longitudes..................................	530
Le musée d'Artillerie..	id.

	Pages.
Le musée du Luxembourg...............................	531
Palais de la Légion d'honneur...........................	id.
Bibliothèques de l'Arsenal et de Sainte-Geneviève.............	id.
Hôpital Saint-Antoine.................................	532
— des Enfants malades............................	id.
Hospice ou maison d'accouchement.......................	id.
Maison municipale de Santé............................	533
Clinique interne et clinique de l'École de Médecine..........	id.
Les Incurables (hommes)...............................	id.
Nouveaux marchés et nouvelles halles sous l'Empire..........	534
Le Grenier de réserve.................................	536
Lavoir public des laines................................	537
Les égouts de Paris....................................	id.

LIVRE XVIII.

PARIS SOUS LE GOUVERNEMENT DE LA RESTAURATION.

CHAPITRE PREMIER.

Événements généraux (1815-1830).

Population de Paris sous Louis XVIII......................	539
Rétablissement de la statue de Henri IV....................	540
Assassinat du duc de Berry..............................	541
Naissance du duc de Bordeaux...........................	542
Incidents. — Mort de Louis XVIII.......................	543
Charles X fait son entrée à Paris.........................	id.
Funérailles du général Foy..............................	544
Graves conflits politiques. — Révolution de Juillet...........	545

CHAPITRE II.

Paris sous la Restauration. — Monuments religieux et civils. — Fondations utiles.

La Chapelle expiatoire.................................	549
Le cimetière du Père Lachaise...........................	id.
La synagogue..	550
Le séminaire de Saint-Sulpice...........................	id.
Sainte-Élisabeth......................................	551

TABLE DES MATIÈRES DU QUATRIÈME VOLUME.

	Pages.
Saint-Denis du Saint-Sacrement	551
École des Chartes	id.
Institution de musique classique	552
Académie impériale de Médecine	id.
Collége Bourbon	id.
— Stanislas	id.
Musée des Antiquités égyptiennes, grecques et romaines (ou musée Charles X)	id.
Amphithéâtre d'anatomie	553
Nouveaux théâtres	id.
— marchés	554
Principaux passages établis à Paris	556
Le quartier François Ier	id.
Embellissements et accroissements de Paris	558
Mouvement littéraire à Paris sous la Restauration	id.
La Restauration	

FIN DE LA TABLE.

PLAN DES ANCIENS MONUMENTS DE PARIS

PLAN ARCHÉOLOGIQUE DE PARIS.

www.ingramcontent.com/pod-product-compliance
Lightning Source LLC
Chambersburg PA
CBHW060302230426
43663CB00009B/1559